Jörg Keller, Wolfgang J. Paul

Hardware Design

Formaler Entwurf digitaler Schaltungen

TEUBNER-TEXTE zur Informatik

Herausgegeben von

Prof. Dr. Johannes Buchmann, Darmstadt
Prof. Dr. Udo Lipeck, Hannover
Prof. Dr. Franz J. Rammig, Paderborn
Prof. Dr. Gerd Wechsung, Jena

Als relativ junge Wissenschaft lebt die Informatik ganz wesentlich von aktuellen Beiträgen. Viele Ideen und Konzepte werden in Originalarbeiten, Vorlesungsskripten und Konferenzberichten behandelt und sind damit nur einem eingeschränkten Leserkreis zugänglich. Lehrbücher stehen zwar zur Verfügung, können aber wegen der schnellen Entwicklung der Wissenschaft oft nicht den neuesten Stand wiedergeben.

Die Reihe „TEUBNER-TEXTE zur Informatik" soll ein Forum für Einzel- und Sammelbeiträge zu aktuellen Themen aus dem gesamten Bereich der Informatik sein. Gedacht ist dabei insbesondere an herausragende Dissertationen und Habilitationsschriften, spezielle Vorlesungsskripten sowie wissenschaftlich aufbereitete Abschlußberichte bedeutender Forschungsprojekte. Auf eine verständliche Darstellung der theoretischen Fundierung und der Perspektiven für Anwendungen wird besonderer Wert gelegt. Das Programm der Reihe reicht von klassischen Themen aus neuen Blickwinkeln bis hin zur Beschreibung neuartiger, noch nicht etablierter Verfahrensansätze. Dabei werden bewußt eine gewisse Vorläufigkeit und Unvollständigkeit der Stoffauswahl und Darstellung in Kauf genommen, weil so die Lebendigkeit und Originalität von Vorlesungen und Forschungsseminaren beibehalten und weitergehende Studien angeregt und erleichtert werden können.

TEUBNER-TEXTE erscheinen in deutscher und englischer Sprache.

Jörg Keller, Wolfgang J. Paul

Hardware Design

Formaler Entwurf digitaler Schaltungen

3., durchgesehene Auflage

B. G. Teubner Stuttgart · Leipzig · Wiesbaden

Bibliografische Information der Deutschen Bibliothek
Die Deutsche Bibliothek verzeichnet diese Publikation in der Deutschen Nationalbibliographie; detaillierte bibliografische Daten sind im Internet über <http://dnb.ddb.de> abrufbar.

Prof. Dr. Jörg Keller
Geboren 1966 in Saarbrücken. Von 1986 bis 1989 Studium der Informatik mit Nebenfach Mathematik an der Universität des Saarlandes, Diplom 1989. Von 1989 bis 1992 und 1993 bis 1995 wissenschaftlicher Mitarbeiter am Lehrstuhl für Rechnerarchitektur der Universität des Saarlandes bei Prof. Dr. W. J. Paul, Promotion 1992. Von 1992 bis 1993 Postdoktorand am Centrum voor Wiskunde en Informatica (CWI), Amsterdam. Von 1995 bis 1996 DFG-Stipendiat an der Universität des Saarlandes. Seit 1996 Professor am Fachbereich Informatik der FernUniversität in Hagen. Arbeitsschwerpunkte: Hardware Design, parallele Algorithmen, Rechnerarchitektur, verteilte und parallele Systeme, Kryptografie.

Prof. Dr. Dr.h.c. Wolfgang J. Paul
Geboren 1951 in Dudweiler. Von 1969 bis 1972 Studium der Physik, Mathematik und Informatik an der Universität des Saarlandes, 1972 Diplom in Informatik. Von 1972 bis 1974 wissenschaftlicher Mitarbeiter am Institut für Angewandte Mathematik und Informatik der Universität des Saarlandes bei Prof. Dr. G. Hotz, Promotion 1973. Von 1974 bis 1976 Postdoktorand am Computer Science Department der Cornell University, Ithaca, NY (USA). Von 1976 bis 1978 Vertretung des Amtes eines wiss. Rates und Professors, von 1978 bis 1982 wiss. Rat und Professor an der Fakultät für Mathematik der Universität Bielefeld. Von 1982 bis 1986 Research staff member am IBM Forschungslabor in San Jose, CA (USA). Seit 1986 Professor am Fachbereich Informatik der Universität des Saarlandes. 1986 Gottfried Wilhelm Leibniz Förderpreis zusammen mit G. Hotz und K. Mehlhorn. 1987 bis 1991 kommissarischer Leiter des Universitätsrechenzentrums. Von 1990 bis 1992 Prodekan des Fachbereichs Informatik. Von 1998 bis 2000 Dekan der Technischen Fakultät. Seit 2003 wissenschaftlicher Gesamtprojektleiter des Großprojekts Verisoft. 2004 Ehrenpromotion durch die Khabarovsk State University of Technology (Russland). Arbeitsschwerpunkte: Hardware Design, Rechnerarchitektur, formale Verifikation.

1. Auflage 1995
3., durchgesehene Auflage März 2005

Alle Rechte vorbehalten
© B. G. Teubner Verlag / GWV Fachverlage GmbH, Wiesbaden 2005

Der B. G. Teubner Verlag ist ein Unternehmen von Springer Science+Business Media.
www.teubner.de

Das Werk einschließlich aller seiner Teile ist urheberrechtlich geschützt. Jede Verwertung außerhalb der engen Grenzen des Urheberrechtsgesetzes ist ohne Zustimmung des Verlags unzulässig und strafbar. Das gilt insbesondere für Vervielfältigungen, Übersetzungen, Mikroverfilmungen und die Einspeicherung und Verarbeitung in elektronischen Systemen.

Die Wiedergabe von Gebrauchsnamen, Handelsnamen, Warenbezeichnungen usw. in diesem Werk berechtigt auch ohne besondere Kennzeichnung nicht zu der Annahme, dass solche Namen im Sinne der Warenzeichen- und Markenschutz-Gesetzgebung als frei zu betrachten wären und daher von jedermann benutzt werden dürften.

Umschlaggestaltung: Ulrike Weigel, www.CorporateDesignGroup.de

Gedruckt auf säurefreiem und chlorfrei gebleichtem Papier.

ISBN-13: 978-3-519-23047-2   e-ISBN-13: 978-3-322-80163-0
DOI: 10.1007/978-3-322-80163-0

Unseren Gymnasiallehrern gewidmet, insbesondere

Rudolf Conradi

Franz Röder

Erwin Saar

Engelbert Walle

Vorwort

Das vorliegende Lehrbuch beschäftigt sich in mathematisch präziser Weise mit einem ganz und gar praktischen Thema, nämlich dem Entwurf von Hardware. Kapitel 1 enthält eine Diskussion mathematischer Grundbegriffe. In den Kapiteln 2 bis 4 werden die notwendigen theoretischen Grundlagen über Boole'sche Ausdrücke, Schaltkreiskomplexität und Rechnerarithmetik behandelt. Der Übergang von der abstrakten Schaltkreistheorie zum Entwurf konkreter Schaltungen findet nahtlos in Kapitel 5 statt, wo aus den Verzögerungszeiten von Gattern das zeitliche Verhalten von Flipflops und anderen Speicherbausteinen abgeleitet wird. Kapitel 6 enthält dann das vollständige Design eines einfachen Rechners.

Das Lehrbuch ist aus Vorlesungen des zweiten Autors entstanden. Kapitel 2 bis 6 enthalten den Stoff für eine einsemestrige Anfängervorlesung. Kapitel 1 ist mehr ein Nachschlagewerk für nagende Fragen, die sich früher oder später einstellen. Kapitel und Abschnitte, die mit einem Stern gekennzeichnet sind, kann man überspringen. Die Darstellung großer Teile der Kapitel 1, 5 und 6 ist neu. Die Kapitel 2 bis 4 haben einen erheblichen Anteil an fortgeschrittenem Material. Es hat sich jedoch gezeigt, daß Erstsemester damit keine besonderen Schwierigkeiten haben.

Im Einzelnen enthält Kapitel 1 eine Entwicklung des formalen Mengenkonzepts in einer für Studienanfänger verständlichen Form. Die Sätze und Beweise in diesem Kapitel sind von vorne bis hinten klassische Mathematik. Der Standpunkt, von dem aus wir sie interpretieren, ist bewußt übermütig und nicht klassisch. Wir wollen damit den Studierenden schmackhaft machen, von Zeit zu Zeit auch Wohlvertrautes von einem frischen — natürlich nicht unsinnigen — Standpunkt aus zu betrachten. Das ist insbesondere beim Forschen manchmal sehr nützlich.

In Kapitel 2 beschränken wir uns bei der Behandlung Boole'scher Ausdrücke nicht auf die Funktionszeichen $\wedge$, $\vee$ und $\sim$, sondern wir lassen zusätzlich abzählbar viele frei definierbare Funktionszeichen zu. Dieses Vorgehen ist aus der Logik bekannt. Der zusätzliche Aufwand ist sehr gering. Der Vorteil gegenüber dem üblichen Vorgehen ist, daß man den Kalkül rechtfertigen kann, *mit dem man nachher tatsächlich rechnet*. In Kapitel 3 rechtfertigen wir — ebenfalls mit wenig Aufwand — das formale Rechnen mit Gattern in Schaltkreisen.

An fortgeschrittenem Material enthalten Kapitel 2 und 3 kombinatorische Abzählargumente sowie eine komplette Behandlung von Resolutionssatz und Kompaktheitssatz der Aussagenlogik. Was üblicherweise bei der Behandlung des Resolutionskalküls Zeit kostet, sind nicht die Beweise, sondern die Begriffsbildung. Genau diese Begriffsbildung ist aber im Anschluß an die Optimierung von disjunktiven Normalformen bereits abgeschlossen: das Verfahren von Quine-McCluskey ist ein spezielles Resolutionsverfahren. Man braucht nur noch zu dualisieren.

In Kapitel 4 über Rechnerarithmetik behandeln wir nicht nur die Verfahren, die für Dezimalzahlen schon aus der Schule bekannt sind, sondern auch viel effizientere Verfahren wie Conditional-Sum Addierer, Carry-Lookahead Addierer, Wallace-Tree Multiplizierer und Multiplizierer nach Karatsuba/Ofman. Auf die beiden fortgeschrittenen Addierer kommen wir ausdrücklich in Kapitel 6 zurück, um den dort konstruierten Rechner schneller zu machen.

In Kapitel 5 werden aus Gattern nacheinander Bausteine wie R/S-Flipflops, D-Latches, D-Flipflops und SRAMs konstruiert. Aus den Verzögerungszeiten der verwendeten Gatter werden Parameter wie Setup-Zeit, Hold-Zeit und minimale Pulsweite dieser Bausteine hergeleitet.

In Kapitel 6 schließlich wird aus kommerziell erhältlichen, niedrig integrierten Bausteinen und PALs systematisch ein vollständiger Schaltplan einschließlich Speicheranbindung und Busprotokoll für einen einfachen Rechner entwickelt.

Trotz aller Bemühungen sind vermutlich Fehler verblieben. Für Hinweise auf Fehler (am einfachsten durch electronic mail an `hadesign@cs.uni-sb.de`) sind wir dankbar. Eine elektronische Liste der bekannten Fehler kann ebenfalls unter obiger Adresse angefordert werden.

Saarbrücken, im Juni 1995   Jörg Keller
                                                        Wolfgang J. Paul

In der dritten Auflage haben wir wie in der zweiten Auflage alle uns bekannten Fehler und Unstimmigkeiten beseitigt. An dieser Stelle herzlichen Dank an alle, die uns geschrieben haben. Aktuelle Informationen können unter der URL
`http://www.informatik.fernuni-hagen.de/ti2/docs/hadesign.html`
abgerufen werden.

Hagen und Saarbrücken, im September 2004   Jörg Keller
                                                        Wolfgang J. Paul

Inhaltsverzeichnis

1	**Mathematische Grundlagen**		**13**
1.1	Über Gott und die Welt		13
1.2	Elementare Konzepte		17
	1.2.1	Natürliche Zahlen	17
	1.2.2	Induktion	19
	1.2.3	Variablen und der naive Mengenbegriff	19
	1.2.4	Funktionen und Relationen	23
	1.2.5	Zeichenreihen	28
	1.2.6	Zeichensätze	32
1.3	Rechnen		35
	1.3.1	Vollständig geklammerte Ausdrücke	37
	1.3.2	Auswertung von Ausdrücken	42
	1.3.3	Identitäten	44
	1.3.4	Unvollständig geklammerte Ausdrücke	48
1.4	Zahlen		56
	1.4.1	Ganze Zahlen, rationale Zahlen, reelle Zahlen	56
	1.4.2	Zahlendarstellungen	60
	1.4.3	Abzählbarkeit	61
1.5	Formale Logik		67
	1.5.1	Prädikate	67
	1.5.2	Formale Fassung des Mengenkonzepts	72
	1.5.3	Beweissysteme	80
1.6	Übungen		83
2	**Boole'sche Ausdrücke**		**87**
2.1	Mächtigkeit endlicher Mengen		87
2.2	Rechnen mit Boole'schen Ausdrücken		91
	2.2.1	Vollständig geklammerte Ausdrücke	93
	2.2.2	Einsetzungen	94
	2.2.3	Identitäten und Ungleichungen	96
	2.2.4	Lösen von Gleichungen	100

Inhaltsverzeichnis 9

- 2.2.5 Der Darstellungssatz 102
- 2.3 Kosten von Ausdrücken 103
  - 2.3.1 Definitionen 103
  - 2.3.2 *Allgemeine Schranken 105
- 2.4 Polynome und Resolution 109
  - 2.4.1 Polynome und Primimplikanten 109
  - 2.4.2 Das Verfahren von Quine–McCluskey 111
  - 2.4.3 Monome und n-Würfel 114
  - 2.4.4 Bestimmung von Minimalpolynomen 124
  - 2.4.5 *Nullstellen und Erfüllbarkeit 126
  - 2.4.6 *Erfüllbarkeit von konjunktiven Normalformen 130
  - 2.4.7 *Resolutionsbeweise 133
- 2.5 Übungen 139

3 Schaltkreise   142
- 3.1 Gerichtete Graphen und Schaltkreise 142
  - 3.1.1 Gerichtete Graphen 142
  - 3.1.2 Gatter 144
  - 3.1.3 Schaltkreise 145
- 3.2 Rechnen mit Schaltkreisen 147
  - 3.2.1 Einsetzungen 147
  - 3.2.2 Identitäten und berechnete Funktionen 149
  - 3.2.3 Anfangsschaltkreise 151
- 3.3 Darstellungssatz 153
- 3.4 Schaltkreiskomplexität 157
  - 3.4.1 Komplexitätsmaße 157
  - 3.4.2 Assoziativität und balancierte Bäume 159
- 3.5 *Schaltkreise und Boole'sche Ausdrücke 164
  - 3.5.1 Subfunktionen 164
  - 3.5.2 Das Kriterium von Neciporuk 166
  - 3.5.3 Selektoren 169
  - 3.5.4 Funktionen mit vielen Subfunktionen 171
- 3.6 Übungen 173

4 Arithmetik   176
- 4.1 Zahlendarstellungen 176
  - 4.1.1 Stellenwertsysteme 176
  - 4.1.2 Binärzahlen 178
  - 4.1.3 2's-Complement-Darstellung 179
- 4.2 Addierer 182
  - 4.2.1 Halb– und Volladdierer 183
  - 4.2.2 Carry–Chain Addierer 184

		4.2.3	Incrementer	187
		4.2.4	Conditional–Sum Addierer	188
		4.2.5	Carry–Lookahead Addierer	194
	4.3	Subtraktion		198
		4.3.1	Addition von 2's-Complement-Zahlen	198
		4.3.2	Addierer und Subtrahierer	200
	4.4	*Multiplizierer		201
		4.4.1	Multiplikation nach der Schulmethode	202
		4.4.2	Wallace-Tree Multiplizierer	207
		4.4.3	Multiplikation nach Karatsuba und Ofman	212
	4.5	Aufbau von Arithmetikeinheiten		215
		4.5.1	Bit Slice Designs	219
	4.6	Übungen		221
5	**Speicher und Tristate-Bausteine**			**225**
	5.1	Physikalische Eigenschaften von Gattern		226
		5.1.1	Logische und physikalische Signale	227
		5.1.2	Fanout	228
		5.1.3	Verzögerungszeiten	229
		5.1.4	*Transferfunktionen	233
		5.1.5	Kapazitive Last	235
		5.1.6	Worst Case Timing-Analyse	237
		5.1.7	Spikefreies Umschalten von Gattern	240
	5.2	Flipflops		242
		5.2.1	R/S–Flipflop	242
		5.2.2	D–Latch	245
		5.2.3	D–Flipflop	248
	5.3	Bausteine mit Flipflops		251
		5.3.1	Register	251
		5.3.2	Zähler	251
	5.4	Statischer Speicher		253
		5.4.1	Mehrfaches OR	253
		5.4.2	Treiberbäume	254
		5.4.3	Dekodierer	258
		5.4.4	Aufbau eines statischen Speichers	259
	5.5	Tristate-Treiber, Busse und Pipelines		264
		5.5.1	Speicher und Bus Contention	269
		5.5.2	Wired OR	271
	5.6	Übungen		271
6	**Ein einfacher Rechner**			**275**
	6.1	Die abstrakte RESA-Maschine		276

		6.1.1	Load und Store	278
		6.1.2	Compute Befehle	279
		6.1.3	Immediate Befehle	280
		6.1.4	Indexregister	281
		6.1.5	Sprungbefehle	282
	6.2	Instruktionssatz		284
		6.2.1	Instruktionsformate	285
		6.2.2	Load Befehle	286
		6.2.3	Store Befehle	287
		6.2.4	Compute Befehle	287
		6.2.5	Sprungbefehle	288
		6.2.6	Erzeugung großer Konstanten und Shifts	289
		6.2.7	Selbstmodifikation und von Neumann-Architektur	290
		6.2.8	Sign Extension	291
	6.3	Datenpfade		292
	6.4	Idealisierte Timing-Diagramme		301
	6.5	PLAs, PROMs und PALs		304
		6.5.1	PLAs	304
		6.5.2	PROMs und EPROMs	306
		6.5.3	PALs	307
		6.5.4	PALASM	309
	6.6	Kontrollogik		313
		6.6.1	Clock- und Phasensignale	314
		6.6.2	Clocksignale	315
		6.6.3	Output enable Signale	317
		6.6.4	Kontrolle der ALU und Sign-Extension	321
		6.6.5	Laden des Befehlszählers	323
		6.6.6	Asynchrone Signale und Reset	324
		6.6.7	Ansteuerung des Speichers	326
	6.7	Exakte Timing-Analyse		328
		6.7.1	Kontrollogik	329
		6.7.2	Vermeidung von Bus contention	330
		6.7.3	Inkrementieren des Befehlszählers	331
		6.7.4	Compute Befehle	332
		6.7.5	LOADIN1 und STOREIN1	335
		6.7.6	Jump	336
		6.7.7	Zykluszeit und Befehlsrate	337
		6.7.8	ALUs mit Carry Lookahead und Conditional Sum	337
		6.7.9	Kontrollsignale mit 3.5 Zyklen Dauer	340
		6.7.10	Verkürzung des Fetch-Zyklus	342
		6.7.11	Einschalten des Stroms	344
	6.8	Ein- und Ausgabe		345

	6.8.1	I/O-Ports und Interfaces	347
	6.8.2	UART	349
	6.8.3	EPROM	351
	6.8.4	Datenpfade und Memory Map	351
	6.8.5	Busprotokoll und Wait-Zyklen	353
	6.8.6	Zustandsdiagramme	359
	6.8.7	Kontrolle des Speichers	363
6.9	Übungen		369

Anhang 377

A Verwendete Bauteile 377
- A.1 Gatter 377
- A.2 Multiplexer 377
- A.3 Register 378
- A.4 Zähler 379
- A.5 Treiber 380
- A.6 ALU Bausteine 380
- A.7 PALs 381
- A.8 Speicherbausteine 382
- A.9 Ein– und Ausgabe 383

B PAL-Gleichungen 384
- B.1 CPU-Kontrolle 384
- B.2 SRAM-Kontrolle 385
- B.3 EPROM-Kontrolle 386
- B.4 UART-Kontrolle 387

Literaturverzeichnis 389

Index 392

Kapitel 1

Mathematische Grundlagen

„An was glaubst Du?"
„An Sex und Tod"
(Woody Allen: Der Schläfer)

1.1 Über Gott und die Welt

Wir leben in einer realen Welt. In dieser Welt kann man eine Menge Spaß haben, und man kann in eine Menge Schwierigkeiten kommen.

Man kann das natürlich anzweifeln, aber das führt unweigerlich dazu, daß man von den realen Schwierigkeiten dieser Welt eingeholt wird. Die harmlose Variante ist, daß man seinen Freunden bei einem Glas Wein erklärt, daß es keine reale Welt gibt und daß man das alles nur träumt. Das geht aber nur so lange gut, bis jemand aufsteht, einen fest in die Nase kneift und sagt: „Mieser Traum heute, was?" Zu den weniger harmlosen Varianten gehört, daß man im Irrenhaus landet.

In unserer realen Welt stellen wir uns drei Sorten von Fragen:

>Was geht hier vor sich?
>Woher kommt und wohin geht die reale Welt?
>Was soll ich tun?

Mit der ersten Sorte von Fragen beschäftigt sich mit dem bekannten Erfolg die Naturwissenschaft, mit der zweiten mit dem bekannten Erfolg die Religion.

Mit naturwissenschaftlichen Methoden läßt sich die Geschichte der realen Welt zumindest über eine gewisse Zeit zurückverfolgen. Heute schafft die Astrophysik das bis zu einem gewissen großen Knall. Was davor war, wissen wir einfach nicht, aber viele Physiker geben das nicht gern zu. Sie nennen den großen Knall den Urknall und erfinden allerlei Geschichten, wie zur Zeit des Urknalls unsere physikalischen Gesetze außer Kraft waren, und daß vorher nichts war. Das Außerkraftsetzen von Naturgesetzen ist aber das klassische Merkmal göttlicher Intervention. Wir sehen, daß man in naturwissenschaftlichen Büchern durchaus von Zeit zu Zeit religiöse Theorien finden kann.

Bei vollkommener Einsicht über die Welt und den Sinn des Lebens wäre klar, was zu tun ist. Ohne diese Einsicht muß man zumindest den realen Schwierigkeiten dieser Welt schleunigst ausweichen, und man sucht seinen Spaß zu haben.

Weil das gemeinsam besser geht als allein, schließt man sich zu Gruppen zusammen. Für Situationen, wo der Spaß des einen Mitglieds zu Schwierigkeiten des anderen Mitglieds der Gruppe führt oder wo man Spaß heute für mehr Spaß morgen verschiebt, macht sich jede Gruppe ihre Ethik und gegebenenfalls Gesetze. Gruppenmitgliedern Spaß machen ist gut und rechtens, sie in Schwierigkeiten bringen ist schlecht. Gegenüber Nichtmitgliedern gelten radikal andere Regeln. Wer beispielsweise im Krieg viele Mitglieder der anderen Gruppe tötet ist sogar ein Held.

Unglücklicherweise gibt es viele Gruppen, ihre Zusammensetzung ändert sich und man gehört gleichzeitig vielen Gruppen an. Ohne Krieg würde das zwangsläufig zu unendlicher Konfusion bezüglich gut und böse führen. Nach einem Krieg ist aber wieder alles einfach: der Sieger verbreitet, daß sein Krieg gut und rechtens war und hindert den Verlierer, das Gegenteil zu sagen.

Was gut ist, stellt sich somit oft erst hinterher heraus; das liefert Stoff für Dramen.

In der Naturwissenschaft geht es Gottseidank ordentlicher her — meint man. Man muß sich nicht mit gut und schlecht herumschlagen. Vielmehr braucht man nur die Welt zu beobachten und Regelmäßigkeiten, die man gefunden hat, zu beschreiben. Solche Beschreibungen sind dann einfach wahr oder falsch. Bleibt das Problem, wie man Beschreibungen findet und wie man die wahren von den falschen unterscheidet.

Darüber, wie wir Beschreibungen finden, ist sehr wenig bekannt. Jedenfalls scheinen uns einfache Beschreibungen schneller einzufallen als komplizierte. Wenn man die Sonne sehr oft aufgehen sieht, ist die einfachste Beschreibung der Situation, daß sie immer wieder aufgeht. Wenn man bei sich selbst beobachtet, wie einem Atemzug der nächste folgt, ist die einfachste Beschreibung, daß das immer so weiter geht. Wenn man nur eine Handvoll mathematischer Funktionen kennt, ungenaue Meßgeräte hat und Fallexperimente bei niedrigen Geschwindigkeiten durchführt, dann ist $s = (1/2)gt^2$ die einfachste Formel, welche die gemessenen Daten beschreibt.

1.1. Über Gott und die Welt

Die Richtigkeit von Naturgesetzen nachzuweisen liegt interessanterweise völlig jenseits unserer Möglichkeiten. Zwar können wir unsere Beschreibungen in vielen Einzelfällen nachprüfen; das nennt man „Evidenz liefern". Wir können aber nicht ausschließen, daß wir etwas übersehen haben oder daß unsere Meßgeräte nicht gut genug sind oder daß Gott existiert und morgen die Regeln ändert.

Der dubiose Status unserer unvollständigen Sammlung bisher nicht widerlegter Naturgesetze hindert uns natürlich keineswegs daran, diese — zusammen mit einer Menge bekanntermassen falscher „Naturgesetze" — beherzt bei der Planung unserer Taten einzusetzen. Das liegt ganz einfach daran, daß diese Gesetze die ethische Qualität haben, bei der gemeinschaftlichen Vermeidung von Schwierigkeiten und bei der gemeinschaftlichen Verfolgung von Spaß sehr nützlich sein zu können:

Daß die Sonne jeden Tag aufgeht ist für die Planung des Lebens gut genug; nur in Astronomieprüfungen muß man wissen, daß die Sonne schließlich — vielleicht — zur Nova wird. Daß man unsterblich ist, ist leider falsch, widerspricht aber der Erfahrung sämtlicher Menschen; erfahrungsgemäß sterben immer nur die Anderen. Die Regel ist gut zur Vermeidung schlechter Laune (memento mori) und von Hysterie (carpe diem). Auch das Bürgerliche Gesetzbuch ist von dieser Regel stark beeinflußt, denn es stellt das Stehlen von Geld, das im Prinzip ersetzbar ist, unter Strafe, das Stehlen von Zeit aber nicht.

Das Fallgesetz gilt nur im Vakuum (das es nicht gibt) und impliziert, daß die Geschwindigkeit eines Körpers, der lange genug fällt, beliebig groß wird (also größer als die Lichtgeschwindigkeit im Widerspruch zur Relativitätstheorie). Es wurde sehr lange für richtig gehalten. Wenn man es zum Planen der Flugbahnen von Kanonenkugeln verwendet, kann man jedenfalls damit andere gut in Schwierigkeiten bringen. Das — und nicht irgendwelcher absoluter Wahrheitsgehalt — macht aus dem Fallgesetz ein gutes und wichtiges Naturgesetz.

Der Nachweis der Sicherheit der Reaktoren von Harrisburg und Tschernobyl ist mit schlechter Naturwissenschaft geführt worden. Daß naturwissenschaftliche Erkenntnis wertfrei sei, ist Illusion und Propaganda. Sie wird von Wissenschaftlern verbreitet, damit man sie in Ruhe läßt.

Es ist keineswegs auszuschließen, daß unsere Naturwissenschaft in Kürze zum gänzlichen Untergang unserer Zivilisation führt, sich also als ganz schlecht erweist. Archäologen eines erleuchteteren Zeitalters werden vielleicht unsere Reste ausgraben und mit Kopfschütteln eine Zivilisation wiederentdecken, in der man Naturwissenschaft ohne Ethik betrieben hat, und wo man das Philosophieren größtenteils denen überlassen hat, die in der Schule nicht einmal Mathematik richtig verstanden haben.

Einen ruhenden Pol und eine letzte Zufluchtstätte der reinen Rationalität bildet die Mathematik — meint man. Heutzutage ist die Mathematik formuliert in der Sprache der Mengenlehre. Es werden Aussagen gemacht über Mengen und deren Elemente; diese Aussagen sind wahr oder falsch aber nicht beides gleichzeitig. Aus wahren Aussagen kann man mit Hilfe von Schlußregeln neue wahre Aussagen herleiten. Um diesen Prozeß in Gang zu bringen braucht man am Anfang einige wahre Aussagen, die selbst nicht hergeleitet werden. Diese Aussagen nennt man *Axiome*.

Einleitende Kapitel mathematisch angehauchter Lehrbücher wiederholen üblicherweise die dabei benutzten und schon aus der Schule bekannten Notationen. Wiederholung von Bekanntem etabliert Vertrauen und vermeidet die irritierende Frage, warum die Axiome wahr sind und warum die Schlußregeln aus wahren Aussagen nur wieder wahre Aussagen erzeugen. Die Frage kann offenbar nicht innerhalb der formalisierten Mathematik beantwortet werden.

Wenn man immer weiter alles hinterfragt, erhält man schließlich keine Antwort mehr, weil man bei der Frage nach dem Sinn des Universums anlangt. Alle Erklärungen fangen somit notgedrungen mit etwas an, was man nicht weiter erklären kann. Wir beginnen hier mit der Feststellung, daß wir in einer natürlichen Sprache miteinander reden können.

In einer natürlichen Sprache kann man sich leider nur in sehr begrenztem Ausmaß verständlich machen. Der einfache Hauptsatz „Ich lüge" ist offenbar weder wahr noch falsch oder beides gleichzeitig. Versuchen wir, den Barbier von Bagdad zu definieren als „denjenigen Mann in Bagdad, der genau die Männer von Bagdad barbiert, die sich nicht selbst barbieren", so geraten wir in Schwierigkeiten, wenn wir fragen, wer den Barbier barbiert. Nicht einmal „Beschreibung" ist ein harmloses Wort: wir betrachten hierzu

„die kleinste natürliche Zahl, die man nicht in einer Zeile beschreiben kann".

Zur Beschreibung dieser Zahl braucht man also mindestens zwei Zeilen, wir haben sie aber gerade in einer Zeile beschrieben.

Weil die natürliche Sprache an Präzision zu wünschen übrig läßt, zieht man sich auf einen Teil dieser Sprache zurück, wo man nicht mehr über alles reden darf (sondern nur noch über Mengen), wo man nicht mehr beliebige Sätze formulieren darf (sondern nur noch sogenannte mathematische Aussagen) und wo es hoffentlich präzise zugeht. Um festzulegen, auf welchen Teil der natürlichen Sprache man sich zurückzieht, muß man sich ironischerweise der natürlichen Sprache bedienen. Diese Festlegung kann nur dann präzise gelingen, wenn es in der natürlichen Sprache schon etwas gibt, worüber wir uns präzise unterhalten können.

Das gibt es von vornherein, ohne daß wir groß erklären könnten warum, Gottseidank wie man in solchen Situationen oft sagt.

Wir können uns nämlich gegenseitig unmißverständlich gewisse einfache detaillierte Verfahren zum Manipulieren von Zeichenreihen mitteilen. Solche Verfahren nennt man heute *Algorithmen*. Weiterhin können wir Namen und Abkürzungen verabreden.

1.2 Elementare Konzepte

1.2.1 Natürliche Zahlen

Einige ganz einfache Algorithmen zum Erzeugen von Reihen von Strichen sind:

E: „Mach einen Strich dorthin, wo keiner ist."

N: „Gegeben eine Reihe von Strichen, mach am rechten Ende einen Strich dahinter."

Wir verabreden einige Namen: die Reihen von Strichen, die man mit den obigen Algorithmen erzeugen kann, nennen wir *natürliche Zahlen*. Die Reihe von Strichen, die man mit Algorithmus E erzeugt, nennen wir *Eins* oder kurz 1. Die neue Reihe von Strichen, die man mit Algorithmus N aus einer alten Reihe von Strichen erzeugt, heißt der *Nachfolger* der alten Reihe von Strichen. Der Nachfolger von Eins heißt *Zwei* oder kurz 2, der Nachfolger von Zwei heißt *Drei* oder kurz 3 und so weiter bis zur Anzahl unserer Finger, die wir *Zehn* nennen, aber noch nicht weiter abkürzen.

Eigenschaften der natürlichen Zahlen sind:

(P1) „Eins ist eine natürliche Zahl."

(P2) „Eins ist nicht Nachfolger einer natürlichen Zahl."

(P3) „Verschiedene natürliche Zahlen haben verschiedene Nachfolger."

Wir führen rasch einige kleine Experimente bezüglich dem Bilden von Nachfolgern durch und finden keine Grenzen für den Prozeß. So wie jedem Sonnenaufgang ein weiterer Sonnenaufgang und jedem unserer Atemzüge ein weiterer Atemzug folgt, beschreiben wir in unseren einfachen Art die Ergebnisse unserer Experimente durch das einfache Axiom

(P4) „Jede natürliche Zahl hat einen Nachfolger."

Das hat die höchst bemerkenswerte Konsequenz, daß es unendlich viele Zahlen gibt. Wir fügen hinzu

(P5) „Enthält eine Menge von natürlichen Zahlen die Eins und für jede Zahl ihren Nachfolger, so besteht die Menge aus allen natürlichen Zahlen."

und haben die berühmten Peano-Axiome zusammen.

Im Zusammenhang mit Axiom (P5) muß noch einiges gesagt werden, zum Beispiel, wie man mit Hilfe dieses Axioms Induktionsbeweise führen kann und in welchem Sinn der bisher nicht erklärte Mengenbegriff zu verstehen ist. Zuvor muß jedoch als Mahnung für den Leser die wahre Geschichte vom Untergang von Atlantis erzählt werden.

Die Bewohner von Atlantis waren ein aufgeklärtes, wasserscheues und zutiefst wissenschaftsgläubiges Volk. Sie lebten an einem herrlichen Strand am Meer. Der Strand war von hohen Bergen umgeben, und hinter den Bergen lag eine Wüste, die seit Menschengedenken niemand durchquert hatte.

Natürlich wurden die natürlichen Zahlen und die Peano-Axiome entdeckt. Die Experimente zum vierten Axiom wurden am Strand begonnen, aber sie wurden schnell abgebrochen, weil sie zu langweilig waren. Man beschloß, die Experimente von Sträflingen durchführen zu lassen, aber die gab es nicht, weil die Leute alle so aufgeklärt waren, und andere Leute zur Durchführung wissenschaftlicher Experimente unterjochen wollte man auch nicht.

So verlief die Sache im Sande, und die Wissenschaft nahm einen großen Aufschwung. Man entdeckte die Addition, die Multiplikation und die Geometrie. Kurze Zeit darauf wurde mit folgendem Argument die erste Grundlagenkrise von Atlantis eingeleitet: der Strand von Atlantis samt umliegenden Bergen liegt innerhalb eines Rechtecks von 10 km Länge und 1 km Breite. Ein Strich im Sand hat mindestens eine Länge von 2 cm und eine Breite von 1 cm. Mithin passen auf den Strand von Atlantis höchstens 50 Milliarden Striche, dann gibt es keinen Platz mehr und man kann keinen Nachfolger bilden.

Hierauf bildeten sich in Atlantis zwei mathematische Schulen. Die Konservative Schule stützte sich nur auf experimentell Verifiziertes und entwickelte die ganze Mathematik unter der Voraussetzung, daß es eine größte natürliche Zahl Gig gibt (vergleiche hierzu Anthologie in [34]). Die Progressive Schule stellte sich auf den Standpunkt, daß der Strand der falsche Platz für die Experimente war und daß man das ganze in der Wüste hätte tun sollen, denn von der seien keine Grenzen bekannt.

Beide Schulen entwickelten mehr oder weniger die gleiche Mathematik. Aber weil sich die Progressiven nie mit der Zahl Gig herumschlagen mußten, waren die Beweise der Progressiven Schule kürzer und eleganter, was den wesentlichen Effekt hatte, daß die Progressiven viel mehr neue Ergebnisse fanden als die Konservativen. Freiwerdende Professorenstellen wurden deshalb stets mit Schülern von Professoren der Progressiven Schule besetzt, und die Konservative Schule verschwand.

Die zweite Grundlagenkrise traf die Stadt Atlantis, nachdem ihre Bewohner umweltfreundliche Solarmobile entwickelt hatten, die Vorstöße weit in die Wüste hinein erlaubten. Man rüstete eine Expedition aus, die 10 Tagesreisen tief in die Wüste vordringen sollte. Die Expedition kehrte jedoch schon nach acht Tagen zurück mit der Nachricht, daß die Wüste nur

1.2. Elementare Konzepte

vier Tagesreisen tief sei und dann an einem Strand endete. Eine zweite Expedition stellte zweifelsfrei fest, daß die Landmasse, auf der Atlantis lag, vollständig von Meer umgeben war und damit innerhalb eines endlichen Rechtecks lag.

Für die wissenschaftsgläubigen Bewohner von Atlantis brach die Welt zusammen. Wegen ihrer Abneigung gegen das Wasser mochten sie sich Striche oder irgendwie anders geartete Teile von Zahlen im Meer nicht vorstellen. Daß sie mit Hilfe einer Wissenschaft, die praktisch gesehen nicht stimmte, Solarmobile gebaut hatten, die praktisch funktioniert hatten, wodurch man erst beweisen konnte, daß die Wissenschaft nicht stimmt, das brachte die Bewohner von Atlantis völlig durcheinander. Sie verloren jeden, wirklich jeden Spaß am Leben und starben natürlich sogleich aus.

1.2.2 Induktion

Wir kehren zum Axiom (P5) zurück. Es erlaubt, Induktionsbeweise zu führen, zum Beispiel in

Satz 1.1 *Voraussetzung 1: Adam war ein Idiot.*
Voraussetzung 2: Wenn der Vater ein Idiot ist, dann auch der Sohn.
Behauptung: Alle Männer sind Idioten.

Beweis: Für jeden männlichen Nachkommen von Adam verfolgen wir die rein männliche Linie seiner Vorfahren bis zurück zu Adam. Für den Nachkommen, bei dem wir die Linie begonnen haben, und für jeden seiner Vorfahren einschließlich Adam machen wir einen Strich. Wir erhalten eine natürliche Zahl, die wir die *Generation* des Nachkommen nennen.

Wir nennen eine natürliche Zahl vom Typ 1, wenn alle männlichen Nachkommen von Adam, deren Generation gleich der gegebenen Zahl ist, Idioten sind; andernfalls nennen wir sie vom Typ 2.

Wir betrachten die Menge aller natürlichen Zahlen vom Typ 1. Wegen Voraussetzung 1 enthält sie die Eins. Enthält sie eine natürliche Zahl, so nach Voraussetzung 2 auch ihren Nachfolger. Nach Axiom (P5) ist sie damit gleich der Menge der natürlichen Zahlen, und jeder männliche Nachkomme von Adam ist ein Idiot. Die Behauptung folgt nun direkt daraus, daß Adam der erste Mann war [19, Genesis 1,26–28]. ∎

1.2.3 Variablen und der naive Mengenbegriff

In Axiom (P5) wurde schon der Mengenbegriff benutzt. Wir haben natürlich noch nicht vereinbart, was Mengen überhaupt sind, und deshalb hat Axiom (P5) bisher keine präzise

Bedeutung. Die Präzisierung des Mengenbegriffs wurde zunächst auf folgende Weise versucht:

Definition 1.1 *Eine* Menge *ist eine Zusammenfassung von wohldefinierten, paarweise verschiedenen Dingen zu einem Ganzen.*

Die Dinge, die zu einer Menge zusammengefaßt werden, heißen die *Elemente* der Menge. „Paarweise verschieden" bedeutet, daß das gleiche Ding nicht zweimal oder öfter in einer Menge vorkommen darf. „Wohldefiniert" heißt so klar und unmißverständlich beschrieben, daß wir uns damit wohlfühlen. Für jedes Ding muß ganz klar sein, ob es zur Menge gehört oder nicht.

Beispiel 1.1: Beispiele für Mengen sind:

1. die Menge der natürlichen Zahlen. Wir bezeichnen sie mit **N**;
2. endliche Mengen von Zahlen. Wir beschreiben sie, indem wir ihre Elemente in irgendeiner Reihenfolge durch Kommata getrennt zwischen geschweifte Klammern setzen. Die Menge der natürlichen Zahlen von Eins bis Zehn können wir also schreiben als $\{2, 1, 3, 4, 5, 6, 7, 8, 9, ||||||||||\}$.

Die Möglichkeit, Dinge zu Mengen zusammenzufassen, erlaubt die Einführung von *Variablen*: wir können nämlich aus einer gegebenen Menge irgendein beliebiges aber in der Folge festes Element aus der Menge herausgreifen und für dieses Element vorübergehend einen Namen verabreden. Die Verabredung treffen wir in einer einfachen Form wie: „Sei x aus **N**" oder „Für eine natürliche Zahl x ...". In der Folge können wir von dem herausgegriffenen Element all die Eigenschaften voraussetzen, die alle Elemente der gegebenen Menge haben. In unserem Beispiel können wir voraussetzen, daß x aus einem oder mehreren Strichen besteht. Wir können auch mehrere solche Elemente herausgreifen und ihnen verschiedene Namen geben. Das geschieht in einer Form wie: „Seien x und y aus **N**" oder „Für natürliche Zahlen x und y ...".

Die Erfindung von Variablen war ein ganz ungeheurer Fortschritt. Mit Variablen kann man beispielsweise ganz einfach durch einen Algorithmus die *Summe* von zwei natürlichen Zahlen definieren: „Für natürliche Zahlen x und y berechnet man die Summe von x und y indem man eine Kopie von x macht und dahinter eine Kopie von y hängt". Das *Produkt* zweier natürlicher Zahlen x und y kann man ebenfalls durch einen einfachen Algorithmus beschreiben: „Mache für jeden Strich in y eine Kopie von x und hänge alle diese Kopien von x hintereinander".

Ohne Variablen hätte man den Algorithmus zum Bilden der Summe von x und y so ausdrücken müssen: „Wir betrachten eine beliebige aber in der Folge feste erste natürliche Zahl

1.2. Elementare Konzepte

sowie eine beliebige aber in der Folge feste zweite natürliche Zahl. Die Summe dieser Zahlen berechnet man, indem man eine Kopie der ersten Zahl macht und dahinter eine Kopie der zweiten Zahl hängt". Im Mittelalter kannte man die moderne Notation noch nicht und man mußte in diesem Stil Mathematikbücher schreiben. Man darf vermuten, daß das den Fortschritt der Wissenschaft mindestens so sehr behindert hat wie die Inquisition.

Wir verabreden für den späteren Gebrauch hier einige Notationen. Es seien x, y und z natürliche Zahlen. Wir schreiben $z = x + y$ falls z die Summe von x und y ist und $z = x * y$ falls z das Produkt von x und y ist. Wir schreiben $x < y$, falls es eine natürliche Zahl z gibt, so daß $x + z = y$. Wir schreiben $x = y$, falls x und y als Zeichenreihen gleich sind. Wir schreiben $x \leq y$ falls $x < y$ oder $x = y$. Wir schreiben $x > y$ bzw. $x \geq y$, falls $y < x$ bzw. $y \leq x$. Offensichtlich gilt für alle $x, y, z \in \mathbf{N}$

- Aus $x < y$ und $y < z$ folgt $x < z$ (Transitivität).
- Es gilt genau eine der drei Relationen $x < y, x = y, y < x$.

Wir haben inzwischen genug moderne Notation entwickelt um zeigen zu können, daß Definition 1.1 auf kürzestem Weg ins Chaos führt. Wir nehmen hierzu an, daß durch Definition 1.1 wohldefiniert ist, was eine Menge ist. Dann ist die Zusammenfassung aller Mengen wieder eine Menge. Wir bezeichnen sie mit **M**. Sie enthält sich selbst als Element.

Wenn klar ist, was Mengen sind, können wir auch Variablen für Mengen benutzen. Sei N eine Menge. Es sei x eine natürliche Zahl oder eine Menge. Wir verabreden die Abkürzungen $x \in N$ für „x ist Element von N" und $x \notin N$ für „x ist nicht Element von N". Seien M und N Mengen. Wir sagen M ist *Teilmenge* von N oder kurz $M \subset N$, wenn jedes Element von M auch Element von N ist.

Will man eine Teilmenge M einer Menge N spezifizieren, so braucht man eine Regel, die für jedes Element x von N eindeutig festlegt, ob x in M aufgenommen wird oder nicht. Man spezifiziert dann M in der Form $M = \{x \mid x \in N \text{ und } \ldots\}$. Wo die Punkte stehen, schreibt man die Regel hin. Welche Regeln das leisten, ist nicht klar. Wir erinnern uns an unseren mißglückten Versuch, die einelementige Teilmenge der Menge der Männer von Bagdad zu definieren, die aus dem Barbier von Bagdad besteht. Wir werden uns mit diesen Regeln noch beschäftigen müssen. Ist y eine Menge, so leisten jedenfalls die Regeln $x \in y$ und $x \notin y$ das Gewünschte.

Lemma 1.2 *Sei A eine Menge, deren Elemente Mengen sind. Es sei $B = \{x \mid x \in A \text{ und } x \notin x\}$. Dann gilt $B \notin A$.*

Beweis: Wir nehmen an, daß B in A liegt. Dann gilt entweder $B \in B$ oder $B \notin B$. Gilt $B \in A$ und $B \notin B$, so folgt $B \in B$ aus der Definition von B, also ein Widerspruch. Gilt $B \in A$ und

$B \in B$, so folgt $B \notin B$ aus der Definition von B, also ebenfalls ein Widerspruch. Die Annahme $B \in A$ muß also falsch sein. ∎

Wir wenden Lemma 1.2 an mit $A = \mathbf{M}$. Dann ist B eine Menge, also folgt $B \in \mathbf{M}$ aus der Definition von $\mathbf{M}$. Andererseits folgt $B \notin \mathbf{M}$ aus Lemma 1.2. Es folgt daß $\mathbf{M}$ keine Menge sein kann!

Dieses wunderschöne Argument geht auf Cantor [5] und Russel [48] zurück. Russel ist übrigens auch Autor des hervorragenden Buches „Lob des Müßiggangs" [42].

Da nun klar ist, daß der naive Mengenbegriff unklar ist, sollten wir versuchen, uns schnellstens einen reichhaltigen Vorrat wohldefinierter Mengen zu beschaffen. Dies gelingt schließlich, erfordert aber Vorarbeiten: wir brauchen dazu Zeichenreihen, Ausdrücke und Funktionen. Für die Dauer dieser Vorarbeiten müssen wir mit dem naiven Mengenbegriff leben. Bei jeder neuen Menge, die wir definieren, haben wir nur unsere Intuition und kein formales Kriterium, um zu entscheiden, ob die Menge wohldefiniert ist oder ins Chaos führt.

Wir haben Variablen eingeführt, um Elemente aus Mengen zu bezeichnen. Obwohl die Menge aller Mengen wie wir gesehen haben keine Menge ist, wollen wir natürlich nicht auf den Luxus verzichten, Variablen für Mengen zu benutzen. Wir verabreden für die Notation „Sei M eine Menge" die Bedeutung: „Sei M eine Menge, von der wir bereits mit Hilfe unserer Intuition entschieden haben, daß sie wohldefiniert ist". Einige dieser Mengen haben wir oben schon kennengelernt. Sind M und N Mengen, so auch

$$
\begin{aligned}
M \cup N &= \{m \mid m \in M \text{ oder } m \in N\} \\
M \cap N &= \{m \mid m \in M \text{ und } m \in N\} \\
M \setminus N &= \{m \mid m \in M \text{ und } m \notin N\} \\
M \times N &= \{(m,n) \mid m \in M \text{ und } n \in N\} \\
\text{Pot}(M) &= \{m \mid m \subseteq M\}
\end{aligned}
$$

Die Menge $M \cup N$ heißt die *Vereinigung* von M und N. Die Menge $M \cap N$ heißt der *Durchschnitt* von M und N. Die Menge $M \times N$ heißt *kartesisches Produkt* von M und N. Die Menge $\text{Pot}(M)$ heißt die *Potenzmenge* von M.

Beispiel 1.2:

1.
$$
\begin{aligned}
\{1,2,3\} \cup \{3,4,5\} &= \{1,2,3,4,5\} \\
\{1,2,3\} \cup \mathbf{N} &= \mathbf{N} \\
\{1,2,3\} \cap \{3,4,5\} &= \{3\} \\
\{1,2,3\} \setminus \{3,4,5\} &= \{1,2\} \\
\{1,2,3\} \times \{1,4\} &= \{(1,1),(1,4),(2,1),(2,4),(3,1),(3,4)\}
\end{aligned}
$$

2. Bildet man den Durchschnitt zweier Mengen, die keine gemeinsamen Elemente haben, so entsteht die *leere Menge* {}, die keine Elemente hat. Die leere Menge ist ein faszinierendes Gebilde. Da sie aus lauter Dingen besteht, die nicht da sind, könnte man sich auf den Standpunkt stellen, daß es sie gar nicht gibt. Wir behandeln die leere Menge wie ein Loch: es ist selbst gar nichts und wird zum Loch erst durch seinen Rand. Die leere Menge ist allgegenwärtig, und wie bei allem, was allgegenwärtig ist, kümmert das natürlich niemanden. Erst wenn dort, wo Elemente sein könnten (z.B. zwischen zwei Mengenklammern), keine sind, wird die leere Menge zur Kenntnis genommen. Man kürzt die leere Menge auch mit dem Zeichen $\emptyset$ ab.

3. $Pot(\{1,2,3\}) = \{\emptyset, \{1\}, \{2\}, \{3\}, \{1,2\}, \{2,3\}, \{1,3\}, \{1,2,3\}\}$

Für jedes $k \in \mathbb{N} \setminus \{1\}$ und Mengen $m_1, \ldots, m_k$ definieren wir induktiv das kartesische Produkt $m_1 \times \ldots \times m_k$. Für $k = 2$ ist dies bereits definiert. Für $k \geq 2$ definieren wir $m_1 \times \ldots \times m_{k+1} = (m_1 \times \ldots \times m_k) \times m_{k+1}$. Ist $m_1 = \ldots = m_k$, so schreiben wir für $m_1 \times \ldots \times m_k$ auch m^k. Elemente aus $m_1 \times \ldots \times m_k$ heißen *k-Tupel*. Statt $((\ldots((a_1, a_2), a_3), \ldots), a_k)$ schreiben wir einfach $(a_1, \ldots, a_k)$.

1.2.4 Funktionen und Relationen

Die naive Definition des Funktionsbegriffs läßt sich leicht angeben:

Definition 1.2 *Seien X und Y Mengen. Eine* Funktion *f von X nach Y ist eine Abbildungsvorschrift, die jedem Element $x \in X$ genau ein Element $f(x) \in Y$ zuordnet. X heißt* Definitionsbereich *und Y heißt* Wertebereich *der Funktion f. Das Element $f(x)$ heißt Funktionswert von f an der Stelle x.*

Den Sachverhalt, daß f Funktion von X nach Y ist, kürzt man auch ab mit

$$f : X \to Y.$$

Die Menge

$$\{(x,y) \in X \times Y \mid y = f(x)\}$$

heißt *Graph* der Funktion, weil man ihn — eben graphisch — aufmalen kann, zumindest wenn die Mengen X und Y Teile der Zahlengeraden sind (was immer das ist.) Es stellen sich sofort die folgenden beunruhigenden Probleme:

1. Was ist eine *Vorschrift*? Nehmen wir Vorschrift als Synonym für Beschreibung, so führt dies sehr leicht ins Chaos, wie wir bereits in Abschnitt 1.1 gesehen haben.

2. Erlauben wir nur Algorithmen als Abbildungsvorschriften, so müssen wir den Algorithmenbegriff präzisieren, bevor wir den Funktionsbegriff präzisieren können. Die Präzisierung dieses Begriffs ist in der Tat möglich [26, 46] und Funktionen, die man durch Algorithmen berechnen kann heißen *berechenbare* oder auch *rekursive* Funktionen [41]. Man benutzt bei dieser Präzisierung zwar massiv gewisse Funktionen, aber die sind von so einfacher Art, daß man diese eingeschränkte Sorte von Funktionen vorab präzisieren könnte. Aber selbst wenn wir diesen mühevollen Weg wählen würden, blieben die Fragen

3. Sind Funktionen etwas grundlegend anderes als Mengen? und

4. Welche der Abbildungen 1.1(a) bis (d) sind Graphen von Funktionen? Intuitiv kann man leicht detaillierte Vorschriften zum Malen der Bilder 1.1(a) und (b) angeben. Diese Bilder sind also zumindest im intuitiven Sinn Graphen berechenbarer Funktionen. Bild 1.1(d) kann offensichtlich nicht Graph einer Funktion sein: zum Wert x gäbe es drei Funktionswerte, nämlich y_1, y_2 und y_3. Dieser Einwand kann gegen Bild 1.1(c) nicht geltend gemacht werden. Man kann auch im Zusammenhang mit Bild 1.1(c) über viele Dinge reden, über die man gerne bei Funktionen redet, zum Beispiel über die Fläche unter dem Graph zwischen x_1 und x_2. Andererseits ist keine Rechenvorschrift erkennbar, mit der dieses Bild erstellt wurde.

Mit all dieser Konfusion räumt der moderne Funktionsbegriff auf. Die Vorgehensweise ist erstaunlich rabiat.

Definition 1.3 *Seien X und Y Mengen. Eine Funktion von X nach Y ist eine Teilmenge f von X × Y für die gilt: für jedes $x \in X$ gibt es genau ein $y \in Y$ so daß $(x,y) \in f$.*

Im modernen Funktionsbegriff *ist* der Graph die Funktion. Von Vorschriften zur Konstruktion von Funktionswerten ist keine Rede mehr. Funktionen sind einfach gewisse Teilmengen kartesischer Produkte. Ist Z eine Teilmenge des Definitionsbereichs X, so bezeichnet man mit

$$f(Z) = \{f(x) \mid x \in Z\}$$

die Menge aller Funktionswerte von Elementen in Z. Diese Definition ist übrigens *nicht* harmlos. Wir verweisen ausdrücklich auf Übung 1.2.

Die Menge $\{f \mid f : X \to Y\}$ aller Funktionen von X nach Y wird gelegentlich mit Y^X bezeichnet.

Gelegentlich schwächt man die obige Definition 1.3 ab und verlangt, daß es für jedes x *höchstens* ein y mit $(x,y) \in f$ gibt. Solche Funktionen nennt man *partiell*. Will man betonen, daß eine Funktion nicht partiell ist, nennt man sie *total*.

1.2. Elementare Konzepte

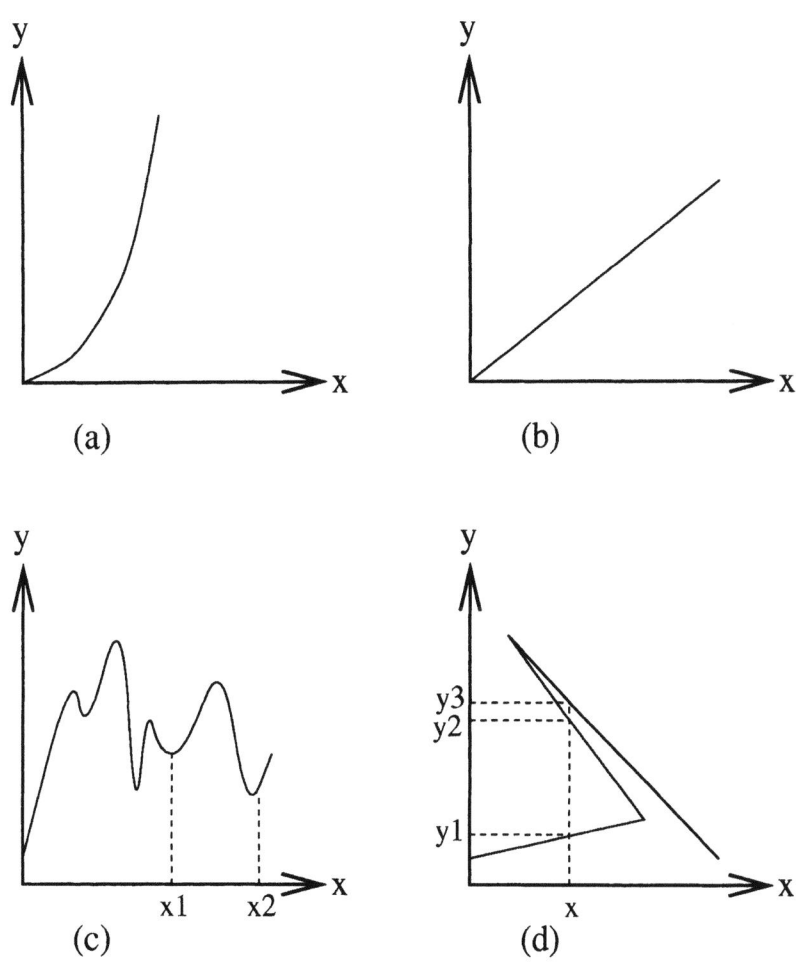

Abbildung 1.1: Darstellung von vier Graphen

Für das praktische Arbeiten mit Funktionen benutzt man meistens *nicht* die mengentheoretische Schreibweise. Vielmehr benutzt man statt $(x,y) \in f$ in der Regel eine der folgenden Notationen:

1. $y = f(x)$ (Standardnotation)
2. $y = fx$ (Präfixnotation)
3. $y = xf$ (Postfixnotation).

Beispiel 1.3:

1. Für die Nachfolgerfunktion haben wir die Standardnotation $N(x)$ benutzt.
2. Für die *Negation* $\sim: \{0,1\} \to \{0,1\}$ (siehe Bedeutung und Funktionstabelle 1.2 in Abschnitt 1.3.2) wird in der Regel die Präfixnotation $\sim x$ benutzt.
3. In [27] wird für die Nachfolgerfunktion $N(x)$ die Postfixnotation x' benutzt.

Ist der Definitionsbereich X ein kartesisches Produkt $X = M_1 \times \cdots \times M_k$, so schreibt man statt $((x_1, \ldots, x_k), y) \in f$ in Standardnotation $f(x_1, \ldots, x_k) = y$. Der Fall $k = 2$ ist besonders häufig. Man benutzt statt $((x_1, x_2), y) \in f$ bzw. $f(x_1, x_2) = y$ sehr oft die *Infixnotation* $x_1 f x_2 = y$. Beispielsweise schreibt man statt $((1,1), 2) \in +$ in der Regel $1 + 1 = 2$. Infixnotation wird insbesondere auch für die Funktionen $\wedge$ und $\vee$ (siehe Bedeutung und Funktionstabelle 1.3 in Abschnitt 1.3.2) benutzt.

Viele weitere Notationen sind geläufig. Wir kennen aus der Schule die Schreibweisen $\sqrt{x}$, $\sqrt[x_1]{x_2}$, $x_1^{x_2}$, $\log x$ und $\log_{x_1} x_2$. Statt $\sim x$ schreibt man oft $\bar{x}$. Wir kehren zu diesen Notationen in Kapitel 2 zurück.

Definition 1.4 *Für $i \in \{1, 2\}$ seien $f_i : X_i \to Y_i$ Funktionen. Es gelte $X_1 \subseteq X_2$ und $f_1(x) = f_2(x)$ für alle $x \in X_1$. Dann heißt f_1 Einschränkung von f_2 und f_2 heißt Fortsetzung von f_1 auf X_2.*

Definition 1.5 *Eine Funktion $f : X \to Y$ heißt* injektiv *oder* umkehrbar *wenn es zu jedem $y \in Y$ höchstens ein $x \in X$ gibt mit $f(x) = y$. f heißt* surjektiv *falls es zu jedem $y \in Y$ mindestens ein $x \in X$ gibt mit $f(x) = y$. f heißt* bijektiv *falls f injektiv und surjektiv ist. Sei $f : X \to Y$ eine bijektive Funktion. Die Funktion $g : Y \to X$, bei der für jedes $y \in Y$ $g(y) = x$ gilt mit $f(x) = y$, heißt die* Umkehrfunktion *zu f und wird mit f^{-1} bezeichnet.*

1.2. Elementare Konzepte

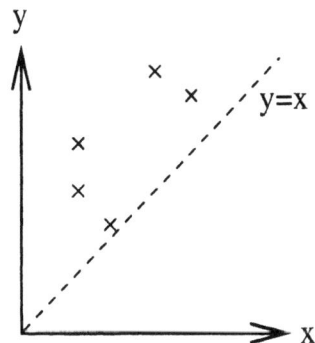

Abbildung 1.2: Teil des Graphen der Relation $x < y$

Beispiel 1.4: Die Nachfolgerfunktion $N : \mathbf{N} \to \mathbf{N}$ ist injektiv aber nicht surjektiv. Die Abbildung $s : \mathbf{N} \to \{1\}$ mit $s(i) = 1$ für alle i ist surjektiv aber nicht injektiv. Die Addition $+ : \mathbf{N}^2 \to \mathbf{N}$ ist weder injektiv noch surjektiv. Sei $X = \{x_1, x_2, \ldots\}$ eine Menge von Variablen. Die Abbildung $b : \mathbf{N} \to X$ mit $b(i) = x_i$ für alle i ist bijektiv. Bijektive Abbildungen nennt man auch *Bijektionen*.

Definition 1.6 *Eine Menge X heißt* abzählbar, *wenn X endlich ist oder wenn es eine bijektive Abbildung* $b : \mathbf{N} \to X$ *gibt.*

Abzählbar sind also genau diejenigen Mengen, deren Elemente man durchnumerieren kann. Für welche Mengen das gilt, untersuchen wir später. Sei $M = \{M_1, M_2, \ldots\}$ eine abzählbare Menge von Mengen, mit $M_i \subseteq S$ für alle i. Die Menge

$$\bigcup_{i \in \mathbf{N}} M_i = \{s \in S \mid \text{ es gibt ein } i \in \mathbf{N} \text{ mit } s \in M_i\}$$

heißt die (abzählbare) *Vereinigung* der Mengen M_i.

Der moderne Funktionsbegriff ist ein Spezialfall des modernen Relationsbegriffs. Bei der Definition des modernen Relationsbegriffs geht man genau so vor wie bei Funktionen. Relationen zwischen Elementen aus Mengen X und Y kann man graphisch darstellen, zumindest solange X und Y Teilmengen der Zahlengeraden sind. Der *Graph* einer Relation R ist die Menge aller Paare $(x, y) \in X \times Y$, für die Relation R erfüllt ist. Abbildung 1.2 zeigt (einige wenige) Paare $(x, y) \in \mathbf{N}^2$, für welche die Relation $x < y$ erfüllt ist. Nun definiert man wieder: der Graph *ist* die Relation.

Definition 1.7 *Eine* Relation *zwischen X und Y ist eine Teilmenge R von* $X \times Y$.

Für $(a,b) \in R$ schreibt man üblicherweise $a\,R\,b$. Insbesondere schreibt man statt $(1,2) \in <$ üblicherweise $1 < 2$.

Eine Relation $R \subseteq X \times Y$ heißt *rechtseindeutig*, falls es zu jedem $x \in X$ höchstens ein $y \in Y$ gibt so daß $(x,y) \in R$ gilt. Partielle Funktionen sind also einfach rechtseindeutige Relationen.

Ist $X = Y$ so heißt R eine Relation *auf* X. Beispielsweise sind $=, <$ und $\leq$ alles Relationen auf $\mathbb{N}$. Für solche Relationen verabreden wir einige Bezeichnungen.

1. R heißt *symmetrisch*, falls für alle $x,y \in X$ gilt: aus $x\,R\,y$ folgt $y\,R\,x$.

2. R heißt *antisymmetrisch*, falls für alle $x,y \in X$ mit $x \neq y$ gilt: $x\,R\,y$ gilt nicht oder $y\,R\,x$ gilt nicht.

3. R heißt *transitiv*, falls für alle $x,y,z \in X$ gilt: aus $x\,R\,y$ und $y\,R\,z$ folgt $x\,R\,z$.

4. R heißt *reflexiv*, falls für alle $x \in X$ gilt: $x\,R\,x$.

5. R heißt *total*, falls für alle $x,y \in X$ gilt: es gilt mindestens eine der Relationen $x\,R\,y$ und $y\,R\,x$.

6. R heißt *Ordnungsrelation* oder kurz *Ordnung*, falls R transitiv ist und für alle $x,y \in X$ mit $x \neq y$ gilt: es gilt genau eine der Relationen $x\,R\,y$, $y\,R\,x$.

Beispiel 1.5: Die Relation $=$ ist symmetrisch, transitiv und reflexiv. Die Relation $<$ ist Ordnungsrelation. Die Relation $\leq$ ist transitiv, reflexiv, antisymmetrisch und total.

1.2.5 Zeichenreihen

Da Rechnen nichts anderes ist als das Manipulieren von Zeichenreihen nach gewissen formalen Regeln, sind Zeichenreihen für uns von besonderem Interesse. Mit den mathematischen Konzepten, die wir bereits zur Verfügung haben, kann man sich auf verschiedene Weisen leicht Zeichenreihen konstruieren, beispielsweise indem man sich zunächst auf irgendeine Weise einen Zeichenvorrat A verschafft und dann das kartesische Produkt A^n als die Menge der Zeichenreihen mit n Zeichen auffaßt. Ein ganz einfaches Beispiel ist $A = \{|\}, A^3 = \{((|,|),|)\}$. Das Beispiel zeigt schon, daß bei dieser Vorgehensweise strikt formal betrachtet die natürliche Zahl $|||$ keine Zeichenreihe mit drei Zeichen aus dem Zeichenvorrat $\{|\}$ ist.

Mit ein paar geistigen Verrenkungen kann man versuchen, diese Situation zu korrigieren: wir haben bereits $(|,|,|)$ als Abkürzung für $((|,|),|)$ verabredet, und wir können im Zusammenhang mit Zeichenreihen für $(a_1,\ldots,a_n)$ natürlich die Abkürzung $a_1\ldots a_n$ verabreden.

1.2. Elementare Konzepte

Damit haben wir uns zwei Bedeutungen für ||| eingehandelt, nämlich ||| *an sich* und ||| als Abkürzung für ((|,|),|). Wir müssen uns hüten, die beiden ganz zu identifizieren, da ((|,|),|) Element des kartesischen Produktes $\{|\}^3$ ist, und das wurde induktiv insbesondere mit Hilfe von ||| an sich definiert.

Wir retten uns durch eine neue Konvention: die bisherigen Folgen von Strichen an sich nennen wir die *alten natürlichen Zahlen* und reden nicht mehr von ihnen, und die neuen Folgen von Strichen als Abkürzungen von Elementen kartesischer Produkte nennen wir ab jetzt die natürlichen Zahlen. Jetzt gilt endlich $||| \in \{|\}^3$ aber die natürlichen Zahlen sind nichts Absolutes mehr. Die letzte Rettung liefert die Metaphysik. Man sagt, daß Striche an sich und Striche als Abkürzungen bloß *Darstellungen* von natürlichen Zahlen sind; die natürlichen Zahlen sind zwar absolut, aber so abstrakt, daß wir gar nicht genau sagen können was sie sind. Wir können nur einige ihrer Eigenschaften in Form der Peano-Axiome aufzählen. Das ist — man soll's nicht meinen — die derzeit vorherrschende Meinung.

Wir schließen uns metaphysischen Ideen nicht an, wo wir mühelos ohne sie auskommen können. Zeichenreihen sind die einfachste Sache der Welt und genauso grundlegend wie die natürlichen Zahlen. Die Menge A_{math} sämtlicher in diesem Buch vorkommenden Zeichen einschließlich Komma, Sonderzeichen und Leerzeichen ist eine wohldefinierte endliche Menge. Ihre Elemente aufzulisten würde nicht die geringsten Schwierigkeiten bereiten. Ein *Zeichenvorrat* oder *Alphabet* ist eine nichtleere Teilmenge von A_{math}. Sei A ein Alphabet. Wir bezeichnen mit A^+ die Menge aller endlichen Zeichenreihen, die nur aus Zeichen aus A bestehen. Die *Länge* einer Zeichenreihe $z \in A^+$ ist die Anzahl von Zeichen, aus der die Zeichenreihe besteht. Wir kürzen sie mit $l(z)$ ab. Sei $n \in \mathbf{N}$. Wir bezeichnen mit A^n die Menge aller Zeichenreihen aus A^+ mit Länge n. Offensichtlich gilt

$$A^+ = \bigcup_{i \in \mathbf{N}} A^i.$$

Die Notation ist mit der für kartesische Produkte — und für das Potenzieren beim gewöhnlichen Rechnen — identisch. Es würde keine Schwierigkeiten machen, verschiedene Notationen zu benutzen. Aus dem Zusammenhang wird immer klar sein, was wir meinen.

Beispiel 1.6:

1. Sei $A = \{0, 1\}$. Dann ist 0101 eine Zeichenreihe der Länge 4 mit Zeichen aus A. Es ist $A^2 = \{00, 01, 10, 11\}$ und $A^+ = \{0, 1, 00, 01, 10, 11, 000, \ldots\}$.
2. $\mathbf{N} = \{|\}^+$.
3. Der Text dieses Buchs ist — als Zeichenreihe betrachtet — ein Element von A_{math}^+.

Die formale Sicht des dritten Beispiels, in der man Sätze oder gar ganze Texte als bloße Zeichenreihen betrachtet und von ihrem Inhalt ganz abstrahiert, führt auch zu der folgenden Definition 1.8.

Definition 1.8 *Sei A ein Alphabet. Eine Teilmenge $L \subseteq A^+$ heißt (formale)* Sprache *in A^+.*

Beispiel 1.7:

1. Es ist $\{0\}^+ = \{0, 00, 000, \ldots\}$ eine Sprache in $\{0,1\}^+$.
2. Es sei $L_{deutsch}$ die Menge der Sätze, die man aus den Wörtern des Duden mit den Regeln der Deutschen Grammatik bilden kann. Dann ist $L_{deutsch}$ eine formale Sprache in A^+_{math}. Sie enthält außer den sinnvollen Sätzen der Deutschen Sprache wie „Mäh'n Äbte Heu? Äbte mäh'n nie Heu, Äbte mäh'n Gras."[1] jede Menge sinnloser Sätze wie „Eure Sonne tropft lila".
3. Programmiersprachen L definiert man in der Regel in zwei Stufen. Zuerst definiert man L als formale Sprache, d.h. man legt formal die Zeichenreihen fest, die als wohlgeformte Programme angesehen werden. Nur für diese Zeichenreihen legt man in einem zweiten Schritt ihre Bedeutung fest in Form eines Algorithmus, der Eingabedaten in Ausgabedaten umformt.

Sind f und g Zeichenreihen aus A^+, so heißt die Zeichenreihe, die man durch Hintereinanderschreiben von f und g erhält, die *Konkatenation* von f und g. Beispielsweise erhält man durch Konkatenation von 001 und 0 die Zeichenreihe 0010. Die Konkatenation ist eine Abbildung von $(A^+)^2$ nach A^+. Für die Konkatenation von Zeichenreihen f und g werden verschiedene Notationen benutzt: $f \circ g, \text{cat}(f,g)$ oder einfach fg. Sind L und M Sprachen, so ist

$$LM = \{lm \mid l \in L \text{ und } m \in M\}$$

die Menge von Zeichenreihen, die man erhält indem man ein Wort aus M hinter ein Wort von L hängt.

Beispiel 1.8:

1. $\{|\}\{|\}^+ = \{x \in \mathbf{N} \mid x \geq 2\}$.
2. Die Menge $\{1, \ldots, 9\} \cup \{1, \ldots, 9\}\{0, \ldots, 9\}^+$ wird später die Menge der Dezimaldarstellungen natürlicher Zahlen. Den Zeichenreihen aus dieser Menge haben wir bisher noch keinerlei Bedeutung zugeordnet.

Seien f und g Zeichenreihen. Die Zeichenreihe g heißt *echtes Anfangswort* von f, falls es eine Zeichenreihe h gibt, so daß $f = gh$ gilt. Die Zeichenreihe g heißt *Anfangswort* von f, falls g echtes Anfangswort von f ist, oder falls $f = g$ gilt. Die Zeichenreihe g heißt *echtes Endwort* von f, falls es eine Zeichenreihe h gibt, so daß $f = hg$ gilt. Die Zeichenreihe g heißt

---
[1] Wer diese Sätze nur hört und nicht liest, versteht sie in der Regel nicht und ordnet sie der griechischen Sprache zu.

1.2. Elementare Konzepte

Endwort von f, falls g echtes Endwort von f ist, oder falls $f = g$ gilt. Die Zeichenreihe g heißt *echte Teilzeichenreihe* oder *echtes Teilwort* von f, falls es Zeichenreihen u und v gibt, so daß $f = ugv$ oder $f = ug$ oder $f = gv$ gilt. Die Zeichenreihe g heißt *Teilzeichenreihe* oder *Teilwort* von f, falls g echte Teilzeichenreihe von f ist, oder falls $f = g$ gilt.

> **Beispiel 1.9:** Die Zeichenreihe 01 ist echtes Anfangswort von 0101. Die Zeichenreihe 10 ist Teilwort aber nicht Anfangswort von 0101.

Auf endlichen Zeichenvorräten A kann man immer eine Ordnung < dadurch definieren, daß man die Zeichen aus A in einer festen Reihenfolge aufzählt (z.B. für $A = \{a, \ldots, z\}$ die alphabetische) und dann $z_1 < z_2$ definiert, falls Zeichen z_1 in der verabredeten Reihenfolge vor z_2 aufgezählt wird.

Eine Ordnung < auf A kann man immer zu einer *lexikographischen* Ordnung $<_{lex}$ auf A^+ ausdehnen durch die folgende Definition 1.9.

Definition 1.9 *Sei < eine Ordnung auf A. Die Relation $<_{lex}$ heißt lexikographische Ordnung auf A^+ falls für alle $x, y \in A^+$ genau dann $x <_{lex} y$ gilt wenn entweder x ein echtes Anfangswort von y ist oder falls es Anfangsworte wa und wb oder a und b von x und y gibt mit $a, b \in A$ und $a < b$.*

> **Beispiel 1.10:** Sei $A = \{a, \ldots, z\}$ und < die Ordnung, die man erhält, wenn man die Zeichen aus A alphabetisch aufzählt. Dann gilt $l < t$, aber nicht $l < j$. Es gilt für die lexikographische Ordnung $<_{lex}$ auf A^+: $saal <_{lex} saat$ und $latte <_{lex} tanne <_{lex} tannen$.

Die obigen Definitionen sind mathematisch gesehen alle so einfach und harmlos, daß man kein weiteres Wort über sie zu verlieren braucht. Es gibt jedoch ein kleines lästiges Problem, das im Zusammenhang mit Zeichenreihen sehr oft auftritt und das wir dem Leser nicht verschweigen wollen. Im einfachsten Fall tritt das Problem auf, wenn wir einen Zeichenvorrat spezifizieren wollen, der das Leerzeichen und das Komma enthält, etwa

$$\{a, b, , 0, 1, ,\}$$

oder

$$\{, ,\}.$$

Das kann man noch verstehen, aber man muß schon die Größe der Zwischenräume zwischen den Kommata ausmessen.

Die Schwierigkeit tritt immer dann auf, wenn wir in einer Sprache $L \subseteq A^+$ auf die Objekte einer Sprache $L' \subseteq A^+$ bezugnehmen, wobei eine in L zum *Trennen* verwendete Zeichenreihe auch in Sprache L' vorkommt. Im obigen Beispiel sind Komma und Zwischenraum beide sowohl Trennzeichen als auch Objekte, von denen geredet wird.

Das gleiche Problem tritt in Programmiersprachen $L \subseteq A^+$ auf, die Zeichenreihen $z \in A^+$ manipulieren können. Innerhalb des Programmtextes $P \in A^+$ spezifiziert man z als Datum, indem man es in Hochkommata setzt. Man spezifiziert also die Zeichenreihe xyz durch 'xyz'. In der Regel sind besondere Maßnahmen nötig, wenn wir eine Zeichenreihe z spezifizieren wollen, in der ein Hochkomma auftritt. Ebenso trennt man in Programmen Kommentare durch spezielle Zeichen vom eigentlichen Programmtext, die dann selbst innerhalb des Kommentars nicht erscheinen dürfen.

In der Deutschen Sprache wird das Wort „und" zum Trennen zwischen Begriffen benutzt und tritt deshalb nie fünf mal hintereinander in einem Satz der Deutschen Sprache auf. Als jedoch neulich die bekannte Saarbrücker Buchhandlung „Bock und Seip" bei einem Maler ein neues Ladenschild bestellte, da hatte der Maler gerade kein besonders langes Brett in seinem Lager. So gut er konnte quetschte er den Text auf das längste Brett, das er in seiner Werkstatt fand. Bei Lieferung des Schilds fragte der Buchhändler prompt: „Warum haben Sie zwischen Bock und und und und und Seip keinen größeren Zwischenraum gelassen?"

1.2.6 Zeichensätze

Für den Leser, der sich auf Dauer mit Zeichen aus dem Zeichenvorrat A_{math} nicht begnügen will oder vielleicht genau wissen möchte, wie man sich einen der abzählbar unendlichen Zeichenvorräte verschafft, die in der Literatur bisweilen vorausgesetzt werden, geben wir ein sehr allgemeines Rezept zur Konstruktion von neuen Zeichensätzen an.

Nicht jede endliche Menge A ist ein Zeichenvorrat. Ein Beispiel ist $A = \{|, ||\}$, da $cat(|,||) = cat(||,|) = |||$, d.h. $|||$ kann nicht eindeutig in Elemente aus A zerlegt werden. Intuitiv ist die Zerlegbarkeit von Zeichenreihen in ihre Zeichen die wesentliche Anforderung, die wir an einen Zeichenvorrat stellen.

Für die Konstruktion neuer Zeichenvorräte gehen wir davon aus, daß es zumindest einen Zeichenvorrat schon gibt. Wir benutzen hier die Menge $\{0, 1\}$. Nun machen wir einen kleinen Umweg über den Begriff des binären Codes. Sei B Menge. Eine injektive Abbildung $c: B \to \{0,1\}^+$ heißt ein *binärer Code* von B. Ist B endlich, so heißt c ein *endlicher* Code. Die Elemente der Menge $\{c(b) \mid b \in B\}$ heißen die *Codeworte* des Codes c.

Beispiel 1.11:

1. Ein sehr bekannter endlicher binärer Code ist der sogenannte ASCII-Code $c_{asc} : A_{fast} \to \{0,1\}^7$ aus Tabelle 1.1.

1.2. Elementare Konzepte

Bit 0-3	Bit 4-6							
	000	001	010	011	100	101	110	111
0000	^@	^p	Leer	0	@	P	`	p
0001	^a	^q	!	1	A	Q	a	q
0010	^b	^r	"	2	B	R	b	r
0011	^c	^s	#	3	C	S	c	s
0100	^d	^t	$	4	D	T	d	t
0101	^e	^u	%	5	E	U	e	u
0110	^f	^v	&	6	F	V	f	v
0111	^g	^w	'	7	G	W	g	w
1000	^h	^x	(	8	H	X	h	x
1001	^i	^y	)	9	I	Y	i	y
1010	^j	^z	*	:	J	Z	j	z
1011	^k	^[	+	;	K	[	k	{
1100	^l	^\	,	<	L	\	l	|
1101	^m	^]	-	=	M	]	m	}
1110	^n	^^	.	>	N	^	n	~
1111	^o	^_	/	?	O	_	o	DEL

Tabelle 1.1: Tabelle des ASCII-Codes. In den ersten beiden Spalten bedeutet das führende Zeichen ^, daß das folgende Zeichen zusammen mit der Control-Taste gedrückt wird, z.B. ^e bedeutet Control und e, ^^ bedeutet Control und ^. In der letzten Spalte bezeichnet DEL die Delete Taste.

2. Sei $B = \{1,2\}$ und $c(1) = 1, c(2) = 11$. Dann ist c ebenfalls ein endlicher binärer Code.

Jeden Code $c: B \to \{0,1\}^+$ kann man durch die Vorschrift

$$c(b_1,\ldots,b_k) = c(b_1)\ldots c(b_k)$$

zu einer Abbildung $c: B^+ \to \{0,1\}^+$ fortsetzen, d.h. man kodiert einfach Zeichen für Zeichen. Beispielsweise ist $c_{asc}(2a3) = 0110001011000010110011$. Die Fortsetzung ist nicht notwendig injektiv und damit nicht notwendig ein Code. Im zweiten Beispiel ist $c(1,2) = c(2,1) = 111$.

Wir definieren nun: c heißt *Präfix-Code* wenn für alle $x, y \in B$ gilt: ist $x \neq y$, so ist weder $c(x)$ Anfangswort von $c(y)$ noch ist $c(y)$ Anfangswort von $c(x)$.

Lemma 1.3 *Die Fortsetzung eines Präfix-Codes ist immer ein Code.*

Beweis: Wir zeigen durch Induktion über k: ist $b \in B^k$, so kann $c(b)$ eindeutig dekodiert werden. Für $k = 1$ gilt dies, weil die ursprüngliche Abbildung c ein Code ist. Ist $b = b_1 \ldots b_k \in B^k$ und man kennt nur $c(b) = c(b_1) \ldots c(b_k)$, so findet man leicht $c(b_1)$: es ist das Anfangswort von $c(b)$, das in $c(B)$ liegt. Zwei verschiedene solche Anfangsworte kann es nicht geben, da c Präfix-Code ist. Streichen des Anfangsworts $c(b_1)$ aus $c(b)$ liefert $c(b_2) \ldots c(b_k)$. Nach Induktionsvoraussetzung ist das eindeutig dekodierbar. ∎

Ist c ein Code und die Codeworte $c(x)$ sind gleich lang für alle $x \in B$, so ist c offenbar ein Präfix-Code. Weiterhin ist $c_u : \mathbb{N} \to \{0,1\}^+$ mit $c_u(x) = 0^x 1$ ein unendlicher Präfix-Code, die sogenannte *unäre Zahlendarstellung*, da $l(c_u(x)) = x + 1$. Aus einem beliebigen Code c kann man einen Präfix-Code c' mittels

$$c'(x) = c_u(l(c(x)))c(x) \qquad (1.1)$$

konstruieren. Das bedeutet, daß man einem Codewort die unäre Darstellung seiner Länge als „Trennzeichen" voranstellt. Im zweiten Teil von Beispiel 1.11 ist $l(c(1)) = 1$ und $l(c(2)) = 2$. Dann wird $c'(1) = 011$, $c'(2) = 00111$, und die Fortsetzung von c' auf die Menge $\{1,2\}^+$ ist injektiv. Insbesondere ist $c'(1,2) = 01100111 \neq 00111011 = c'(2,1)$. Man beachte, daß die Eigenschaft, durch ein Trennzeichen einen Präfix-Code zu erzeugen, eventuell verlorengeht wenn man das Trennzeichen hinter $c(x)$ plaziert; siehe hierzu Übung 1.6.

Sei $n \in \mathbb{N}$. Zeichensätze mit n Zeichen kann man nun im folgenden Sinn als Codes $c : \{1,\ldots,n\} \to \{0,1\}^+$ auffassen: für jedes $z \in \{1,\ldots,n\}$ kann man das z-te Zeichen *zeichnen*, indem man ein ursprünglich weißes Rechteck in kleine Quadrate einteilt und einige dieser kleinen Quadrate schwarz einfärbt. Dies ist in Abbildung 1.3 für die Buchstaben 'n', 'm', 'f' und das Leerzeichen vorgeführt. Die kleinen Quadrate heißen *Pixel*. Für $z \in \{1,\ldots,n\}$ sei das Rechteck, mit dem das z-te Zeichen dargestellt wird $b(z)$ Pixel breit und h Pixel hoch. Die Höhe h hängt in der Regel nur vom Zeilenabstand ab. Wir numerieren die Punkte dieses Rechtecks von 1 bis $b(z) * h$ spaltenweise durch. Dann definieren wir $c(z) \in \{0,1\}^{b(z)*h}$ als die Folge der Farben der Pixel des Rechtecks in dieser Reihenfolge, wobei wir statt „weiß" 0 und statt „schwarz" 1 schreiben. Sind 'm' und 'n' das 14-te bzw. 15-te Zeichen des Zeichenvorrats, so erhält man im obigen Beispiel

$c(14) \quad = \quad 0011111000100000100000010000000111100100000010000000111100000000$
$c(15) \quad = \quad 00111110001000001000000100000001111000000000$

Bei jedem Zeichenvorrat erhält man auf diese Weise einen Präfix-Code. In dem von uns gewählten Beispiel wird der Code übrigens erst durch die leere Spalte am rechten Rand der Rechtecke zu einem Präfix-Code. Ohne die Spalte wäre $c(15)$ Präfix von $c(14)$. Die leere Spalte dient als Trennzeichen.

Umgekehrt kann man aus n, h und einem Präfix-Code $c : \{1,\ldots,n\} \to \{0,1\}^+$ immer Bilder von Zeichen konstruieren, sofern nur die Länge eines jeden Codeworts $c(z)$ ein Vielfaches von h ist. Deshalb kann man in sehr allgemeiner Weise formal endliche Zeichensätze durch Tripel (n,h,c) mit den eben genannten Eigenschaften spezifizieren. Die Zeichen des Codes werden spezifiziert durch die Codeworte des Codes c.

1.3. Rechnen

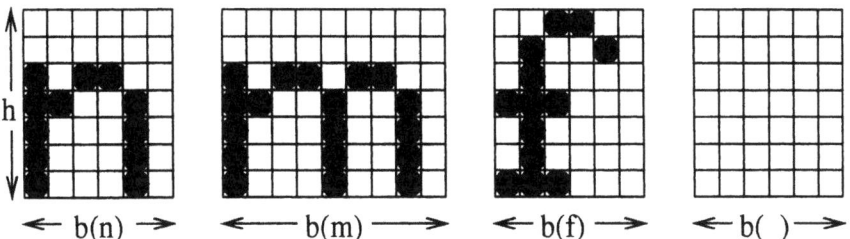

Abbildung 1.3: Unterteilung einiger Zeichen in Pixel

Abzählbar unendliche Zeichensätze spezifiziert man durch Paare (h,c) mit den Eigenschaften

1. $h \in \mathbf{N}$,

2. $c: \mathbf{N} \to \{0,1\}^+$ ist ein Präfix-Code, und

3. für alle $n \in \mathbf{N}$ ist die Länge von $c(n)$ ein Vielfaches von h.

Kodieren wir auf die oben beschriebene Weise die abzählbar unendliche Menge von Zeichenreihen
$$\{V|, V||, V|||, \ldots\},$$
so erhalten wir im formalen Sinn einen unendlichen Zeichenvorrat. Solche Zeichenvorräte sind gemeint, wenn von *abzählbaren Mengen von Variablen* gesprochen wird. Kodieren wir auf die gleiche Weise jedoch die Menge
$$\mathbf{N} = \{|, ||, |||, \ldots\},$$
so erhalten wir keinen Zeichenvorrat.

Für den Rest dieses Textes werden wir uns jedoch auf Zeichenvorräte beschränken, die Teilmengen von A_{math} sind.

1.3 Rechnen

Eine der größten und schlagkräftigsten mathematischen Entdeckungen überhaupt ist das 'gewöhnliche' Rechnen mit Ausdrücken und Identitäten, wie wir es aus der Schule kennen. In der Schule rechnet man beispielsweise für natürliche Zahlen (und viele andere, von denen wir noch nicht gesprochen haben)

$$
\begin{align}
(x+y)*(x+y) &= x*(x+y)+y*(x+y) \tag{1.2}\\
&= x*x+x*y+y*x+y*y \tag{1.3}\\
&= x*x+x*y+x*y+y*y \tag{1.4}\\
&= x*x+2*x*y+y*y. \tag{1.5}
\end{align}
$$

Wir wollen diese Art zu rechnen rechtfertigen. Dazu müssen wir uns zuerst klarmachen, was bei der obigen Rechnung genau vor sich geht und was es daran zu rechtfertigen gibt[2]. Erstaunlich viel! Die obige Rechnung ist — ganz formal betrachtet — eine Reihe von Zeichen. Diese Zeichenreihe wird durch die Gleichheitszeichen in sogenannte *Ausdrücke a* zerlegt. (Dabei stehen rechts und links vom Gleichheitszeichen — als Zeichenreihe betrachtet — höchst ungleiche Ausdrücke.) Jeder dieser Ausdrücke a beschreibt einen Algorithmus, und dieser Algorithmus berechnet eine Funktion $f_a : \mathbf{N}^2 \to \mathbf{N}$. Wir definieren für das obige Beispiel: eine Identität $a_1 = a_2$ *gilt*, falls $f_{a_1}(x,y) = f_{a_2}(x,y)$ gilt für alle $x,y \in \mathbf{N}$. Beim „gewöhnlichen" Rechnen mit Ausdrücken formen wir also schrittweise Algorithmen so um, daß die berechneten Funktionen gleich bleiben.

In jedem Rechenschritt manipulieren wir die Ausdrücke durch ganz formales Umformen von Zeichenreihen, wobei wir gewisse Rechenregeln anwenden. Manche dieser Regeln haben mit den verwendeten Operationen zu tun. Beispielsweise wurde oben die Rechenregel $y*x = x*y$ angewandt, die für die Multiplikation gilt, aber nicht für die Subtraktion (was immer das ist). Dann gibt es aber auch ganz allgemeine Regeln, mit denen man aus schon bekannten korrekten Identitäten neue korrekte Identitäten herleitet. Zu diesen Regeln gehört, daß wir Ketten von Identitäten abkürzen dürfen, indem wir alle Zwischenschritte weglassen. Aus der obigen Rechnung würden wir $(x+y)*(x+y) = x*x+2*x*y+y*y$ folgern. Weiterhin dürfen wir beim Rechnen offenbar Teilausdrücke a_1 durch Ausdrücke a_2 ersetzen, sofern $a_1 = a_2$ gilt (so geschehen beim Übergang von (1.3) nach (1.4).)

Schließlich und endlich benutzen wir eine ganze Reihe von Abkürzungen, um Schreibarbeit zu sparen. Beispielsweise beschreibt $2*x*y$ nicht *einen* Algorithmus sondern zwei, nämlich $((2*x)*y)$ und $(2*(x*y))$. Die Zweideutigkeit macht aber nichts, weil die beiden Algorithmen immer das gleiche Ergebnis berechnen. Und wir interpretieren $x*x+x*y+y*x+y*y$ auch nicht als $x*(x+x)*(y+y)*(x+y)*y$, weil wir irgendwann verabredet haben, daß Punktrechnung stärker bindet als Strichrechnung. Insbesondere hat also $*$ Priorität über $+$.

Um zu rechtfertigen, wie wir rechnen, gehen wir nun in vier Schritten vor:

1. Wir definieren formal, was vollständig geklammerte Ausdrücke sind.

2. Wir geben an, wie vollständig geklammerte Ausdrücke ausgewertet werden.

---
[2] „Muß man irgendetwas, woran man sich gewöhnt hat, rechtfertigen?" fragte der Menschenfresser.

3. Wir erklären, in welchem Sinn unvollständig geklammerte Ausdrücke Abkürzungen für geklammerte Ausdrücke sind.

4. Wir erklären die „gewöhnlichen" Rechenregeln und wie man ihre Korrektheit beweist.

Wir behandeln dabei stets die aus der Schule geläufigen arithmetischen Ausdrücke sowie die für den Rechnerbau grundlegenden Boole'schen Ausdrücke.

1.3.1 Vollständig geklammerte Ausdrücke

Die Ausdrücke, die uns aus der Schule geläufig sind, heißen *arithmetische Ausdrücke*. In arithmetischen Ausdrücken wie $((x_1 + 12) * N(x_{52}))$ werden Variablen wie x_1 und x_{52} und Konstanten wie 12 durch Funktionen wie $+, *$ und $N( )$ verknüpft. Da wir hier das Rechnen als rein formales Umformen von Zeichenreihen ansehen, bemerken wir am Rande, daß $+$, $*$ und N nur Zeichen sind, die fest als Abkürzungen bzw. *Funktionsbezeichner* für gewisse Funktionen verabredet worden sind. Die Zeichenreihe 12 ist offenbar eine Dezimalzahl. Das Rechnen mit Dezimalzahlen lernt jedes Kind in der Grundschule, jedoch ohne mathematische Begründung. Eine solche Begründung erfordert Potenzrechnung, deren Regeln herzuleiten sind. Das gelingt erst, nachdem man mit natürlichen Zahlen aus $\mathbf{N} = \{|\}^+$ rechnen kann. Wir beschränken uns deshalb notgedrungen anfangs auf das Rechnen mit natürlichen Zahlen aus $\mathbf{N} = \{|\}^+$. Variablen werden wir mit Dezimalzahlen indizieren. Wir verwenden die Indizes aber bloß als Zeichenreihen zum Unterscheiden verschiedener Variablen und werden mit den Indizes nicht rechnen.

Wir verabreden deshalb bis auf weiteres: $K = \mathbf{N} = \{|\}^+$ ist die Menge der *Konstanten*,

$$V = \{X\}\{_1,\ldots,_9\} \cup \{X\}\{_1,\ldots,_9\}\{_0,_1,\ldots,_9\}^+$$
$$= \{X_1, X_2, \ldots, X_{10}, X_{11}, \ldots\}$$

ist die Menge der *Variablen* und $F = \{+, *, N\}$ ist die Menge der *Funktionsbezeichner* mit denen wir rechnen. Die Menge

$$Z = \{|, X, _0, _1, \ldots, _9, +, *, N, (,)\}$$

ist die Menge aller Zeichen, die in unseren Ausdrücken vorkommen werden. Nun können wir die Menge E der vollständig geklammerten arithmetischen Ausdrücke als formale Sprache in Z^+ definieren. Wir tun dies, indem wir induktiv Mengen $E_1, E_2, \ldots \subseteq Z^+$ konstruieren und dann festlegen: eine Zeichenreihe $z \in Z^+$ liegt genau dann in E, wenn sie in einer der Mengen E_i liegt.

Definition 1.10 *Die Menge E der* vollständig geklammerten arithmetischen Ausdrücke *wird induktiv definiert durch:*

$E_1 = K \cup V$, *d.h. alle Konstanten und Variablen sind Ausdrücke.*
Seien $i \in \mathbb{N}$ und $a, b \in E_i$. Dann liegen folgende Zeichenreihen in E_{i+1}:

1. a

2. $\mathrm{N}(a)$

3. $(a+b)$

4. $(a*b)$

Eine Zeichenreihe $z \in Z^+$ liegt genau dann in E, wenn z in einer der Mengen E_i liegt.

Aus Regel 1 folgt $E_i \subseteq E_{i+1}$. Regeln 2 bis 4 geben an, wie man aus bereits bekannten Ausdrücken a, b und Funktionsbezeichnern aus F neue Ausdrücke konstruiert.

Beispiel 1.12: Der Ausdruck $(({|||} + \mathrm{N}(|)) * (X_2 + \mathrm{N}(\mathrm{N}(X_{52}))))$ ist ein vollständig geklammerter arithmetischer Ausdruck, denn es gilt

$$\begin{aligned}
{|||}, X_2, X_{52} &\in E_1, \\
\mathrm{N}(|), \mathrm{N}(X_{52}) &\in E_2, \\
({|||} + \mathrm{N}(|)), \mathrm{N}(\mathrm{N}(X_{52})) &\in E_3, \\
(X_2 + \mathrm{N}(\mathrm{N}(X_{52}))) &\in E_4 \quad \text{und} \\
(({|||} + \mathrm{N}(|)) * (X_{22} + \mathrm{N}(\mathrm{N}(X_{52})))) &\in E_5.
\end{aligned}$$

Der Nachweis, daß ein Ausdruck in E liegt, wird also einfach dadurch geführt, daß man den Ausdruck vollständig in seine Teilausdrücke zerlegt. Diese Zerlegung benutzt man auch, um Ausdrücke auszuwerten. Die vollständige Klammerung soll sicherstellen, daß diese Zerlegung eindeutig ist, damit man den gleichen Ausdruck nicht auf verschiedene Weisen auswerten kann. Wir werden nun formal definieren, was die Teilausdrücke eines Ausdrucks aus E sind, und dann nachweisen, daß in der Tat jeder Ausdruck aus E eindeutig in Teilausdrücke zerlegt werden kann. Dieses einfache Resultat ist von grundlegender Bedeutung für das Rechnen mit Ausdrücken.

Wir definieren zunächst, was Teilausdrücke eines Ausdrucks sind. Die naheliegende Definition ist: Sei $z \in E$. Die Teilausdrücke von z sind die Teilzeichenreihen u von z, die in E liegen. Dieser Ansatz identifiziert aber Konstanten und Variablen nicht korrekt. Im obigen Beispiel wären auch $||$ und X_5 Teilausdrücke. Durch Induktion über i zeigt man aber mühelos für $i \geq 2$: jede Konstante oder Variable in einem Ausdruck z aus $E_i \setminus E_1$ ist in z direkt mit Zeichen aus $\{+, *, (,)\}$ umgeben. Deshalb definieren wir

1.3. Rechnen

Definition 1.11 *Es gelte $z \in E \setminus E_1$, $u \in E$ und der Ausdruck u sei echte Teilzeichenreihe von z. Dann heißt u Teilausdruck von z falls $u \in E \setminus E_1$ oder falls $u \in E_1$ und u ist in z direkt mit Zeichen aus $\{+, *, (,)\}$ umgeben.*

Für beliebige Zeichenreihen $p \in Z^+$ bezeichnen wir mit $\alpha(p)$ die Anzahl der öffnenden Klammern und mit $\omega(p)$ die Anzahl der schließenden Klammern in p. Das folgende Lemma beweist man mühelos durch Induktion über i.

Lemma 1.4 *Sei $i \geq 2$ und z ein Ausdruck aus $E_i \setminus E_1$. Dann gilt:*

1. *z beginnt mit '(' oder 'N('.*

2. *$\alpha(z) = \omega(z) =$ Anzahl der Funktionsbezeichner in z.*

3. *Gilt $z = (z'$ mit $z' \in Z^+$ — d.h. z beginnt mit '(' —, so ist $\alpha(p) > \omega(p)$ für jedes echte Anfangswort p von z und $\alpha(p) < \omega(p)$ für jedes echte Endwort p von z.*

4. *Gilt $z = N(z')$ mit $z' \in Z^+$, so ist $\alpha(p) > \omega(p)$ für jedes echte Anfangswort der Länge ≥ 2 von z und $\alpha(p) < \omega(p)$ für jedes Endwort p von z'.*

Das Lemma gestattet es, das Ende von Teilausdrücken zu finden, wenn man ihren Anfang kennt. Man zählt von links nach rechts öffnende und schließende Klammern. Der Teilausdruck ist fertig, wenn die Zahl der schließenden Klammern wieder gleich der Zahl der öffnenden Klammern ist. Aus dem Lemma folgt auch

Lemma 1.5 *Sei $z = (a \circ b)$ ein vollständig geklammerter arithmetischer Ausdruck, wobei $\circ \in \{+, *\}$. Dann sind die Ausdrücke a, b und ihre Teilausdrücke die einzigen Teilausdrücke von $(a \circ b)$.*

Beweis: Sei a' Endwort von $(a$ und b' Anfangswort von $b)$ und $c = a' \circ b'$ liege in E. In a' überwiegen die öffnenden Klammern, in a gibt es gleich viele öffnende und schließende Klammern, und in jedem echten Endwort von a gibt es sogar mehr schließende als öffnende Klammern. Die Zeichenreihe a' kann also kein Endwort von a sein. Es folgt $a' = (a$. In b' überwiegen die schließenden Klammern. In jedem Anfangswort von b überwiegen die öffnenden Klammern, oder die Anzahl der öffnenden und schließenden Klammern ist gleich. Es folgt $b' = b)$ und damit $c = z$. ∎

Nun folgt

Satz 1.6 (Zerlegungssatz) *Sei z ein Ausdruck aus $E \setminus E_1$. Dann ist z durch genau eine der Regeln 2 bis 4 aus Definition 1.10 erzeugt worden. Die Teilausdrücke a und ggf. b sind eindeutig bestimmt.*

Beweis: Beginnt z mit 'N', so ist z durch Regel 2 entstanden. Man findet a auf triviale Weise, da $z = N(a)$. Beginnt z mit '(', so ist $z = (a \circ b)$ mit $\circ \in \{+, *\}$, wobei a und b Teilausdrücke von z sind. Das zweite Zeichen von z ist der Anfang von a. Ist dieses Zeichen aus $\{|, X\}$, so ist a eine Variable oder Konstante, und man kann a in trivialer Weise identifizieren. Ist dieses Zeichen aus $\{N, (\}$, so findet man das Ende von a mit Hilfe des obigen Lemmas. Das erste Zeichen hinter a ist $\circ$. Der Rest von z bis auf die letzte schließende Klammer ist b. ∎

Bei der Beschäftigung mit Computern treten häufig sogenannte *Boole'sche Ausdrücke* auf. Man verwendet die gleichen Variablen wie in arithmetischen Ausdrücken. In Boole'schen Ausdrücken verwendet man aber nur die beiden Konstanten 0 und 1, also $K = \{0, 1\}$. Die verwendeten Funktionen sind

$$\wedge : \{0,1\}^2 \to \{0,1\} \quad \text{(logisches UND),}$$
$$\vee : \{0,1\}^2 \to \{0,1\} \quad \text{(logisches ODER) und}$$
$$\sim : \{0,1\} \to \{0,1\} \quad \text{(NEGATION, NICHT),}$$

also $F = \{\wedge, \vee, \sim\}$. Da wir in diesem Abschnitt nur das Bilden und Zerlegen von Ausdrücken studieren und das Auswerten erst im nächsten Abschnitt, verschieben wir vorsätzlich die Angabe der Funktionstabellen der endlichen Funktionen $\wedge, \vee$ und $\sim$ genau an die Stelle im nächsten Abschnitt, wo wir sie brauchen. Für die Funktionen $\wedge$ und $\vee$ wird Infixnotation benutzt, für $\sim$ wird Präfixnotation verwandt. Die Menge der verwendeten Zeichen ist

$$Z = \{0, 1, X_{,0,1}, \ldots, _9, \wedge, \vee, \sim, (,)\}$$

Die Menge B der *vollständig geklammerten Boole'schen Ausdrücke* wird nun ganz analog zur Menge E der vollständig geklammerten arithmetischen Ausdrücke definiert.

Definition 1.12 $B_1 = K \cup V$. Sei $i \in \mathbb{N}$, und seien $a, b \in B_i$. Dann liegen folgende Zeichenreihen in B_{i+1}:

1. a

2. $(\sim a)$

3. $(a \vee b)$

4. $(a \wedge b)$

Eine Zeichenreihe $z \in Z^+$ liegt genau dann in B, wenn z in einer der Mengen B_i liegt.

1.3. Rechnen

Beispiel 1.13: Der Ausdruck $((0 \vee (\sim 1)) \wedge (X_2 \vee (\sim (\sim X_{52}))))$ ist ein vollständig geklammerter Boole'scher Ausdruck, denn es gilt

$$
\begin{aligned}
0, 1, X_2, X_{52} &\in B_1, \\
(\sim 1), (\sim X_{52}) &\in B_2, \\
(0 \vee (\sim 1)), (\sim (\sim X_{52})) &\in B_3, \\
(X_2 \vee (\sim (\sim X_{52}))) &\in B_4 \quad \text{und} \\
((0 \vee (\sim 1)) \wedge (X_2 \vee (\sim (\sim X_{52})))) &\in B_5.
\end{aligned}
$$

Der Beweis des Zerlegungssatzes kann beinahe wörtlich auf Boole'sche Ausdrücke übertragen werden. Kleine Abweichungen treten auf, weil $\sim$ im Gegensatz zu N( ) mit Präfixnotation benutzt wird.

Der Leser wird ahnen, daß man dieses Spiel in sehr allgemeiner Weise treiben kann. Wenn man eine Familie von Ausdrücken definieren will, muß man spezifizieren, welche Variablen, Konstanten und Funktionsbezeichner vorkommen. Für jeden Funktionsbezeichner muß die Anzahl der Argumente und die Art der Notation (Standard, Infix, Präfix oder Postfix) angegeben werden.

Eine solche Spezifikation nennt man eine *Signatur*. Damit man später einen Zerlegungssatz beweisen kann, muß man gewisse technische Anforderungen an die Mengen K, V und F stellen, beispielsweise muß man Funktionsbezeichner, Variablen und Konstanten voneinander unterscheiden können, und das Komma sollte besser nicht Teil von Variablennamen sein.

Definition 1.13 *Eine Signatur wird spezifiziert durch ein 7-Tupel*
$S = (\alpha, \beta, F, K, V, s, n)$ *wobei gilt:*

1. *α, β und F sind paarweise disjunkte endliche Alphabete, in denen keine Kommata und Klammern vorkommen. α heißt das* Konstantenalphabet, *β heißt das* Variablenalphabet *und F ist die Menge der* Funktionsbezeichner.

2. *$K \subseteq \alpha^+$ und $V \subseteq \beta^+$ sind formale Sprachen. K heißt die Menge der* Konstanten *und V heißt die Menge der* Variablen.

3. *$s : F \to \mathbb{N}$ ist eine Abbildung, die jedem Funktionsbezeichner $f \in F$ die zugehörige Anzahl von Argumenten $s(f)$ zuordnet. $s(f)$ heißt auch die* Stelligkeit *von f.*

4. *Die Abbildung $n : F \to \{st, in, pre, post\}$ ordnet jedem Funktionsbezeichner $f \in F$ die zugehörige Art der Notation $n(f)$ zu. Ist $n(f) = in$, so muß $s(f) = 2$ gelten, d.h. Infixnotation wird nur für zweistellige Funktionen benutzt.*

Aus einem n-stelligen Funktionsbezeichner, d.h. einem Zeichen $f \in F$ mit $s(f) = n$ und

Ausdrücken $a_1, \ldots, a_n$ erzeugt man

$$\begin{array}{rl} f(a_1, \ldots, a_n) & \text{falls} \quad n(f) = st \\ (f a_1, \ldots, a_n) & \text{falls} \quad n(f) = pre \\ (a_1, \ldots, a_n f) & \text{falls} \quad n(f) = post \\ (a_1 f a_2) & \text{falls} \quad n(f) = in. \end{array}$$

1.3.2 Auswertung von Ausdrücken

Wir beschreiben, wie man den Wert eines vollständig geklammerten Ausdrucks z bestimmt, nachdem man für jede Variable x, die in z vorkommt, eine Konstante $\phi(x) \in K$ eingesetzt hat. Wir beschreiben den Mechanismus zunächst für die arithmetischen Ausdrücke.

Sei $\phi : V \to K$ eine Abbildung, die *jeder* Variablen einen Wert zuordnet. Eine solche Abbildung heißt auch *Belegung* oder *Einsetzung*. Wir werden durch Induktion über i für jeden Ausdruck $z \in E_i$ den *Wert von z bei Einsetzung ϕ* definieren. Diesen Wert bezeichnen wir mit $\phi[z]^3$. Formal setzen wir dabei die Funktion ϕ von V auf E fort.

Ausdrücke aus E_1 sind Variablen oder Konstanten. Der Wert der Variablen ist durch ϕ schon festgelegt. Der Wert einer Konstanten $k \in K$ hängt natürlich nicht von der Belegung der Variablen ab, d.h.

$$\phi(k) = k \text{ für alle Konstanten } k \in K.$$

Also ist beispielsweise $\phi[||] = ||$.

Weiter erinnern wir uns daran, daß wir die Funktionen $+$, $*$ und $\text{N}(\ )$ auswerten können, d.h., daß wir für Konstanten a und b die — ungeklammerten — Ausdrücke $a+b, a*b$ und $\text{N}(a)$ bereits auswerten können (die Algorithmen, die das leisten, haben wir in den Abschnitten 1.2.1 und 1.2.3 angegeben.) Wir müssen vorübergehend streng zwischen der Zeichenreihe $a+b$ und dem Ergebnis der Auswertung unterscheiden und bezeichnen deshalb vorübergehend das Ergebnis der Auswertung von $a+b$ mit $W[a+b]$, das Ergebnis der Auswertung von $a*b$ mit $W[a*b]$ und das Ergebnis der Auswertung von $\text{N}(a)$ mit $W[\text{N}(a)]$. Wir erhalten so beispielsweise $W[\text{N}(|)] = ||, W[|+|] = ||, W[|*|] = |.^4$

Wir nehmen an, daß $\phi(a)$ schon für alle Ausdrücke aus $a \in E_i$ definiert ist. Sei $z \in E_{i+1} \setminus E_i$. Dann kann z nach Satz 1.6 eindeutig zerlegt werden in der Form $z = \text{N}(a)$ oder $z = (a+b)$ oder $z = (a*b)$. Dabei sind a und ggf. b eindeutig bestimmt und liegen in E_i. Wir definieren

---

[3] Formal möge der Leser die eckigen Klammern als runde Klammern ansehen, die wir nur aus didaktischen Gründen hervorgehoben haben.

[4] Die Funktionszeichen haben beim Rechnen tatsächlich diese Doppelrolle. Dabei ist raffinierterweise aus dem Zusammenhang immer klar, welche Rolle gemeint ist. Formen wir Identitäten um, werden sie einfach als Zeichen manipuliert. Werten wir Ausdrücke aus, sind die Funktionszeichen plötzlich Aufforderungen zum Ausführen gewisser Algorithmen.

1.3. Rechnen

$$\phi[\mathrm{N}(a)] = W[\mathrm{N}(p)] \text{ mit } p = \phi[a]$$
$$\phi[(a+b)] = W[p+q] \text{ mit } p = \phi[a], q = \phi[b]$$
$$\phi[(a*b)] = W[p*q] \text{ mit } p = \phi[a], q = \phi[b]$$

Beispiel 1.14: Wir wollen den Ausdruck $z = (X_1 + (|| * X_2))$ auswerten wobei wir $\phi[X_1] = |$ und $\phi[X_2] = |||$ einsetzen. Es sind $p = \phi[X_1]$ und $q = \phi[(|| * X_2)]$ zu bestimmen. Wir finden $p = |$ nach Definition von ϕ. Zur Berechnung von q bestimmt man $p' = \phi[||] = ||$ und $q' = \phi[X_2] = |||$. Wir finden $q = W[|| * |||] = ||||||$ und schließlich $\phi(z) = W[| + ||||||] = |||||||$.

Letztlich werden also die Klammern von innen nach außen ausgewertet. Die Sache funktioniert — Schrittchen für Schrittchen — so, wie wir das von der Schule her kennen. Da die Menge V unendlich viele Variablen enthält, sind Einsetzungen ϕ Funktionen mit unendlichem Definitionsbereich. Für die Auswertung eines konkreten Ausdrucks a werden aber nur die endlich vielen Funktionswerte $\phi(x)$ derjenigen Variablen benutzt, die Teilausdrücke von z sind.

Es ist nun eine sehr raffinierte und subtile Eigenschaft unseres Ausdruckskalküls, daß beim „gewöhnlichen" Rechnen kein Unglück passiert, obwohl man sehr oft nicht zwischen Variablen $X_i \in V$ und ihren Belegungen $\phi(X_i) \in K$ unterscheidet. Wenn man einer Variablen $X_i \in V$ einen beliebigen in der Folge festen Wert $\phi(X_i) \in K$ zuweisen will, dann nennt man diesen Wert meistens — man soll's nicht meinen — ebenfalls X_i. Für uns ist die Unterscheidung hier deshalb nötig, weil wir das Rechnen selbst zum Gegenstand mathematischer Untersuchungen machen. Eine andere Situation, wo diese Unterscheidung nötig ist, entsteht, wenn die Belegung von Variablen sich mit der Zeit ändert, beispielsweise bei der Abarbeitung von Computerprogrammen.

Ist $S = (\alpha, \beta, F, K, V, s, n)$ eine beliebige Signatur, z ein zu S gehöriger vollständig geklammerter Ausdruck und $\phi : V \to K$ eine Abbildung, dann läßt sich $\phi(z)$ nach genau dem gleichen Muster definieren. Es entsteht bloß Schreibarbeit.

Nach dem obigen Rezept lassen sich offensichtlich die Werte $W(g)$ von vollständig geklammerten Ausdrücken g für beliebige Signaturen $S = (\alpha, \beta, F, K, V, s, n)$ definieren. Für das Auswerten von Ausdrücken ohne Variablen und mit nur einem Funktionszeichen $f \in F$ braucht man natürlich eine Vorschrift, wie die zugehörige Funktionen $f : K^{s(f)} \to K$ auszuwerten sind. Für $F = \{+, *, \mathrm{N}(\ )\}$ haben wir diese Vorschriften in den Abschnitten 1.2.1 und 1.2.3 in Form von Algorithmen angegeben. Für $F = \{\wedge, \vee, \sim\}$ geben wir diese Vorschriften jetzt an. Es seien $x, y \in \{0, 1\}$. Dann ist

$$x \wedge y = 1 \quad \text{genau dann wenn} \quad x = 1 \quad \text{und} \quad y = 1,$$
$$x \vee y = 1 \quad \text{genau dann wenn} \quad x = 1 \quad \text{oder} \quad y = 1,$$
$$\sim x = 1 \quad \text{genau dann wenn} \quad x \neq 1.$$

x	$\sim x$
0	1
1	0

Tabelle 1.2: Funktionstabelle der Negation

x_1	x_2	$x_1 \wedge x_2$	$x_1 \vee x_2$
0	0	0	0
0	1	0	1
1	0	0	1
1	1	1	1

Tabelle 1.3: Funktionstabellen der Funktionen $\wedge, \vee$

Die zugehörigen Funktionstabellen sind in den Tabellen 1.2 und 1.3 zusammengefaßt.

Nun können wir die Boole'schen Grundterme auswerten. Beispielsweise wird der Ausdruck $z = (1 \vee (0 \wedge 1))$ ausgewertet, indem man erst $p = W[1] = 1$ und $q = W[(0 \wedge 1)] = W[0 \wedge 1] = 0$ bestimmt und dann $W[z] = W[1 \vee 0] = 1$ bestimmt.

Es ist übrigens sehr verlockend, beim Induktionsschritt der Definition von $\phi[\ ]$ nicht den Umweg über die beiden Werte p und q zu machen und beispielsweise direkt

$$\phi[(a+b)] = W[\phi[a] + \phi[b]] \qquad (1.6)$$

zu schreiben. Identität 1.6 ist auch — im Sinn der nächsten beiden Abschnitte — völlig korrekt. Sie ist aber keine Definition, sondern folgt aus der Definition. Wäre es eine Definition, dann würde die linke Seite, die wir definieren wollen, durch die rechte Seite erklärt, die wir schon verstehen. Die rechte Seite ist ein nichttrivialer — ungeklammerter — Ausdruck, der zu einer ziemlich komplizierten Signatur S' gehört. Signatur S' enthält offenbar W, ϕ und $+$ als Funktionszeichen, a und b als Variablen und die vollständig geklammerten arithmetischen Ausdrücke als Konstanten. Zu dem Zeitpunkt, wo man erstmals für irgendeine Signatur S die Bedeutung nichttrivialer zu S gehöriger Grundterme definieren will, darf man natürlich nicht auf die Bedeutung nichttrivialer Ausdrücke einer anderen Signatur S' zurückgreifen.

1.3.3 Identitäten

Wir haben bisher das Gleichheitszeichen für drei Zwecke benutzt:

1. zum Verabreden von Abkürzungen,

1.3. Rechnen

2. um auszudrücken, daß zwei Zeichenreihen Zeichen für Zeichen übereinstimmen, und

3. um auszudrücken, daß zwei Mengen genau die gleichen Elemente enthalten.

Sind x, y und z alles Zeichenreihen oder Mengen, dann gilt offensichtlich

1. $x = x$ (Reflexivität).

2. Aus $x = y$ und $y = z$ folgt $x = z$ (Transitivität).

3. Aus $x = y$ folgt $y = x$ (Symmetrie).

Es gibt viele andere Relationen mit diesen drei Eigenschaften. Man nennt sie *Äquivalenzrelationen*. Äquivalenzrelationen R auf einer Menge X benutzt man, um verschiedene Elemente aus X in einen Topf werfen zu können. Benutzen wir für $x \, R \, y$ vorübergehend die Sprechweise „x wurde mit y in einen Topf geworfen", so besagt die Reflexivität, daß jedes Element x mit sich selbst in einen Topf geworfen wurde. Die Symmetrie besagt: Wurde x mit y in einen Topf geworfen, dann auch y mit x. Die Transitivität besagt: Wurden zwei Elemente x und z mit einem dritten Element y in einen Topf geworfen, so wurden sie beide in einen Topf geworfen. Die Gleichheitsrelation erzeugt die kleinsten Töpfe: in jedem Topf ist nur ein Element. Für $x \in X$ heißt die Menge

$$[x] = \{y \in X \mid x \, R \, y\}$$

aller Elemente, die mit x in den gleichen Topf geworfen wurden, die *Äquivalenzklasse* von x. Ein trivialer Beweis zeigt, daß jedes Element $x \in X$ in genau einer Äquivalenzklasse liegt. Die Äquivalenzklassen sind also paarweise disjunkt und überdecken X. Eine Menge von Teilmengen von X mit der Eigenschaft, daß jedes Element von x in genau einer der Mengen liegt, nennt man auch eine *Partition* von X.

Beim Rechnen mit Identitäten wirft man zwei Ausdrücke a und b in einen Topf, falls gilt: setzt man in beiden Ausdrücken für die gleichen Variablen die gleichen Konstanten ein und wertet aus, so liefern beide Ausdrücke das gleiche Ergebnis, egal welche Konstanten man eingesetzt hat. Formal definieren wir

$$a \equiv b \text{ genau dann wenn } \phi[a] = \phi[b] \text{ für alle Einsetzungen } \phi : V \to K.$$

Beim praktischen Rechnen spart man natürlich Schreibarbeit und schreibt statt '$\equiv$' einfach '='. Wir wollen hier aber gerade die Mechanismen des Rechnens rechtfertigen und müssen die beiden vorübergehend strikt auseinanderhalten.

Die Relation $\equiv$ ist offensichtlich reflexiv. Transitivität und Symmetrie folgen unmittelbar aus den entsprechenden Eigenschaften der Gleichheitsrelation. Aus der Transitivität folgt, daß man Ketten von Identitäten bilden und hinterher abkürzen darf.

Der folgende Satz 1.7 enthält viele nützliche Identitäten zwischen Boole'schen Ausdrücken.

Satz 1.7 *Seien X_1, X_2, X_3 Boole'sche Ausdrücke. Dann gilt*

(B1)	$(X_1 \wedge X_2) \equiv (X_2 \wedge X_1)$		*Kommutativität*
	$(X_1 \vee X_2) \equiv (X_2 \vee X_1)$		
(B2)	$((X_1 \vee X_2) \vee X_3) \equiv (X_1 \vee (X_2 \vee X_3))$		*Assoziativität*
	$((X_1 \wedge X_2) \wedge X_3) \equiv (X_1 \wedge (X_2 \wedge X_3))$		
(B3)	$(X_1 \wedge (X_2 \vee X_3)) \equiv ((X_1 \wedge X_2) \vee (X_1 \wedge X_3))$		*Distributivität*
	$(X_1 \vee (X_2 \wedge X_3)) \equiv ((X_1 \vee X_2) \wedge (X_1 \vee X_3))$		
(B4)	$(X_1 \vee (X_1 \wedge X_2)) \equiv X_1$		
	$(X_1 \wedge (X_1 \vee X_2)) \equiv X_1$		
(B5)	$(X_1 \vee (X_2 \wedge \sim X_2)) \equiv X_1$		
	$(X_1 \wedge (X_2 \vee \sim X_2)) \equiv X_1$		
(B6)	$(X_1 \vee \sim X_1) \equiv 1$		
	$(X_1 \wedge \sim X_1) \equiv 0$		
(B7)	$(X_1 \vee 1) \equiv 1$		
	$(X_1 \vee 0) \equiv X_1$		
	$(X_1 \wedge 1) \equiv X_1$		
	$(X_1 \wedge 0) \equiv 0$		
(B8)	$\sim (X_1 \vee X_2) \equiv (\sim X_1 \wedge \sim X_2)$		*Morgan-Formeln*
	$\sim (X_1 \wedge X_2) \equiv (\sim X_1 \vee \sim X_2)$		
(B9)	$\sim \sim X_1 \equiv X_1$		
(B10)	$(X_1 \vee X_1) \equiv X_1$		
	$(X_1 \wedge X_1) \equiv X_1$		

Man kann den Satz beweisen, indem man ganz stur für jede der Identitäten die höchstens acht verschiedenen Belegungen der vorkommenden Variablen aufzählt und für jede der Belegungen den Wert beider Seiten der Identitäten auswertet. Hier und da kann man sich Arbeit sparen. Für die erste Identität geht das strikt formal so: Ist $\phi[X_1] = \phi[X_2]$, d.h. $\phi[X_1] = \phi[X_2] = 1$ oder $\phi[X_1] = \phi[X_2] = 0$, so ist nichts zu zeigen. Für $\phi[X_1] = 0$ und $\phi[X_2] = 1$ folgt $0 \wedge 1 = 0 = 1 \wedge 0$. und für $\phi[X_1] = 1$ und $\phi[X_2] = 0$ folgt ebenso $1 \wedge 0 = 0 = 0 \wedge 1$.

Da wir jetzt beim konkreten Rechnen sind, schreiben wir stattdessen natürlich kürzer. Ist $X_1 = X_2$, d.h. $X_1 = X_2 = 1$ oder $X_1 = X_2 = 0$, so ist nichts zu zeigen. Für $X_1 = 0$ und $X_2 = 1$ folgt $0 \wedge 1 = 0 = 1 \wedge 0$. und für $X_1 = 1$ und $X_2 = 0$ folgt ebenso $1 \wedge 0 = 0 = 0 \wedge 1$.

Identitäten (B1) bis (B5) heißen die *Axiome der Boole'schen Algebra* und Identitäten (B8) heißen die *Morgan-Formeln*. Hier stellt sich natürlich sofort die Frage, warum man etwas Beweisbares ein Axiom nennen soll und den Status des Axioms nicht für die grundlegendsten und nicht weiter beweisbaren mathematischen Aussagen wie die Peano-Axiome reserviert.

1.3. Rechnen

Wir kommen in Kürze im Zusammenhang mit den sogenannten Körperaxiomen auf diese Frage zurück (siehe Satz 1.13 in Abschnitt 1.4.1).

Mit Hilfe des obigen Distributivgesetzes (B3) möchte man beispielsweise rechnen

$$(X_7 \vee (X_1 \wedge (X_4 \wedge (1 \vee X_2)))) \equiv (X_7 \vee (X_1 \wedge ((X_4 \wedge 1) \vee (X_4 \wedge X_2)))).$$

Hierbei haben wir zwei neue Dinge getan, nämlich:

1. Wir haben in (B3) die Variablen umbenannt und teilweise durch Konstanten ersetzt, und

2. wir haben in einem Ausdruck einen Teilausdruck durch einen äquivalenten Ausdruck ersetzt.

Es ist nicht schwer, dieses Vorgehen zu rechtfertigen. Für Boole'sche Ausdrücke a und Abbildungen $U: V \to V \cup K$ bezeichne $U[a]$ den Ausdruck, den man erhält, indem man jede Variable x, die Teilausdruck von u ist, durch $U[x]$ ersetzt. Im obigen Beispiel ist $(X_4 \wedge (1 \vee X_2)) = U[(X_1 \wedge (X_2 \vee X_3))]$ mit $U[X_1] = X_4, U[X_2] = 1$ und $U[X_3] = X_2$.

Lemma 1.8 *Aus $a \equiv b$ folgt $U[a] \equiv U[b]$.*

Beweis: Sei $\phi : V \to K$ eine beliebige Einsetzung. Wir definieren die Einsetzung ψ für alle x durch $\psi[x] = \phi[U[x]]$. Dann folgt

$$\phi[U[a]] = \psi[a] = \psi[b] = \phi[U[b]].$$

∎

Lemma 1.9 *Seien a, b und c Boole'sche Ausdrücke, sei $\circ \in \{\wedge, \vee\}$ und es gelte $a \equiv b$. Dann gelten auch $(\sim a) \equiv (\sim b), (a \circ c) \equiv (b \circ c)$ und $(c \circ a) \equiv (c \circ b)$.*

Beweis: Es sei ϕ eine beliebige Einsetzung, $p = \phi[a] = \phi[b]$ und $q = \phi[c]$. Dann folgt

$$\begin{aligned}
\phi[(\sim a)] &= W[\sim p] = \phi[(\sim b)], \\
\phi[(a \circ c)] &= W[p \circ q] = \phi[(b \circ c)] \text{ und} \\
\phi[(c \circ a)] &= W[q \circ p] = \phi[(c \circ b)].
\end{aligned}$$

∎

Die Kommutativität von $\wedge$ und $\vee$ wurde im obigen Beweis nicht benutzt. Ein analoges Lemma beweist man nach dem gleichen Muster für beliebige Signaturen. Es entsteht bloß Schreibarbeit. Auch das nächste Lemma gilt für Ausdrücke, die zu beliebigen Signaturen gehören.

Lemma 1.10 *Die Zeichenreihen z, a und b seien vollständig geklammerte Boole'sche Ausdrücke, es gelte $a \equiv b$, a sei Teilausdruck von z. Ersetzt man in z den Teilausdruck a durch b, dann erhält man einen vollständig geklammerten Ausdruck z', und es gilt $z \equiv z'$.*

Beweis: Aus der allgemeinen Version von Satz 1.6 folgt, daß es Folgen $(a_1, \ldots, a_k)$ und $(c_1, \ldots, c_k)$ von Ausdrücken gibt, so daß $a_1 = a$, $a_{i+1} \in \{N(a_i), (a_i \wedge c_i), (c_i \wedge a_i), (a_i \vee c_i), (c_i \vee a_i)\}$ für alle $i \in \mathbb{N}$, und $a_k = z$. Die Folge $(b_1, \ldots, b_k)$ entsteht, indem man für alle i in a_i den Teilausdruck a durch b ersetzt. Dann gilt $b_k = z'$ und $a_1 = a \equiv b = b_1$. Aus Lemma 1.9 folgt durch Induktion $a_i \equiv b_i$ für alle i. ∎

1.3.4 Unvollständig geklammerte Ausdrücke

Wir könnten zumindest mit Boole'schen Ausdrücken jetzt richtig drauflosrechnen. Wir würden es aber schnell leid werden, für jedes Funktionszeichen ein Klammerpaar mitzuschleppen. Deshalb benutzen wir *unvollständig* geklammerte Ausdrücke, wo man in großzügiger Weise Klammern weglassen darf. Der Zerlegungssatz, mit dessen Hilfe der Wert vollständig geklammerter Ausdrücke festgelegt wurde, gilt dann nicht mehr. In den entstehenden mehrdeutigen Fällen legt man durch *Prioritäten* zwischen den Funktionszeichen implizit eine vollständige Klammerung — und damit natürlich auch eine Auswertungsreihenfolge — fest. Für arithmetische Ausdrücke vereinbart man beispielsweise: Punktrechnung geht vor Strichrechnung. Für Boole'sche Ausdrücke vereinbart man: $\sim$ bindet stärker als $\wedge$, und $\wedge$ bindet stärker als $\vee$.

Wir führen dieses Vorgehen für die aus der Schule wohlbekannten arithmetischen Ausdrücke mit den Funktionszeichen $+, -, *, /$ durch. Die Konstruktion kann mit den gleichen Techniken und mehr Schreibarbeit für allgemeine Signaturen durchgeführt werden und ist insbesondere im Compilerbau sehr wichtig. Da wir in diesem Abschnitt bloß unvollständige Klammerungen vervollständigen wollen, brauchen wir übrigens an dieser Stelle *nicht* zu wissen, wie man die Funktionen $-$ und $/$ auswertet. Es genügt zu wissen, daß $-$ und $/$ zwei Argumente haben und in Infixnotation benutzt werden.

Es tritt jedoch gerade bei diesen arithmetischen Ausdrücken eine kleine häßliche Besonderheit auf: das Minuszeichen wird auch als einstelliges Funktionszeichen mit Präfixnotation verwandt, beispielsweise in dem ungeklammerten Ausdruck $-5 * x$. Es sollte also streng genommen zwei Minuszeichen geben: das zweistellige Minus $-_2$ mit $s(-_2) = 2$ und $n(-_2) = in$ sowie das einstellige Minus $-_1$ mit $s(-_1) = 1$ und $n(-_1) = pre$. Das „gewöhnliche" Minuszeichen ist also mit zwei Bedeutungen *überladen*. Wir benutzen deshalb in der folgenden Diskussion eine Signatur $S = (\alpha, \beta, F, V, K, s, n)$ mit $F = \{+, -_2, *, /, -_1\}$ und charakterisieren, *nach* welchen Zeichen in unvollständig geklammerten Ausdrücken die beiden Minuszeichen auftreten können. Es stellt sich heraus, daß direkt vor $-_2$ stets eine Variable, Konstante oder schließende Klammer steht, vor $-_1$ hingegen können nur zweistel-

1.3. Rechnen   49

lige Funktionszeichen, öffnende Klammern oder ein weiteres $-_1$ stehen. Deshalb kann man beim praktischen Rechnen den Index am Minuszeichen weglassen, da der Index aus dem Alphabetzeichen direkt links vom Minuszeichen abgelesen werden kann.

Definition 1.14 *Es sei $Z = \alpha \cup \beta \cup F \cup \{(,)\}$. Die Menge A der unvollständig geklammerten arithmetischen Ausdrücke wird definiert durch: $A_1 = K \cup V$. Sei $i \in \mathbb{N}$, und seien $a, b \in A_i$. Dann liegen folgende Zeichenreihen in A_{i+1}:*

1. a

2. (a)

3. $-_1 a$

4. $a + b$

5. $a -_2 b$

6. $a * b$

7. a/b

Eine Zeichenreihe $z \in Z^+$ liegt genau dann in A, wenn z in einer der Mengen A_i liegt.

Das folgende Lemma rechtfertigt die Überladung des gewöhnlichen Minuszeichens beim praktischen Rechnen. Man beweist es mühelos durch Induktion über i.

Lemma 1.11 *Sei $i \geq 1$ und z ein Ausdruck aus A_i. Dann gilt:*

1. *z beginnt mit einem Zeichen aus $\alpha \cup \beta \cup \{(, -_1\}$ und endet mit einem Zeichen aus $\alpha \cup \beta \cup \{)\}$.*

2. *Ist $z = u -_2 v$ mit $u, v \in Z^+$, so endet u mit einem Zeichen aus $\alpha \cup \beta \cup \{)\}$.*

3. *Ist $z = u -_1 v$ mit $u, v \in Z^+$, so endet u mit einem Zeichen aus $\{(, -_1, +, -_2, *, /\}$.*

Beispiel 1.15: Zwei vollständige Beispiele für die Erzeugung eines Ausdrucks durch die obigen Regeln sind:

1.
$$X_1, X_2, X_3, X_4 \in A_1$$
$$-_1 X_1, X_3 + X_4 \in A_2$$
$$-_1 X_1 -_2 X_2 \in A_3$$
$$-_1 X_1 -_2 X_2 * X_3 + X_4 \in A_4$$

2.
$$X_1, X_2, X_3, X_4 \in A_1$$
$$-_1 X_1, X_2 * X_3 \in A_2$$
$$-_1 X_1 -_2 X_2 * X_3 \in A_3$$
$$-_1 X_1 -_2 X_2 * X_3 + X_4 \in A_4$$

Die obigen Beispiele zeigen, daß man den gleichen unvollständig geklammerten Ausdruck auf ganz verschiedene Weisen erzeugen kann. Insbesondere kann man ungeklammerte Ausdrücke in einer Reihenfolge erzeugen, die nicht der gewohnten Reihenfolge bei der Auswertung entspricht. Wir werden nun ein Verfahren angeben, das jedem unvollständig geklammerten Ausdruck z einen vollständig geklammerten Ausdruck $V[z]$ zuordnet, wobei die Klammerung die üblichen Prioritäten widerspiegeln wird. Danach behandeln wir z einfach als eine Abkürzung für $V[z]$. Damit werden sofort die Rechenregeln für das Rechnen mit vollständig geklammerten Ausdrücken für das Rechnen mit unvollständig geklammerten Ausdrücken zur Verfügung stehen.

Wir gehen in fünf Schritten vor.

1. Man zeigt mühelos durch Induktion über i: Sei $z \in A_i$. Jede Konstante oder Variable in z ist Anfangswort von z, oder sie folgt in z auf ein Zeichen aus $Z \setminus (\alpha \cup \beta)$. Jede Konstante oder Variable in z ist Endwort von z oder wird in z von einem Zeichen aus $Z \setminus (\alpha \cup \beta)$ gefolgt. Damit identifiziert man die Variablen und Konstanten in z.

2. Wir identifizieren die Klammerstruktur von z, soweit vorhanden, wie bei den vollständig geklammerten Ausdrücken.

Definition 1.15 *Es gelte $z \in A$. Der Ausdruck z heißt* geklammerter Ausdruck, *falls z die Form $z = (z')$ hat mit $z' \in A$. Eine echte Teilzeichenreihe u von z heißt* geklammerter Teilausdruck *von z, falls u die Form $u = (u')$ hat und $u' \in A$ gilt. Enthält u' keine Klammern, so heißt u einfacher geklammerter Teilausdruck von z. Ein geklammerter Teilausdruck u von z heißt* oberster geklammerter Teilausdruck *von z, falls es keinen geklammerten Teilausdruck v von z gibt, so daß u geklammerter Teilausdruck von v ist.*

1.3. Rechnen

Beispiel 1.16: $(X_1/-_1X_2/X_3+-_1X_4)*-_1-_1((X_2+X_3*X_4)+X_5)-_2X_7$
hat Teilausdrücke $(X_1/-_1X_2/X_3+-_1X_4)$, $(X_2+X_3*X_4)$ und $((X_2+X_3*X_4)+X_5)$. Davon sind die ersten beiden einfache geklammerte Teilausdrücke. Oberste geklammerte Teilausdrücke sind $(X_1/-_1X_2/X_3+-_1X_4)$ und $((X_2+X_3*X_4)+X_5)$.

Nach dem Muster von Lemma 1.4 und Lemma 1.5 zeigt man, daß die obersten geklammerten Teilausdrücke von z sich nicht überlappen. Damit lassen sich die *Komponenten* von unvollständig geklammerten Ausdrücken definieren:

Definition 1.16 *Sei $z \in A$. Die Komponenten von z sind die obersten geklammerten Teilausdrücke von z sowie die Konstanten und Variablen von z, die außerhalb der obersten geklammerten Teilausdrücke von z stehen.*

Beispiel 1.17: Der Ausdruck aus dem vorigen Beispiel 1.16 hat die Komponenten $(X_1/-_1X_2/X_3+-_1X_4)$, $((X_2+X_3*X_4)+X_5)$ und X_7.

Die Vervollständigung der Klammerung eines Ausdrucks z zerfällt damit auf natürliche Weise in zwei Aufgaben, nämlich die Vervollständigung der Klammerung innerhalb der Komponenten von z und die Vervollständigung der Klammerung zwischen den Komponenten von z.

3. Wir charakterisieren die Struktur unvollständig geklammerter Ausdrücke z ausgehend von ihren Komponenten:

Wir ordnen mit einer Funktion $pr: F \to \mathbf{N}$ jedem Funktionszeichen f eine *Prioritätsstufe* oder kurz *Priorität* $pr(f)$ zu. Wir benutzen $pr(-_1) = 3, pr(*) = pr(/) = 2$ und $pr(+) = pr(-_2) = 1$. Ist $pr(f) > pr(f')$, so soll schließlich die Auswertung von f Vorrang vor der Auswertung von f' bekommen. Aus rein technischen Gründen[5] verwenden wir im folgenden statt der Prioritätsfunktion pr die Funktion $w: F \to \mathbf{N}$ mit $w(-_1) = 2, w(*) = w(/) = 3$ und $w(+) = w(-_2) = 4$. Ist $w(f) < w(f')$, so soll schließlich die Auswertung von f Vorrang vor der Auswertung von f' bekommen. Sei L die Menge der geklammerten Ausdrücke in A. Wir definieren nun induktiv für alle $z \in A$:

Definition 1.17 *Ausdruck z ist ein 1-Term falls $z \in K \cup V \cup L$. Ausdruck z ist ein $(i+1)$-Term falls z ein i-Term ist oder falls man z aus i-Termen durch Anwendung von Funktionszeichen f mit $w(f) = i+1$ erzeugen kann.*

Die 1-Terme haben die Form $-_1 \ldots -_1 e$ mit $e \in z \in K \cup V \cup L$. Sie heißen auch *Faktoren*. Die führende Folge von Minuszeichen kann fehlen.

---
[5] Wir benutzen noch keine Subtraktion.

Die 2-Terme haben die Form $F_1 \circ_1 \ldots \circ_k F_{k+1}$ mit Faktoren $F_1, \ldots F_{k+1}$ und Funktionszeichen $\circ_1, \ldots, \circ_k \in \{*, /\}$. Sie heißen auch *Produkte*. Sie können auch aus einem einzigen Faktor bestehen.

Die 3-Terme haben die Form $P_1 \circ_1 \cdots \circ_k P_{k+1}$ mit Produkten $P_1, \ldots P_{k+1}$ und Funktionszeichen $\circ_1, \ldots, \circ_k \in \{+, -_2\}$. Sie heißen auch *Summen*. Sie können auch aus einem einzigen Produkt bestehen.

Das zentrale technische Ergebnis dieses Abschnitts ist

Satz 1.12 *Jeder unvollständig geklammerte Ausdruck $z \in A$ kann auf genau eine Weise als Summe von Produkten von Faktoren geschrieben werden. Die Produkte der Summe und die Faktoren der Produkte sind eindeutig bestimmt. Die Darstellung ist also* unabhängig *von der Reihenfolge, in welcher der Ausdruck erzeugt wurde.*

Beispiel 1.18: Der unvollständig geklammerte Ausdruck $(X_1/-_1 X_2/X_3 + -_1 X_4) * -_1 -_1 ((X_2 + X_3 * X_4) + X_5) -_2 X_7$ aus Beispiel 1.16 ist ein 3-Term, also eine Summe. Er läßt sich zerlegen in die Produkte $(X_1/-_1 X_2/X_3 + -_1 X_4) * -_1 -_1 ((X_2 + X_3 * X_4) + X_5)$ und X_7. Das erste Produkt läßt sich zerlegen in die Faktoren $(X_1/-_1 X_2/X_3 + -_1 X_4)$ und $-_1 -_1 ((X_2 + X_3 * X_4) + X_5)$, das zweite Produkt besteht nur aus einem Faktor.

Beweis von Satz 1.12: Wir beweisen den Satz durch Induktion über i für $z \in A_i$. Liegt z in A_1, so ist z gleichzeitig Faktor, Produkt und Summe. Eine andere Darstellung als Summe gibt es nicht.

Der Satz sei bewiesen für i, und es sei $z \in A_{i+1} \setminus A_i$. Es treten vier Fälle auf.

(a) Ausdruck z wurde durch Regel 2 erzeugt. Dann ist z ein geklammerter Ausdruck. Ausdruck z ist gleichzeitig Faktor, Produkt und Summe. Eine andere Darstellung als Summe gibt es nicht.

(b) Ausdruck z wurde durch Regel 3 erzeugt. Dann ist $z = -_1 a$ mit $a \in A_i$. Nach Induktionsvoraussetzung gibt es eine Summe c, Produkte P und Q, einen Faktor F und Funktionszeichen $\circ \in \{+, -_2\}, \circ' \in \{*, /\}$ so daß gilt

$$a = P \circ c$$
$$P = F \circ' Q.$$

Wir schreiben z als Summe durch

$$F' = -_1 F$$
$$P' = F' \circ' Q$$
$$z = P' \circ c.$$

Sei nun irgendeine Darstellung von z als Summe gegeben. Wir müssen zeigen, daß sie mit der eben konstruierten Darstellung übereinstimmt. Der erste Faktor

1.3. Rechnen

des ersten Produkts dieser Darstellung hat die Form $-_1 H'$ wobei H' ein Faktor ist. Ersetzen von H durch H' liefert eine Darstellung von a. Nach Induktionsvoraussetzung ist diese Darstellung eindeutig, also gleich der Darstellung mit der wir oben begonnen haben. Die oben konstruierte Darstellung macht gerade die Ersetzung von H durch H' rückgängig.

(c) Ausdruck z wurde durch Regel 3 oder 4 erzeugt, d.h. $z = a \circ b$ mit $\circ \in \{*, /\}$. Das ist der einzige interessante Fall: wegen der Priorität von Punktrechnung über Strichrechnung werden das letzte Produkt von a und das erste Produkt von b zu einem neuen Produkt zusammengefaßt werden. Nach Induktionsvoraussetzung gibt es Summen c und d, Produkte P und Q und Funktionszeichen $\circ_1, \circ_2 \in \{+, -_2\}$ so daß gilt:

$$\begin{aligned} a &= c \circ_1 P \\ b &= Q \circ_2 d. \end{aligned}$$

Dann ist

$$T = P \circ Q$$

ein Produkt und wir können

$$a \circ b = c \circ_1 T \circ_2 d$$

als Summe von Produkten schreiben.

Sei nun irgendeine Darstellung

$$a \circ b = c' \circ_3 R \circ_4 d'$$

gegeben mit Summen c', d', $\circ_3, \circ_4 \in \{+, -_2\}$ und einem Faktor R, welcher das $\circ$-Zeichen zwischen a und b enthält. Wir zeigen, daß sie mit der eben konstruierten Darstellung übereinstimmt. Faktor R wird durch dieses Trennzeichen in Faktoren $R = P' \circ Q'$ zerlegt. Das liefert Darstellungen

$$\begin{aligned} a &= c' \circ_3 P' \\ b &= Q' \circ_4 d' \end{aligned}$$

von a und b als Summen von Produkten. Sie sind nach Induktionsvoraussetzung eindeutig. Sie stimmen also mit den Darstellungen überein, mit denen wir oben begonnen haben. Die oben konstruierte Darstellung von $a \circ b$ macht gerade die Zerlegung von R rückgängig.

(d) Ausdruck z wurde durch Regel 5 oder 6 erzeugt, d.h. $z = a \circ b$ mit $\circ \in \{+, -_2\}$. Nach Induktionsvoraussetzung sind a und b Summen, und damit ist z Summe. Jede Darstellung von z als Summe wird durch das $\circ$-Zeichen zwischen a und b in Darstellungen von a und b als Summen zerlegt. Nach Induktionsvoraussetzung sind die Darstellungen eindeutig.

4. Das folgende Verfahren vervollständigt die Klammerung von unvollständig geklammerten Ausdrücken z *außerhalb* der Komponenten von z. Außerdem entfernt es Klammerpaare, die durch überflüssige Anwendung von Regel 2 entstanden sind:

   (a) Ersetze Faktoren $-_1\ldots-_1 e$ die mindestens ein unäres Minuszeichen enthalten, durch
   $$(-_1(\ldots(-_1 e)\ldots)).$$
   Dies führt zu einer Auswertung der unären Minuszeichen innerhalb eines Faktors von rechts nach links.

   (b) Ersetze Produkte $F_1 \circ_1 \ldots \circ_k F_{k+1}$, die mindestens zwei Faktoren enthalten durch
   $$(\ldots(F_1 \circ_1 F_2)\ldots \circ_k F_{k+1}).$$
   Dies führt zu einer Auswertung der '$*$'-Zeichen und '$/$'-Zeichen innerhalb eines Produkts von links nach rechts.

   (c) Ersetze Summen $P_1 \circ_1 \ldots \circ_k P_{k+1}$, die mindestens zwei Produkte enthalten durch
   $$(\ldots(P_1 \circ_1 P_2)\ldots \circ_k P_{k+1}).$$
   Dies führt zu einer Auswertung der '$+$'-Zeichen und '$-_2$'-Zeichen innerhalb eines Produkts von links nach rechts.

   (d) Hat z die triviale Form $z = (e)$, d.h. z hat eine einzige von Klammern umgebene Komponente e, dann kann man nicht nur keine der obigen Regeln anwenden, sondern das Klammerpaar um e ist überflüssig und wird gestrichen.

Beispiel 1.19: Der Ausdruck $(X_1/-_1 X_2/X_3 + -_1 X_4) * -_1 -_1 ((X_2 + X_3 * X_4) + X_5) -_2 X_7$ aus Beispiel 1.16 wird nach obigem Verfahren umgeformt: der Faktor $-_1 -_1 ((X_2 + X_3 * X_4) + X_5)$ wird nach Regel (a) zu $(-_1(-_1((X_2 + X_3 * X_4) + X_5)))$; das Produkt $(X_1/-_1 X_2/X_3 + -_1 X_4) * -_1 -_1 ((X_2 + X_3 * X_4) + X_5)$ wird nach voriger Umformung und wegen Regel (b) zu $((X_1/-_1 X_2/X_3 + -_1 X_4) * (-_1(-_1((X_2 + X_3 * X_4) + X_5))))$; die Summe $(X_1/-_1 X_2/X_3 + -_1 X_4) * -_1 -_1 ((X_2 + X_3 * X_4) + X_5) -_2 X_7$ wird nach den vorigen beiden Umformungen und Regel (c) zu $(((X_1/-_1 X_2/X_3 + -_1 X_4) * (-_1(-_1((X_2 + X_3 * X_4) + X_5)))) -_2 X_7)$.

Nach Durchführung des Verfahrens hat der Ausdruck außerhalb seiner Komponenten genau so viele Klammerpaare wie Funktionszeichen. Insbesondere erzeugt deshalb das Verfahren aus Ausdrücken z *ohne* Klammern bereits vollständig geklammerte Ausdrücke $V[z]$.

1.3. Rechnen

5. Für endliche Teilmengen M von $\mathbb{N}$ bezeichne $\max M$ die größte Zahl in M. Für Ausdrücke $z \in A$, die überhaupt Klammern enthalten definieren wir die *Klammertiefe* $T(z)$ durch Induktion über die Anzahl der Klammerpaare in z[6]: Enthält z nur ein Klammerpaar, so ist $T(z) = 1$. Die Klammertiefe $T(u)$ sei schon definiert für alle Ausdrücke u mit mindestens einem und höchstens k Klammerpaaren. Ausdruck z enthalte $k+1$ Klammerpaare. Sind alle obersten Teilausdrücke von z einfach, so setzen wir $T(z) = 1$. Andernfalls sei M die Menge aller obersten Teilausdrücke $u = (u')$ von z, die nicht einfach sind, und wir setzen $T(z) = \max\{T(u') \mid (u') \in M\} + 1$. Der Ausdruck aus Beispiel 1.16 hat Klammertiefe 2.

Nun kann die Funktion $V[\ ]$ durch Induktion über die Klammertiefe auf alle Ausdrücke ausgedehnt werden. Sie ist bereits für Ausdrücke z ohne Klammern definiert. Ausdrücke z der Klammertiefe 1 haben nur Komponenten ohne Klammern und einfach geklammerte Komponenten. Für solche Ausdrücke berechnet man $V[z]$, indem man erst jede ihrer ungeklammerten Komponenten z' durch $V[z']$ und jede ihrer einfach geklammerten Komponenten (z') durch $V[z']$ ersetzt und dann das obige Verfahren anwendet.

Die Funktion $V[\ ]$ sei schon definiert für alle Ausdrücke mit Klammertiefe k. Ausdruck z habe Klammertiefe $k+1$. Dann haben alle Komponenten von z, die überhaupt Klammern haben, die Form (z') und z' hat höchstens Klammertiefe k. Wir berechnen wieder $V[z]$, indem wir erst jede Komponente (z') von z durch $V[z']$ und jede Komponente z' durch $V[z']$ ersetzen und dann das obige Verfahren anwenden.

Beispiel 1.20: Wir wollen für den Ausdruck $z = (X_1/-_1X_2/X_3 + -_1X_4) * -_1 -_1 ((X_2 + X_3 * X_4) + X_5) -_2 X_7$ aus Beispiel 1.16 den Ausdruck $V[z]$ berechnen. Die Komponenten haben wir bereits in Beispiel 1.17 bestimmt. Es sind $z_1 = (z_1') = (X_1/-_1X_2/X_3 + -_1X_4)$, $z_2 = (z_2') = ((X_2 + X_3 * X_4) + X_5)$ und $z_3 = X_7$. Ausdruck z hat Klammertiefe 2. Wir berechnen also zuerst für jede Komponente einen vollständig geklammerten Ausdruck.

Ausdruck z_1' hat keine Klammern mehr. Die Komponenten von z_1' sind die Variablen X_1, X_2, X_3, X_4. Mit Regeln (a) bis (c) aus Schritt 4 formen wir z_1' um zu einem vollständig geklammerten Ausdruck $V[z_1'] = (((X_1/(-_1X_2))/X_3) + (-_1X_4))$.

Ausdruck z_2' hat Klammertiefe 1. Seine Komponenten sind $z_4 = (z_4') = (X_2 + X_3 * X_4)$ und $z_5 = X_5$. Der Ausdruck z_4' hat keine Klammern mehr, er wird zum vollständig geklammerten Ausdruck $V[z_4'] = (X_2 + (X_3 * X_4))$, z_5 ist als Variable bereits vollständig geklammert. Ersetzen wir die Komponenten von z_2', so wird mit Regel (b) aus Schritt 4 ein vollständig geklammerter Ausdruck $V[z_2'] = ((X_2 + (X_3 * X_4)) + X_5)$ erzeugt.

---
[6] Wir benutzen noch nicht die Null.

Komponente z_3 ist als Variable bereits vollständig geklammert.

Wie die Klammern zwischen den Komponenten eingefügt werden müssen, haben wir bereits in Beispiel 1.19 gezeigt. Ersetzen wir nun alle Komponenten durch die gerade berechneten vollständig geklammerten Ausdrücke, so erhalten wir den vollständig geklammerten Ausdruck $V[z]$ mit

$$V[z] = \quad (((((X_1/(-_1 X_2))/X_3) + (-_1 X_4))$$
$$* \quad (-_1(-_1((X_2 + (X_3 * X_4)) + X_5))))$$
$$-_2 \quad X_7) \quad .$$

Das war nun zugegebenermaßen Arbeit, rechtfertigt aber die Notation praktisch aller mathematischer Texte, die dem Leser jemals in die Hände fallen werden. Selbstverständlich werden mehr Funktionen verwendet als bloß $+, -, *$ und $/$. Mehr Funktionszeichen führen aber bloß zu neuen Signaturen und Prioritätsfunktionen. An der Art, wie unvollständig geklammerte Ausdrücke ausgewertet werden, ändert sich dadurch nichts, denn die obige Konstruktion kann für beliebige Signaturen durchgeführt werden. Bei fehlenden Klammern werden Präfixoperationen wie '$-_1$' stets von rechts nach links ausgewertet, Postfixoperationen stets von links nach rechts. Infixoperationen werden *in der Regel* von links nach rechts ausgewertet. Eine bemerkenswerte Ausnahme ist die Exponentiation. Wenn wir den Ausdruck a^{b^c} als Abkürzung für $a \uparrow b \uparrow c$ ansehen, so wird hier in der Abwesenheit von Klammern von rechts nach links ausgewertet.

Vereinbaren wir für die Boole'schen Operationen die Prioritäten $pr(\sim) = 3$, $pr(\wedge) = 2$ und $pr(\vee) = 1$, so ist damit insbesondere festgelegt, wie unvollständig geklammerte Boole'sche Ausdrücke auszuwerten sind. Dabei verhält sich '$\sim$' wie '$-_1$', '$\wedge$' wie '$*$' und '$\vee$' wie '$+$'.

Beispiel 1.21: Der unvollständig geklammerte Boole'sche Ausdruck z mit $z = X_8 \vee (\sim X_1 \wedge X_5 \vee X_1 \wedge \sim X_5) \wedge (X_2 \vee X_3)$ wird zum vollständig geklammerten Boole'schen Ausdruck $V[z]$ mit $V[z] = (X_8 \vee ((((\sim X_1) \wedge X_5) \vee (X_1 \wedge (\sim X_5))) \wedge (X_2 \vee X_3)))$. Eine Einsetzung ϕ mit $\phi[X_1] = 1$, $\phi[X_2] = 1$, $\phi[X_3] = 1$, $\phi[X_5] = 0$, $\phi[X_8] = 0$ liefert dann $\phi[z] = \phi[V[z]] = 1$.

1.4 Zahlen

1.4.1 Ganze Zahlen, rationale Zahlen, reelle Zahlen

Nun können wir auf das sehr bemerkenswerte Buch von Landau [27] verweisen. Dort werden aus den natürlichen Zahlen schrittweise die Menge **Z** der ganzen Zahlen, die Menge **Q** der

1.4. Zahlen

rationalen Zahlen und dann die Menge **R** der reellen Zahlen konstruiert. Die Funktionen $+$ und $*$ werden für diese Menge ausgedehnt. Für $K \in \{\mathbf{Q},\mathbf{R}\}$ und beliebige $a,b,c \in K$ werden in [27] die folgenden Rechenregeln unter anderem *aus den Peano-Axiomen* hergeleitet.

Satz 1.13 (Körperaxiome) *Seien $a,b,c \in \mathbf{R}$ beliebig. Es gelten folgende Regeln.*

(A) für die Addition:
1. $(a+b)+c = a+(b+c)$ *(Assoziativgesetz)*
2. $a+b = b+a$ *(Kommutativgesetz)*
3. *Es gibt genau ein $x \in \mathbf{R}$ mit $b+x = a$.*

(B) für die Multiplikation:
1. $(a*b)*c = a*(b*c)$ *(Assoziativgesetz)*
2. $a*b = b*a$ *(Kommutativgesetz)*
3. *Ist $b \neq 0$, dann gibt es genau ein $y \in \mathbf{R}$ mit $b*y = a$.*

(C) das Distributivgesetz:
$$(a+b)*c = a*c+b*c$$

Das x aus (A.3) wird *Differenz $a-b$*, das y aus (B.3) der *Quotient a/b* genannt.

Genau wie Satz 1.7 Identitäten für das Rechnen mit den speziellen Funktionen $\sim$, $\wedge$ und $\vee$ geliefert hat, liefert Satz 1.13 spezielle Rechenregeln für die Addition und Multiplikation. Sein Beweis erfordert in [27] etwa 90 Seiten. Dabei wird von der ersten Seite an vorausgesetzt, daß der Leser mit unvollständig geklammerten Ausdrücken rechnen kann. Wie wir gesehen haben, kann man das rechtfertigen, und zwar ohne Satz 1.13 zu benutzen. Die Herleitung der üblichen Rechenregeln für Subtraktion, Division und Exponentialrechnung aus Satz 1.13 erfordert vergleichsweise wenig Mühe und kann in Analysisbüchern nachgelesen werden [23].

Die Identitäten (A1) bis (C) heißen auch die *Körperaxiome*. Man kann also für die rationalen und reellen Zahlen beweisen, daß sie die Körperaxiome erfüllen. Eine ähnliche Situation haben wir schon früher im Zusammenhang mit den Axiomen der Boole'schen Algebra kennengelernt. Im Gegensatz dazu können wir nicht aus noch einfacheren Axiomen herleiten, daß die natürlichen Zahlen die Peano-Axiome erfüllen.

Es gibt also offenbar zwei Arten von Axiomen:

1. *echte* Axiome, die wir nach unserem heutigen Wissensstand nicht beweisen *können* und

2. *unechte* Axiome, die wir beweisen könnten, wenn wir wollten.

In Lehrbüchern der Analysis werden die Körperaxiome für rationale und reelle Zahlen in der Regel ohne Beweis vorausgesetzt. Einziger Sinn der Übung ist, sich die Lektüre der zitierten 92 Seiten in [27] zu sparen. Dem Leser gegenüber wird allen Ernstes argumentiert, daß man in Beweisen ganz ohne (echte) Axiome sowieso nicht auskommt und daß es auf ein paar mehr nicht ankommt, wenn man sich dadurch Arbeit sparen kann. Warum man sich nicht *alle* Arbeit spart und alle Beweise durch Axiome ersetzt, bleibt offen.

Die Konstruktion der reellen Zahlen stellt eine enorme intellektuelle Leistung vieler Generationen von Mathematikern dar. Heute — *nachdem* das alles entdeckt ist — lernen wir das als Kinder in der Schule. Dabei gewöhnen wir uns an vieles, was bei unvoreingenommener Betrachtung keineswegs selbstverständlich ist. Wir illustrieren das als Mahnung an den Leser gleich durch drei wahre Geschichten.

1. Alice und Bob heirateten. Für den Fall der Scheidung schlossen sie einen Ehevertrag über die Höhe des Unterhalts: der Mehrverdienende sollte dem Wenigerverdienenden 1/4 der Differenz der Nettogehälter zahlen. Nach geltendem Recht des Landes, wo Alice und Bob lebten, hätte der Mehrverdienende 3/7 der Differenz zu zahlen gehabt. Zum Zeitpunkt der Scheidung verdiente Alice gut, und Bob war arbeitslos.

   Bobs Anwalt versuchte nun mit folgendem Argument den Vertrag zu unterlaufen: „Mein Mandant ist arbeitslos. Deshalb ist die Höhe seines Gehalts nicht definiert, mithin auch nicht die Differenz der Nettogehälter, geschweige denn 1/4 der Differenz. Deshalb ist der Vertrag nicht anwendbar". Alice erwiderte hohnlachend, Bobs Nettoeinkommen sei selbstverständlich gleich Null. Ihr verging das Lachen aber schnell, denn ihr eigener Anwalt, ein hochgebildeter Mann, nahm das Argument von Bobs Anwalt ernst.

   Alice konnte ihren eigenen Anwalt erst umstimmen, indem sie aus dem Argument folgerte, daß kaum jemand mehr Steuern zahlen müsse: für fast jeden Steuerzahler gibt es nämlich auf der Einkommensteuererklärung eine Quelle von Einkommen, die auf ihn nicht zutrifft. Das Gesamteinkommen auf der Steuererklärung ist aber die Summe der Einkommen aus den verschiedenen Quellen. Wäre das Einkommen aus einer Quelle undefiniert, so auch die Summe und damit das steuerpflichtige Einkommen. Mithin wäre das Steuergesetz nicht anwendbar.

   Nichts läge uns ferner, als mit dieser Geschichte die Juristen durch den Kakao ziehen. Vielmehr zeigt die Verwirrung unter so feinsinnigen und gebildeten Leuten, was für eine intellektuelle Großtat die Erfindung der Null war, einer Zahl, die zählt, was gar nicht da ist.

2. Ein Koch sah seinem Sohn bei den Hausaufgaben zu. Der Sohn rechnete

$$2 - 5 + 3 = 0.$$

   Der Koch wurde sehr nachdenklich. Schließlich fragte er seinen Sohn: „Ihr lernt auf der Schule also allen Ernstes: wenn zwei Leute in meinem Restaurant sind und fünf

Leute gehen 'raus, dann müssen noch drei Leute hereinkommen, damit das Restaurant wieder leer ist?'"

Nichts läge uns ferner, als mit dieser Geschichte die Köche, denen die Menschheit so viel Freude verdankt, durch den Kakao zu ziehen. Vielmehr gilt dem Koch unsere Sympathie: man kann $(2+3) - 5 = 0$ mühelos interpretieren. Daß bei dem Umweg über das zunächst sinnlose Gebilde '-3' noch irgendetwas Gescheites rauskommen soll, ist alles andere als selbstverständlich.

3. Die alten Griechen liebten die Geometrie und erfanden dabei zwangsläufig die positiven rationalen Zahlen, die sie auch *Verhältnisse* nannten. Sie glaubten, daß *jede* Zahl ein Verhältnis sei. An diesem Glauben hielten sie auch dann noch fest als sie das folgende Lemma entdeckten.

Lemma 1.14 *Das Verhältnis der Länge der Diagonalen zur Seitenlänge eines Quadrats ist nicht das Verhältnis zweier ganzer Zahlen.*

Beweis: Das Verhältnis zwischen Diagonalenlänge und Seitenlänge im Quadrat ist $\sqrt{2}$, was man mithilfe des Satzes von Pythagoras ausrechnen kann. Wir nehmen $\sqrt{2} = p/q$ an, wobei p und q teilerfremde natürliche Zahlen sind. Wäre p ungerade, dann auch p^2. Aber $p^2 = 2q^2$ ist gerade. Also ist p gerade und q ungerade. Für gerades p ist p^2 durch 4 teilbar, also ist $p^2/2 = q^2$ gerade. Andererseits ist q^2 ungerade, weil q ungerade ist. Dies ist ein Widerspruch, also muß die Annahme falsch sein. ∎

Durch das Ignorieren der irrationalen reellen Zahlen verbauten sich die griechischen Mathematiker natürlich selbst total den Weg, und der Leser wird nicht überrascht sein, daß die griechischen Mathematiker prompt ausgestorben sind.

Ab jetzt werden wir auf den Luxus, mit 'Null' rechnen zu können, nicht mehr verzichten. Wir verabreden die Bezeichnung

$$\mathbf{N}_0 = \mathbf{N} \cup \{0\}\,.$$

Wir bezeichnen die eindeutige Zeichenreihe mit Länge 0 als *das leere Wort*. Für das leere Wort[7] verwendet man oft die Bezeichnung 'ε'. Sei A ein Zeichenvorrat. Wir bezeichnen mit

$$A^0 = \{\varepsilon\}$$

die Menge, die als einziges Element das leere Wort enthält, und wir bezeichnen mit

$$A^* = A^+ \cup \{\varepsilon\}$$

die Menge aller Zeichenreihen mit Zeichen aus A einschließlich des leeren Worts.

---
[7]Das leere Wort ist genausowenig ein Witz wie die Null.

1.4.2 Zahlendarstellungen

Mit Hilfe der Rechenregeln der Potenzrechnung läßt sich nun auch die Darstellung natürlicher Zahlen durch Dezimalzahlen, Binärzahlen usw. rechtfertigen. Diese Zahlendarstellungen sind von grundlegender Bedeutung für das Funktionieren des Geschäftslebens (Dezimalzahlen) und für die Konstruktion arithmetischer Einheiten in Rechenanlagen (Binärzahlen). Sie beruhen auf dem folgenden

Lemma 1.15 *Es seien $B, s \in \mathbb{N}$. Für alle $x \in \{0, \ldots, B^s - 1\}$ gibt es $a = (a_{s-1}, \ldots, a_0) \in \{0, \ldots, B-1\}^s$ so daß gilt*

$$x = \sum_{i=0}^{s-1} a_i \cdot B^i .$$

Diese a_i sind eindeutig bestimmt.

Wir beweisen Lemma 1.15 in Abschnitt 4.1. Die Folge $(a_{s-1}, \ldots, a_0)$ heißt *Darstellung von x der Länge s zur Basis B*, und

$$\langle a \rangle_B = \sum_{i=0}^{s-1} a_i \cdot B^i$$

heißt *die durch a im Zahlensystem zur Basis B dargestellte Zahl*.

Darstellungen von Zahlen zur Basis $B = 10$ heißen *Dezimalzahlen*, und Darstellungen zur Basis $B = 2$ heißen *Binärzahlen*. Man läßt in der Regel in Zahlendarstellungen die Klammern und Kommata weg. Man schreibt also beispielsweise

$$512 + 3 = 515$$

und nicht etwa

$$(5, 1, 2) + (3) = (5, 1, 5) .$$

Die Bedeutung von Lemma 1.15 für das wirtschaftliche und das wissenschaftliche Leben kann man kaum überbewerten. Er liefert Zahlendarstellungen, die kurz und eindeutig sind *und* für die es einfache Additions- und Multiplikationsalgorithmen gibt. Folgen von Strichen kann man leicht addieren und multiplizieren, aber sie werden schnell zu lang. Kurz und eindeutig waren auch die römischen Zahlen, aber sie sind schwer zu multiplizieren. Deswegen hätten auf dem Römischen Markt Tafeln mit großen Multiplikationstabellen aufgestellt werden müssen. Um Platz zu sparen stellte man aber nur Tafeln mit Quadratzahlen auf. Multipliziert wurde dann mit Hilfe der Identität

$$a * b = ((a+b)^2 - a^2 - b^2)/2.$$

1.4. Zahlen

Der Witz der modernen Stellenwertsysteme liegt darin, daß Stellen auch den Wert Null annehmen dürfen. Das führt insbesondere bei Dezimalzahlen zu den einfachen Additions- und Multiplikationsverfahren, die wir in der Grundschule lernen. Die Stellenwertsysteme wurden in der Arabischen Welt erfunden zu einer Zeit, als der Islam tolerant und das Christentum fundamentalistisch war.

Zur Mahnung an den Leser erzählen wir noch die wahre Geschichte vom Untergang Babylons. Es ist weder zu glauben, daß ein kleinmütiger Gott wegen ein paar größenwahnsinnigen Stadträten mit einer Sprachverwirrung interveniert, noch ist zu glauben, daß man eine Sprachverwirrung — wenn es sie denn gegeben hätte — durch das Umschulen einiger Architekten zu Hilfsdolmetschern nicht schnellstens in den Griff bekommen hätte. Der wahre Grund des Untergangs der Babylonier lag in ihrem Zahlensystem, von dem wir durch archäologische Forschungen wissen, daß es nicht eindeutig war [45, S. 39]. Es gab also Fälle von Zeichenreihen d und *verschiedenen* natürlichen Zahlen x und y, so daß d sowohl Darstellung von x als auch Darstellung von y war. Wir nehmen $x > y$ an. Das führte im gesellschaftlichen Leben zu enormen Reibereien. Bezeichnete etwa d in einem Vertrag die Zahl von Schafen, die eine Tochter als Mitgift bekommen sollte, so erwarteten optimistische Bräutigame x Schafe, wohingegen knauserige Väter oft nur y Schafe lieferten, selbst dann wenn die Tochter häßlich war. Es gab eine Lawine von Prozessen, bei denen die Rechtsanwälte steinreich wurden. In kürzester Zeit gab es in der Babylonischen Gesellschaft mehr Rechtsanwälte als Ingenieure. Das aber war schon immer der Anfang vom Ende.

1.4.3 Abzählbarkeit

Wir erinnern daran, daß wir eine Menge M *abzählbar* nennen, wenn M endlich ist, oder wenn es eine Bijektion $b : \mathbf{N} \to M$ gibt. Eine Menge M heißt *abzählbar unendlich*, wenn M abzählbar und unendlich ist.

Wir beweisen einige einfache Eigenschaften abzählbarer Mengen.

Lemma 1.16 *Ist A endlich, so ist A^* abzählbar.*

Beweis: Sei $A = \{a_0, \ldots, a_{b-1}\}$. Wir definieren auf A eine Ordnung durch $a_0 < \ldots < a_{b-1}$. Dadurch wird eine lexikographische Ordnung $<_{lex}$ auf ganz A^+ definiert. Insbesondere wird durch $<_{lex}$ auch jede der endlichen Mengen A^i geordnet. Die Menge A^* ist abzählbare Vereinigung der endlichen Mengen A^i mit $i \in \mathbf{N}_0$. Wir numerieren die Elemente von A^* der Länge nach und die Elemente gleicher Länge in lexikographischer Ordnung durch. Für $A = \{0, 1\}$ ist diese Numerierung in Tabelle 1.4 angegeben. ∎

Lemma 1.17 *Sind A und B abzählbar und disjunkt, so ist auch $A \cup B$ abzählbar.*

x	0	1	2	3	4	5	6	7	8	$\cdots$
$b(x)$	ε	0	1	00	01	10	11	000	001	$\cdots$

Tabelle 1.4: Numerierung der Menge $\{0,1\}^*$

Beweis: Es seien $a: \mathbb{N} \to A$ und $b: \mathbb{N} \to B$ Bijektionen. Dann ist $c: \mathbb{N} \to A \cup B$ mit

$$c(i) = \begin{cases} a(i/2) & \text{falls } i \text{ gerade} \\ b((i+1)/2) & \text{falls } i \text{ ungerade} \end{cases}$$

eine Bijektion. Abbildung c zählt abwechselnd die Elemente von A und B auf. ∎

Lemma 1.18 *Jede Teilmenge von $\mathbb{N}$ ist abzählbar.*

Beweis: Sei $M \subseteq \mathbb{N}$ eine unendliche Menge (andernfalls ist nichts zu zeigen). Wir wollen eine Bijektion $m: \mathbb{N} \to M$ konstruieren. Für $i \in \mathbb{N}$ definieren wir durch Induktion Funktionswerte $m(i)$ und Teilmengen $M(i)$ von i durch

$$\begin{aligned} M(1) &= M \\ m(i) &= \min\{x \mid x \in M(i)\} \\ M(i+1) &= M(i) \setminus m(i) \,. \end{aligned}$$

Die Funktion m zählt die Elemente von M in aufsteigender Reihenfolge auf. ∎

Anmerkung: Wir haben hier heimlich, still und leise das sogenannte *Wohlordnungsprinzip* benutzt. Dieses Prinzip besagt, daß jede nichtleere Menge von natürlichen Zahlen ein kleinstes Element besitzt. Man kann es formal aus den Peano-Axiomen herleiten, und das ist sogar etwas mühsam (siehe [23, S. 60]).

Daß das Prinzip es in sich hat, zeigt ein Exkurs in die Zahlenmystik (siehe auch [45, S. 29]). Dort argumentiert man lang und breit, daß gewisse Zahlen etwas Besonderes sind. Beispielsweise ist 'Eins' die erste natürliche Zahl, 'Zwei' die Zahl der Geschlechter, 'Drei' die Zahl der Symmetrieachsen der Lilienblüte, 'Vier' die erste natürliche Zahl, die keine Primzahl ist, 'Fünf' die Anzahl der Finger einer Hand usw. Das ist alles wahr und gut und schön, aber es folgt schon alles aus dem

Satz 1.19 (Hauptsatz der Zahlenmystik) *Jede natürliche Zahl hat eine besondere Eigenschaft.*

Beweis durch Widerspruch: Wir nehmen an, daß der Satz falsch ist. Dann ist die Menge OB der natürlichen Zahlen ohne besondere Eigenschaft nicht leer. Aus dem Wohlordnungsprinzip folgt, daß es in OB eine kleinste Zahl m gibt. Also wäre m die kleinste natürliche Zahl ohne besondere Eigenschaft, was aber eine höchst bemerkenswerte besondere Eigenschaft ist. ∎

Nach dieser kurzen, vollständigen und endgültigen Behandlung aller Zahlenmystik kehren wir zu den abzählbaren Mengen zurück und folgern aus Lemma 1.18:

1.4. Zahlen

Lemma 1.20 *Ist A abzählbar und ist B Teilmenge von A, so ist auch B abzählbar.*

Beweis: Wir nehmen an, daß B unendlich ist. Andernfalls ist nichts zu zeigen. Es sei $a: \mathbf{N} \to A$ eine Bijektion, und es sei

$$M = \{i \in \mathbf{N} \mid a(i) \in B\}.$$

Nach Lemma 1.18 ist M abzählbar, d.h. es gibt eine Bijektion $m: \mathbf{N} \to M$. Dann ist $c: \mathbf{N} \to B$, definiert durch

$$c(i) = a(m(i))$$

eine Bijektion. ∎

Aus Lemma 1.17 und Lemma 1.20 folgt sofort:

Lemma 1.21 *Sind A und B abzählbar, dann ist auch $A \cup B$ abzählbar.*

Der nächste Satz, den wir zeigen wollen, ist historisch gesehen von der Frage motiviert, ob es mehr reelle Zahlen als natürliche Zahlen gibt. Man kann darüber streiten, ob das eine sinnvolle Frage ist, und man kann noch viel mehr darüber streiten, wie man die Anzahl von Elementen in unendlichen Mengen vergleichen soll. Die zur Zeit übliche Methode geht auf Cantor zurück und ist inspiriert von der Geschichte eines armen Mannes, der weder lesen noch schreiben konnte und der feststellen sollte, ob es im Park des Königs mehr Bäume als Schafe gab. Der Mann löste die Aufgabe, indem er an jeden Baum ein Schaf band. Das tat er so lange, bis keine Bäume oder keine Schafe mehr übrig waren.

Definition 1.18 *Zwei Mengen M und N heißen* gleich mächtig, *wenn es eine Bijektion zwischen M und N gibt. Die Menge M heißt* mächtiger *als N, wenn es eine surjektive Abbildung aber keine bijektive Abbildung von M nach N gibt.*

Ist U eine Menge von Mengen, dann ist „gleich mächtig" eine Äquivalenzrelation auf U. Sind M und N endliche Mengen, so ist M genau dann mächtiger als N, wenn M mehr Elemente als N hat. Die abzählbar unendlichen Mengen sind gerade die Mengen, die gleich mächtig wie die Menge $\mathbf{N}$ sind. Man muß keineswegs darüber glücklich sein, daß alle abzählbaren Mengen gleich viele Elemente enthalten sollen. Ist M die Menge der geraden natürlichen Zahlen, so ist $b: M \to \mathbf{N}$ mit $b(2i) = i$ für alle $i \in \mathbf{N}$ eine Bijektion, also sind M und $\mathbf{N}$ gleich mächtig. Andererseits fehlt in M offensichtlich jede zweite Zahl aus $\mathbf{N}$, und deshalb sollte die Anzahl der Elemente in M geringer sein als die Zahl der Elemente in $\mathbf{N}$. Ein Verfechter der Cantor'schen Auffassung würde dem jedoch folgendes Gedankenexperiment entgegenhalten können:

Wir stellen uns vor, daß wir abzählbar viele Markstücke besitzen, die wir mit den natürlichen Zahlen durchnumerieren. Nun verschenken wir die Markstücke mit ungeraden Nummern. Die verbleibenden Markstücke numerieren wir um, indem wir für alle $i \in \mathbf{N}$ Nummer $2i$ durch i ersetzen, und stellen zu unserer Freude fest, daß wir noch genau so viel Geld übrig haben wie vorher. Dieses schöne Argument wird uns beim Beweis des Kompaktheitssatzes (Satz 2.27) wiederbegegnen.

Wenn die Mengen $\mathbf{N}$, M und A^+ alle gleich mächtig sind, dann muß eine Menge, die mächtiger als die Menge $\mathbf{N}$ ist, anscheinend in überwältigender Weise mehr Elemente haben als $\mathbf{N}$. Dies ist jedenfalls die vorherrschende Meinung. Mengen, die mächtiger sind als die Menge $\mathbf{N}$ heißen *überabzählbar*.

Die Existenz überabzählbarer Mengen liefert der folgende Satz, der einen kurzen, aber sehr berühmten Beweis hat.

Satz 1.22 *Es sei I die Menge aller unendlichen Folgen $i = (i_1, i_2, \ldots)$ mit $i_j \in \{0, 1\}$ für alle $j \in \mathbf{N}$. Die Menge I ist überabzählbar.*

Beweis: Sei $b : \mathbf{N} \to I$ irgendeine Abbildung. Wir verabreden für $k \in \mathbf{N}$ die Schreibweise

$$b(k) = i^k = (i_1^k, i_2^k, \ldots) \,.$$

Dann können wir den Bildbereich der Funktion b schreiben als

$$b(\mathbf{N}) = \{i^1, i^2, \ldots\} \,.$$

Wir definieren eine Folge $l \in I$ durch

$$l_j = \begin{cases} 0 \text{ falls } i_j^j = 1 \\ 1 \text{ falls } i_j^j = 0 \end{cases}$$

für alle $j \in \mathbf{N}$. Die Folge l unterscheidet sich von jeder Folge i^j in $b(\mathbf{N})$; nach Konstruktion ist nämlich $l_j \neq i_j^j$. Also ist b nicht surjektiv. ∎

Man kann sich den obigen Beweis veranschaulichen, indem man die Elemente i^k wie in Abbildung 1.4 als Zeilen einer unendlichen Matrix hinschreibt. Man definiert l, indem man auf der Diagonalen der Matrix alle Bits kippt. Man nennt die verwendete Beweistechnik deshalb *Diagonalisierung*. Sie wurde erstmals von Cantor [5] benutzt und ist von zentraler Bedeutung in der Rekursionstheorie [41] und in der Komplexitätstheorie [4, 20, 38, 40].

Wir folgern aus Satz 1.22 nun mit wenig Mühe

Satz 1.23 *Die Menge $\mathbf{R}$ der reellen Zahlen ist überabzählbar.*

1.4. Zahlen

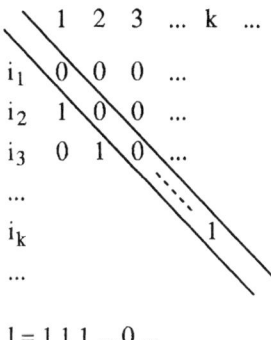

l = 1 1 1 ... 0 ...

Abbildung 1.4: Diagonalisierung

Beweis: Wir zeigen, daß schon die Menge der reellen Zahlen im geschlossenen Intervall $[0,1]$ überabzählbar ist.

Wir interpretieren die Folgen $i \in I$ als unendliche Binärbrüche und definieren

$$\langle i \rangle = \sum_{j \in \mathbf{N}} i_j 2^{-j}.$$

Dann ist $\langle \ \rangle : I \to [0:1]$ surjektiv. Die Abbildung ist aber nicht injektiv, denn es gilt beispielsweise

$$1/2 = \langle 1,0,0,\ldots \rangle = 0,1,1,\ldots.$$

Ein analoges Beispiel bei unendlichen Dezimalbrüchen ist

$$0.500\ldots = 0.499\ldots.$$

Wir charakterisieren die Folgen $a = (a_1, a_2, \ldots)$ und $b = (b_1, b_2, \ldots)$ aus I, für die $\langle a \rangle = \langle b \rangle$ gilt. Es sei also $a \neq b$ und es gelte $\langle a \rangle = \langle b \rangle$. Es sei j der kleinste Index, so daß $a_j \neq b_j$ gilt. Wir können ohne Beschränkung der Allgemeinheit voraussetzen, daß $a_j = 1$ und $b_j = 0$ gilt (andernfalls vertauschen wir die Rollen von a und b.) Dann ist

$$\begin{aligned} 0 &= \langle a \rangle - \langle b \rangle \\ &= \sum_{i=j}^{\infty} (a_i - b_i) \cdot 2^{-i} \\ &= 2^{-j} - 2^{-j} \cdot \sum_{i=1}^{\infty} (b_{j+i} - a_{j+i}) \cdot 2^{-i}. \end{aligned}$$

Wegen $\sum_{i=1}^{\infty} 2^{-i} = 1$ [23, S. 190] folgt

$$(b_{j+i} - a_{j+i}) = 1 \text{ für alle } i \in \mathbf{N},$$

also
$$a_i = 0 \text{ und } b_i = 1 \text{ für alle } i \geq j.$$

Für jede reelle Zahl $x \in [0,1]$ gibt es also höchsten zwei Folgen $a, b \in I$ mit $\langle a \rangle = \langle b \rangle = x$. Falls es zwei Folgen gibt, hat eine dieser Folgen die Form

$$b = (b_1, \ldots, b_n, 0, 1, 1, \ldots) \text{ mit } n \in \mathbf{N}_0.$$

Wir fassen diese Folgen in der Menge I^0 zusammen und bilden die Menge I^1, indem wir aus I die Elemente aus I^0 entfernen, also

$$I^1 = I \setminus I^0.$$

Dann ist $\langle \ \rangle : I^1 \to [0,1]$ offensichtlich bijektiv.

Die Abbildung $d : I^0 \to \{0,1\}^*$ mit

$$d(b_1, \ldots, b_n, 0, 1, 1, \ldots) = (b_1, \ldots, b_n)$$

ist offensichtlich bijektiv. Der Rest ist einfach:

Die Menge $\{0,1\}^*$ ist wegen Lemma 1.16 abzählbar. Also ist auch I^0 abzählbar. Wäre I^1 abzählbar, so wäre nach Lemma 1.18 auch $I = I^0 \cup I^1$ abzählbar. Die Menge I ist aber nach Lemma 1.22 überabzählbar. ∎

Lemma 1.16 und Satz 1.23 haben zwei Konsequenzen:

1. Wenn wir in Ausdrücken mit reellen Zahlen rechnen, dann bildet die Menge K der verwendeten Konstanten eine formale Sprache in α^+, also gibt es reelle Zahlen, die nicht als Konstanten vorkommen. Wählen wir beispielsweise als Konstanten die Menge $\mathbf{Q}$ der rationalen Zahlen, so ist $\sqrt{2}$ ein Ausdruck, dessen Wert nicht in der gewählten Menge $\mathbf{Q}$ der Konstanten liegt (Dies wurde in Lemma 1.14 gezeigt.) Wir müssen deshalb im allgemeinen bei Signaturen unterscheiden zwischen der Menge der Konstanten K, die man hinschreiben kann, und der Menge W der *Werte*, die durch eine Belegung einer Variablen oder einem Ausdruck zugewiesen werden können. Belegungen sind im allgemeinen Fall Abbildungen $\phi : V \to W$. Jede solche Belegung kann man *mit den früher beschriebenen Mechanismen* auf die Menge der Ausdrücke fortsetzen. Wir haben nämlich bei der Definition von $\phi[z]$ für Ausdrücke z nie benutzt, daß man Zwischenergebnisse oder das Endergebnis in Form einer Konstanten aus K hinschreiben kann. Eine Identität $a \equiv b$ zwischen Ausdrücken a und b ist gültig, falls $\phi[a] = \phi[b]$ gilt für alle Belegungen $\phi : V \to W$.

    Beispielsweise ist
    $$\sqrt{x} * \sqrt{x} = x$$

1.5. Formale Logik   67

eine in diesem Sinn gültige Identität. Selbst für eine Belegung ϕ mit $\phi[x] \in K$ liegt das Zwischenergebnis $\phi[\sqrt{x}]$ meistens außerhalb von K.

2. Nach vorherrschender Meinung haben wir mit den letzten beiden Sätzen gezeigt, daß es in überwältigender Weise mehr reelle Zahlen als natürliche Zahlen oder Zeichenreihen in A^+ gibt. Dies gilt insbesondere für den in diesem Buch benutzten Zeichenvorrat $A = A_{math}$, und A^+_{math} umfaßt immerhin sämtliche möglichen mathematischen Definitionen sowie die gesamte Deutsche Sprache, mithin alles worüber man reden kann. Darüberhinaus umfaßt A^+_{math} auch alles, was man *messen* kann. Jede Messung kann man nämlich spezifizieren durch die Bauanleitung für das Meßgerät sowie das — endlich genaue — Meßergebnis. Mithin kann man über die überwältigende Mehrheit aller reellen Zahlen nachweislich weder reden, noch können sie als Ergebnis einer Messung auftreten. Wir sind wieder einmal auf die in der vorherrschenden Lehrmeinung weitverbreitete Neigung zur Metaphysik gestoßen.

Worüber man nicht reden kann und was man überdies nicht messen kann, das gibt es natürlich nicht. Wenn wir die unbeschreiblichen Zahlen wegwerfen könnten — was nicht geht, da es sie von vornherein nicht gibt — würden wir nicht den geringsten Unterschied merken. Dieses Argument wird im Satz von Löwenheim-Skolem in äußerster mathematischer Strenge präzisiert. Es ist als das *Skolem-Paradoxon* [6, 26] bekannt, das wir in vereinfachter Form in Abschnitt 1.5.2 behandeln.

Paradox ist dabei nur die vorherrschende Lehrmeinung: Es gibt in der Tat nicht mehr reelle Zahlen als Zeichenreihen in A^+_{math}. Es gibt bloß keine surjektive eindeutige Abbildungsvorschrift $b : A^+_{math} \to \mathbf{R}$. Das liegt daran, daß man nicht formal definieren kann, wann eine Zeichenreihe der Deutschen Sprache eine reelle Zahl beschreibt.

Wie wir am Beispiel des Rechnens mit Ausdrücken gesehen haben, ist es wichtig zu wissen, daß die reellen Zahlen überabzählbar sind. Es ist aber völlig irrelevant, ob man glaubt, daß es mehr reelle Zahlen als Zeichenreihen gibt. Das Rechnen und Sätze Beweisen mit reellen Zahlen funktioniert genau auf die gleiche Weise, egal was man glaubt. Vergleichen wir jedoch den Untergang der alten Griechischen Schule mit dem Blühen der modernen Mathematik, so lernen wir, daß das Ignorieren von etwas, das es gibt, viel gefährlicher ist als der Glaube an etwas, das es nicht gibt.

1.5 Formale Logik

1.5.1 Prädikate

Wir wollen oft aus bereits bekannten Mengen X neue Mengen Y bilden, indem wir in Y alle Elemente $x \in X$ zusammenfassen, die eine gewisse Eigenschaft $E(x)$ haben. Aus dem

Beispiel des Barbiers von Bagdad wissen wir noch, daß gewisse auf der ersten Blick harmlose Eigenschaften ganz schnell ins Chaos führen können. Prädikate sind ein sehr mächtiger Mechanismus zum Spezifizieren von Eigenschaften, mit denen man nach gewissen Regeln immer Teilmengen bilden kann, ohne ins Chaos abzugleiten.

Wir wollen schließlich Teilmengen einer bereits bekannten Menge definieren. Wir tun dies mit Hilfe einer endlichen Menge $M = \{m_1, \ldots, m_k\}$ bereits bekannter Mengen m_i. Aus technischen Gründen setzen wir immer $A^+_{math} \in M$ voraus. Wir bezeichnen mit

$$\cup M = \bigcup_{i=1}^{k} m_i$$

die Menge aller Elemente, die in einer der als bekannt vorausgesetzten Mengen m_i vorkommen.

Die formale Vorgehensweise beim Definieren von Prädikaten und ihrer Bedeutung ist ganz ähnlich wie bei der Definition von Ausdrücken und ihren Werten. Wir benutzen die übliche Variablenmenge V. Mit den Variablen werden sowohl Zeichenreihen als auch Mengen bezeichnet. Wir benutzen die endlich vielen Zeichen aus $A_{math} = \{a_1, \ldots, a_k\}$ als Konstanten.

Definition 1.19 *Die Menge $P[M]$ der (unvollständig geklammerten) M-Prädikate wird induktiv definiert. Die Menge $P[M]_1$ enthält für alle $x, y, z \in V \cup A_{math}$ die Zeichenreihen $x = y, x \in y$ und $z = cat(x,y)$.*

Sei $i \in \mathbb{N}, x \in V$, es seien $p, q \in P[M]_i$ und es sei $m \in M$. Dann liegen folgende Zeichenreihen in $P[M]_{i+1}$:

1. p

2. (p)

3. $p \wedge q, p \vee q, p \to q, p \leftrightarrow q$ *und* $\sim p$

4. $\forall x \in m : p$ *und* $\exists x \in m : p$

$P[M] = \bigcup_{i \in \mathbb{N}} P[M]_i$.

Für die verwendeten Symbole verabreden wir die Sprechweisen aus Tabelle 1.5. Damit soll die spätere Bedeutung der Prädikate angedeutet aber noch nicht definiert werden. Die Zeichen $\forall$ und $\exists$ heißen auch *Allquantor* und *Existenzquantor*.

1.5. Formale Logik

f	Sprechweise	$s(f)$	$n(f)$	$pr(f)$
cat	konkateniert mit	2	*st*	8
$\in$	Element	2	*in*	7
$=$	gleich	2	*in*	6
$\forall x \in m :$	für alle x in m	1	*pre*	5
$\exists x \in m :$	es existiert ein x in m	1	*pre*	5
$\sim$	nicht	1	*pre*	4
$\wedge$	und	2	*in*	3
$\vee$	oder	2	*in*	2
$\rightarrow$	impliziert	2	*in*	1
$\leftrightarrow$	genau dann wenn	2	*in*	1

Tabelle 1.5: Notation der Funktionszeichen in M-Prädikaten

Beispiel 1.22: Das folgende Prädikat wird schließlich die Bedeutung „$X_1 \in \mathbf{N}$"
erhalten:

$$X_1 = |$$
$$\vee \exists X_2 \in A_{math}^+ : X_1 = cat(|, X_2)$$
$$\wedge \exists X_2 \in A_{math}^+ : X_1 = cat(X_2, |)$$
$$\wedge \forall X_3 \in A_{math}^+ : \forall X_4 \in A_{math}^+ : \forall X_5 \in A_{math}^+ : \forall X_6 \in A_{math}^+ :$$
$$(X_1 = cat(X_3, X_4) \wedge X_4 = cat(X_5, X_6) \wedge$$
$$(X_5 = a_1 \vee \ldots \vee X_5 = a_k) \rightarrow X_5 = |)$$

Die Menge $P[M]$ der oben definierten Zeichenreihen können wir als eine Teilmenge der Ausdrücke auffassen, die zu einer gewissen Signatur gehören. Die Funktionszeichen der Signatur mit ihrer Notation und Priorität sind in Tabelle 1.5 aufgelistet.

Damit wird auf die übliche Weise die Vervollständigung der Klammerung und eine zugehörige Zerlegung definiert.

Beispiel 1.23: Wir geben die Zerlegung für das Prädikat p aus Beispiel 1.22 an.
Dabei benutzen wir das '$\equiv$'-Zeichen zum Verabreden von Abkürzungen[8].

---

[8]Das Gleichheitszeichen ist Teil der Prädikate und steht deshalb hier zum Verabreden von Abkürzungen nicht zur Verfügung.

$$p \equiv ((X_1 = |) \vee ((p_1 \wedge p_2) \wedge p_3))$$
$$p_1 \equiv (\exists X_2 \in A^+_{math} : (X_1 = cat(|, X_2)))$$
$$p_2 \equiv (\exists X_2 \in A^+_{math} : (X_1 = cat(X_2, |)))$$
$$p_3 \equiv (\forall X_3 \in A^+_{math} : (\forall X_4 \in A^+_{math} : (\forall X_5 \in A^+_{math} :$$
$$(\forall X_6 \in A^+_{math} : (((p_4 \wedge p_5) \wedge p_6) \rightarrow (X_5 = |))))))$$
$$p_4 \equiv (X_1 = cat(X_3, X_4))$$
$$p_5 \equiv (X_4 = cat(X_5, X_6))$$
$$p_6 \equiv (\ldots((X_5 = a_1) \vee (X_5 = a_2)) \vee \ldots \vee (X_5 = a_k))$$

Wir definieren die *freien* und *gebundenen Vorkommen von Variablen* in Prädikaten. Es genügt, dies für vollständig geklammerte Prädikate zu tun, da unvollständig geklammerte Prädikate nur Abkürzungen für vollständig geklammerte Prädikate sind.

1. Alle Variablen in $(x = y), (x \in y)$ und $(z = cat(x, y))$ kommen frei vor.

2. In $(\forall x \in m : p)$ und in $(\exists x \in m : p)$ kommt x nur gebunden vor. Für alle Variablen $y \neq x$ sind die freien und gebundenen Vorkommen von y in $(\forall x \in m : p)$ und $(\exists x \in m : p)$ genau die freien und gebundenen Vorkommen von y in p.

3. Die freien und gebundenen Vorkommen von Variablen in $(p \wedge q)$, $(p \vee q)$, $(p \rightarrow q)$, $(p \leftrightarrow q)$ sind genau die freien und gebundenen Vorkommen von Variablen in p und q. Die freien und gebundenen Vorkommen von Variablen in $(\sim p)$ sind genau die freien und gebundenen Vorkommen von Variablen in p.

Im vorigen Beispiel 1.23 kommt X_5 in p_6 und p_5 frei und in p_3 und p gebunden vor. Die Variable X_2 kommt in p_1 und p_2 gebunden vor. In p kommt nur X_1 frei vor. Beim Bilden von $\forall x \in m : p$ und in $\exists x \in m : p$ wird in der Regel x in p frei vorkommen. Wir verlangen das aber nicht. Ist p ein Prädikat, in dem genau die Variablen $X_{i_1}, \ldots, X_{i_k}$ frei vorkommen, so schreibt man p oft in der Form $p(X_{i_1}, \ldots, X_{i_k})$.

Nun können wir endlich die Gültigkeit von Prädikaten definieren. Die Definition ist technisch und langweilig und formalisiert genau das, was durch die Sprechweisen aus Tabelle 1.5 suggeriert wird.

Die Variablen, die in einem Prädikat frei vorkommen, spielen genau die Rolle von Variablen in Ausdrücken. Man weist ihnen mit einer Belegung $\phi : V \rightarrow W$ Werte aus einer Menge W zu und konstruiert dann aus ϕ eine Abbildung $\phi : P \rightarrow \{0, 1\}$. Ist p ein Prädikat und ist $\phi(p) = 1$, so werden wir auch sagen: Prädikat p *gilt* an der Stelle ϕ. Beim Konstruieren von Mengen mit Hilfe des Mengensystems M werden wir $W = \cup M$ benutzen, d.h. die Variablen dürfen nur Werte annehmen, die in einer der bereits bekannten Mengen $m_l \in M$ liegen. Belegungen

1.5. Formale Logik

$\phi : V \to \cup M$ nennen wir *M-Belegungen*. Wegen $A_{math}^+ \in M$ kann man die Variablen immer mit Zeichenreihen belegen.

Sind $\phi, \psi : V \to W$ Belegungen, ist $x \in V$ eine Variable und gilt $\phi(y) = \psi(y)$ für alle $y \in V \setminus \{x\}$ — d.h. die Belegungen unterscheiden sich höchstens im Wert der Variablen x — dann heißt ψ eine *x-Variante* von ϕ.

Sei $\phi : V \to \cup M$ eine M-Belegung. Wir setzen zunächst ϕ in gewohnter Weise auf die Konstanten $a \in A_{math}$ fort durch $\phi(a) = a$ für alle $a \in A_{math}$, d.h. der Wert von Konstanten ändert sich nicht durch die Belegung von Variablen. Seien nun $x, y, z \in V \cup A_{math}$, es sei $p, q \in P[M]$ und $m \in M$. Wir definieren

1. $x = y$ gilt an der Stelle ϕ, falls $\phi(x)$ und $\phi(y)$ beides Mengen oder beides Zeichenreihen sind und $\phi(x) = \phi(y)$ gilt.

2. $x \in y$ gilt an der Stelle ϕ, falls $\phi(y)$ eine Menge ist und $\phi(x) \in \phi(y)$ gilt.

3. $z = cat(x, y)$ gilt an der Stelle ϕ, falls x, y und z Zeichenreihen sind und $\phi(z) = cat(\phi(x), \phi(y))$ gilt.

4. $p \wedge q$ gilt an der Stelle ϕ, falls p und q an der Stelle ϕ gelten.

5. $p \vee q$ gilt an der Stelle ϕ, falls p oder q oder beide an der Stelle ϕ gelten.

6. $p \to q$ gilt an der Stelle ϕ, falls p und q an der Stelle ϕ gelten oder falls p an der Stelle ϕ nicht gilt[9].

7. $p \leftrightarrow q$ gilt an der Stelle ϕ, falls p und q an der Stelle ϕ beide gelten oder beide nicht gelten.

8. $\forall x \in m : p$ gilt an der Stelle ϕ, falls für alle x-Varianten ψ von ϕ mit $\psi(x) \in m$ gilt: p gilt an der Stelle ψ.

9. $\exists x \in m : p$ gilt an der Stelle ϕ, falls es eine x-Variante ψ von ϕ mit $\psi(x) \in m$ gibt, so daß p an der Stelle ψ gilt.

Man zeigt mühelos durch Induktion über i: Ist $p \in P[M]_i$, sind ϕ und ψ beides M-Belegungen und ist $\phi(x) = \psi(x)$ für alle freien Variablen in p, dann gilt p an der Stelle ϕ genau dann, wenn p an der Stelle ψ gilt. Die Gültigkeit von Prädikaten an einer Stelle ϕ hängt also nur von den Werten $\phi(x)$ ab, die den freien Variablen x zugewiesen werden. Wenn man beim praktischen Rechnen untersucht, an welchen Stellen ein Prädikat $p(X_{i_1}, \ldots, X_{i_k})$ gilt, läßt man in der Regel die Unterscheidung zwischen $X_{i_j} \in V$ und $\phi(X_{i_j}) \in \cup M$ fallen, denn es ist klar, daß man Belegungen der freien Variablen untersucht.

---
[9] Ex Falso Quodlibet.

Das Prädikat p aus Beispiel 1.22 mit der Zerlegung aus Beispiel 1.23 hat nur eine freie Variable, nämlich X_1. Damit $p(X_1)$ (an der Stelle ϕ) erfüllt ist, muß $X_1 = |$ (genauer $\phi(X_1) = \phi(|) = |$) gelten oder $p_1(X_1)$ bis $p_3(X_1)$ müssen (an der Stelle ϕ) gelten. Die Prädikate $p_1(X_1)$ und $p_2(X_1)$ gelten (an der Stelle ϕ), falls X_1 (genauer $\phi(X_1)$) mindestens Länge 2 hat und mit | beginnt und endet. Prädikat $p_3(X_1)$ gilt, falls für jede Zerlegung $X_1 = X_3 X_5 X_6$ mit $X_3, X_6 \in A_{math}^+$ und $X_5 \in A_{math}$ gilt: $X_5 = |$. Prädikat $p_3(X_1)$ ist also erfüllt, falls X_1 höchstens Länge 2 hat, weil es dann keine solche Zerlegung gibt[10], oder falls alle Zeichen in X_1 außer eventuell dem ersten und dem letzten Zeichen gleich | sind. Insgesamt hat $p(X_1)$ also offenbar die Bedeutung: $X_1 \in \mathbf{N}$, und $p_6(X_5)$ hat die Bedeutung $X_5 \in A_{math}$.

1.5.2 Formale Fassung des Mengenkonzepts

Wir geben in diesem Abschnitt eine formale Definition einer sehr großen Menge $\mathcal{M}$ von Mengen an. Wir teilen dem Leser — natürlich ohne Beweis — mit, daß die Mengen in $\mathcal{M}$ für ein Informatikstudium ausreichen. Die Konstruktion ist an die Axiome der Zermelo-Fraenkel-Mengenlehre (ohne Auswahlaxiom) [6] angelehnt und benutzt an Hilfsmitteln fast alles, was wir bisher behandelt haben. Es wird drei einfache Mechanismen zum Erzeugen von großen Mengen aus schon bekannten kleinen Mengen geben, und wir werden Prädikate $p(x)$ mit einer freien Variablen x benutzen, um aus bereits bekannten Mengen m die Teilmenge derjenigen Elemente $x \in m$ zu definieren, für die $p(x)$ gilt. Die Menge der M-Prädikate war als abzählbare Vereinigung von Mengen $P[M]_i$ definiert worden. Um allein die Definition von Prädikaten zu verstehen, muß man also zählen können. Weiterhin muß man den Mechanismus zum Auswerten von Ausdrücken verstanden haben. Hierzu wiederum muß man den Funktionsbegriff (Belegungen) kennen. Eine genaue Fassung des Mengenkonzepts gelingt also erst mit Hilfe eines gewissen minimalen mathematischen Apparats, den wir mit Hilfe des hier und da ungenauen naiven Mengenkonzepts entwickelt haben. Wir erinnern uns, daß zum Erklären des naiven Mengenkonzepts die fast überall ungenaue Deutsche Sprache herhalten mußte.

Definition 1.20 *Eine formale Mengendefinition ist eine endliche Folge* $(m_1 = D_1; \ldots; m_k = D_k)$ *von Definitionsschritten* $m_i = D_i$. *Hierbei ist* m_i *der Name für die im i-ten Schritt definierte Menge, und* D_i *gibt an, wie* m_i *mit Hilfe der Mengen* $m_1, \ldots, m_{i-1}$ *erzeugt wird. Der Erzeugungsprozeß beginnt immer mit dem Definitionsschritt* $m_1 = A_{math}^+$. *Für alle* $i \in \mathbf{N}$ *sei* $M_i = \{m_1, \ldots, m_i\}$ *die Menge der in den ersten i Schritten definierten Mengen. Dann kann der* $(i+1)$-*te Definitionsschritt eine der folgenden vier Formen haben:*

1. $m_{i+1} = \{m_j, m_k\}$ *mit* $j, k \leq i$, *d.h.* m_{i+1} *ist das ungeordnete Paar zweier Mengen aus* M_i.

---
[10] Ex Falso Quodlibet.

1.5. Formale Logik

2. $m_{i+1} = \cup m_j$ *mit* $j \leq i$, *wobei* m_j *eine (nicht notwendig abzählbare) Menge von Mengen sein muß. Hierbei besteht* $\cup m_j$ *aus genau den Elementen, die in mindestens einer der Mengen in* m_j *liegen. Die Menge* $\cup m_j$ *heißt die* Vereinigungsmenge *von* m_j.

3. $m_{i+1} = \text{Pot}(m_j)$ *mit* $j \leq i$, *d.h.* m_{i+1} *ist die* Potenzmenge *einer Menge* $m_j \in M_i$ *und enthält als Elemente alle Teilmengen von* m_j.

4. $m_{i+1} = \{x \in m_j \mid p(x)\}$, *wobei* $j \leq i$ *gilt und* p *ein* M_i-*Prädikat mit einer freien Variablen* x *ist. In diesem Fall ist* m_{i+1} *eine Teilmenge einer Menge* $m_j \in M_i$ *nämlich die Menge aller Elemente* $x \in m_j$ *so daß* $p(x)$ *gilt*[11].

Die Menge $\mathscr{M}$ *besteht aus allen Mengen, die man durch eine formale Mengendefinition spezifizieren kann.*

Wir zeigen, daß alle Mengen, die wir bisher betrachtet haben, in der so definierten Menge $\mathscr{M}$ liegen — mit Ausnahme von $\mathscr{M}$ natürlich. Bevor wir dies tun, ist eine Konvention darüber notwendig, welche Mengen wir als *geordnete* Paare (a,b) ansehen wollen. Andernfalls werden wir schwerlich kartesische Produkte und Funktionen bilden können[12]. Wir verabreden:

Definition 1.21 *Die Menge* $\{a, \{a,b\}\}$ *heißt das* geordnete Paar *mit erster Komponente* a *und zweiter Komponente* b. *Wir betrachten — im Zusammenhang mit formalen Mengendefinitionen —* (a,b) *als Abkürzung für* $\{a, \{a,b\}\}$.

Lemma 1.24

1. *Liegen A und B in $\mathscr{M}$, so auch $A \cup B, A \cap B, A \setminus B$. Sind A und B überdies Teilmengen von A_{math}^+, so liegt auch AB in $\mathscr{M}$.*

2. *Jede endliche Teilmenge von A_{math}^+ liegt in $\mathscr{M}$.*

3. *Liegt A in einem System von Mengen M, dann gibt es ein M-Prädikat $q(x)$ mit der Bedeutung $x \in A$.*

4. *Ist $B \subseteq A_{math}$ ein Alphabet, so liegt B^+ in $\mathscr{M}$.*

---

[11] Auch hier haben wir nicht zwischen x und $\phi(x)$ unterschieden. Ganz formal besteht m_{i+1} aus der Menge aller $\phi(x) \in m_j$, so daß $p(x)$ an der Stelle ϕ gilt.

[12] Die folgende scheußliche Definition kann man umgehen, wenn man von Anfang an die Prädikate $z = (x,y)$ in die Menge $P[M]_1$ aufnimmt und beim Definieren von Mengen Definitionsschritte der Form $m_{i+1} = m_j \times m_k$ zuläßt.

Beweis:

1. $$\begin{aligned} A \cup B &= \cup\{A, B\} \\ A \cap B &= \{a \in A \mid a \in B\} \\ A \setminus B &= \{a \in A \mid \sim a \in B\} \\ AB &= \{x \in A_{math}^+ \mid \exists a \in A : \exists b \in B : x = cat(a, b)\} \end{aligned}$$

2. Sei a ein einzelnes Zeichen aus A_{math}. Dann liegt
    $$\{a\} = \{x \in A_{math}^+ \mid x = a\}$$
    in $\mathcal{M}$. Ist $w = w_1 \ldots w_k$ eine Zeichenreihe mit Zeichen $w_i \in A_{math}$, so ist
    $$\{w\} = \{w_1\} \ldots \{w_k\}.$$
    Der Rest der Behauptung folgt aus Teil 1.

3. Das gewünschte Prädikat ist einfach $\exists y \in A : x = y$.

4. Für den Spezialfall $B = \{|\}$ haben wir bereits im vorigen Abschnitt in Beispiel 1.22 ein Prädikat $p(X_1)$ mit der Bedeutung $X_1 \in \mathbb{N}$ konstruiert. Wir werden nach dem gleichen Schema ein Prädikat mit der Bedeutung $x \in B^+$ konstruieren. Dann ist natürlich
    $$B^+ = \{x \in A_{math}^+ \mid x \in B^+\}.$$

Wir definieren das gewünschte Prädikat in mehreren Definitionsschritten. Dabei ersetzen wir immer Prädikate auf der linken Seite des '≡'-Zeichens durch einfachere Prädikate auf der rechten Seite. Das setzen wir so lange fort, bis alle Prädikate auch formal Prädikate im Sinn des vorigen Abschnitts sind.

$$\begin{aligned} x \in B^+ \equiv \quad & x \in B \\ \vee \quad & x \in BA_{math}^+ \\ \wedge \quad & x \in A_{math}^+ B \\ \wedge \quad & \forall u \in A_{math}^+ : \forall v \in A_{math} : \forall w \in A_{math}^+ : \\ & (x = cat(u, v, w) \to v \in B) \\ x = cat(u, v, w) \equiv \quad & \exists y \in A_{math}^+ : \exists z \in A_{math}^+ : \\ & (y = cat(u, v) \wedge x = cat(y, w)) \end{aligned}$$

Die Mengen B, BA_{math}^+ und $A_{math}^+ B$ liegen in $\mathcal{M}$ wegen Teil 1 und 2. Die Prädikate $x \in B, x \in BA_{math}^+$ und $x \in A_{math}^+ B$ gibt es wegen Teil 3 des Lemmas.

∎

1.5. Formale Logik

Lemma 1.25 *Liegen X und Y in $\mathcal{M}$, so auch $X \times Y$ und $\{f \mid f : X \to Y\}$.*

Beweis: Wir erinnern uns daran, daß das geordnete Paar (x,y) eine Abkürzung für die Menge $\{x, \{x,y\}\}$ ist. Es ist $\{x,y\} \subseteq X \cup Y$, also $\{x,y\} \in \text{Pot}(X \cup Y)$. Ebenso ist $\{x, \{x,y\}\} \subseteq X \cup \text{Pot}(X \cup Y)$. Sei $W = X \cup \text{Pot}(X \cup Y)$ und $Z = \text{Pot}(W)$. Dann ist $(x,y) \in Z$ und die beiden Elemente x und $\{x,y\}$ der Menge (x,y) liegen beide in W. Wir definieren

$$z = (x,y) \equiv z \in Z \wedge \forall t \in W : (t \in z \to (t = x \vee t = \{x,y\}))$$
$$t = \{x,y\} \equiv t \in \text{Pot}(X \cup Y) \wedge \forall r \in X \cup Y : (r \in t \to (t = x \vee t = y)).$$

Es folgt
$$X \times Y = \{z \in Z \mid \exists x \in X : \exists y \in Y : z = (x,y)\}.$$

und
$$\{f \mid f : X \to Y\} = \{f \in \text{Pot}(X \times Y) \mid f \text{ ist rechtseindeutig}\}$$

mit

$$f \text{ ist rechtseindeutig} \equiv (\forall x_1 \in X : \forall x_2 \in X : \forall y_1 \in Y : \forall y_2 \in Y :$$
$$(x_1 = x_2 \wedge f(x_1) = y_1 \wedge f(x_2) = y_2) \to y_1 = y_2)$$
$$f(a) = b \equiv (a,b) \in f$$
$$(a,b) \in f \equiv \exists c \in X \times Y : (c \in f \wedge c = (a,b))$$

∎

Insbesondere enthält $\mathcal{M}$ die Menge $I = \{f \mid f : \mathbb{N} \to \{0,1\}\}$ aller unendlichen Folgen von Nullen und Einsen. Sie ist offenbar gleichmächtig der Menge der reellen Zahlen im Intervall $[0,1]$, also nach Lemma 1.23 überabzählbar. Andererseits ist $\mathcal{M}$ eine wohldefinierte Menge, deren Elemente durch wohldefinierte formale Mengendefinitionen aus A^+_{math} spezifiziert sind. Die Abbildung $s : A^+_{math} \to \mathcal{M}$ mit

$$s(w) = \begin{cases} \text{die durch } w \text{ spezifizierte Menge, falls } w \text{ formale Mengendefinition} \\ A^+_{math} \text{ sonst} \end{cases}$$

ist deshalb surjektiv. Also ist $\mathcal{M}$ abzählbar. Insbesondere gibt es innerhalb des Mengensystems $\mathcal{M}$ nur abzählbar viele Funktionen $f : \mathbb{N} \to \{0,1\}$. Dies liefert

Satz 1.26 (Skolem-Paradoxon [6, 26]) *Die Menge I ist eine überabzählbare Menge in $\mathcal{M}$, aber nur abzählbar viele ihrer Elemente liegen in $\mathcal{M}$.*

Wir sehen, daß man mit der Definition einer Menge nicht immer eine Definition für jedes einzelne ihrer Elemente in Händen hält. Man kann vielmehr in die Situation eines Diebs geraten, der eine Kiste mit sieben Fächern und sieben Schlössern geklaut hat, aber nicht an alle Goldstücke drankommt, weil er nicht alle Schlösser aufkriegt. In der Tat droht in der Mathematik erstaunlich oft eine Situation, wo der Dieb unendlich viele Kisten geklaut hat und gern aus jeder Kiste wenigstens *ein* Goldstück hätte. Dies ist die Situation, in der das hier nicht näher behandelte *Auswahlaxiom* benutzt wird.

Lemma 1.27 *Sei S eine Menge von Mengen in $\mathcal{M}$. Weiter sei $f : \mathbf{N} \to S$ eine Funktion in $\mathcal{M}$. Für $i \in \mathbf{N}$ bezeichnen wir die Menge $f(i)$ mit M_i. Dann liegt die abzählbare Vereinigung $\bigcup_{i \in \mathbf{N}} M_i$ in $\mathcal{M}$.*

Beweis: Wir definieren

$$a \in f(i) \equiv \exists m \in S : (m = f(i) \wedge a \in m) \quad .$$

Dann ist $\bigcup_{i \in \mathbf{N}} M_i = \{a \in \cup S \mid \exists i \in \mathbf{N} : a \in f(i)\}$. ∎

Formulierung und Beweis dieses Lemmas machen vielleicht verständlich, warum wir die abzählbare Vereinigung von Mengen früher nicht definiert haben unter der Voraussetzung, daß $M_1, M_2, \ldots$ einfach Mengen sind. Diese Voraussetzung könnte man vielleicht erfüllen, indem man ein paar Mengen gefolgt von drei Punkten hinschreibt. Ohne zusätzliche Information sind Gebilde der Form $M_1, M_2, \ldots$ aber gar nicht Definitionen einer Menge von Mengen, sondern sie sind Intelligenztests wie

$$1, 2, 3, \ldots$$
$$2, 4, 6, 8, \ldots$$
$$2, 4, 8, 16, \ldots$$
$$2, 3, 6, 8, 12, 14, 18, \ldots$$
$$1, 11, 21, 1211, 111221, 312211, \ldots$$

Leider kann man über Intelligenztests streiten. Ein begabter junger Mediziner soll die obigen Reihen alle wie folgt fortgesetzt haben:

$$1, 2, 3, 1, 1, 1, \ldots$$
$$2, 4, 6, 8, 1, 1, 1, \ldots$$
$$2, 4, 8, 16, 1, 1, 1, \ldots$$
$$2, 3, 6, 8, 12, 14, 18, 1, 1, 1, \ldots$$
$$1, 11, 21, 1211, 111221, 312211, 1, 1, 1, \ldots$$

Er schrieb zu der Zeit gerade eine Doktorarbeit über das Verhalten des Blutdrucks beim Abschalten der Herz-Lungenmaschine. Deshalb haben wir eine präzise Vorschrift verlangt, die festlegt, wie es bei den Punkten weitergeht. Wir haben gefordert, daß die Gesamtheit der Mengen M_i eine Menge ist und daß es eine surjektive Abbildung (also ebenfalls eine Menge) f von $\mathbf{N}$ auf die Gesamtheit der Mengen M_i gibt. Ohne formales Mengenkonzept war dies das äußerste, was wir an Präzision fordern konnten. In Lemma 1.27 legen die endlichen

1.5. Formale Logik   77

Definitionsfolgen von f und S mit jedem nur denkbaren Maß an Präzision fest, wie es nach den Punkten weitergeht.

Mit Hilfe von Lemma 1.27 können wir jetzt ohne viel Mühe zeigen, daß die bisher betrachteten induktiv definierten Mengen von Zeichenreihen in $\mathcal{M}$ liegen. Wir führen das für die Menge E der vollständig geklammerten arithmetischen Ausdrücke vor.

Lemma 1.28 *Die Menge E der vollständig geklammerten arithmetischen Ausdrücke liegt in $\mathcal{M}$.*

Beweis: Es genügt zu zeigen, daß die folgende Funktion $f : \mathbf{N} \to \mathrm{Pot}(A^+_{math})$ in $\mathcal{M}$ liegt:

$$\begin{aligned} f(1) &= V \cup N \\ f(i+1) &= H(i) \text{ mit} \\ H(i) &= f(i) \cup \{N[a] \mid a \in f(i)\} \cup \{[a \circ b] \mid a,b \in f(i), \circ \in \{+,*\}\} \end{aligned}$$

Hierbei schreiben wir die Klammern in den Ausdrücken eckig, damit man sie leichter von den Klammern in den Prädikaten unterscheiden kann. Wir definieren

$$f = \{z \in \mathbf{N} \times \mathrm{Pot}(A^+_{math}) \mid \exists k \in \mathbf{N} : \exists X \in A^+_{math} : (z = (k,X) \wedge F(k,X))\}$$

mit

$$\begin{aligned} F(k,X) &\equiv \exists f \in \{g \mid g : \mathbf{N} \to A^+_{math} : \forall j \in \mathbf{N} : \forall Y \in A^+_{math} : \\ & \quad (f(j) = Y \to \\ & \quad (j = | \wedge Y = V \cup N \\ & \quad \vee \exists i \in \mathbf{N} : ((j = i+1) \wedge Y = H(i)) \\ & \quad))\} \\ j = i+1 &\equiv j = cat(i,|) \\ Y = H(i) &\equiv \exists Z \in \mathrm{Pot}(A^+_{math}) : (f(i) = Z \wedge \forall y \in A^+_{math} : \\ & \quad (y \in Y \leftrightarrow \\ & \quad (y \in Z \\ & \quad \vee \exists a \in Z : y = cat(N[,a,]) \\ & \quad \vee \exists a \in Z : \exists b \in Z : \exists \circ \in \{+,*\} : y = cat([,a,\circ,b,]) \\ & \quad))) \\ y = cat(r,s,t,u,v) &\equiv \exists p \in A^+_{math} : (p = cat(r,s,t) \wedge y = cat(p,u,v)) \end{aligned}$$

∎

Die obige formale Behandlung des Mengenkonzepts unterscheidet sich von der klassischen Zermelo-Fraenkel Mengenlehre (ZF) in zwei Punkten, von denen der erste harmlos ist, der zweite weniger harmlos.

1. In ZF gibt es zunächst *nur* Mengen und keine Zeichenreihen. Damit kann man auf die Prädikate $z = cat(x,y)$ verzichten. Es gibt nur eine Konstante, nämlich die Konstante ϕ für die leere Menge. Man definiert für jede Menge x die Menge $x + 1$ als das ungeordnete Paar $\{\phi, x\}$ und erzeugt die natürlichen Zahlen durch Zählen von ϕ an. So erhält man die Menge

$$\{\phi, \{\phi\}, \{\phi, \{\phi\}\}, \{\phi, \{\phi, \{\phi\}\}\}, \ldots\}.$$

   Einziges Ziel der Übung ist, einen minimalen formalen Apparat zu entwickeln.

2. ZF ist keine Vorschrift zum Erzeugen von Mengen, sondern eine Sammlung von Axiomen für den, der schon weiß was Mengen sind. Technisch macht das einiges einfacher. Statt $\forall x \in M : p$ und $\exists x \in M : p$ schreibt man in ZF einfach $\forall x : p$ und $\exists x : p$. Variablen x dürfen dabei *jede (!)* Menge als Wert annehmen. Da der Benutzer von ZF schon weiß, was Mengen sind — oder das jedenfalls meint — macht das dem Benutzer von ZF nichts aus. Richtig spannend wird die Sache jedoch durch das elegante Axiom aus ZF:

   Ist m eine Menge und ist $p(x)$ ein Prädikat mit einer freien Variablen, so ist auch

$$m' = \{x \in m \mid p(x)\}$$

   eine Menge.

   Dabei kann $p(x)$ natürlich insbesondere die Form $\forall y : p(x,y)$ haben. Um festzustellen, ob $p(x)$ gilt, muß deshalb eine Frage über alle Mengen y beantwortet werden. Dies schließt insbesondere die Menge $y = m'$ ein, deren Existenz wir mit Hilfe des Prädikats $p(x,y)$ erst folgern wollen. Dies ist in bedenklicher Nähe des Barbiers von Bagdad. Wir haben das Problem umgangen, indem wir einfach verlangt haben, daß Variablen hinter Quantoren nur Werte aus bereits definierten Mengen annehmen dürfen.

Dies schließt die Behandlung des formalen Mengenkonzepts in so einfacher und ordentlicher Weise ab, daß niemand jemals hierdurch in den Untergang getrieben werden kann — meint man. Zur Mahnung an den Leser beenden wir diesen Abschnitt jedoch mit der wahren Geschichte vom Untergang der konstruktiven Mathematiker. Die Sache begann mit der Entdeckung des folgenden Lemmas.

Lemma 1.29 *Für Mengen von Mengen M mit $\mathbb{N} \in M$ gibt es M-Prädikate, die für $x, y, z \in \mathbb{N}$ genau dann gelten, wenn*

1. $x + y = z$,
2. $x * y = z$,
3. $x^y = z$.

1.5. Formale Logik

Beweis:
$$x+y = z \equiv z \in \mathbf{N} \wedge x \in \mathbf{N} \wedge z \in \mathbf{N} \wedge z = cat(x,y).$$

Damit folgt schon Teil 1.

Nun beweisen wir Teil 2. Dazu beobachten wir zunächst

$$x*y = \underbrace{x+\cdots+x}_{y \text{ mal}}$$

Also können wir $*$ definieren als die Funktion f von $\mathbf{N}^2$ nach $\mathbf{N}$, für die

$$f(x,1) = x \qquad (1.7)$$
$$f(x,y+1) = f(x,y)+x \qquad (1.8)$$

für alle x und y in $\mathbf{N}$ gelten. Sei $H = \{g \mid g : \mathbf{N}^2 \to \mathbf{N}\}$. Wir definieren

$$\begin{aligned}
x*y = z &\equiv \exists f \in H: \\
&\quad (f(x,y) = z \wedge \\
&\quad ((1.7) \text{ gilt} \wedge (1.8) \text{ gilt})) \\
(1.7) \text{ gilt} &\equiv \forall x \in \mathbf{N} : \forall z \in \mathbf{N}: \\
&\quad (f(x,1) = z) \to z = x \\
(1.8) \text{ gilt} &\equiv \forall x \in \mathbf{N} : \forall y \in \mathbf{N} : \forall z \in \mathbf{N}: \\
&\quad ((f(x,y+1) = z) \to \\
&\quad (\exists u \in \mathbf{N} : (f(x,y) = u) \wedge A(x,u,z))) \\
f(x,y) = z &\equiv \exists u \in \mathbf{N} : (u = (x,y) \wedge f(u) = z) \\
f(x,y+1) = z &\equiv \exists v \in \mathbf{N} : (v = y+1 \wedge f(x,v) = z)
\end{aligned}$$

Teil 3 folgt nach dem gleichen Muster aus Teil 2 da

$$x^y = \underbrace{x*\cdots*x}_{y \text{ mal}} \quad .$$

∎

Aus Lemma 1.29 folgt sofort

Satz 1.30 *Die Menge der* Fermat-Zahlen

$$F = \{z \in \mathbf{N} \mid \exists a \in \mathbf{N} : \quad \exists b \in \mathbf{N} : \quad \exists c \in \mathbf{N} : \quad a^z + b^z = c^z\}$$

liegt in $\mathcal{M}$.

Wegen $1^1 + 1^1 = 2^1$ und $3^2 + 4^2 = 5^2$ sind 1 und 2 offensichtlich Fermat-Zahlen. Zu beweisen oder zu widerlegen, ob sie die einzigen Fermat-Zahlen sind, d.h. ob $F = \{1, 2\}$, war bis 1994 *das* berühmteste offene mathematische Problem. Mit der Entdeckung von Satz 1.30 bildeten sich in Europa zwei mathematische Schulen. Die Konstruktive Schule akzeptierte keine Mengendefinitionen, bei denen man erst die tollsten mathematischen Probleme lösen mußte, um herauszufinden, welche Elemente denn die Menge hat. Um eine Teilmenge m' einer Menge m zu definieren, mußte man in dieser Schule einen Algorithmus angeben, der zu vorgegebenem Element $u \in m$ entschied, ob $u \in m'$ gilt. Die Progressive Schule hielt diese Bedenken für überflüssig.

Beide Schulen entwickelten mehr oder weniger die gleiche Mathematik. Aber weil sich die Progressiven bei Mengendefinitionen nie mit Algorithmen herumschlagen mußten, waren die Beweise der Progressiven Schule kürzer und eleganter, was den wesentlichen Effekt hatte, daß die Progressiven viel mehr neue Ergebnisse fanden als die Konstruktiven. Freiwerdende Professorenstellen wurden deshalb stets mit Schülern von Professoren der Progressiven Schule besetzt, und die Konstruktive Schule verschwand.

Während die Konstruktiven schon am Aussterben waren, versuchten die Progressiven zu beweisen, daß die Bedenken der Konstruktiven gänzlich überflüssig seien. Die Progressiven unter ihrem Anführer Hilbert versuchten nämlich allen Ernstes zu zeigen, daß es einen Algorithmus gibt, der *jedes* mathematische Problem löst [45, S. 239–240]. Wenn jemals etwas *glorreich* gescheitert ist, dann dieses Forschungsvorhaben. Die Unmöglichkeit eines Algorithmus, der alle mathematischen Probleme löst, wurde von Gödel gezeigt [17, 39]. Die Forschungsarbeiten führten aber zur Präzisierung des modernen Mengenbegriffs einschließlich des Prädikatenkalküls, des Algorithmenbegriffs und zur Entwicklung der modernen Logik.

Wir haben hier die moderne Notation benutzen können, um die Diskussion zwischen Progressiven und Konstruktiven zu schildern. Die Progressiven und Konstruktiven hatten diesen Luxus nicht, was sicherlich zu erheblicher zusätzlicher Konfusion geführt hat.

1.5.3 Beweissysteme

Wir haben uns gründlich mit der Frage auseinandergesetzt, was die *Objekte* mathematischer Argumente sind. Dabei haben wir von Anfang an munter logisch drauflosargumentiert ohne uns auch nur im geringsten darum zu sorgen, was denn wohl erlaubte *Beweisschritte* in mathematischen Argumenten sind. Wir fragen deshalb, ob es analog zum formalen Mengenkonzept formale Regeln dafür gibt, was ein erlaubter Beweisschritt ist.

Die Antwort ist: theoretisch ja, und die Regeln sind sogar ziemlich einfach. Ein großer Teil dieser Regeln geht auf Aristoteles zurück. Wir empfehlen dem interessierten Leser die gleichzeitige Lektüre der Bücher [6] und [15], von denen das erste spannend und das zweite technisch sehr detailliert ist.

1.5. Formale Logik

Praktisch gesehen gibt es einen wesentlichen Unterschied zum formalen Mengenkonzept. Formale Mengendefinitionen sind länger, aber nicht entsetzlich viel länger als informale Mengendefinitionen. Beweise, die in einem der heute benutzten formalen Beweissysteme geführt werden, sind entsetzlich viel länger als die Beweise, die wir aus Mathematikbüchern kennen. Es ist für Menschen — auch mit Computerunterstützung — noch sehr schwer, diese Beweise zu erstellen. Nachvollziehen kann man als Mensch solche Beweise fast überhaupt nicht. Letzteres ist nicht so schlimm, da man formale Beweise per Computer verifizieren kann.

An Beweisen, die per Computer verifiziert sind, ist man dann interessiert, wenn

1. Menschenleben von der Korrektheit des bewiesenen Satzes abhängen *und*
2. der Beweis viele Fallunterscheidungen enthält, denn dabei verlieren Menschen erfahrungsgemäß die Geduld und machen dann Fehler.

Diese Situation tritt regelmäßig auf, wenn es um die Korrektheit von Programmen geht, die Flugzeuge, Kraftwerke, Telefonanlagen usw. steuern. Darum ist es schade, daß das Erstellen formaler Beweise so mühsam ist, und man unternimmt in der Forschung große Anstrengungen, dieses Übel zu beheben.

Daß wir als Menschen leicht die Geduld verlieren, könnte der Grund dafür sein, daß von Menschen generierte nicht voll formalisierte Beweise so viel kürzer sind als Beweise, die in einem festen Formalismus geführt werden. In Situationen, die wir ungefähr kennen, machen wir Menschen sehr schnell Gedankensprünge. Wir sagen 'analog zu ... zeigt man ...' und 'Das Lemma folgt nach dem Muster von ...'. Dabei scheinen wir laufend den Formalismus, den wir im Kopf benutzen, zu erweitern und effizienter zu machen. Wie das genau geht, verstehen wir leider nicht.

Wir können die bisherige Diskussion so zusammenfassen:

1. Wir kennen ziemlich genau die Grundmechanismen des mathematischen Argumentierens: Aristotelische Logik, Induktion und eine Handvoll technischer Formalitäten.
2. Wir verstehen überhaupt nicht, wie wir selbst es schaffen, diese Mechanismen so ungeheuer effizient zu handhaben.

Woher kommen nun die Grundmechanismen, und warum erzeugen die Beweisschritte aus korrekten Aussagen wieder korrekte Aussagen?

Für die Erfindung der Aristotelischen Logik wird die folgende erstaunlich konkrete Motivation vermutet. Bei den alten Griechen gab es bekanntlich weder Kino noch Fernsehen. Zu den Hauptvergnügungen der Griechen gehörte es, sich auf dem Markt zu versammeln und irgendwelchen Rededuellen zuzuhören. Dabei ging es zu wie bei Gericht zwischen dem Staatsanwalt und dem Verteidiger. Der eine Redner versuchte, eine Aussage A zu beweisen, der andere, sie zu widerlegen. Die praktische Bedeutung der Aussage A war dabei nicht so wichtig, solange sie nur kontrovers genug war. Dabei kam es natürlich vor, daß der Verlierer eines solchen Redeuells sich hinterher beschwerte, der Gegner hätte in unerlaubter Weise argumentiert. Es ist gut vorstellbar, daß die Schlußregeln der Aristotelischen Logik einfach die Spielregeln für Rededuelle waren.

Dafür, daß die alten Griechen die Aristotelische Logik nicht für voll nahmen, spricht einiges. Nehmen wir das Prinzip vom Ausgeschlossenen Dritten: 'Für jede Aussage A gilt A oder $\sim A$'. Mit diesem Prinzip führt man Widerspruchsbeweise: man leitet aus der Annahme $\sim A$ einen Widerspruch her und schließt daraus, daß A gelten muß. Das nahmen die alten Griechen aber keineswegs ernst: sie kannten den Beweis von Lemma 1.14, wußten also, daß die Annahme $\sqrt{2} \in \mathbf{Q}$ zu einem Widerspruch führt. Auf dem Marktplatz hätte das zum Sieg geführt. In der Mathematik hielten die Griechen jedoch an der Meinung fest, alle Zahlen seien Verhältnisse ganzer Zahlen. Und in der Redekunst wurde in Griechenland schließlich eine Form entwickelt, in welcher man in der ersten Hälfte der Rede A bewies, um in der zweiten Hälfte dann $\sim A$ zu folgern [10].

Die Frage, ob die Beweisschritte, die wir machen, aus wahren Aussagen nur wahre Aussagen erzeugen, kann interessanterweise innerhalb der formalisierten Mathematik nicht beantwortet werden. Der berühmte Zweite Gödel'sche Unvollständigkeitssatz [6, 17, 39] besagt nämlich, daß man innerhalb eines korrekten Systems von Axiomen und Beweisregeln nicht einmal beweisen kann, daß das System *konsistent* ist, d.h. daß man innerhalb des Systems aus den Axiomen keinen Widerspruch herleiten kann. Für die Progressiven Mathematiker der Jahrhundertwende war damit die Diskussion um die Korrektheit von Axiomen und Schlußweisen beendet. Sie vertraten bei einer denkwürdigen öffentlichen Veranstaltung den folgenden Standpunkt:

„Wir können nachweislich mit unseren Methoden die Frage nicht beantworten. Liebe Mitmenschen, Ihr könnt jetzt die Mathematik, die wir machen, weiterhin benutzen, um Heizkraftwerke usw. zu bauen, oder Ihr könnt es lassen und riskieren, daß unsere Kinder im Winter alle Lungenentzündung kriegen. Für uns ist die ganze Mathematik nichts weiter als *ein Gedankenexperiment über die in Ihrer Gesamtheit hoffentlich konsistenten logischen Folgerungen aus sinnlosen Axiomen.*" Das muß man sich auf der Zunge zergehen lassen.

Auch wir beenden hier die schwierige Diskussion um Grundlagen irgendwelcher Art und wenden uns für den Rest des Buchs der viel einfacheren Frage zu, wie man Rechenanlagen baut. Als Mahnung für den Leser muß aber dieser Stelle noch die wahre Geschichte vom Untergang der vollkommen reinen Mathematiker erzählt werden. Es gab nämlich eine Gruppe junger schwärmerischer Mathematiker, welche den Spruch mit dem Gedankenexperiment über die logischen Folgerungen aus sinnlosen Axiomen tatsächlich glaubten. Davon erfuhren wiederum die weniger jungen und weniger schwärmerischen Bankiers dieser Mathematiker. Wenn nun die Mathematiker Geld von ihren Konten abholen wollten, dann rückten die Bankiers längst nicht alles Geld heraus, was auf dem Konto war. Die typische Diskussion am Schalter verlief so:

Mathematiker: „Ich hatte vor einer Woche noch 1000,– DM auf dem Konto, gestern wurden 1000,– DM Gehalt überwiesen, und Sie behaupten, ich kann nur 900,– DM abheben!"

Bankier: „Ganz recht, wenn Sie von Ihrem Konto jetzt 900,- DM abheben, ist es leer."

Mathematiker: „Aber 1000 + 1000 = 2000 und nicht 900!"

Bankier: „Wie Sie wohl wissen ist das nichts weiter als eine logische Konsequenz sinnloser Axiome."

Das sahen die schwärmerischen Mathematiker ein und trollten sich. Da sie bald knapp bei Kasse waren und Fleisch teuer ist, konnten sie sich nur noch von Gemüse ernähren. Die Frauen liefen ihnen fort, und die vollkommen reinen Mathematiker starben glücklich lächelnd aus.

1.6 Übungen

Übung 1.1: *Wir zeigen Grenzen für die Verwendbarkeit von Induktionsbeweisen.*

1. *In einem Millionenprojekt kommt es auf eine Mark nicht an. Was folgt für das finanzielle Management von Millionenprojekten?*
2. *In einem Projekt von dreijähriger Dauer kommt es auf einen Tag nicht an. Was folgt für die Zeitplanung langjähriger Projekte?*
3. *Was man heute operativ entfernen darf, darf man auch morgen operativ entfernen. Was folgt für die Abtreibungsproblematik?*
4. *Wo ein Koffer hinpaßt, passen auch zwei Koffer hin. Zeigen Sie, daß in einen VW Käfer sieben Koffer passen. Hinweis: benutzen Sie die Rückbank und den Beifahrersitz.*

Übung 1.2: *Die Verwendung des gleichen Zeichens für die Funktion $f: X \to Y$ und für die Menge*

$$f(X) = \{f(x) \mid x \in X\}$$

von Funktionswerten kann zu Mehrdeutigkeiten führen [3]. Wir verabreden genauer:

$$f_M(X) = \{f(x) \mid x \in X\}.$$

Wir definieren $f: X \to Y$ mit

$$X = Y = \{\emptyset, \{\emptyset\}\}$$
$$f(x) = \emptyset \text{ für alle } x \in X.$$

a	·—	j	·———	s	···
ä	·—·—	k	—·—	t	—
b	—···	l	·—··	u	··—
c	—·—·	m	——	ü	··——
d	—··	n	—·	v	···—
e	·	o	———	w	·——
f	··—·	ö	———·	x	—··—
g	——·	p	·——·	y	—·——
h	····	q	——·—	z	——··
i	··	r	·—·		

Tabelle 1.6: Morse-Alphabet

Berechnen Sie

- $f(\{\emptyset\})$
- $f_M(\{\emptyset\})$

Übung 1.3: *Bestimmen Sie den ASCII-Code der Zeichenreihe 'Keller und Paul!'.*

Übung 1.4: *Ist das Morse-Alphabet (siehe Tabelle 1.6) ein Präfix-Code? Wie viele Arten von Pausen zwischen Morsezeichen braucht man, damit es ein Präfix-Code wird? Begründen Sie Ihre Antworten, ohne ein Handbuch über Morsefunk zu benutzen!*

Übung 1.5: *Zeigen Sie: die Konstruktion gemäß Gleichung (1.1) führt stets zu einem Präfix-Code.*

Übung 1.6: *Sei c ein Code, $t \in \{0,1\}^+$, und $c'(x) = c(x)t$. Zeigen Sie:*

1. *Ist c ein endlicher Code, und ist $t = c_u(\gamma)$ mit $\gamma = \max_{x,y \in B} |l(c(x))| - |l(c(y))|$, dann ist c' ein Präfix-Code, d.h. bei endlichen Codes ist das Hintanstellen eines festen Trennzeichens möglich.*

2. *Für einen unendlichen und surjektiven Code $c : B \to \{0,1\}^+$ ist c' gemäß der Konstruktion $c'(x) = c(x)t$ kein Präfix-Code, egal wie t gewählt wird.*

3. *Die Aussage aus Teil 2 gilt sogar, wenn man die Konstruktion zu $c'(x) = c(x)t(x)$ erweitert, d.h. wenn man für jedes x ein eigenes Trennzeichen benutzt.*

   Das bedeutet, daß nicht jeder unendliche Code durch Nachstellen eines Trennzeichens in einen Präfix-Code verwandelt werden kann.

4. *Der unendliche Code $c : \mathbf{N} \to \{0,1\}^+$ mit $c(1) = 0, c(2) = 1, c(3) = 00, c(4) = 01, c(5) = 10$ usw., der also alle Zeichenreihen der Länge 1, 2, usw. nacheinander aufzählt, ist surjektiv.*

Übung 1.7: *Übertragen Sie den Beweis des Zerlegungssatzes 1.6 auf vollständig geklammerte Boole'sche Ausdrücke.*

1.6. Übungen

Übung 1.8:

1. Berechnen Sie $2/---3/2/-4+1$.
2. Zerlegen Sie den obigen Ausdruck als Summe von Produkten von Faktoren.

Übung 1.9: Zeigen Sie, daß für $x, y \in \{0, \ldots, B-1\}^s$ gilt:

$$\langle x \rangle_B < \langle y \rangle_B \Leftrightarrow x <_{lex} y.$$

Übung 1.10: Zeigen Sie:

1. Die Menge $\mathbf{N}^2 = \mathbf{N} \times \mathbf{N}$ ist abzählbar.
2. Sind A und B abzählbar, dann auch $A \times B$.
3. Sind A und B abzählbar, dann auch $A \cdot B$.
4. Ist jede der Menge $A_i, i \in \mathbf{N}$ abzählbar, dann auch $\bigcup_{i \in \mathbf{N}} A_i$.

Übung 1.11: Zeigen Sie: die Menge $\{f \mid f : \mathbf{N} \to \mathbf{N}\}$ ist nicht abzählbar.

Übung 1.12: Wir fügen eine neue Regel zum Definieren von Mengen hinzu: Wir erlauben, Mengen zu definieren, die aus nur einem Zeichen bestehen. Definitionsschritte können also auch die Form

$$0.\ m_i = \{a\} \text{ mit } a \in A_{math}$$

haben. Wir wollen zeigen, daß man mit den Regeln 0 bis 3 allein aus Definition 1.20 nicht die Menge der natürlichen Zahlen erzeugen kann.

1. Für Mengen m, die man nur mit Regeln 1 bis 3 erzeugen kann, definieren wir: m heißt platt, wenn m mindestens ein Zeichen aus A_{math} als Element enthält. Welche der folgenden Mengen sind platt?

   - $\{A^+_{math}, \text{Pot}(A^+_{math})\}$
   - $\{A^+_{math}\}$
   - $\{A^+_{math}, 1\}$
   - $\{A^+_{math}, \{1, 2, 3\}\}$

   Man kann genau dann $\cup m$ bilden, wenn m nicht platt ist, oder wenn m leer ist.

2. Wir definieren induktiv $\cup^1 m = \cup m$, sofern m nicht platt ist, andernfalls ist $\cup^1 m$ nicht definiert. Wir definieren $\cup^{k+1} m = \cup(\cup^k m)$, sofern $\cup^k m$ definiert und nicht platt ist, andernfalls ist $\cup^{k+1} m$ nicht definiert.

   Seien nun a und b Mengen, die nur durch Regeln 0 bis 3 erzeugt wurden. Zeigen Sie für alle k: $\cup^k(a \cup b)$ ist genau dann definiert, wenn $\cup^k a$ und $\cup^k b$ definiert sind, und in diesem Fall ist $\cup^k(a \cup b) = (\cup^k a) \cup (\cup^k b)$.

3. Zeigen Sie durch Induktion über i: jede Menge, die eine Definition mit i Schritten der Form 0 bis 3 hat, ist platt oder es gibt eine natürliche Zahl k, so daß $\cup^k m$ platt ist.

4. Ist m platt, so sei $p(m) = m$. Andernfalls sei $p(m)$ die Menge, die man durch Plattmachen von m erhält. Zeigen Sie durch Induktion über i: es sei m eine Menge, die eine Definition mit i Schritten der Form 0 bis 3 hat. Enthält $p(m)$ unendlich viele Zeichenreihen aus A^+_{math}, so ist schon ganz A^+_{math} Teilmenge von $p(m)$.

5. Zeigen Sie: die Menge $\mathbf{N} = \{|\}^+$ kann nicht durch Definitionsschritte der Form 0 bis 3 allein definiert werden.

Das obige Vorgehen formalisiert die intuitive Vorstellung, daß man mit Regeln 0 bis 3 allein Mengen nur in irgendeinem Sinn größer, aber nicht kleiner machen kann.

Kapitel 2

Boole'sche Ausdrücke

2.1 Mächtigkeit endlicher Mengen

Wir nehmen im folgenden an, daß der Leser mit Mengen, Funktionen und Zeichenreihen vertraut ist. Wir werden insbesondere die folgenden Notationen und Konzepte verwenden:

Wir bezeichnen mit
$$\mathbf{N} = \{1,2,3,\ldots\}$$
die *Menge der natürlichen Zahlen ohne die Null* und mit
$$\mathbf{N}_0 = \mathbf{N} \cup \{0\} = \{0,1,2,3,\ldots\}$$
die *Menge der natürlichen Zahlen einschließlich der Null*.

Für Mengen M bezeichnen wir mit $\#M$ die Anzahl der Elemente in M. Die Zahl $\#M$ heißt auch die *Mächtigkeit* der Menge M. Beispielsweise gilt $\#\{1,3,4\} = 3$. Es gilt offensichtlich

$$\#(M \cup N) \leq \#M + \#N, \tag{2.1}$$

hierbei gilt Gleichheit genau dann, wenn M und N disjunkt sind.

Es seien $M_1,\ldots,M_n$ Mengen. Aus (2.1) folgt sofort durch Induktion über n

$$\#\left(\bigcup_{i=1}^{n} M_i\right) \leq \sum_{i=1}^{n} \#M_i, \tag{2.2}$$

hierbei gilt Gleichheit genau dann, wenn die Mengen $M_1,\ldots,M_n$ paarweise disjunkt sind.

Für Mengen M und N bezeichnet

$$M \times N = \{(m,n) \mid m \in M, n \in N\}$$

das *kartesische Produkt* aus M und N. Beispielsweise ist

$$\{0,1\} \times \{0,1\} = \{(0,0),(0,1),(1,0),(1,1)\} \ .$$

Es gilt das einfache

Lemma 2.1 *Für endliche Mengen M und N gilt*

$$\#(M \times N) = \#M \cdot \#N \ .$$

Beweis: Wir stellen uns vor, daß wir die Paare (m,n) aus $M \times N$ in einem rechteckigen Schema hinschreiben, wobei wir Paare mit gleicher erster Komponente in die gleiche Zeile schreiben. Für $m \in M$ bezeichnen wir mit

$$\text{Zeile}(m) = \{(m,n) \mid n \in N\}$$

die Menge aller Elemente von $M \times N$ mit erster Komponente m. Offensichtlich sind die Zeilen paarweise disjunkt, und jede Zeile hat $\#N$ Elemente. Mit (2.2) folgt

$$\begin{aligned}
\#(M \times N) &= \#\left(\bigcup_{m \in M} \text{Zeile}(m)\right) \\
&= \sum_{m \in M} \#\text{Zeile}(m) \\
&= \#M \cdot \#N \ .
\end{aligned}$$

∎

Für Mengen M und Zahlen $n \in N$ definiert man induktiv:

$$\begin{aligned}
M^1 &= M, \\
M^{n+1} &= M \times M^n \ .
\end{aligned}$$

Die Menge M^n heißt das *n-fache kartesische Produkt* von M. Beispielsweise ist

$$\begin{aligned}
\{0,1\}^3 &= \{0,1\} \times \{0,1\}^2 \\
&= \{0,1\} \times \{(0,0),(0,1),(1,0),(1,1)\} \\
&= \{(0,(0,0)),(0,(0,1)),(0,(1,0)),(0,(1,1)), \\
&\quad (1,(0,0)),(1,(0,1)),(1,(1,0)),(1,(1,1))\} \ .
\end{aligned}$$

2.1. Mächtigkeit endlicher Mengen

Beim Hinschreiben von Elementen $(m_1,(m_2,\ldots(m_{n-1},m_n)\ldots)) \in M^n$ spart man sich gewöhnlich alle Klammern außer dem äußersten Klammerpaar, d.h. man schreibt einfach $(m_1,m_2,\ldots,m_n)$. Man nennt $(m_1,m_2,\ldots,m_n)$ auch eine *Folge* mit Zeichen aus M und man nennt n die *Länge* der Folge.

Aus Lemma 2.1 folgt durch Induktion sofort

$$\#(M^n) = (\#M)^n . \tag{2.3}$$

Insbesondere ist

$$\#(\{0,1\}^n) = 2^n . \tag{2.4}$$

Definition 2.1 *Es seien X und Y Mengen. Eine* Funktion f von X nach Y *ist eine Teilmenge f von $X \times Y$, für die gilt: für jedes $x \in X$ gibt es genau ein $y \in Y$ mit $(x,y) \in f$. Dieses y heißt der* Funktionswert *von f an der Stelle x. Die Menge X heißt* Definitionsbereich *von f, die Menge Y heißt* Wertebereich *von f.*

Statt $(x,y) \in f$ schreibt man gewöhnlich $f(x) = y$. Statt „$f \subseteq X \times Y$ ist eine Funktion" schreibt man gewöhnlich $f : X \to Y$.

Die moderne Formalisierung des Funktionenbegriffs durch die vorigen Definition ist nicht ganz selbstverständlich. Für eine Diskussion verweisen wir den Leser auf Abschnitt 1.2.4.

Es gilt das einfache

Lemma 2.2 *Sind X und Y endlich, so gilt*

$$\#\{f \mid f : X \to Y\} = (\#Y)^{\#X} .$$

Beweis: Es sei $n = \#X$. Wir numerieren die Elemente von X in einer beliebigen, aber für den Rest dieses Beweises festen Reihenfolge durch, also $X = \{x_1,\ldots,x_n\}$. Sei nun $f : X \to Y$. Dann hat f die Form $f = \{(x_1,y_1),\ldots,(x_n,y_n)\}$ mit $y_i \in Y$ für alle i. Das ist im Wesentlichen die Funktionstabelle von f. Dabei ist $(x_1,\ldots,x_n)$ die Folge der Argumente, und $y(f) = (y_1,\ldots,y_n)$ die Folge der zugehörigen Funktionswerte. Seien nun $f_i : X \to Y$, $i \in \{1,2\}$ Funktionen. Dann ist $f_1 = f_2$ genau dann wenn $y(f_1) = y(f_2)$. Also ist

$$\begin{aligned}\#\{f \mid f : X \to Y\} &= \#\{(y_1,\ldots,y_n) \mid y_i \in Y, i = 1,\ldots,n\} \\ &= \#(Y^n) \\ &= (\#Y)^n \text{ wegen (2.3).}\end{aligned}$$

∎

Ein *Zeichenvorrat* oder *Alphabet* ist eine endliche Menge von Zeichen. Ist A ein Alphabet, so bezeichnen wir mit A^+ die Menge aller endlichen Zeichenreihen, die nur aus Zeichen aus A bestehen. Die *Länge* $l(z)$ einer Zeichenreihe $z \in A^+$ ist die Anzahl von Zeichen, aus denen z besteht. Für $n \in \mathbf{N}$ bezeichnet

$$A^n = \{z \in A^+ \mid l(z) = n\}$$

die Menge aller Zeichenreihen aus A^+ mit Länge n. Offensichtlich gilt

$$A^+ = \bigcup_{i \in \mathbf{N}} A^i .$$

Für Beispiele und eine Diskussion des Begriffs des Zeichenvorrats verweisen wir auf die Abschnitte 1.2.5 und 1.2.6.

Aus dem Zusammenhang wird stets hervorgehen, ob wir mit der Notation A^n das n-fache kartesische Produkt von A oder die Menge der Zeichenreihen der Länge n mit Zeichen aus A meinen[1]. Da beide Mengen offensichtlich die gleiche Zahl von Elementen haben, gilt (2.3) auch für Mengen A^n von Zeichenreihen.

Die eindeutige Zeichenreihe z mit Länge 0 wird *das leere Wort* genannt und häufig mit ε abgekürzt. Für ein beliebiges Alphabet A bezeichnet man mit A^0 die Menge, die nur das leere Wort enthält, also

$$A^0 = \{\varepsilon\} .$$

Man bezeichnet mit

$$A^* = A^+ \cup \{\varepsilon\} = \bigcup_{i \in \mathbf{N}_0} A^i$$

die Menge aller Zeichenreihen mit Zeichen aus A einschließlich des leeren Worts. Das leere Wort ist — wie die leere Menge und die Null — ein gewöhnungsbedürftiges und keineswegs triviales Konzept[2]. Für eine Diskussion hierzu verweisen wir auf die Abschnitte 1.2.3 und 1.4.1.

Aus (2.2) und (2.3) folgt

$$\# \left(\bigcup_{i=0}^{n-1} A^i \right) = \sum_{i=0}^{n-1} (\#A)^i . \qquad (2.5)$$

Um die Summe der rechten Seite zu vereinfachen, benötigen wir das folgende Lemma 2.3.

---

[1] oder die Zahl A, n-mal mit sich selbst malgenommen.

[2] Als Doktorand hat der zweite Autor seinem Betreuer zum Geburtstag einmal einen riesigen schwarzen Bilderrahmen geschenkt. Auf dem Rahmen war ein Messingschild angebracht mit der Aufschrift: „Das leere Bild".

2.2. Rechnen mit Boole'schen Ausdrücken

Lemma 2.3 *Seien x und n zwei natürliche Zahlen mit $x \neq 1$. Dann gilt*

$$\sum_{i=0}^{n-1} x^i = \frac{x^n - 1}{x - 1}.$$

Beweis: Sei $s = \sum_{i=0}^{n-1} x^i$. Es gilt $x \cdot s = \sum_{i=1}^{n} x^i$. Dann ist $(x-1) \cdot s = x \cdot s - s = \sum_{i=1}^{n} x^i - \sum_{i=0}^{n-1} x^i = x^n - 1$. Dividiert man die linke und rechte Seite der Gleichungskette durch $x-1$, so erhält man die Behauptung. ∎

Den Ausdruck $\sum_{i=0}^{n-1} x^i$ nennt man *geometrische Reihe*.

Aus (2.5) und Lemma 2.3 folgt sofort

$$\# \left(\bigcup_{i=0}^{n-1} A^i \right) = \frac{(\#A)^n - 1}{\#A - 1}. \tag{2.6}$$

Wir werden im folgenden Logarithmusfunktionen benutzen. Für $a, x \in \mathbf{R}_+$ gilt:

es gibt genau ein $y \in \mathbf{R}$ mit $a^y = x$.

Hierdurch definieren wir eine Funktion $f : \mathbf{R}_+^2 \to \mathbf{R}$ mit

$$f(a, x) = y \text{ mit } a^y = x.$$

Statt $f(a,x)$ schreiben wir $\log_a x$ und sagen „Logarithmus von x zur Basis a". Wir benutzen die Abkürzungen

$$\begin{aligned} \log x &= \log_2 x \\ \lg x &= \log_{10} x \\ \ln x &= \log_e x. \end{aligned}$$

Hierbei ist e die Euler'sche Zahl.

2.2 Rechnen mit Boole'schen Ausdrücken

Sei $n \in \mathbf{N}$. Wir interessieren uns für Schaltungen mit n Eingängen $X_1, \ldots, X_n$ und einem Ausgang. An jedem Eingang sowie am Ausgang sollen nur zwei Signale vorkommen können, die wir der Einfachheit halber mit 0 und 1 bezeichnen. Das Signal am Ausgang soll durch die Signale an den Eingängen eindeutig festgelegt sein. Das Ein-/Ausgabeverhalten einer solchen Schaltung läßt sich dann offensichtlich beschreiben durch eine Funktion $f : \{0,1\}^n \to \{0,1\}$, die jeder Kombination von Eingangssignalen das hierdurch festgelegte Ausgangssignal zuordnet. Dies motiviert die folgende

x_1	x_2	$x_1 \wedge x_2$	$x_1 \vee x_2$	$\sim x_1$
0	0	0	0	1
0	1	0	1	
1	0	0	1	0
1	1	1	1	

Tabelle 2.1: Wertetabellen von Konjunktion, Disjunktion und Negation

Definition 2.2 *Sei $n \in \mathbb{N}$. Eine n-stellige* Schaltfunktion *ist eine Abbildung $f : \{0,1\}^n \to \{0,1\}$.*

Spezielle Schaltfunktionen sind die *Konjunktion* $\wedge : \{0,1\}^2 \to \{0,1\}$, die *Disjunktion* $\vee : \{0,1\}^2 \to \{0,1\}$ und die *Negation* $\sim : \{0,1\} \to \{0,1\}$. Ihre Wertetabellen sind in Tabelle 2.1 angegeben.

Offensichtlich gilt $X_1 \wedge X_2 = 1 \Leftrightarrow X_1 = 1$ und $X_2 = 1$. Eine Schaltung mit diesem Ein-Ausgabeverhalten heißt deshalb AND-*Gatter*. Weiter gilt $X_1 \vee X_2 = 1 \Leftrightarrow X_1 = 1$ oder $X_2 = 1$. Eine Schaltung mit diesem Ein-Ausgabeverhalten heißt deshalb OR-*Gatter*. Schließlich gilt $\sim X_1 = 1 \Leftrightarrow X_1 \neq 1$. Eine Schaltung mit diesem Ein-Ausgabeverhalten heißt deshalb NOT-*Gatter* oder auch *Inverter*. Diese Gatter kann man technisch leicht realisieren. Man benutzt sie als Bausteine zur Konstruktion von komplizierteren Schaltungen.

Sei nun $V = \{X_1, \ldots, X_n\}$ eine im folgenden feste Menge von Variablen. Gelegentlich werden wir diese Variablen zu einem Vektor $X = (X_1, \ldots, X_n)$ zusammenfassen. Wir werden im Rest dieses Abschnitts folgendes tun:

1. Wir definieren mit Hilfe von $\wedge, \vee$ und $\sim$ die Menge der Boole'schen Ausdrücke mit Variablen in V.

2. Wir ordnen jedem solchen Ausdruck e eine Schaltfunktion $\|e\| : \{0,1\}^n \to \{0,1\}$ zu. Die Funktion $\|e\|$ heißt die durch Ausdruck e *berechnete Funktion*.

3. Wir geben Regeln für das Rechnen und Gleichungenlösen mit Boole'schen Ausdrücken an.

4. Wir zeigen, daß es zu jeder n-stelligen Schaltfunktion f einen Boole'schen Ausdruck e gibt mit $f = \|e\|$.

Das letzte Ergebnis ist von zentraler Bedeutung. Wir werden nämlich in Kapitel 3 sehen, daß man jeden Boole'schen Ausdruck e als Konstruktionsvorschrift für eine Schaltung mit Ein-/Ausgabeverhalten $\|e\|$ auffassen kann. Auf diese Weise wird insbesondere die Kontrollogik der Maschine aus Kapitel 6 realisiert werden.

2.2. Rechnen mit Boole'schen Ausdrücken

2.2.1 Vollständig geklammerte Ausdrücke

Sei
$$A = \{0, 1, \wedge, \vee, \sim, X_1, \ldots, X_n, (,)\}\,.$$

Die Menge B der *vollständig geklammerten Boole'schen Ausdrücke* ist eine Menge von Zeichenreihen in A^*. Sie wird auf folgende Weise induktiv definiert:

Definition 2.3 *Es ist $B_1 = \{0, 1, X_1, \ldots, X_n\}$. Sei $i \in \mathbf{N}$, und seien $a, b \in B_i$. Dann liegen folgende Zeichenreihen in B_{i+1}:*

1. *a*
2. *($\sim a$)*
3. *($a \vee b$)*
4. *($a \wedge b$)*

Eine Zeichenreihe $z \in A^+$ liegt genau dann in B, wenn z in einer der Mengen B_i liegt.

Beispiel 2.1: Der Ausdruck $((0 \vee (\sim 1)) \wedge (X_2 \vee (\sim(\sim X_{52}))))$ ist ein vollständig geklammerter Boole'scher Ausdruck, denn es gilt

$$
\begin{aligned}
0, 1, X_2, X_{52} &\in B_1, \\
(\sim 1), (\sim X_{52}) &\in B_2, \\
(0 \vee (\sim 1)), (\sim(\sim X_{52})) &\in B_3, \\
(X_2 \vee (\sim(\sim X_{52}))) &\in B_4 \quad \text{und} \\
((0 \vee (\sim 1)) \wedge (X_2 \vee (\sim(\sim X_{52})))) &\in B_5.
\end{aligned}
$$

Die obige Definition findet man praktisch in jedem einschlägigen Lehrbuch. Für das praktische Rechnen hat sie jedoch einen entscheidenden Schönheitsfehler: wir rechnen nicht allein mit Boole'schen Ausdrücken, die nur mit den drei Funktionen $\wedge$, $\vee$ und $\sim$ gebildet sind. Vielmehr definieren wir in vielfältiger Weise neue Funktionen f und bilden dann mit Hilfe dieser dieser Funktionen Ausdrücke wie zum Beispiel

$$X_1 \wedge f(X_2, 0, (X_1 \vee X_3))\,.$$

Deshalb definieren wir nun die Menge EB der *erweiterten Boole'schen Ausdrücke*. Hierfür sei $F = \{f_1, f_2, \ldots\}$ eine abzählbare Menge von Funktionsnamen für Schaltfunktionen. Mit

Hilfe der Funktion $s : F \to \mathbf{N}_0$ ordnen wir jeder Funktion $f \in F$ eine *Stelligkeit* zu, die einfach die Anzahl der Argumente von Funktion f angibt. Das unendliche Alphabet[3] A wird definiert durch
$$A = V \cup F \cup \{0, 1, \wedge, \vee, \sim, (,),, \} \, .$$
Es enthält insbesondere das Komma. Die Menge EB der vollständig geklammerten *erweiterten Boole'schen Ausdrücke* wird nun induktiv definiert.

Definition 2.4 *Es ist* $\mathrm{EB}_1 = \{0,1\} \cup V$. *Sei* $i \in \mathbf{N}$, *und seien* $e_1, e_2, \ldots \in \mathrm{EB}_i$. *Dann liegen folgende Zeichenreihen in* EB_{i+1}.

1. e_1
2. $(\sim e_1)$
3. $(e_1 \wedge e_2)$
4. $(e_1 \vee e_2)$
5. $f(e_1, \ldots, e_{s(f)})$ *für alle* $f \in F$.

Beispiel 2.2: Sei etwa $s(f) = 3$, d.h. f bezeichnet eine 3-stellige Schaltfunktion. Dann ist

- $X_1, X_2, X_3, 0 \in \mathrm{EB}_0$
- $(X_1 \vee X_3) \in \mathrm{EB}_1$
- $f(X_2, 0, (X_1 \vee X_3)) \in \mathrm{EB}_2$
- $(X_1 \wedge f(X_2, 0, (X_1 \vee X_3))) \in \mathrm{EB}_3$.

Für den späteren Gebrauch verabreden wir noch die Abkürzung $f(X)$ für $f(X_1, \ldots, X_{s(f)})$.

2.2.2 Einsetzungen

Jeder Boole'sche Ausdruck $e \in B$ kann als Vorschrift zur Berechnung einer Funktion $\|e\| : \{0,1\}^n \to \{0,1\}$ aufgefaßt werden: für $a = (a_1, \ldots, a_n) \in \{0,1\}^n$ berechnet man den Wert der Funktion $\|e\|$ an der Stelle a, indem man für alle i die Konstante a_i für die Variable X_i einsetzt und dann auf die übliche Art auswertet. Die folgenden Definitionen formalisieren diese Vorgehensweise. Das mag manchem Leser überflüssig erscheinen, aber ohne präzise Definitionen kann man eben nichts beweisen.

---
[3]Für eine Diskussion unendlicher Zeichenvorräte siehe Abschnitt 1.2.6.

2.2. Rechnen mit Boole'schen Ausdrücken

Definition 2.5 *Eine* Einsetzung *ist eine Abbildung* $\phi : V \to \{0,1\}$.

Für alle i ist $\phi(X_i) \in \{0,1\}$ gerade die Konstante, die für die Variable X_i eingesetzt werden soll. Durch eine Einsetzung ϕ ist bereits für *jeden* Boole'schen Ausdruck e der Wert von e an der Stelle $(\phi(X_1), \ldots, \phi(X_n))$ festgelegt. Wir nennen diesen Wert $\phi(e)$ und definieren ihn formal, indem wir induktiv die Funktion ϕ von $V \subseteq \text{EB}$ auf die ganze Menge EB ausdehnen. Wir definieren $\phi(0) = 0$ und $\phi(1) = 1$. Damit ist ϕ auf EB_0 erklärt.

Definition 2.6 *Seien* $e_1, e_2, \ldots \in \text{EB}$. *Wir definieren*

$$\begin{aligned}
\phi(\sim e_1) &= \sim \phi(e_1), \\
\phi(e_1 \wedge e_2) &= \phi(e_1) \wedge \phi(e_2), \\
\phi(e_1 \vee e_2) &= \phi(e_1) \vee \phi(e_2), \\
\phi(f_i(e_1, \ldots, e_{s(f_i)})) &= f_i(\phi(e_1), \ldots, \phi(e_{s(f_i)})) \text{ für alle } i \in \mathbf{N}.
\end{aligned}$$

Man beachte, daß wir hier die Bezeichner $\wedge$, $\vee$ und $\sim$ in zweifacher Weise verwendet haben. Auf der linken Seite stellen sie ein Zeichen in einem Boole'schen Ausdruck dar, auf der rechten Seite sind sie eine Aufforderung zum Auswerten von Funktionen.

Für die Funktionen '$\wedge$','$\vee$' und '$\sim$' enthält Tabelle 2.1 die Regeln zum Auswerten. Für irgendwelche weiteren Funktionen f_i muß man zuerst Auswertungsvorschriften festlegen, bevor man die obige Definition konkret anwenden kann.

Beispiel 2.3: Sei ϕ eine Einsetzung mit $\phi(X_1) = 1$, $\phi(X_2) = 0$ und $\phi(X_3) = 1$. Für den Ausdruck $((X_1 \wedge X_2) \vee X_3)$ gilt dann $\phi((X_1 \wedge X_2) \vee X_3) = \phi(X_1 \wedge X_2) \vee \phi(X_3)$. Für den ersten Teilausdruck ergibt sich $\phi(X_1 \wedge X_2) = \phi(X_1) \wedge \phi(X_2) = 1 \wedge 0 = 0$. Damit folgt $\phi((X_1 \wedge X_2) \vee X_3) = 0 \vee 1 = 1$.

Beispiel 2.4: Die 3-stellige Schaltfunktion f sei durch die Funktionstabelle 2.2 definiert. Wie im vorigen Beispiel sei ϕ eine Einsetzung mit $\phi(X_1) = 1$, $\phi(X_2) = 0$ und $\phi(X_3) = 1$. Für den Ausdruck $X_1 \wedge f(X_2, 0, (X_1 \vee X_3))$ gilt dann

$$\phi(X_1 \wedge f(X_2, 0, (X_1 \vee X_3))) = \phi(X_1) \wedge \phi(f(X_2, 0, (X_1 \vee X_3))) \,.$$

Für den zweiten Teilausdruck gilt

$$\phi(f(X_2, 0, (X_1 \vee X_3))) = f(\phi(X_2), \phi(0), \phi(X_1 \vee X_3)) \,.$$

Da $\phi(X_1 \vee X_3) = \phi(X_1) \vee \phi(X_3) = 1 \vee 1 = 1$, gilt für den zweiten Teilausdruck $\phi(f(X_2, 0, (X_1 \vee X_3))) = f(0, 0, 1) = 0$. Damit gilt für den gesamten Ausdruck

$$\phi(X_1 \wedge f(X_2, 0, (X_1 \vee X_3))) = 1 \wedge 0 = 0 \,.$$

a_1	a_2	a_3	$f(a_1,a_2,a_3)$
0	0	0	0
0	0	1	0
0	1	0	1
0	1	1	0
1	0	0	0
1	0	1	0
1	1	0	1
1	1	1	0

Tabelle 2.2: Wertetabelle der Funktion f aus Beispiel

Ein subtiler Punkt ist an dieser Stelle die Tatsache, daß durch Definition 2.6 jedem Ausdruck e ein und *nur* ein Wert $\phi(e)$ zugewiesen wird. Hierfür muß man zeigen, daß es zu jedem vollständig geklammerten Ausdruck eine und *nur* eine Zerlegung in Teilausdrücke gibt, auf die man Definition 2.6 anwenden kann. Das ist im Wesentlichen der Inhalt des Zerlegungssatzes 1.6 aus Abschnitt 1.2.5.

2.2.3 Identitäten und Ungleichungen

Ausdrücke kann man nicht nur auswerten, man kann auch mit ihnen rechnen. Dabei verfolgt man meistens eine der zwei folgenden Aktivitäten:

1. man formt Ausdrücke äquivalent um oder

2. man löst Gleichungen.

Definition 2.7 *Es seien* $e_1, e_2 \in$ EB *erweiterte Boole'sche Ausdrücke. Es gilt* $e_1 \equiv e_2$ *genau dann, wenn* $\phi(e_1) = \phi(e_2)$ *für alle Einsetzungen* ϕ *gilt.*

Für $e_1 \equiv e_2$ sagt man auch „e_1 und e_2 sind *äquivalent*", und man nennt die Zeichenreihe „$e_1 \equiv e_2$" eine *Identität*.

Beim konkreten Rechnen schreibt man häufig statt '$e_1 \equiv e_2$' einfach '$e_1 = e_2$' und sagt '$e_1 = e_2$ gilt identisch' oder noch einfacher 'e_1 gleich e_2'. Dabei mißhandelt man strikt gesprochen das Gleichheitszeichen, dann man setzt Ausdrücke einander gleich, die als Zeichenreihen betrachtet in der Regel *nicht* gleich sind. Wir werden jedoch gelegentlich die Schreibweise '$e_1 \equiv e_2$' verwenden.

2.2. Rechnen mit Boole'schen Ausdrücken

Satz 2.4 *Sei $e \in EB$ ein erweiterter Boole'scher Ausdruck. Dann gibt es genau eine n-stellige Schaltfunktion f so daß $f(X) \equiv e$ gilt.*

Die Funktion f mit $f(X) \equiv e$ heißt die durch Ausdruck e *berechnete Funktion*.

Beweis: Wir definieren zuerst die Funktion f. Für $a = (a_1, \ldots, a_n) \in \{0,1\}^n$ sei $\phi_a : V \to \{0,1\}$ die Einsetzung mit $\phi_a(X_i) = a_i$ für alle i. Damit $f(X) \equiv e$ gilt, muß $\phi(f(X)) = \phi(e)$ für alle Einsetzungen ϕ gelten, also insbesondere für $\phi = \phi_a$. Es folgt

$$\phi_a(e) = \phi_a(f(X)) = f(\phi_a(X_1), \ldots, \phi_a(X_n)) = f(a) \ .$$

Also ist f eindeutig bestimmt, und um den Wert der Funktion f an der Stelle a zu berechnen muß man einfach:

- für jede Variable X_i die Konstante a_i einsetzen (ϕ_a bilden) und dann
- auswerten ($\phi_a(e)$ bilden).

Sei nun $\phi : V \to \{0,1\}$ eine beliebige Einsetzung. Dann ist für $a = (\phi(X_1), \ldots, \phi(X_n))$ auch $\phi = \phi_a$. Es folgt

$$\phi(e) = \phi_a(e) = f(a) = \phi_a(f(X)) = \phi(f(X)) \ ,$$

also gilt $e \equiv f$. ∎

Beispiele für Identitäten liefert der folgende

Satz 2.5

(B1) $(X_1 \wedge X_2) \equiv (X_2 \wedge X_1)$ *Kommutativität*
$(X_1 \vee X_2) \equiv (X_2 \vee X_1)$

(B2) $((X_1 \vee X_2) \vee X_3) \equiv (X_1 \vee (X_2 \vee X_3))$ *Assoziativität*
$((X_1 \wedge X_2) \wedge X_3) \equiv (X_1 \wedge (X_2 \wedge X_3))$

(B3) $(X_1 \wedge (X_2 \vee X_3)) \equiv ((X_1 \wedge X_2) \vee (X_1 \wedge X_3))$ *Distributivität*
$(X_1 \vee (X_2 \wedge X_3)) \equiv ((X_1 \vee X_2) \wedge (X_1 \vee X_3))$

(B4) $(X_1 \vee (X_1 \wedge X_2)) \equiv X_1$
$(X_1 \wedge (X_1 \vee X_2)) \equiv X_1$

(B5) $(X_1 \vee (X_2 \wedge (\sim X_2))) \equiv X_1$
$(X_1 \wedge (X_2 \vee (\sim X_2))) \equiv X_1$

(B6) $(X_1 \vee (\sim X_1)) \equiv 1$
$(X_1 \wedge (\sim X_1)) \equiv 0$

(B7) $(X_1 \vee 1) \equiv 1$
$(X_1 \vee 0) \equiv X_1$
$(X_1 \wedge 1) \equiv X_1$
$(X_1 \wedge 0) \equiv 0$

$\phi(e_1)$	$\phi(\sim e_1)$	$\phi((e_1 \vee (\sim e_1)))$
0	1	1
1	0	1

Tabelle 2.3: Beweis von Identität (B6)

(B8) $(\sim(X_1 \vee X_2)) \equiv ((\sim X_1) \wedge (\sim X_2))$ *Morgan-Formeln*
$(\sim(X_1 \wedge X_2)) \equiv ((\sim X_1) \vee (\sim X_2))$
(B9) $(\sim(\sim X_1)) \equiv X_1$
(B10) $(X_1 \vee X_1) \equiv X_1$
$(X_1 \wedge X_1) \equiv X_1$

Man kann Satz 2.5 beweisen, indem man für jede der Identitäten ganz stur die höchstens acht verschiedenen Belegungen der vorkommenden Variablen aufzählt und für jede der Belegungen den Wert beider Seiten der Identitäten auswertet. Das kann man ganz schematisch in Tabellenform tun. Für die erste der Identitäten (B6) haben wir das in Tabelle 2.3 ausgeführt. Mit Hilfe der Identitäten aus Satz 2.5 kann man bis auf die vielen Klammern schon fast in gewohnter Weise rechnen. Mit Hilfe von (B3) kann man beispielsweise rechnen:

$$(X_7 \vee (X_1 \wedge (X_4 \wedge (1 \vee X_2)))) = (X_7 \vee (X_1 \wedge ((X_4 \wedge 1) \vee (X_4 \wedge X_2)))).$$

Hierbei haben wir zwei Dinge getan, nämlich:

1. Wir haben in (B3) die Variablen umbenannt und teilweise durch Konstanten ersetzt und

2. wir haben in einem Ausdruck einen Teilausdruck durch einen äquivalenten Ausdruck ersetzt.

Das sind wir aus der Schule so gewohnt. Der interessierte Leser findet eine Rechtfertigung für dieses Vorgehen in Abschnitt 1.3.3.

In der Schule wurde beim Rechnen mit arithmetischen Ausdrücken die Regel 'Punktrechnung geht vor Strichrechnung' vereinbart. Der einzige Sinn dieser Regel ist das Sparen von Schreibarbeit, da man Ausdrücke nun nicht mehr vollständig klammern muß. Für Boole'sche Ausdrücke verabreden wir die Regeln

- $\sim$ bindet stärker als $\wedge$ und

2.2. Rechnen mit Boole'schen Ausdrücken

- ∧ bindet stärker als ∨.

Insbesondere behandeln wir also '∨' wie '+' (Strichrechnung) und '∧' wie '·'. (Punktrechnung). Nun können wir in gewohnter Weise Klammern weglassen.

Beispiel 2.5: $X_1 \vee \sim X_2 \wedge X_3 \vee X_4$ ist Abkürzung für $((X_1 \vee ((\sim X_2) \wedge X_3)) \vee X_4)$.

Die *unvollständig geklammerten Ausdrücke*, die durch das Weglassen von Klammern entstehen, sind nichts weiter als Abkürzungen für die ursprünglichen — hoffentlich eindeutig rekonstruierbaren — vollständig geklammerten Ausdrücke. Eine strenge Beschreibung und Rechtfertigung dieses Vorgehens ist mit erheblichem Aufwand verbunden. Der interessierte Leser findet die entsprechenden Konstruktionen und Sätze in Abschnitt 1.3.4.

Wir vereinfachen die Schreibweise noch weiter. Ist e ein erweiterter Boole'scher Ausdruck, so schreibt man statt $\sim e$ oft $\bar{e}$.

Beispiel 2.6: Statt $\sim(X_1 \wedge X_2)$ schreibt man oft $\overline{X_1 \wedge X_2}$.

In arithmetischen Ausdrücken läßt man oft das Multiplikationszeichen '·' weg. Ebenso läßt man in Boole'schen Ausdrücken oft das '∧' weg.

Beispiel 2.7: Statt $X_1 \wedge X_2 \wedge \overline{X_3}$ schreibt man oft $X_1 X_2 \overline{X_3}$.

Aus den Morgan-Formeln von Satz 2.5 kann man durch Induktion direkt die *allgemeinen Morgan-Formeln*

$$\begin{aligned}\overline{X_1 \vee \cdots \vee X_n} &\equiv \overline{X_1} \wedge \cdots \wedge \overline{X_n} \\ \overline{X_1 \wedge \cdots \wedge X_n} &\equiv \overline{X_1} \vee \cdots \vee \overline{X_n}\end{aligned} \qquad (2.7)$$

herleiten. Außerdem folgen aus Regeln (B3) und (B6) von Satz 2.5 direkt die sogenannten *Resolutionsregeln*

$$\begin{aligned}X_1 X_3 \vee X_2 \overline{X_3} &\equiv X_1 X_3 \vee X_2 \overline{X_3} \vee X_1 X_2 \\ (X_1 \vee X_3)(X_2 \vee \overline{X_3}) &\equiv (X_1 \vee X_3)(X_2 \vee \overline{X_3})(X_1 \vee X_2)\end{aligned} \qquad (2.8)$$

In Analogie zur Summennotation von arithmetischen Ausdrücken verabreden wir für erweiterte Boole'sche Ausdrücke $e_1, \ldots, e_m$ die Schreibweisen

$$\bigwedge_{i=1}^{m} e_i \; = \; e_1 \wedge \ldots \wedge e_m,$$

$$\bigvee_{i=1}^{m} e_i = e_1 \vee \ldots \vee e_m.$$

Für den Sonderfall, daß man das UND bzw. ODER von einer leeren Menge von Ausdrücken bildet, verabreden wir

$$\bigwedge_{i \in \emptyset} e_i = 1 \quad \text{und} \quad \bigvee_{i \in \emptyset} e_i = 0.$$

Definition 2.8 *Es seien e_1 und e_2 erweiterte Boole'sche Ausdrücke. Es gilt $e_1 \leq e_2$ genau dann, wenn $\phi(e_1) \leq \phi(e_2)$ für alle Einsetzungen ϕ gilt.*

Aus den Definitionen schließt unmittelbar für Ausdrücke $a, a', b, b' \in EB$:

1. aus $a \leq b$ und $a' \leq b$ folgt $a \vee a' \leq b$ und
2. aus $a \leq a'$ und $b \leq b'$ folgt $a \vee a' \leq b \vee b'$.

2.2.4 Lösen von Gleichungen

Das Gleichheitszeichen zwischen verschiedenen Ausdrücken e_1 und e_2 kommt außer beim äquivalenten Umformen noch in einem ganz anderen Zusammenhang vor, nämlich beim Lösen von Gleichungen.

Definition 2.9 *Eine* Gleichung *ist eine Zeichenreihe der Form '$e_1 = e_2$', wobei e_1 und e_2 beliebige Ausdrücke sein dürfen. Man* löst *eine Gleichung, indem man alle Einsetzungen $\phi : V \to \{0, 1\}$ bestimmt, so daß $\phi(e_1) = \phi(e_2)$ gilt.*

Beispiel 2.8: Die Gleichung $X_1 \overline{X_2} \vee \overline{X_1} X_2 = 1$ hat zwei Lösungen, nämlich

1. $\phi(X_1) = 1, \phi(X_2) = 0$ und
2. $\phi(X_1) = 0, \phi(X_2) = 1$.

Wir leiten einige Regeln zum Lösen von Gleichungen her. Es seien $e_1, \ldots, e_n$ vollständig geklammerte Boole'sche Ausdrücke und es sei ϕ eine Einsetzung. Aus Definition 2.6 und Tabelle 2.1 folgt direkt:

$$\phi((e_1 \wedge e_2)) = 1 \Leftrightarrow \phi(e_1) \wedge \phi(e_2) = 1$$
$$\Leftrightarrow \phi(e_1) = 1 \text{ und } \phi(e_2) = 1.$$

2.2. Rechnen mit Boole'schen Ausdrücken

Durch Induktion über n folgt:

$$\phi((e_1 \wedge \ldots \wedge e_n)) = 1 \Leftrightarrow \phi(e_i) = 1 \text{ für alle } i \in \{1, \ldots, n\}$$

Dem Leser wird auffallen, daß man eine Menge Schreibarbeit sparen kann, wenn man beim Gleichungslösen die ϕ's einfach wegfallen läßt. Aus dem Zusammenhang des Gleichungslösens geht dann hervor, daß man statt den Ausdrücken e in Wirklichkeit die Werte $\phi(e)$ meint. Das ist in der Tat gängige Praxis, der wir auch folgen werden. Nur bei ganz seltenen Anlässen muß man sich daran erinnern, daß man diese Vereinfachung vorgenommen hat. Insbesondere hätte man oben ohne Bezugnahme auf ϕ *nicht* folgern können:

$$(e_1 \wedge e_2) = 1 \Leftrightarrow e_1 = 1 \text{ und } e_2 = 1.$$

Nach dem gleichen Muster beweist man das folgende Lemma. Es ist in der vereinfachten Form formuliert, aber für den Induktionsanfang der Beweise muß die Vereinfachung rückgängig gemacht werden.

Lemma 2.6 *Seien $e_1, \ldots, e_n$ vollständig geklammerte Boole'sche Ausdrücke. Dann gilt:*

1. *$e_1 \wedge \ldots \wedge e_n = 1 \Leftrightarrow e_i = 1$ für alle $i \in \{1, \ldots, n\}$*

2. *$e_1 \wedge \ldots \wedge e_n = 0 \Leftrightarrow e_i = 0$ für (mindestens) ein $i \in \{1, \ldots, n\}$*

3. *$e_1 \vee \ldots \vee e_n = 1 \Leftrightarrow e_i = 1$ für ein $i \in \{1, \ldots, n\}$*

4. *$e_1 \vee \ldots \vee e_n = 0 \Leftrightarrow e_i = 0$ für alle $i \in \{1, \ldots, n\}$*

5. *$\overline{e_1} = 1 \Leftrightarrow e_1 = 0$*

Damit sind wir die ϕ's glücklich wieder los, und der Leser sollte hier natürlich die Frage stellen: warum haben wir nicht gleich einfach so weitergerechnet „wie in der Schule" (was immer das heißt)? Die vielleicht verblüffende Antwort auf diese Frage ist: so geht es schneller! In der Schule lernt man das Rechnen und Gleichungslösen durch Nachahmen, das allein dauert Monate. Nach einigen Jahren, in denen der Kalkül nicht versagt hat, glaubt man dann vielleicht, daß der Kalkül nicht zu unsinnigen Ergebnissen führt. Verglichen mit diesem Zeitaufwand sind ein paar Seiten Mathematik, auf denen man die genauen Rechenregeln *herleitet*, wenig. Überdies hat der Leser hierbei vielleicht erkannt, wie ungeheuer raffiniert und subtil der „gewöhnliche" Gleichungskalkül ist.

2.2.5 Der Darstellungssatz

Der zentrale Satz dieses Abschnitts läßt sich nun sehr leicht herleiten. Für Variablen $X_i \in V$ und $\varepsilon \in \{0,1\}$ verabreden wir die Schreibweise

$$X_i^\varepsilon = \begin{cases} \overline{X_i} \text{ falls } \varepsilon = 0 \\ X_i \text{ falls } \varepsilon = 1 \end{cases}.$$

Offensichtlich gilt

$$X_i^\varepsilon = 1 \Leftrightarrow X_i = \varepsilon.$$

Boole'sche Ausdrücke der Form X_i^ε nennt man *Literale*.

Definition 2.10 *Für $a = (a_1, \ldots, a_n) \in \{0,1\}^n$ definieren wir die Boole'schen Ausdrücke $m(a)$ und $c(a)$ durch*

$$m(a) = \bigwedge_{i=1}^n X_i^{a_i},$$

$$c(a) = \bigvee_{i=1}^n X_i^{\bar{a}_i}.$$

Der Ausdruck $m(a)$ heißt der zu a gehörige Minterm *und $c(a)$ der zu a gehörige* Maxterm.

Beispiel 2.9: Es ist $m(0,1,0) = \overline{X_1} X_2 \overline{X_3}$ und $c(0,1,0) = X_1 \vee \overline{X_2} \vee X_3$.

Aus Lemma 2.6 folgt

$$m(a) = \bigwedge_{i=1}^n X_i^{a_i} = 1 \Leftrightarrow X_i^{a_i} = 1 \text{ für alle } i \in \{1, \ldots, n\}$$

$$\Leftrightarrow X = (X_1, \ldots, X_n) = a \qquad (2.9)$$

$$c(a) = 0 \Leftrightarrow X = a \qquad (2.10)$$

Für n-stellige Schaltfunktionen f heißt die Menge

$$\text{Tr}(f) = \{a \in \{0,1\}^n \mid f(a) = 1\}$$

der *Träger* von f. Offenbar ist

$$\text{Tr}(f) = f^{-1}(1) \text{ und } \{0,1\}^n \setminus \text{Tr}(f) = f^{-1}(0).$$

Es gilt

2.3. Kosten von Ausdrücken

Satz 2.7 (Darstellungssatz) *Sei $f : \{0,1\}^n \to \{0,1\}$ eine Schaltfunktion. Dann gilt*

$$f(X) \equiv \bigvee_{a \in \mathrm{Tr}(f)} m(a)$$

$$f(X) \equiv \bigwedge_{a \notin \mathrm{Tr}(f)} c(a)$$

Die erste Darstellung heißt die *vollständige disjunktive Normalform* von f, die zweite Darstellung die *vollständige konjunktive Normalform*.

Beispiel 2.10: Sei f die in Tabelle 2.2 definierte Funktion. Dann gilt

$$\begin{aligned}
f(X) &\equiv \overline{X_1}X_2\overline{X_3} \vee X_1 X_2 \overline{X_3} \\
&\equiv (X_1 \vee X_2 \vee X_3) \wedge (X_1 \vee X_2 \vee \overline{X_3}) \wedge (X_1 \vee \overline{X_2} \vee \overline{X_3}) \\
&\quad \wedge (\overline{X_1} \vee X_2 \vee X_3) \wedge (\overline{X_1} \vee X_2 \vee \overline{X_3}) \wedge (\overline{X_1} \vee \overline{X_2} \vee \overline{X_3}) \, .
\end{aligned}$$

Beweis des Darstellungssatzes: Es gilt

$$\bigvee_{a \in \mathrm{Tr}(f)} m(a) = 1 \;\Leftrightarrow\; m(b) = 1 \text{ für ein } b \in \mathrm{Tr}(f)$$

$$\Leftrightarrow\; X = b \text{ für ein } b \in \mathrm{Tr}(f) \, .$$

Behauptung 1 folgt nun direkt aus Lemma 2.6. Behauptung 2 beweist man ebenso. ∎

2.3 Kosten von Ausdrücken

2.3.1 Definitionen

Wir suchen im folgenden sehr oft zu einer vorgegebenen Schaltfunktion f möglichst *einfache* Ausdrücke e, die f berechnen. Hierbei messen wir die Kompliziertheit eines Ausdrucks einfach durch die folgende Kostenfunktion.

Definition 2.11 *Sei $e \in B$ ein Boole'scher Ausdruck. Die Kosten $L(e)$ von e sind definiert als die Anzahl von Vorkommen der Zeichen $\wedge$, $\vee$ und $\sim$ in e.*

Beispiel 2.11: $L(X_1 \wedge \sim X_2 \wedge X_3) = 3$.

Die obige Definition scheint wörtlich genommen nur sinnvoll zu sein für Ausdrücke e, bei denen wir gewisse vereinfachte Schreibweisen nicht verwenden. Wir erinnern jedoch daran, daß für uns vereinfacht aufgeschriebene Ausdrücke ebenso wie unvollständig geklammerte Ausdrücke bloß Abkürzungen für vollständig geklammerte Ausdrücke aus B sind. Es ist deshalb

$$L(X_1\overline{X_2}X_3) = L(X_1 \wedge \sim X_2 \wedge X_3) = L((X_1 \wedge ((\sim X_2) \wedge X_3))) = 3.$$

Offenbar ist $L(X_i^\varepsilon) \in \{0,1\}$, d.h. Literale haben stets Kosten 0 oder 1. Sei nun f eine n-stellige Schaltfunktion. Jeder Minterm m der vollständigen disjunktiven Normalform von f besteht aus genau n Literalen und $n-1$ $\wedge$–Zeichen. Es folgt $L(m) \leq 2n-1$. Sei nun p die vollständige disjunktive Normalform von f. Dann besteht p aus genau $\#\mathrm{Tr}(f)$ Mintermen. Für die Anzahl v der $\vee$–Zeichen in p gilt

$$v = \begin{cases} \#\mathrm{Tr}(f) - 1 \text{ falls } \#\mathrm{Tr}(f) \geq 2 \\ 0 \text{ falls } \#\mathrm{Tr}(f) \leq 1 \end{cases}$$

Wegen $\#\,\mathrm{Tr}(f) \leq \#\{0,1\}^n = 2^n$ folgt

$$L(p) \leq n2^{n+1}.$$

Für jede n-stellige Schaltfunktion f gibt es also einen Boole'schen Ausdruck e mit Kosten höchstens $n2^{n+1}$, der f berechnet. Wir wären natürlich gern in der Lage, zu jeder vorgegebenen Schaltfunktion einen *billigsten* Ausdruck mit dieser Eigenschaft sowie seine Kosten zu bestimmen.

Definition 2.12 *Für Schaltfunktionen f heißt die Zahl*

$$L(f) = \min\{L(e) \mid e \in B, e \equiv f(X)\}$$

die Formelgröße *(engl. formula size) von f.*

Aus dem oben Gesagten folgt sofort

Satz 2.8 *Für jede n-stellige Schaltfunktion f gilt $L(f) \leq n2^{n+1}$.*

Oft möchte man, wenn man das Wachstum von Funktionen beschreibt, von konstanten Faktoren abstrahieren, da man an der „Größenordnung" des Wachstums interessiert ist. Um den Begriff „größenordnungsmäßig" formal zu fassen, führen wir Notationen für asymptotisches Wachstum ein.

2.3. Kosten von Ausdrücken

Definition 2.13 *Seien $f, g : \mathbf{N} \to \mathbf{N}$ Funktionen. Wir sagen f ist asymptotisch durch g beschränkt, in Zeichen $f \leq_a g$, falls es ein $n_0 \in \mathbf{N}$ gibt mit $f(n) \leq g(n)$ für alle $n \geq n_0$. Wir definieren*

$$\begin{aligned}
O(g) &= \{f \mid \exists k \in \mathbf{N} : f \leq_a k \cdot g\}, \\
\Omega(g) &= \{f \mid \exists k \in \mathbf{N} : g \leq_a k \cdot f\}, \\
\Theta(g) &= O(g) \cap \Omega(g) \ .
\end{aligned}$$

Normalerweise schreibt man $f = O(g)$ statt $f \in O(g)$.

Beispiel 2.12: Es ist $3n^2 - 4n + 5 \in O(n^3)$, $e^n = \Omega(n^{10})$ und $4n^5 = \Theta(n^5)$.

Damit läßt sich Satz 2.8 umformulieren zu
Für jede n-stellige Schaltfunktion f gilt $L(f) = O(n2^n)$.

2.3.2 *Allgemeine Schranken

Diese Abschätzung läßt sich ziemlich leicht verbessern. Für $n \in \mathbf{N}$ sei

$$K(n) = \max\{L(f) \mid f : \{0,1\}^n \to \{0,1\}\} \ .$$

Die Zahl $K(n)$ bezeichnet also die Formelgröße der teuersten n-stelligen Schaltfunktion. Es folgt insbesondere, $L(f) \leq K(n)$ für jede n-stellige Schaltfunktion f, d.h. für jede solche Funktion f gibt es einen Ausdruck mit Kosten höchstens $K(n)$, der f berechnet.

Die Ausdrücke $0, 1, X_1$ und $\overline{X_1}$ berechnen alle 1-stelligen Schaltfunktionen. Es folgt

$$K(1) = 1 \ . \tag{2.11}$$

Sei nun f eine beliebige n-stellige Schaltfunktion. Dann gilt

$$\begin{aligned}
f(X_1, \ldots, X_n) = 1 \quad &\Leftrightarrow \quad (X_n = 0 \text{ und } f(X_1, \ldots, X_{n-1}, 0) = 1) \text{ oder} \\
&\qquad (X_n = 1 \text{ und } f(X_1, \ldots, X_{n-1}, 1) = 1) \\
&\Leftrightarrow \quad \overline{X_n} f(X_1, \ldots, X_{n-1}, 0) \vee X_n f(X_1, \ldots, X_{n-1}, 1) = 1 \ .
\end{aligned}$$

Also gilt

$$f(X_1, \ldots, X_n) \equiv \overline{X_n} f(X_1, \ldots, X_{n-1}, 0) \vee X_n f(X_1, \ldots, X_{n-1}, 1) \ .$$

Für $i \in \{0, 1\}$ sei e_i ein Boole'scher Ausdruck mit $e_i \equiv f(X_1, \ldots, X_{n-1}, i)$ und minimalen Kosten. Da e_i offensichtlich eine $(n-1)$-stellige Funktion f_i berechnet, gilt $L(e_i) = L(f_i) \leq K(n-1)$.

Es folgt
$$f(X_1,\ldots,X_n) \equiv \overline{X_n}e_0 \vee X_n e_1$$
und somit $L(f) \leq 2K(n-1)+4$. Da f als beliebig vorausgesetzt war, gilt diese Abschätzung für jede n-stellige Schaltfunktion. Also gilt

$$K(n) \leq 2K(n-1)+4. \tag{2.12}$$

Aus (2.11) und (2.12) zeigen wir jetzt mühelos durch Induktion
$$K(n) \leq (5/2)2^n - 4.$$

Das ist offensichtlich richtig für $n=1$. Für den Schluß von $n-1$ auf n rechnen wir
$$\begin{aligned} K(n) &\leq 2K(n-1)+4 \\ &\leq 5\cdot 2^{n-1} - 8 + 4 \\ &= (5/2)2^n - 4. \end{aligned}$$

Damit haben wir

Satz 2.9 *Für jede n-stellige Schaltfunktion f gilt*
$$L(f) \leq (5/2)2^n - 4 = O(2^n).$$

Wir wenden uns nun zwei sehr naheliegenden Fragen zu, nämlich

1. wie findet man zu vorgegebener Schaltfunktion f einen billigsten Ausdruck e, der f berechnet?
2. Kann man die Abschätzung aus Satz 2.9 weiter verbessern? Falls ja, wie weit?

Die Antwort auf die erste Frage ist ziemlich offensichtlich 'im Prinzip ja'. Man zählt zu vorgegebener n-stelliger Schaltfunktion f 'einfach' alle Ausdrücke e mit Variablen aus $V = \{X_1,\ldots,X_n\}$ und Kosten höchstens $(5/2)2^n - 4$ auf; für jeden dieser Ausdrücke e testet man, ob $e \equiv f$ erfüllt ist; unter den Ausdrücken, die den Test erfüllen, wählt man einen billigsten aus.

Wir schätzen grob den hiermit verbundenen Arbeitsaufwand ab: jeder vollständig geklammerte Boole'sche Ausdruck e ist eine Zeichenreihe in A^* mit
$$A = \{0,1,X_1,\ldots,X_n,\wedge,\vee,\sim,(,)\}.$$
Offensichtlich ist
$$\#A = n+7. \tag{2.13}$$
Wir erinnern daran, daß wir die Länge von Zeichenreihen e mit $l(e)$ bezeichnen. Es gilt

2.3. Kosten von Ausdrücken

Lemma 2.10 *Für alle Ausdrücke $e \in B$ ist*

$$l(e) \leq 4L(e) + 1.$$

Beweis: Für $n \in \mathbf{N}_0$ definieren wir

$$K(n) = \max\{l(e) \mid e \in B, L(e) = n\}.$$

Das ist die Länge der längsten Ausdrücke mit Kosten n. Offensichtlich ist

$$K(0) = 1. \tag{2.14}$$

Sei nun $n > 0$, und es sei e ein Ausdruck mit Kosten n. Dann hat e entweder die Form

$$e = (\sim e_1) \text{ mit } L(e_1) = n - 1$$

oder

$$e = (e_1 \circ e_2) \text{ mit } L(e_1) = i, L(e_2) = n - i - 1, i \in \{0, \ldots, n-1\}$$

mit $\circ \in \{\wedge, \vee\}$ und $e_1, e_2 \in B$.

Im ersten Fall folgt

$$l(e) \leq l(e_1) + 3 \leq K(n-1) + 3.$$

Im zweiten Fall folgt:

$$\begin{aligned} l(e) &\leq l(e_1) + l(e_2) + 3 \\ &\leq K(i) + K(n-i-1) + 3 \text{ für ein } i \in \{0, \ldots, n-1\} \\ &\leq \max_{0 \leq i \leq n-1} \{K(i) + K(n-i-1) + 3\}. \end{aligned}$$

Da e ein beliebiger Ausdruck mit Kosten n ist, folgt

$$K(n) \leq \max_{0 \leq i \leq n-1} \{K(i) + K(n-i-1) + 3\}. \tag{2.15}$$

Aus (2.14) und (2.15) folgern wir nun mühelos durch Induktion über n:

$$K(n) \leq 4n + 1.$$

Das ist offensichtlich richtig für $n = 0$. Für den Schluß von $n-1$ auf n rechnen wir

$$\begin{aligned} K(n) &\leq \max_{0 \leq i \leq n-1} \{K(i) + K(n-i-1) + 3\} \\ &\leq \max_{0 \leq i \leq n-1} \{4i + 1 + 4(n-i-1) + 1 + 3\} \\ &= 4n + 1. \end{aligned}$$

∎

Wegen Lemma 2.10 könnte man für $m \in \mathbb{N}$ das Aufzählen aller Ausdrücke mit Kosten höchstens m in einfacher — wenn auch ineffizienter Weise — so organisieren, daß man alle Zeichenreihen aus $\cup_{i \leq 4m+1} A^i$ aufzählt und diejenigen ignoriert, die keine Boole'schen Ausdrücke sind. Wegen (2.6) und (2.13) sind das

$$\frac{(n+7)^{4m+2} - 1}{n+6}$$

viele Zeichenreihen. Sucht man zu einer n-stelligen Schaltfunktion einen billigsten Ausdruck, so hat dieser Ausdruck nach Satz 2.9 höchsten Kosten $m = (5/2)2^n - 4$. Für $n = 10$ folgt $m = 2556$. Mithin genügt es in diesem Fall, $(17^{10226} - 1)/16$ Zeichenreihen auszuprobieren. Unter der Voraussetzung daß jeder von 10 Milliarden Menschen einen Rechner besitzt, der in jeder Sekunde 100 Millionen Zeichenreihen durchprobieren kann, möge der Leser einmal abschätzen, wie lange diese Suche dauern würde[4].

Eine wunderschöne weitere Anwendung von Lemma 2.10 liefert nun rasch eine Antwort auf die zweite Frage. Es gilt nämlich

Satz 2.11 *Für jedes $n \in \mathbb{N}$ gibt es eine n-stellige Schaltfunktion f mit $L(f) = \Omega(2^n/\log n)$, genauer gilt*

$$L(f) \geq \frac{1}{4} \cdot \left(\frac{2^n}{\log(n+7)} - 2 \right) .$$

Der Beweis dieses Satzes wird mit einem sogenannten *Abzählargument* geführt. Der Beweis hat die Eigenschaft, daß wir über die Funktion f nicht das Geringste erfahren, außer daß es sie eben gibt.

Beweis: Sei $n \in \mathbb{N}$, und sei

$$c = \max\{L(f) \mid f : \{0,1\}^n \to \{0,1\}\} .$$

Dann ist c jedenfalls groß genug, daß es zu jeder n-stelligen Schaltfunktion f einen Ausdruck e mit Kosten höchstens c gibt, der f berechnet.

Die Anzahl der Ausdrücke mit Kosten höchstens c muß deshalb mindestens so groß sein wie die Anzahl der n-stelligen Schaltfunktionen, d.h. es gilt

$$\#\{e \in B \mid L(e) \leq c\} \geq \#\{f \mid f : \{0,1\}^n \to \{0,1\}\}$$
$$= 2^{2^n} \qquad (2.16)$$

wegen Lemma 2.2. Andererseits liegt jeder Ausdruck mit Kosten höchstens c nach Lemma 2.10 in einer Menge von Zeichenreihen A^i für $i \leq 4c+1$. Mithin gilt auch

$$\#\{e \in B \mid L(e) \leq c\} \leq \# \left(\bigcup_{i \leq 4c+1} A^i \right) \leq \frac{(n+7)^{4c+2}}{n+6} . \qquad (2.17)$$

---

[4]Das Alter des Universums wird derzeit auf etwa 10 bis 20 Milliarden Jahre geschätzt [21, S. 67].

Aus (2.16) und (2.17) folgt direkt
$$2^{2^n} \leq (n+7)^{4c+2}/(n+6) < (n+7)^{4c+2}.$$
Logarithmieren gibt
$$2^n \leq (4c+2)\log(n+7).$$
Durch Auflösen nach c erhält man die Behauptung des Satzes. ∎

Die Schranken der beiden Sätze 2.9 und 2.11 liegen noch ungefähr um einen Faktor $10\log n$ auseinander. Der russische Mathematiker Lupanov hat in [30] gezeigt, daß man die Schranke aus Satz 2.9 auf $O(2^n/(\log n))$ verbessern kann. Der Beweis ist nicht einfach. Man findet ihn in [47, S. 95]. Es folgt, daß die einfache Schranke aus Satz 2.11 schon bis auf konstante Faktoren scharf ist.

2.4 Polynome und Resolution

2.4.1 Polynome und Primimplikanten

Wir untersuchen im folgenden besonders einfache Mengen von Boole'schen Ausdrücken, nämlich die sogenannten *Boole'schen Polynome* und die *konjunktiven Normalformen*.

Definition 2.14

- *Ein* Literal *ist ein Ausdruck der Form X_i^ε mit $X_i \in V$ und $\varepsilon \in \{0,1\}$.*

- *Ein* Monom *ist ein Ausdruck der Form $\bigwedge_{i\in I} L_i$, wobei die L_i Literale sind für alle i in einer endlichen Indexmenge I.*

- *Ein (Boole'sches)* Polynom *oder* disjunktive Normalform *ist ein Ausdruck der Form $\bigvee_{i\in I} M_i$, wobei die M_i Monome sind für alle i in einer endlichen Indexmenge I.*

- *Eine* Klausel *ist ein Ausdruck der Form $\bigvee_{i\in I} L_i$, wobei die L_i Literale sind für alle i in einer endlichen Indexmenge I.*

- *Eine* konjunktive Normalform (KNF) *ist ein Ausdruck der Form $\bigwedge_{i\in I} C_i$, wobei die C_i Klauseln sind für alle i in einer endlichen Indexmenge I.*

Alle Minterme sind Monome, und alle Maxterme sind Klauseln. Jede vollständige disjunktive Normalform ist ein Polynom, und jede vollständige konjunktive Normalform ist eine konjunktive Normalform[5].

---

[5] Es wäre ja auch noch schöner, wenn es anders wäre. Beachten Sie jedoch, daß im Englischen ein 'welsh rabbit' keineswegs ein 'rabbit' sondern ein 'hamburger' ist, welcher wiederum eine Frikadelle ist und keineswegs ein Mann aus Hamburg.

In den obigen Definitionen sind auch leere Indexmengen I erlaubt. Es folgt, daß 0 sowohl ein Polynom und als auch eine Klausel ist, und daß 1 sowohl ein Monom als auch eine disjunktive Normalform ist.

Naturgemäß interessiert man sich zu vorgegebener Schaltfunktion f für *billigste* Polynome p, die f berechnen.

Definition 2.15 *Sei f eine Schaltfunktion und p ein Boole'sches Polynom. Dann heißt p ein Minimalpolynom von f, falls die folgenden beiden Bedingungen gelten:*

1. *$p \equiv f(X)$, d.h. p berechnet f.*

2. *$L(p) = \min\{L(q) \mid q \text{ ist Boole'sches Polynom und } q \equiv f(X)\}$, d.h. p ist ein billigstes Polynom mit dieser Eigenschaft.*

Wir werden im folgenden zu vorgegebener Funktion f die Monome, die in Minimalpolynomen von f auftreten können, charakterisieren, und wir werden angeben, wie man diese Monome finden kann. Im unmittelbaren Anschluß daran stoßen wir schon auf das mit Abstand berühmteste offene Problem der Informatik.

Definition 2.16 *Seien m und m' Monome. Dann heißt m' Teilmonom von m, falls die folgenden beiden Bedingungen gelten:*

1. *jedes Literal in m' kommt auch in m vor, oder $m' = 1$;*

2. *in m kommt mindestens ein Literal vor, das nicht in m' vorkommt.*

Beispiel 2.13: Die Monome $X_1 X_4$, 1 und $X_2 \overline{X_3}$ sind Teilmonome von $X_1 X_2 \overline{X_3} X_4$, die Monome $X_1 X_2 X_3 X_4$ und $X_1 X_2 \overline{X_3} X_4$ hingegen nicht.

Lemma 2.12 *Es sei m' Teilmonom von m. Dann gilt $m \leq m'$.*

Beweis: Es sei $m = \bigwedge_{i \in I} L_i$, wobei die L_i Literale sind. Das Monom m' ist Teilmonom von m und hat deshalb die Form $m' = \bigwedge_{i \in J} L_i$ mit $J \subset I$. Aus Lemma 2.6 folgt

$$\begin{aligned} m = 1 &\Leftrightarrow L_i = 1 \text{ für alle } i \in I \\ &\Rightarrow L_i = 1 \text{ für alle } i \in J \\ &\Leftrightarrow m' = 1 \, . \end{aligned}$$

∎

2.4. Polynome und Resolution

Definition 2.17 *Sei f eine Schaltfunktion und m ein Monom. Dann heißt m ein* Implikant *von f falls $m \leq f(X)$ gilt. Ein Implikant von f heißt ein* Primimplikant *von f falls kein Teilmonom von m Implikant von f ist.*

Die konstante Funktion f mit $f(a) = 0$ für alle a hat nur ein Minimalpolynom, nämlich 0. Für alle anderen Schaltfunktionen f werden die Implikanten, die in Minimalpolynomen von f vorkommen können, charakterisiert durch

Satz 2.13 *Es sei f eine Schaltfunktion, und f sei nicht identisch gleich 0. Es sei p ein Minimalpolynom von f. Dann besteht p nur aus Primimplikanten von f.*

Beweis: Ist f identisch gleich 1, so hat f nur ein Minimalpolynom, nämlich 1, und der Satz gilt offensichtlich. Andernfalls gilt

$$f(X) \equiv p = m_1 \vee \ldots \vee m_s$$

für ein $s \in \mathbf{N}$ und Monome m_i, $i \in \{1,\ldots,s\}$. Jedes der Monome m_i ist ein Implikant von f, da es sonst eine Einsetzung ϕ gäbe mit $\phi(f) = 0$, aber $1 = \phi(m_i) = \phi(p)$.

Wir nehmen nun an, daß mindestens eins der Monome m_i kein Primimplikant von f ist. Ohne Beschränkung der Allgemeinheit können wir $i = 1$ annehmen (sonst numerieren wir die Monome um.) Sei nun m_1' Teilmonom von m_1 und Implikant von f. Wir bilden das Polynom p', indem wir in p das Monom m_1 durch das billigere Monom m_1' ersetzen:

$$p' = m_1' \vee m_2 \vee \ldots \vee m_s \,.$$

Offensichtlich ist dann $L(p') < L(p)$. Wegen Lemma 2.12 ist $m_1 \leq m_1'$ und deshalb $p \leq p'$. Andererseits gilt $m_1' \leq f$ und $m_i \leq f$ für alle i, denn sowohl m_1' als auch alle m_i sind Implikanten von f. Es folgt $p' \leq f \equiv p$. Es folgt $p' \equiv p \equiv f$. Also war p kein Minimalpolynom von f. ∎

2.4.2 Das Verfahren von Quine–McCluskey

Die Bestimmung aller Primimplikanten einer vorgegebenen Funktion f gelingt mit Hilfe eines speziellen *Resolutionsverfahrens*. Sei e ein Boole'scher Ausdruck. Wir setzen in der Resolutionsregel (2.8) $X_1 = X_2 = e$ und erhalten

$$e \wedge X_3 \vee e \wedge \overline{X_3} \equiv e \,. \tag{2.18}$$

Sei M eine Menge von Monomen. Die Menge $Q(M)$ wird definiert durch

$$Q(M) = \{m \mid mX_i \in M \text{ und } m\overline{X_i} \in M \text{ für ein } i\} \,.$$

Man bildet also aus der Menge M die Menge $Q(M)$, indem man auf alle möglichen Weisen Paare von *Partnern* $mX_i, m\overline{X}_i \in M$ sucht und aus ihnen die sogenannte *Resolvente* m bildet.

Das folgende Verfahren zur Bestimmung aller Primimplikanten einer vorgegebenen n-stelligen Schaltfunktion f arbeitet in Runden j für $j = 1, 2, \ldots$. Das Verfahren wird gestartet mit der Liste

$$L_0 = \{m \mid m \text{ ist Minterm von } f\}.$$

Für alle $i \geq 1$ werden in Runde i zwei Mengen L_i und P_i von Monomen gebildet, nämlich

$$\begin{aligned} L_j &= Q(L_{j-1}) \text{ und} \\ P_j &= \{m \in L_{j-1} \mid m \text{ hat keinen Partner in } L_{j-1}\}. \end{aligned}$$

Satz 2.14 *Für alle* $j = 0, 1, 2, \ldots$ *gilt*

1. *Alle Monome in Menge L_j haben genau $n - j$ Literale.*

2. *Die Menge L_j enthält genau die Implikanten von f mit $n - j$ Literalen.*

3. *Für $j \geq 1$ enthält P_j genau die Primimplikanten von f mit $n - j + 1$ Literalen.*

Beweis:

1. Die Behauptung folgt durch triviale Induktion über j und impliziert, daß das Verfahren nach höchstens n Runden abbricht.

2. Die Behauptung ist offenbar richtig für $j = 0$. Wir schließen von $j - 1$ auf j: entsteht $m \in L_j$ durch einen Resolutionsschritt aus mX_i und $m\overline{X}_i$ von f, so folgt

$$m \equiv mX_i \vee m\overline{X}_i \leq f(X),$$

da nach Induktionsvoraussetzung mX_i und $m\overline{X}_i$ beides Implikanten von f sind. Also enthält L_j nur Implikanten von f.

Sei nun m irgendein Implikant von f mit $n - j \leq n - 1$ Literalen, und sei X_i ein Literal, das in m nicht vorkommt. Dann gilt

$$mX_i \leq m \leq f(X) \text{ sowie } m\overline{X}_i \leq m \leq f(X).$$

Also sind mX_i sowie $m\overline{X}_i$ beides Implikanten von f. Nach Induktionsvoraussetzung liegen sie in L_{j-1}. Es folgt $m \in L_j$. Also enthält L_j auch alle Implikanten der Länge $n - j$ von f.

2.4. Polynome und Resolution

a_1	a_2	a_3	a_4	$f_1(a_1,a_2,a_3,a_4)$	$f_2(a_1,a_2,a_3)$
0	0	0	0	1	0
0	0	0	1	1	
0	0	1	0	1	1
0	0	1	1	1	
0	1	0	0	0	1
0	1	0	1	0	
0	1	1	0	0	1
0	1	1	1	1	
1	0	0	0	0	1
1	0	0	1	0	
1	0	1	0	0	1
1	0	1	1	0	
1	1	0	0	0	1
1	1	0	1	0	
1	1	1	0	0	0
1	1	1	1	1	

Tabelle 2.4: Funktionstabellen der Schaltfunktionen f_1 und f_2

3. Für $j \geq 1$ sei $m \in L_{j-1}$ kein Primimplikant von f. Dann hat m die Form

$$m = m' X_{i_1}^{\varepsilon_1} \ldots X_{i_s}^{\varepsilon_s},$$

wobei m' ein Implikant von f ist. Es folgt

$$m'' = m' X_{i_1}^{\varepsilon_1} \ldots X_{i_{s-1}}^{\varepsilon_{s-1}} X_{i_s}^{\overline{\varepsilon_s}} \leq m' \leq f(X).$$

Also ist auch m'' Implikant von f. Nach Teil 2 folgt $m'' \in L_{j-1}$, also hat m in L_{j-1} den Partner m'' und liegt somit nicht in P_j.

Sei schließlich m ein Primimplikant von f mit $n-j+1$ Literalen. Dann gilt nach Teil 2 $m \in L_{j-1}$. Hätte m einen Partner $m' \in L_{j-1}$, so wäre die Resolvente von m und m' ein Teilmonom von m und Implikant von f. Es folgt $m \in P_j$.

∎

Beispiel 2.14: Wir bestimmen die Primimplikanten der beiden Schaltfunktionen $f_1 : \{0,1\}^4 \to \{0,1\}$ und $f_2 : \{0,1\}^3 \to \{0,1\}$, deren Funktionstabellen in Tabelle 2.4 zu sehen sind.

Für Funktion f_1 besteht die Menge L_0 der Minterme aus

$$L_0 = \{\overline{X_1}\,\overline{X_2}\,\overline{X_3}\,\overline{X_4}, \overline{X_1}\,X_2\,\overline{X_3}\,X_4, \overline{X_1}\,\overline{X_2}\,X_3\,\overline{X_4},$$
$$\overline{X_1}\,\overline{X_2}\,X_3\,X_4, \overline{X_1}\,X_2\,X_3\,X_4, X_1\,X_2\,X_3\,X_4\}\ .$$

Wir bilden nun daraus nacheinander die Mengen L_1 und P_1, L_2 und P_2 und L_3 und P_3:

$$L_1 = \{\overline{X_1}\,\overline{X_2}\,X_3, \overline{X_1}\,\overline{X_2}\,X_4, \overline{X_1}\,X_2\,X_4,$$
$$\overline{X_1}\,\overline{X_2}\,X_3, \overline{X_1}\,X_3\,X_4, X_2\,X_3\,X_4\}$$
$$P_1 = \emptyset$$

$$L_2 = \{\overline{X_1}\,\overline{X_2}\}$$
$$P_2 = \{\overline{X_1}\,X_3\,X_4, X_2\,X_3\,X_4\}$$

$$L_3 = \emptyset$$
$$P_3 = \{\overline{X_1}\,\overline{X_2}\}$$

Die Menge der Primimplikanten besteht dann aus der Vereinigung $P_2 \cup P_3$.

Die Menge der Minterme der Funktion f_2 hat das Aussehen

$$L_0 = \{\overline{X_1}\,\overline{X_2}\,X_3, \overline{X_1}\,X_2\,\overline{X_3}, \overline{X_1}\,X_2\,X_3, X_1\,\overline{X_2}\,\overline{X_3}, X_1\,\overline{X_2}\,X_3, X_1\,X_2\,\overline{X_3}\}\ .$$

Daraus ergeben sich die folgenden Mengen

$$L_1 = \{\overline{X_1}\,X_3, \overline{X_2}\,X_3, \overline{X_1}\,X_2, X_2\,\overline{X_3}, X_1\,\overline{X_3}, X_1\,\overline{X_2}\}$$
$$P_1 = \emptyset$$

$$L_2 = \emptyset$$
$$P_2 = L_1$$

Die Menge der Primimplikanten besteht dann gerade aus der Menge L_1.

2.4.3 Monome und n-Würfel

Für kleine n kann man n-stellige Schaltfunktionen mit Hilfe sogenannter n-dimensionaler Würfel so darstellen, daß man ihre Primimplikanten mit bloßem Auge sieht. Alle Beispiele in diesem Buch sind mit dieser Methode konstruiert worden. Als Hilfsmittel brauchen wir einige ganz einfache Begriffe aus der Graphentheorie.

2.4. Polynome und Resolution

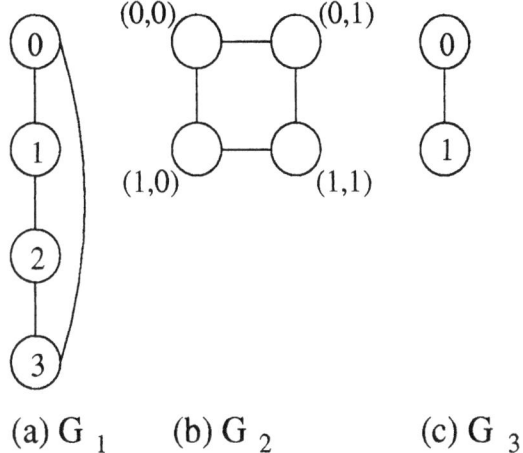

(a) G_1 (b) G_2 (c) G_3

Abbildung 2.1: Zeichnungen der Graphen G_1, G_2 und G_3

Definition 2.18 *Ein* ungerichteter Graph *wird spezifiziert durch ein Paar $G = (V, E)$. Hierbei gilt*

- *V ist eine Menge. Die Elemente von V heißen die* Knoten *des Graphen.*

- *$E \subseteq \{\{u, v\} \mid u, v \in V\}$. Ein Element $\{u, v\} \in E$ heißt eine ungerichtete* Kante *zwischen u und v.*

Man zeichnet ungerichtete Graphen, indem man die Knoten $v \in V$ als Kreise oder Punkte mit Beschriftung v und Kanten $\{u, v\}$ als Linien zwischen u und v malt.

Beispiel 2.15:

- $G_1 = (V_1, E_1)$ mit $V_1 = \{0, 1, 2, 3\}$ und
  $E_1 = \{\{0, 1\}, \{1, 2\}, \{2, 3\}, \{3, 0\}\}$.
- $G_2 = (V_2, E_2)$ mit $V_2 = \{0, 1\}^2$ und

$$E_2 = \{\{(0,0), (0,1)\}, \{(0,1), (1,1)\}, \\ \{(1,1), (1,0)\}, \{(1,0), (0,0)\}\}.$$

- $G_3 = (V_3, E_3)$ mit $V_3 = \{0, 1\}$ und $E_3 = \{\{0, 1\}\}$.

Abbildung 2.1 enthält Zeichnungen dieser drei Graphen.

Die beiden ersten Graphen des Beispiels unterscheiden sich offensichtlich nur durch die Namen ihrer Knoten. Der dritte Graph ist ein Teil des ersten Graphen. Dies motiviert die folgenden einfachen aber teilweise klangvollen Definitionen.

Definition 2.19 *Seien $G = \{V, E\}$ und $G' = \{V', E'\}$ Graphen. Ein* Graphisomorphismus *von G nach G' ist eine Abbildung $\psi : V \to V'$ mit*

1. *ψ ist bijektiv, d.h. ψ benennt die Knoten um, und*

2. *für alle $u, v \in V$ gilt: $\{u, v\} \in E \Leftrightarrow \{\psi(u), \psi(v)\} \in E'$, d.h. die Kanten von Graph G' sind genau die durch ψ umbenannten Kanten von Graph G.*

Die Graphen G und G' heißen isomorph, *wenn es einen Graphisomorphismus von G nach G' gibt. Hierfür schreibt man auch $G \cong G'$.*

Beispiel 2.16: In Beispiel 2.15 ist $\psi : V_1 \to V_2$ mit

$$\psi(0) = (0,0), \psi(1) = (0,1), \psi(2) = (1,1), \psi(3) = (1,0)$$

ein Graphisomorphismus von G_1 nach G_2. Die beiden Graphen G_1 und G_2 sind also isomorph.

Es gilt das ganz einfache

Lemma 2.15 *Die Relation '$\cong$' ist eine Äquivalenzrelation zwischen Graphen[6].*

Beweis: Es seien $G = (V, E)$, $G' = (V', E')$ und $G'' = (V'', E'')$ Graphen. Die identische Abbildung auf V ist ein Graphisomorphismus von G auf sich selbst. Also ist '$\cong$' reflexiv. Ist ψ ein Graphisomorphismus von G nach G', so ist die zu ψ inverse Abbildung $\psi^{-1} : V' \to V$ ein Graphisomorphismus von G' nach G. Also ist '$\cong$' symmetrisch. Ist ψ ein Graphisomorphismus von G nach G' und ψ' ein Graphisomorphismus von G' nach G'', so ist die Hintereinanderausführung $\psi' \circ \psi$ ein Graphisomorphismus von G nach G''. Also ist '$\cong$' auch transitiv. Isomorphie ist also eine Äquivalenzrelation zwischen Graphen. ∎

Definition 2.20 *Seien $G = (V, E)$ und $G' = (V', E')$ Graphen. Dann heißt G ein* Teilgraph *von G' falls*

$$V \subseteq V', \quad E \subseteq E'.$$

---
[6]Zu Äquivalenzrelationen siehe Abschnitt 1.3.3.

2.4. Polynome und Resolution

Sei $U \subseteq V$ eine Teilmenge der Knoten von V und es sei

$$D = \{\{u,v\} \in E \mid u,v \in U\},$$

so heißt der Graph $\langle U \rangle_G = (U,D)$ der von U aufgespannte Teilgraph von G. Falls klar ist, welcher Graph G gemeint ist, lassen wir bei $\langle U \rangle_G$ den Index G weg.

Beispiel 2.17: In Beispiel 2.15 ist G_3 Teilgraph von G_1, und zwar der von $\{0,1\}$ aufgespannte Teilgraph von G_1. Es gilt also $G_3 = \langle \{0,1\} \rangle$.

Wir visualisieren n-stellige Schaltfunktionen mit Hilfe gewisser Graphen $W_n = (V_n, E_n)$. Die Knotenmenge dieser Graphen ist gerade der Definitionsbereich der Schaltfunktion, also $V_n = \{0,1\}^n$. Zur Definition der Kantenmenge benötigen wir

Definition 2.21 *Seien $a,b \in \{0,1\}^n$, dann heißt*

$$H(a,b) = \#\{i \mid a_i \neq b_i\}$$

die Hamming-Distanz zwischen a und b.

Die Hamming-Distanz zählt also gerade die Anzahl der Stellen, an denen sich a und b unterscheiden.

Beispiel 2.18: Es ist $H((0,0,0),(1,0,0)) = 1$ und $H((1,1,1),(0,1,0)) = 2$.

Definition 2.22 *Sei $n \in \mathbb{N}$. Wir definieren den Graph $W_n = (V_n, E_n)$ durch*

$$\begin{aligned} V_n &= \{0,1\}^n, \\ E_n &= \{\{u,v\} \mid u,v \in V_n, H(u,v) = 1\}. \end{aligned}$$

Für $n = 0$ definieren wir $W_0 = (\{0\}, \emptyset)$. Der Graph W_n heißt der n-dimensionale Würfel (engl. Hypercube).

Für $n \in \{0,1,2,3\}$ sind die Graphen W_n in Abbildung 2.2 gezeichnet. Wir beobachten, daß W_0 aus einem einzelnen Knoten ohne Kanten besteht.

Das folgende Lemma ist leichter zu beweisen als zu formulieren. Es rechtfertigt unter anderem die Vorschrift zur Konstruktion von W_n: man erzeuge zwei Kopien von W_{n-1} und verbinde für jeden Knoten v von W_{n-1} die beiden Kopien von v miteinander.

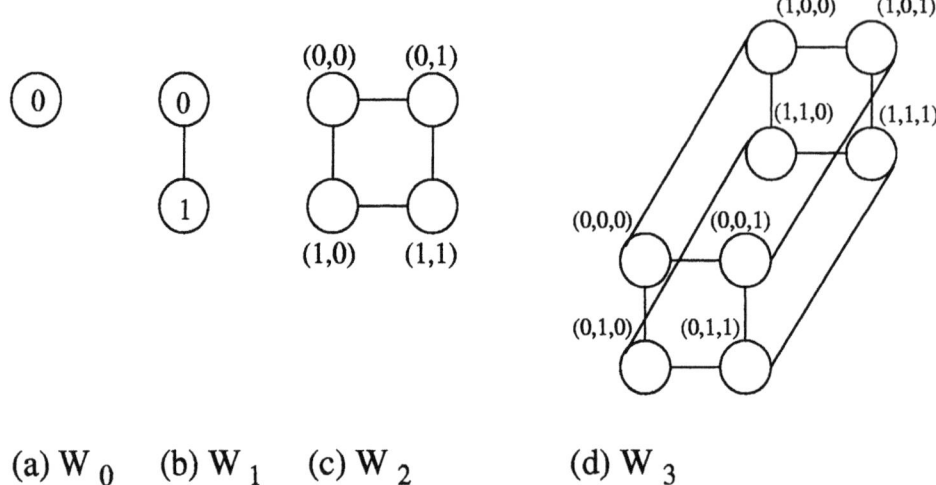

Abbildung 2.2: Zeichnungen n-dimensionaler Würfel für $n = 0, \ldots, 3$

Lemma 2.16 *Sei $n \in \mathbb{N}$. Für $i \in \{0,1\}$ sei $V_n^i = \{i\} \times \{0,1\}^{n-1}$ die Menge der Knoten von W_n mit erster Komponente i. Dann gilt:*

1.
$$\langle V_n^i \rangle_{W_n} \cong W_{n-1} \text{ für } i = 0, 1,$$

   d.h. die von den Knotenmengen V_n^i aufgespannten Graphen sind bis auf Umbenennung von Knoten $(n-1)$-dimensionale Würfel.

2. *Für alle $a, b \in \{0,1\}^{n-1}$ gilt*

$$\{(0,a),(1,b)\} \in E_n \Leftrightarrow a = b,$$

   d.h. Kanten zwischen V_n^0 und V_n^1 verlaufen zwischen Knoten mit identischen Komponenten $2, \ldots, n$.

Beweis:

1. Für $i = 0, 1$ ist die Abbildung $\psi_i : \{0,1\}^{n-1} \to V_n^i$ mit

$$\psi(a) = (i, a) \text{ für alle } a \in \{0,1\}^{n-1}$$

   ein Graphisomorphismus von W_{n-1} nach $\langle V_n^i \rangle_{W_n}$.

2.4. Polynome und Resolution

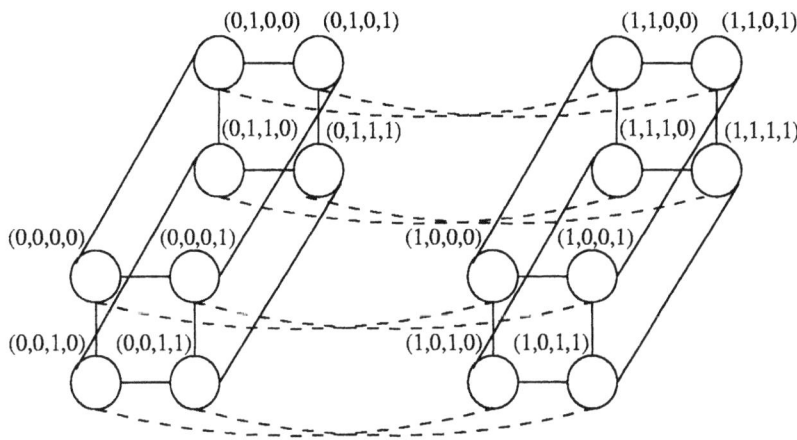

Abbildung 2.3: Zeichnung des 4-dimensionalen Würfels

2. Offensichtlich gilt

$$\{(0,a),(1,b)\} \in E_n \Leftrightarrow H((0,a),(1,b)) = 1 \Leftrightarrow a = b .$$

∎

Mit Hilfe von Lemma 2.16 zeichnet man sofort den 4-dimensionalen Würfel W_4 in Abbildung 2.3. Dieses Bild muß man genießen, denn man kann als gewöhnlicher 3-dimensionaler Sterblicher nicht alle Tage einen Blick auf ein 4-dimensionales Gebilde werfen.

Der Zusammenhang zwischen n-dimensionalen Würfeln und Monomen wird hergestellt durch

Definition 2.23 *Sei G ein Teilgraph von W_n und $k \in \{0, \ldots, n\}$. Dann heißt G ein k-dimensionaler Teilwürfel von W_n genau dann, wenn G isomorph zu W_k ist.*

Wir betrachten nun Monome m mit Variablen aus der Menge $V = \{X_1, \ldots, X_n\}$. Jedes solche Monom definiert eine Menge

$$\lambda(m) = \{X \in \{0,1\}^n \mid X \text{ ist Lösung der Gleichung}^7 \ m = 1\} .$$

Damit ist $\lambda(m) = \text{Tr}(\|m\|)$. Für $n = 4$ ist beispielsweise

$$\lambda(X_1 \overline{X_3}) = \{X \mid X_1 = 1, X_3 = 0\} = \{1000, 1001, 1100, 1101\} .$$

---
[7]Wir erinnern daran, daß man beim Gleichungslösen X als Abkürzung für $(\phi(X_1), \ldots, \phi(X_n))$ benutzt.

Die Teilwürfel von W_n werden charakterisiert durch

Satz 2.17 *Sei $n \in \mathbb{N}$. Ein Graph G ist genau dann ein Teilwürfel von W_n, wenn es ein Monom m gibt, so daß $G = \langle \lambda(m) \rangle$ gilt.*

Beweis: Sei $m = \bigwedge_{i \in I} X_i^{\varepsilon_i}$ ein Monom und es sei $k = n - \#I$. Wir zeigen, daß $\langle \lambda(m) \rangle$ ein k-dimensionaler Teilwürfel von W_n ist. Es sei $(j_1, \ldots, j_k)$ die Folge der Indizes von Variablen, die nicht in m vorkommen, und es sei $j_1 < \cdots < j_k$. Dann ist

$$\lambda(m) = \{X \mid X_i = \varepsilon_i \text{ für alle } i \in I\},$$

und die Abbildung $\psi : \lambda(m) \to \{0,1\}^k$ mit

$$\psi(a) = (a_{j_1}, \ldots, a_{j_k}) \text{ für alle } a \in \lambda(m)$$

ist offensichtlich bijektiv. Seien nun $a, b \in \lambda(m)$. Dann ist

$$H(a,b) = H((a_{j_1}, \ldots, a_{j_k}), (b_{j_1}, \ldots, b_{j_k})) = H(\psi(a), \psi(b)).$$

Es folgt

$$\{a,b\} \in E_n \Leftrightarrow H(a,b) = 1$$
$$\Leftrightarrow H(\psi(a), \psi(b)) = 1$$
$$\Leftrightarrow \{\psi(a), \psi(b)\} \in E_k.$$

Also ist ψ ein Graphisomorphismus.

Für die andere Richtung des Satzes beweisen wir durch Induktion über k: ist $G = (V, E)$ ein k-dimensionaler Teilwürfel von W_n, so gibt es ein Monom m mit $n - k$ Literalen, so daß $G = \langle \lambda(m) \rangle$ gilt.

Das ist offensichtlich richtig für $k = 0$. Sei nun $k > 0$. Wir benutzen Lemma 2.16, um zu zeigen, daß G aus zwei $(k-1)$-dimensionale Würfeln besteht, die durch 2^{k-1} Kanten miteinander verbunden sind. Formal ist das mit etwas Schreibarbeit verbunden. Sei

$$\psi : V \to W_k$$

ein Graphisomorphismus von G nach W_k. Es sei $i \in \{0,1\}$ und

$$V^i = \{v \in V \mid \psi(v) \in V_k^i\}.$$

Nach Teil 1 von Lemma 2.16 gibt es einen Graphisomorphismus

$$\psi_i : V_k^i \to V_{k-1}$$

2.4. Polynome und Resolution

von $\langle V_k^i \rangle_{W_k}$ nach W_{k-1}. Wir definieren

$$\psi_i' : V^i \to V_{k-1}$$

durch

$$\psi_i'(v) = \psi_i(\psi(v)).$$

Seien $u, v \in V^i$. Dann ist

$$\{u, v\} \in E \Leftrightarrow \{\psi(u), \psi(v)\} \in E_k$$
$$\Leftrightarrow \{\psi_i'(u), \psi_i'(v)\} \in E_{k-1}.$$

Also ist die Abbildung ψ_i' ein Graphisomorphismus, und der Graph $\langle V^i \rangle_G$ ist ein $(k-1)$-dimensionaler Teilwürfel von W_n. Nach Induktionsvoraussetzung gibt es für jedes $i \in \{0, 1\}$ Monome m^i mit $n - k + 1$ Literalen, so daß gilt:

$$\langle V^i \rangle_G = \langle \lambda(m^i) \rangle_G.$$

Wir zeigen

Lemma 2.18

1. *Es gibt mindestens ein Literal L, so daß L in m^1 und $\overline{L}$ in m^0 vorkommt.*

2. *In m^0 und m^1 kommen genau die gleichen Variablen vor.*

3. *Es gibt genau ein Literal L, so daß L in m^1 und $\overline{L}$ in m^0 vorkommt.*

Beweis:

Zu 1: Wir nehmen an, die Behauptung sei falsch, und definieren die Einsetzung ϕ durch:

$$\phi(X_i) = \begin{cases} 0 & \text{falls } \overline{X}_i \text{ in } m^0 \text{ oder } m^1 \text{ vorkommt} \\ 1 & \text{sonst} \end{cases}$$

für alle i. Dann ist $\phi(m^0) = \phi(m^1) = 1$, also $\lambda(m^0) \cap \lambda(m^1) \neq \emptyset$. Es folgt

$$\begin{aligned} \#V &= \#(V^0 \cup V^1) \\ &< \#V^0 + \#V^1 \\ &= 2 \cdot 2^{k-1} \\ &= 2^k. \end{aligned}$$

Mithin kann G nicht isomorph zu W_k sein.

Zu 2: Wir nehmen an, die zweite Behauptung sei falsch. Dann gibt es ein Literal X_t^δ in m^1, so daß die Variable X_t nicht in m^0 vorkommt. Es sei $L = X_s^\varepsilon$ wie in Behauptung 1. Dann gibt es eine Lösung b der Gleichung $m^0 = 1$ mit

$$b_t = \overline{\delta} \text{ und } b_s = \overline{\varepsilon} \,.$$

Andererseits gilt

$$a_t = \delta \text{ und } a_s = \varepsilon$$

für jede Lösung a der Gleichung $m^1 = 1$. Es folgt $H(a,b) \geq 2$ für alle $a \in V^0$. Mithin gibt es in W_n keine Kante zwischen $b \in V^1$ und V^0 im Widerspruch zum zweiten Teil von Lemma 2.16.

Zu 3: Falls die Behauptung falsch ist, gilt $H(a,b) \geq 2$ für alle $a \in V^0$ und $b \in V^1$, und es gibt in W_n überhaupt keine Kanten zwischen V^0 und V^1.

∎

Nach Teil 3 von Lemma 2.18 gibt es also ein Monom m, so daß $m^0 = mL$ und $m^1 = m\overline{L}$ gilt. Es folgt $V = \lambda(m)$ und $E \subseteq E' = \{\{u,v\} \in E_n \mid u,v \in \lambda(m)\}$. Nach Voraussetzung und dem ersten Teil des Beweises gilt

$$(V,E) \cong W_k \cong \langle \lambda(m) \rangle_{W_n} = (\lambda(m), E') \,.$$

Es folgt $\#E = \#E'$, also $E = E'$. ∎

Mit Hilfe von Satz 2.17 übersetzen wir nun die Begriffe 'Teilmonom', 'Implikant' und 'Primimplikant' in die Sprache der Graphentheorie: Seien m und m' Monome. Dann ist m' Teilmonom von m genau dann, wenn $m \leq m'$ gilt.

Seien nun m und m' Monome, und es sei $f : \{0,1\}^n \to \{0,1\}$ eine Schaltfunktion. Aus Satz 2.17 folgt direkt:

1. Das Monom m' ist Teilmonom von m genau dann, wenn $\langle \lambda(m) \rangle_{W_n}$ Teilwürfel von $\langle \lambda(m') \rangle_{W_n}$ ist.

2. Das Monom m ist genau dann Implikant von f, wenn es einen echten Teilwürfel (V,E) von W_n gibt mit $V = \lambda(m)$ und $V \subseteq \text{Tr}(f)$.

Damit haben wir

Satz 2.19 *Sei m ein Monom und f eine n-stellige Schaltfunktion. Dann ist m genau dann Primimplikant von f, wenn es einen Teilwürfel $G = (V,E)$ von W_n gibt mit*

2.4. Polynome und Resolution

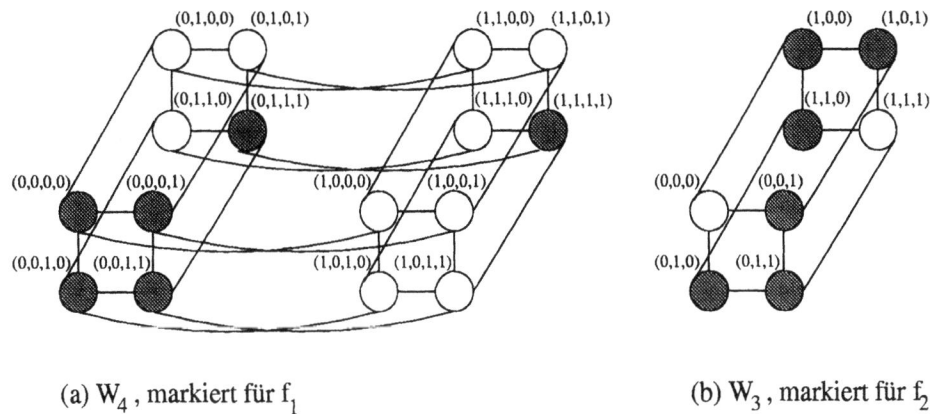

(a) W_4, markiert für f_1

(b) W_3, markiert für f_2

Abbildung 2.4: Graphische Bestimmung von Primimplikanten

1. $V = \lambda(m)$,

2. $V \subseteq \text{Tr}(f)$ und

3. G ist nicht echter Teilwürfel eines Würfels $G' = (V', E')$ mit diesen Eigenschaften.

Damit gelingt es für kleine n, die Primimplikanten von n-stelligen Schaltfunktionen mit bloßem Auge zu erkennen. Man zeichnet W_n und markiert alle Punkte $a \in V_n$ mit $f(a) = 1$. Die Primimplikanten m von f gewinnt man direkt aus den nicht vergrößerbaren Teilwürfeln $G = (V,E)$ mit den Eigenschaften 1 und 2.

Beispiel 2.19: Wir bestimmen die Primimplikanten der beiden Funktionen aus Beispiel 2.14. Hierzu zeichnen wir die Würfel W_4 bzw. W_3 und markieren die Punkte a mit $f_1(a) = 1$ bzw. $f_2(a) = 1$, siehe Abbildung 2.4.

In Abbildung 2.4(a) haben die nicht vergrößerbaren Teilwürfel, die aus markierten Knoten bestehen, die Knotenmengen $\{0011, 0111\}$, $\{0111, 1111\}$ und $\{0000, 0001, 0010, 0011\}$. Sie entsprechen den Monomen $\bar{X}_1 X_3 X_4$, $X_2 X_3 X_4$ und $\bar{X}_1 \bar{X}_2$, die damit die Primimplikanten von f_1 bilden.

In Abbildung 2.4(b) gibt es nur 1-dimensionale Teilwürfel mit markierten Knoten. Sie haben die Knotenmengen $\{010, 011\}$, $\{011, 001\}$, $\{001, 101\}$, $\{101, 100\}$, $\{100, 110\}$ und $\{110, 010\}$. Die Würfel entsprechen damit den Primimplikanten $\bar{X}_1 X_2$, $\bar{X}_1 X_3$, $\bar{X}_2 X_3$, $X_1 \bar{X}_2$, $X_1 \bar{X}_3$ und $X_2 \bar{X}_3$.

2.4.4 Bestimmung von Minimalpolynomen

(a)

f_1	0000	0001	0010	0011	0111	1111
$\overline{X_1}X_3X_4$	0	0	0	1	1	0
$X_2X_3X_4$	0	0	0	0	1	1
$\overline{X_1}\,\overline{X_2}$	1	1	1	1	0	0

(b)

f_2	001	010	011	100	101	110
$\overline{X_1}X_3$	1	0	1	0	0	0
$\overline{X_2}X_3$	1	0	0	0	1	0
$\overline{X_1}X_2$	0	1	1	0	0	0
$X_2\overline{X_3}$	0	1	0	0	0	1
$X_1\overline{X_3}$	0	0	0	1	0	1
$X_1\overline{X_2}$	0	0	0	1	1	0

Tabelle 2.5: Primimplikantentafeln für f_1 und f_2

2.4.4 Bestimmung von Minimalpolynomen

Es bleibt das auf den ersten Blick einfache Restproblem, aus den Primimplikanten einer Schaltfunktion ein Minimalpolynom zusammenzubauen. Ein solches Minimalpolynom wird i.A. nicht aus allen Primimplikanten bestehen. Man muß deshalb eventuell unter den Primimplikanten eine Auswahl treffen. Hierfür gibt es zwei ganz naheliegende Kriterien.

Definition 2.24 *Sei e ein Boole'scher Ausdruck und $a \in \{0,1\}^n$. Wir sagen e überdeckt a genau dann, wenn $\phi_a(e) = 1$ gilt. Ist M eine Menge von Monomen und $F \subseteq \{0,1\}^n$, so heißt die Abbildung $I : M \times F \to \{0,1\}$,*

$$I(m,a) = \begin{cases} 1 & \text{falls } m \text{ überdeckt } a \\ 0 & \text{falls sonst} \end{cases}$$

die Implikantentafel *von M und F.*

Der Name 'Implikantentafel' kommt daher, daß man I als Matrix aufschreiben kann, deren Zeilen mit den Elementen $m \in M$ und deren Spalten mit den Elementen $a \in F$ indiziert sind. Ist M die Menge der Primimplikanten einer Schaltfunktion f und ist $F = \{a \mid f(a) = 1\}$, so heißt I die *Primimplikantentafel* von f. Die Primimplikantentafeln der Funktionen aus Beispiel 2.14 findet man in Tabelle 2.5.

Jeder Menge S von Monomen ordnen wir das Polynom

$$p(S) = \bigvee_{m \in S} m$$

2.4. Polynome und Resolution

f_1	0111	1111
$\overline{X_1}X_3X_4$	1	0
$X_2X_3X_4$	1	1

Tabelle 2.6: Vereinfachte Primimplikantentafel für f_1

zu. Eine Implikantentafel I definiert ein zugehöriges *Überdeckungsproblem*: finde eine Teilmenge $S \subseteq M$ von Monomen, so daß gilt: $p(S)$ überdeckt F. Eine solche Teilmenge heißt eine *Lösung* des Überdeckungsproblems. Ist I die Primimplikantentafel von f, so gilt offensichtlich

$$p(S) \equiv f(X)$$

für alle Lösungen S von I; und die Lösungen S, für die $p(S)$ minimale Kosten hat, sind offensichtlich gerade die Minimalpolynome von f.

Für das Lösen von Überdeckungsproblemen gibt es zwei ganz offensichtliche Kriterien.

Definition 2.25 *Sei* $I : M \times F \to \{0, 1\}$ *ein Überdeckungsproblem und* $m \in M$. *Dann heißt* m wesentlich, *falls es ein* $a \in F$ *gibt, so daß* a *nur von* m *und keinem anderen Monom in* M *überdeckt wird.*

Beispiel 2.20: Bei Funktion f_1 aus Beispiel 2.14 sind die Monome $\overline{X_1}\,\overline{X_2}$ und $X_2X_3X_4$ wesentlich. Monom $\overline{X_1}X_3X_4$ ist nicht wesentlich. Bei Funktion f_2 ist kein Monom wesentlich.

Ist Monom m wesentlich, so muß es offensichtlich in jeder Lösung vorkommen. Das Überdeckungsproblem $I(m) : M' \times F' \to \{0, 1\}$ enstehe aus I durch Entfernen von m aus M und durch Entfernen aller von m überdeckten Tupel a aus F. Dann ist eine Teilmenge S' von M' genau dann Lösung $S(m)$ von $I(m)$ wenn $S' \cup \{m\}$ Lösung von I ist. Eine billigste Lösung von Problem I kann also stets aus einer billigsten Lösung des kleineren Problems I' gewonnen werden.

Beispiel 2.21: Sei I das Überdeckungsproblem aus Tabelle 2.5(a) und $m = \overline{X_1}\,\overline{X_2}$. Dann ist I' das Problem aus Tabelle 2.6.

Wir können natürlich das gleiche Kriterium nochmals anwenden, um in diesem Fall die einzige Lösung minimaler Kosten zu bestimmen.

Tabelle 2.6 illustriert auch noch das zweite Kriterium:

Sei $I: M \times F \to \{0, 1\}$ ein Überdeckungsproblem, und es seien $m, m' \in M$. Wir sagen, daß m das Monom m' *dominiert*, falls $L(m) \leq L(m')$ und falls jedes Tupel a, das von m' überdeckt wird auch von m überdeckt wird.

Beispiel 2.22: In Tabelle 2.6 dominiert $X_2 X_3 X_4$ das Monom $\overline{X_1} X_3 X_4$.

Wird m' von m dominiert, so kann man m' in jeder Lösung von I durch m ersetzen. Man erhält wieder eine Lösung, und diese ist nicht teurer als die alte Lösung. Deshalb kann man in diesem Fall m' einfach aus M entfernen.

Man kommt leider häufig in Situationen, in denen keines der beiden Kriterien anwendbar ist, beispielsweise in Tabelle 2.5(b). Im allgemeinen kommt man an dieser Stelle nur noch mit roher Gewalt weiter: Man sucht für *alle* $m \in M$ eine billigste Lösung $S(m)$ des Problems $I(m)$ und sucht dann unter den Lösungen $m \vee \bigvee_{r \in S(m)} r$ eine billigste aus. Da man bei den entstehenden kleineren Problemen immer wieder in die gleiche Situation geraten kann, wird das sehr schnell extrem aufwendig:

Für $k \in \mathbb{N}$ sei $i(k)$ die größte Zahl von Überdeckungsproblemen, die insgesamt generiert werden, wenn man mit einem Überdeckungsproblem mit k Monomen startet. Dann ist

$$i(1) = 1,$$

und für $k > 1$ können wir nach dem oben Gesagten $i(k)$ nur abschätzen durch

$$i(k) \leq k \cdot i(k-1).$$

Durch Induktion über k folgt

$$i(k) \leq k! = 1 \cdot 2 \cdot \ldots \cdot k.$$

Ob man solche Probleme sehr viel schneller lösen kann, ist eine offene Frage, deren Bedeutung weit über die Grenzen der Optimierung von Boole'schen Ausdrücken hinausreicht [39, 47].

2.4.5 *Nullstellen und Erfüllbarkeit

Bisher haben wir versucht, Minimalpolynome für eine Funktion f direkt aus der Funktionstabelle von f zu berechnen. Wir haben einige Techniken kennengelernt, die dabei helfen. Aber das Problem hat offenbar einen harten Kern.

Nun werden Schaltfunktionen nicht immer durch ihre Funktionstabelle spezifiziert. Da die Funktionstabelle von n-stelligen Schaltfunktionen 2^n Einträge hat, ist das für sehr große n

2.4. Polynome und Resolution

sogar überhaupt nicht praktisch möglich. Sehr oft wird die Funktion f bereits durch ein Polynom p spezifiziert, das f berechnet. Man könnte nun hoffen, daß die Kenntnis von p beim Finden eines Minimalpolynoms für f hilft, besonders dann, wenn p bereits nur aus wenigen Monomen besteht. Sofern das überhaupt gehen soll, muß man aus p gewisse Primimplikanten m von f berechnen können, ohne daß man einen Umweg über sämtliche Minterme und das Verfahren von Quine-McCluskey macht.

Ein solches Verfahren werden wir nun für den sehr speziellen Primimplikanten $m = 1$ angeben. Die von Polynom p berechnete Funktion f hat den Primimplikanten 1 genau dann, wenn $f(X) \equiv p \equiv 1$ ist. Wir müssen also ein Verfahren angeben, das zu einer gegebenen Menge M von Monomen entscheidet, ob $\bigvee_{m \in M} m \equiv 1$ gilt. Dieses Verfahren heißt *Resolutionsverfahren*.

Definition 2.26 *Ein Monom d heißt Resolvente zweier Monome m_1, m_2 genau dann, wenn es ein Literal L und Monome m_1', m_2' gibt so daß gilt: $m_1 = m_1' L$, $m_2 = m_2' \overline{L}$ und $d = m_1' m_2'$.*

Beispiel 2.23:

1. Seien $m_1 = X_1 X_2 \overline{X_3} X_4$, $m_2 = \overline{X_1} X_3 X_4 X_5$ und $m_3 = X_1 X_4$. Dann sind die Monome $X_2 \overline{X_3} X_3 X_4 X_5$ und $X_1 \overline{X_1} X_2 X_4 X_5$ die Resolventen von m_1 und m_2, und $X_3 X_4 X_5$ ist Resolvente von m_2 und m_3. Die Monome m_1 und m_3 haben keine Resolvente. Man beachte, daß beide Resolventen von m_1 und m_2 äquivalent zu 0 sind.

2. Im Verfahren von Quine-McCluskey geschah die Bildung von Implikanten m aus Partnern $m X_i$ und $m \overline{X_i}$ durch spezielle Resolutionsschritte.

Für Mengen von Monomen M definieren wir nun die Menge aller Monome, die man ausgehend von M durch fortgesetztes Bilden von Resolventen bilden kann.

Definition 2.27 *Für Mengen M von Monomen definieren wir*

$$Q(M) = M \cup \{d \mid d \text{ ist Resolvente zweier Monome in } M\}\,.$$

Für $i \in \mathbf{N}$ definieren wir induktiv

$$Q^0(M) = M \text{ und } Q^i(M) = Q(Q^{i-1}(M))\,.$$

Schließlich sei

$$Q^*(M) = \bigcup_{i \geq 0} Q^i(M)\,.$$

Beispiel 2.24: Sei $M = \{\overline{X_3}, X_1X_3, X_2X_3, \overline{X_1}\,\overline{X_2}X_3\}$. Dann ist

$$\begin{aligned}
Q(M) &= M \cup \{X_1, X_2, \overline{X_1}\,\overline{X_2}, \overline{X_2}X_3, \overline{X_1}X_3\} \\
Q^2(M) &= Q(M) \cup \{\overline{X_1}, \overline{X_2}, X_3, \overline{X_2}\,\overline{X_3}\} \\
Q^3(M) &= Q^2(M) \cup \{0, 1, X_1, \overline{X_2}\} \\
Q^i(M) &= Q^3(M) = Q^*(M) \text{ für } i \geq 4
\end{aligned}$$

Offenbar gilt $Q(i-1) \subseteq Q(i)$ für alle $i \in \mathbf{N}$. Ist M eine endliche Menge von Monomen, so kommen in M auch nur endlich viele Variablen vor. Die Menge M^* aller Monome, die man mit diesen Variablen bilden kann, ist endlich. Deshalb gibt es für endliche Mengen M von Monomen stets ein $i \in \mathbf{N}$ so daß

$$Q^{i-1}(M) = Q^i(M) = Q^*(M).$$

Das folgende Lemma 2.20 liefert eine hinreichende Bedingung dafür, daß ein Polynom p identisch 1 ist. Hinreichend ist, daß man ausgehend von den Monomen in p durch fortgesetztes Bilden von Resolventen das Monom 1 erzeugen kann.

Lemma 2.20 *Ist $p = \bigvee_{m \in M} m$ ein Polynom und ist $1 \in Q^*(M)$, so ist $p \equiv 1$.*

Beweis: Sei d Resolvente zweier Monome $m_1, m_2 \in M$. Wir führen in der Resolutionsregel (2.8) die Substitution $X_1 = m'_1$, $X_2 = m'_2$ sowie $X_3 = L$ durch und erhalten

$$m_1 \vee m_2 \equiv d \vee m_1 \vee m_2.$$

Hieraus folgt direkt

$$p \equiv p \vee d.$$

Durch zwei triviale Induktionsbeweise folgt zuerst

$$p \equiv p \vee \bigvee_{m \in Q(M)} m$$

und hieraus

$$p \equiv p \vee \bigvee_{m \in Q^i(M)} m$$

für alle $i \in \mathbf{N}_0$, also insbesondere

$$p \equiv p \vee \bigvee_{m \in Q^*(M)} m.$$

Liegt 1 in $Q^*(M)$, folgt $p \equiv 1$. ∎

Die Bedingung aus Lemma 2.20 ist auch notwendig. Es gilt:

2.4. Polynome und Resolution

Satz 2.21 (Resolutionssatz für Polynome) *Sei* $p = \bigvee_{m \in M} m$ *ein Polynom. Dann ist* $1 \in Q^*(M)$ *genau dann, wenn* $p \equiv 1$ *gilt.*

Beweis: Wir müssen nur noch zeigen, daß aus $p \equiv 1$ auch $1 \in Q^*(M)$ folgt. Seien $X_1,\ldots,X_n$ die Variablen, die in den Monomen in M vorkommen, für $i \in \{1,\ldots,n\}$ sei M_i die Menge aller Monome, die man mit Hilfe der Variablen $X_i,\ldots,X_n$ bilden kann. Weiter sei $M_{n+1} = \{1\}$. Für $i \in \{1,\ldots,n+1\}$ sei

$$R_i = Q^*(M) \cap M_i$$

die Menge aller Monome, die man ausgehend von M durch fortgesetztes Bilden von Resolventen erzeugen kann und in denen die Variablen $X_1,\ldots,X_{i-1}$ nicht vorkommen.

Wir zeigen nun durch Induktion für alle $i \in \{1,\ldots,n+1\}$:

$$\bigvee_{m \in R_i} m \equiv 1.$$

Für $i = 0$ folgt das direkt aus der Voraussetzung. Für den Schluß von $i-1$ auf i nehmen wir an, daß die Induktionsbehauptung nicht gilt, d.h. daß es eine Belegung ϕ gibt, so daß $\phi(m) = 0$ für alle $m \in R_i$ gilt. Wir konstruieren aus ϕ zwei Belegungen ϕ_1, ϕ_2 durch

$$\phi_1(X_j) = \phi_2(X_j) = \phi(X_j) \text{ für alle } j \in \{i,\ldots,n\}$$

und

$$\phi_1(X_{i-1}) = 1, \phi_2(X_{i-1}) = 0.$$

Nach Induktionsvoraussetzung gibt es zwei Monome $m_1, m_2 \in R_{i-1}$, so daß

$$\phi_1(m_1) = 1 \text{ und } \phi_2(m_2) = 1.$$

Sowohl in m_1 als auch in m_2 muß die Variable X_{i-1} vorkommen, da sie sonst in R_i lägen und $\phi_k(m_k) = \phi(m_k) = 0$ für $k \in \{1,2\}$ gelten würde. Aus der Konstruktion der ϕ_k folgt, daß m_1 und m_2 die Form

$$m_1 = m_1' X_{i-1} \text{ und } m_2 = m_2' \overline{X_{i-1}}$$

haben. Dann gilt aber

$$m_1' m_2' \in R_i.$$

Überdies gilt

$$\phi(m_1' m_2') = 1,$$

weil sonst entweder $\phi_1(m_1) = 0$ oder $\phi_2(m_2) = 0$ gelten würde. Dies ist ein Widerspruch zur Annahme. Die Annahme muß also falsch sein, und es muß

$$\bigvee_{m \in R_i} m \equiv 1$$

gelten.

Für $i = n+1$ folgt
$$R_{n+1} = Q^*(M) \cap \{1\} \neq \emptyset,$$
also $1 \in Q^*(M)$. ∎

Definition 2.28 *Sei e ein erweiterter Boole'scher Ausdruck und sei $a \in \{0,1\}^n$. Dann heißt a eine Nullstelle von e genau dann, wenn $\phi_a(e) = 0$ gilt.*

Offensichtlich sind die folgenden Aussagen äquivalent:

1. e hat keine Nullstelle.

2. Es gibt keine Einsetzung ϕ mit $\phi(e) = 0$.

3. $e \equiv 1$.

Damit können wir Satz 2.21 umformulieren in:

Satz 2.22 *Sei $p = \bigvee m \in M m$ ein Polynom. Dann hat p keine Nullstelle genau dann, wenn $1 \in Q^*(M)$ gilt.*

2.4.6 *Erfüllbarkeit von konjunktiven Normalformen

Wir haben gerade viel Arbeit in einen anscheinend kümmerlichen Sonderfall investiert. Beim Optimieren von Polynomen p kann man sich nun wirklich kaum noch etwas Einfacheres vorstellen als die Frage, ob $p \equiv 1$ gilt. Überdies ist keineswegs klar, daß die Menge $Q^*(M)$ leicht zu berechnen ist. Tatsächlich ist das Problem zu entscheiden, ob ein Boole'sches Polynom eine Nullstelle hat, der Inbegriff des Gegenteils eines speziellen Problems. Das sieht man ihm natürlich nicht mit bloßem Auge an. Wir führen deshalb aus, woran das liegt.

Wir formulieren zunächst die Frage nach der Nullstelle von Polynomen in ziemlich trivialer Weise um.

Definition 2.29 *Für Monome $m = \bigwedge_{i \in I} X_i^{\varepsilon_i}$ definieren wir*
$$D(m) = \bigvee_{i \in I} X_i^{\overline{\varepsilon_i}}.$$

2.4. Polynome und Resolution

Die Klausel $D(m)$ heißt die zu Monom m duale Klausel. Für Klauseln $c = \bigvee_{i \in I} X_i^{\varepsilon_i}$ definieren wir

$$D(c) = \bigwedge_{i \in I} X_i^{\overline{\varepsilon_i}}.$$

Das Monom $D(c)$ heißt das zu Klausel c duale Monom.

Beispiel 2.25: Die zum Monom $m = X_1 \overline{X_3} X_4$ duale Klausel ist $D(m) = \overline{X_1} \vee X_3 \vee X_4$, das zur Klausel $c = \overline{X_1} \vee X_2 \vee X_4$ duale Monom ist $D(c) = X_1 \overline{X_2} \overline{X_4}$.

Für $I = \emptyset$ folgt $D(1) = 0$ und $D(0) = 1$. Aus den allgemeinen Morgan-Formeln folgt:

Sei $e \in B$ ein Boole'scher Ausdruck. Der Ausdruck $D(e) \in B$ entstehe aus e, indem man in e alle Nullen und Einsen vertauscht, alle $\wedge$-Zeichen mit $\vee$-Zeichen vertauscht sowie alle Literale X_i und $\overline{X_i}$ vertauscht. Formal definieren wir $D(e)$ durch Induktion über die Mengen B_i aus Definition 2.3:

Definition 2.30 *Wir definieren $D(0) = 1, D(1) = 0, D(X_i) = \overline{X_i}$ für alle $X_i \in V$. Damit ist $D(e)$ für alle $e \in B_0$ definiert. Für alle $e_1, e_2 \in B_{i-1}$ definieren wir*

1.
$$D(e_1 \wedge e_2) = D(e_1) \vee D(e_2)$$

2.
$$D(e_1 \vee e_2) = D(e_1) \wedge D(e_2)$$

3.
$$D(\overline{e_1}) = \begin{cases} \overline{D(e_1)} \text{ falls } e_1 \notin V \\ e_1 \text{ falls } e_1 \in V \end{cases}.$$

Der Ausdruck $D(e)$ heißt der zu e *duale* Ausdruck.

Beispiel 2.26: Es ist $D(X_1 \overline{X_2} \overline{X_5}) = \overline{X_1} \vee X_2 \vee X_5$, $D(X_1 \overline{X_2} \vee \overline{X_1} X_2) = (\overline{X_1} \vee X_2) \wedge (X_1 \vee \overline{X_2})$ und $D\left(\overline{\overline{\overline{X_i}}}\right) = X_i$.

Offenbar gilt: ist m ein Monom, so ist $D(m)$ eine Klausel; ist c eine Klausel, so ist $D(c)$ ein Monom. Hieraus folgt: Ist p ein Polynom, so ist $D(p)$ eine konjunktive Normalform; ist k eine konjunktive Normalform, so ist $D(k)$ ein Polynom.

Definition 2.31 *Wir nennen zwei Boole'sche Ausdrücke e und e' zueinander dual, falls gilt:*
$$D(e) = e' \text{ und } D(e') = e.$$

Ist e Monom, Klausel, Polynom oder konjunktive Normalform, so sind e und $D(e)$ zueinander dual. Der dritte Teil von Beispiel 2.26 zeigt jedoch, daß $D(D(e)) = e$ im allgemeinen nicht gilt. Es gilt aber immer $D(D(e)) \equiv e$, das folgt nämlich aus dem folgenden einfachen

Lemma 2.23 *Für alle Boole'schen Ausdrücke $e \in B$ ist $D(e) \equiv \overline{e}$.*

Beweis: Wir zeigen durch Induktion über i für alle Ausdrücke e in B_i:
$$D(e) \equiv \overline{e}.$$
Der Induktionsanfang ist trivial wegen $\overline{1} = 0$, $\overline{0} = 1$ und $\overline{\overline{X_i}} = X_i$. Im Induktionsschritt gibt es drei Fälle:

Hat e die Form $e = e_1 \wedge e_2$, so rechnet man mit Hilfe der Morgan-Formel (B8) aus Satz 2.5:
$$\begin{aligned} D(e_1 \wedge e_2) &= D(e_1) \vee D(e_2) \\ &= \overline{e_1} \vee \overline{e_2} \\ &\equiv \overline{e_1 \wedge e_2}. \end{aligned}$$

Im Fall $e = e_1 \vee e_2$ benutzt man die zweite Morgan-Formel (B8). Der Fall $e = \overline{e_1}$ ist wieder trivial. ∎

Definition 2.32 *Ein erweiterter Boole'scher Ausdruck e heißt erfüllbar genau dann, wenn es eine Einsetzung ϕ mit $\phi(e) = 1$ gibt.*

Aus Lemma 2.23 folgt sofort

Satz 2.24 *Sei k eine konjunktive Normalform und p das dazu duale Polynom. Dann ist k genau dann erfüllbar, wenn p eine Nullstelle hat.*

Beweis: Sei ϕ eine beliebige Einsetzung. Aus Lemma 2.23 folgt
$$\phi(k) = \phi(\overline{p}) = \overline{\phi(p)},$$
also
$$\phi(k) = 1 \Leftrightarrow \phi(p) = 0.$$
∎

Hiermit ist es uns in sehr einfacher Weise gelungen, die beiden folgenden Probleme ineinander zu übersetzen.

2.4. Polynome und Resolution

1. Gegeben ein Polynom p. Entscheide, ob p eine Nullstelle hat.
2. Gegeben eine konjunktive Normalform k. Entscheide, ob k erfüllbar ist.

Das zweite Problem hat den klangvollen Namen *Erfüllbarkeitsproblem für konjunktive Normalformen*. Es folgt sofort, daß es entweder für beide Probleme ein schnelles Lösungsverfahren gibt oder für keines. Wäre nämlich Verfahren A ein schnelles Verfahren zum Lösen von Problem 1, und wir wollen Problem 2 Lösen, so brauchen wir nur Verfahren A auf das Polynom $D(k)$ anwenden. Die Frage, ob es ein solches schnelles Lösungsverfahren gibt, ist in der Informatik das berühmteste offene Problem schlechthin. Man formuliert es präzise mit Mitteln der Komplexitätstheorie [28, 40], und es heißt dann das $\mathscr{P} = \mathscr{NP}$?-Problem.

Daß dieses Problem so berühmt ist liegt nun keineswegs daran, daß alle Informatiker ein brennendes Interesse am Optimieren von Polynomen oder der Erfüllbarkeit von Ausdrücken hätten. Es liegt daran, daß es viele *Hunderte* von weiteren algorithmischen Problemen P' aus allen möglichen wissenschaftlichen Disziplinen gibt, so daß man zwischen P' und dem Erfüllbarkeitsproblem auf mehr oder weniger einfache Weise hin- und herübersetzen kann [16]. Hierzu zählen insbesondere die früher behandelten Überdeckungsprobleme. Entweder gibt es für alle diese Probleme Algorithmen mit vernünftigen Laufzeiten, oder für keines. Historisch hat das Erfüllbarkeitsproblem bei der Entdeckung dieses Sachverhalts eine entscheidende Rolle gespielt [2, 7].

2.4.7 *Resolutionsbeweise

Es gibt ein Gebiet der Informatik, wo das Erfüllbarkeitsproblem von direktem Interesse ist, nämlich die Logik-Richtung der Künstlichen Intelligenz [15]. Und auf der Grundlage des Beweises des scheinbar harmlosen Satzes 2.21 basieren die meisten Programme, die die Erfüllbarkeit von Ausdrücken prüfen und damit automatisiert Beweise führen.

Definition 2.33 *Sei M eine Menge von Monomen und m ein Monom. Ein Resolutionsbeweis für m aus M ist eine endliche Folge $(m_1, \ldots, m_s)$ von Monomen, so daß für alle $i \in \{1, \ldots, s\}$ gilt:*

- $m_i \in M$ oder es gibt $j, k < i$, so daß gilt: m_i ist Resolvente von m_j und m_k.
- $m = m_s$.

Beispiel 2.27: Wir leiten einen Resolutionsbeweis für das Monom $m = 1$ aus der Menge $M = \{\overline{X_3}, X_1 X_3, X_2 X_3, \overline{X_1}\,\overline{X_2} X_3\}$ aus Beispiel 2.24 her, wozu wir die dort berechneten Mengen von Resolventen benutzen können.

Das Monom $1 = m_s$ war Resolvente von $m_{s-1} = X_3 \in Q^2(M)$ und $m_{s-2} = \overline{X_3} \in M$. Das Monom $m_{s-1} = X_3 \in Q^2(M)$ war Resolvente von $m_{s-3} = \overline{X_2}X_3 \in Q(M)$ und $m_{s-4} = X_2X_3 \in M$. Das Monom $m_{s-3} = \overline{X_2}X_3 \in Q(M)$ war Resolvente von $m_{s-5} = X_1X_3 \in M$ und $m_{s-6} = \overline{X_1}\,\overline{X_2}X_3 \in M$.

Es gilt also $s = 7$ und der Induktionsbeweis hat die Form

$$(\overline{X_1}\,\overline{X_2}X_3, X_1X_3, X_2X_3, \overline{X_2}X_3, \overline{X_3}, X_3, 1) \ .$$

Offenbar liegt $m \in Q^*(M)$ genau dann, wenn es einen Resolutionsbeweis für m aus M gibt.

Natürlich kann man Resolventen und Resolutionsbeweise auch für Mengen von Klauseln definieren:

Definition 2.34 *Eine Klausel d heißt Resolvente zweier Klauseln c_1, c_2 genau dann, wenn es ein Literal L und Klauseln c_1', c_2' gibt so daß gilt: $c_1 = c_1' \vee L$, $c_2 = c_2' \vee \overline{L}$ und $d = c_1' \vee c_2'$.*

Beispiel 2.28: Seien $c_1 = X_1 \vee X_2 \vee \overline{X_3} \vee X_4$, $c_2 = \overline{X_1} \vee X_3 \vee X_4 \vee X_5$ und $c_3 = X_1 \vee X_4$. Dann sind $X_2 \vee \overline{X_3} \vee X_3 \vee X_4 \vee X_5$ und $X_1 \vee \overline{X_1} \vee X_2 \vee X_4 \vee X_5$ Resolventen von c_1 und c_2, $X_3 \vee X_4 \vee X_5$ ist Resolvente von c_2 und c_3. Die Klauseln c_1 und c_3 haben keine Resolvente. Man beachte, daß beide Resolventen von c_1 und c_2 äquivalent zu 1 sind.

Für Mengen K von Klauseln definiert man nun die Mengen $Q(K), Q^i(K), Q^*(K)$ und Resolutionsbeweise, indem man in den bereits bekannten Definitionen für Mengen M von Monomen einfach die Worte 'Monom' durch 'Klausel' und M durch K ersetzt.

Sind d, c_1 und c_2 Klauseln, dann ist offenbar d genau dann Resolvente von c_1 und c_2 wenn das zu d duale Monom $D(d)$ Resolvente der zu c_1 und c_2 dualen Monome $D(c_1)$ und $D(c_2)$ ist.

Für Mengen S von Boole'schen Ausdrücken definieren wir

$$D(S) = \{D(e) \mid e \in S\} \ .$$

Durch Induktion über die Länge eines Resolutionsbeweises s folgt nun sofort:

Lemma 2.25 *Sei K eine Menge von Klauseln, c eine Klausel und $s \in \mathbb{N}$. Dann ist $(c_1, \ldots, c_s)$ genau dann ein Resolutionsbeweis von c aus K, wenn $(D(c_1), \ldots, D(c_s))$ ein Resolutionsbeweis für $D(c)$ aus $D(K)$ ist.*

Wir kleiden Satz 2.22 in dieses Gewand und erhalten

2.4. Polynome und Resolution

Satz 2.26 (Resolutionssatz für endliche Klauselmengen) *Sei $\tilde{k} = \bigwedge_{k \in K} k$ eine konjunktive Normalform. Dann ist $\tilde{k}$ genau dann nicht erfüllbar, wenn $0 \in Q^*(K)$ gilt.*

Beweis: Es gilt

$$\begin{aligned}
\tilde{k} \text{ ist nicht erfüllbar} &\Leftrightarrow \tilde{k} \equiv 0 \\
&\Leftrightarrow D(\tilde{k}) \equiv 1 \\
&\Leftrightarrow 1 \in Q^*(D(\tilde{k})) \\
&\Leftrightarrow 0 \in Q^*(K) \, .
\end{aligned}$$

∎

Aus den obigen Ausführungen über Resolutionsbeweise folgt, daß man nicht notwendig die ganze Menge $Q^*(K)$ aufzählen muß, um $0 \in Q^*(K)$ zu beweisen. Es genügt, die Klauseln eines Resolutionsbeweises von 0 aus K zu erzeugen. Leider gibt es jedoch kleine Mengen von Klauseln K, so daß $\bigwedge_{k \in K} k$ nicht erfüllbar ist, aber jeder Resolutionsbeweis von 0 aus K ist sehr lang [18]. Daraus folgt, daß die meisten automatischen Theorembeweiser manchmal sehr lange laufen. In der Praxis tun sie das leider sehr oft.

Damit haben wir für ein einführendes Lehrbuch den Zusammenhang zwischen Schaltkreistheorie und Logik in jeder Hinsicht ausführlich genug abgehandelt. Nun liegen aber in so greifbarer Nähe zwei so berühmte Sätze und ein so wunderschöner Beweis, daß wir einfach nicht widerstehen können...

Beim Theorembeweisen interessiert man sich auch für die Erfüllbarkeit von unendlichen Mengen E von Ausdrücken, die mit einer unendlichen Variablenmenge $V = \{X_1, X_2, \ldots\}$ gebildet werden. Mit Hilfe unendlicher Einsetzungen $\phi : V \to \{0, 1\}$ weist man in diesem Fall jeder Variablen X_i in V einen Wert $\phi(X_i) \in \{0, 1\}$ zu.

Definition 2.35 *Sei E eine (unendliche oder endliche) Menge von Ausdrücken und ϕ eine Einsetzung. Wir sagen ϕ erfüllt E, wenn $\phi(e) = 1$ für alle $e \in E$ gilt. Die Menge E heißt* erfüllbar, *wenn es eine Einsetzung ϕ gibt, die E erfüllt.*

Für endliche Klauselmengen E ist dies äquivalent zur Erfüllbarkeit der konjunktiven Normalform $\bigwedge_{k \in E} k$.

Wenn eine Einsetzung ϕ eine unendliche Menge von Klauseln K erfüllt, dann erfüllt sie natürlich auch jede endliche Teilmenge von K. Der folgende keineswegs offensichtliche Satz besagt, daß auch die Umkehrung hiervon gilt.

Satz 2.27 (Kompaktheitssatz der Aussagenlogik) *Sei E eine unendliche Menge von Boole'schen Ausdrücken. Dann ist E genau dann erfüllbar, wenn jede endliche Teilmenge von E erfüllbar ist.*

Beweis: Wir müssen nur zeigen, daß E erfüllbar ist, falls alle endlichen Teilmengen von E erfüllbar sind. Für $n \in \mathbb{N}$ sei $V_n = \{X_1, \ldots X_n\}$ die Menge der ersten n Variablen, und es sei

$$E_n = \{e \in E \mid \text{in } e \text{ kommen nur Variablen aus } V_n \text{ vor}\}.$$

Wir würden gern die Voraussetzung auf die Mengen E_n anwenden, aber es entsteht eine kleine technische Schwierigkeit dadurch, daß einige oder alle der Mengen von Ausdrücken E_n unendlich sein können. Dieses Problem ist nicht schwer zu lösen:

Jeder Ausdruck $e \in E_n$ berechnet eine n-stellige Schaltfunktion $f_e^n : \{0,1\}^n \to \{0,1\}$. Sei $p(n,e)$ die vollständige disjunktive Normalform von f_e^n mit Variablen $X_1, \ldots, X_n$. Dann gilt natürlich

$$p(n,e) \equiv f_e^n \equiv e.$$

Wir ersetzen nun einfach jeden Ausdruck $e \in E_n$ durch $p(n,e)$. Formal bilden wir für jedes n die *endliche* Menge

$$F_n = \{p(n,e) \mid e \in E_n\}$$

sowie die Menge

$$F = \bigcup_{i \geq 0} F_n$$

und zeigen

1. Für jedes $n \in \mathbb{N}$ ist die Menge F_n erfüllbar und

2. Ist F erfüllbar, so ist auch E erfüllbar.

Zu 1: Sei $n \in \mathbb{N}$ und sei $F_n = \{p(n,e_1), \ldots, p(n,e_s)\}$. Nach Voraussetzung gibt es eine Einsetzung ϕ_n, welche die endliche Teilmenge $\{e_1, \ldots, e_s\}$ von E erfüllt. Es folgt

$$\phi_n(e_i) = \phi_n(p(n,e_i)) = 1$$

für alle i, also erfüllt ϕ_n die Menge F_n.

Zu 2: Sei $\phi(f) = 1$ für alle $f \in F$ und sei $e \in E$. Dann ist $e \in E_n$ für ein n und damit

$$\phi(e) = \phi(p(n,e)) = 1.$$

Also erfüllt ϕ die Menge E.

Sei $n \in \mathbb{N}$, es sei $e \in E_i$ und es gelte $i < n$. Dann gilt auch

$$e \in E_n \text{ und } e \equiv p(i,e) \equiv p(n,e).$$

2.4. Polynome und Resolution

Es folgt, daß Einsetzung ϕ_n auch alle Mengen F_i mit $i < n$ erfüllt.

Wir müssen jetzt nur noch aus der unendlichen Menge $U = \{\phi_1, \phi_2, \ldots\}$ von Einsetzungen eine einzige Einsetzung ϕ zusammenbauen, die ganz F erfüllt. Dies geschieht, indem man durch Induktion über $i \in \mathbb{N}$ gleichzeitig den Wert $\phi(X_i)$ und eine unendliche Menge U_i von Einsetzungen definiert. Es sei $U_0 = U$.

Für $i \in \mathbb{N}$ seien $\phi(X_1), \ldots, \phi(X_{i-1})$ sowie die unendliche Menge U_{i-1} von Einsetzungen definiert. Für $k \in \{0, 1\}$ sei U_{i-1}^k die Menge derjenigen Einsetzungen in U_{i-1}, welche die Variable X_i auf k setzen, also

$$U_{i-1}^k = \{\psi \in U_{i-1} \mid \psi(X_i) = k\}.$$

Da $U_{i-1} = U_{i-1}^0 \cup U_{i-1}^1$ eine unendliche Menge ist, können die Mengen U_{i-1}^0 und U_{i-1}^1 nicht beide endlich sein. Nun definieren wir:

1.
$$U_i = \begin{cases} U_{i-1}^0 & \text{falls } U_{i-1}^0 \text{ unendlich ist} \\ U_{i-1}^1 & \text{sonst.} \end{cases}$$

2. $\phi(X_i) = \psi(X_i)$ für $\psi \in U_i$.

Durch Induktion über i folgt sofort für alle i:

1. Die Menge $U_i \subseteq U$ ist unendlich. Das ist höchst bemerkenswert, da wir bei jedem Übergang von U_{i-1} nach U_i möglicherweise jede zweite Einsetzung verlieren können. Es bleiben aber immer genug Einsetzungen übrig, um mit dieser Verschwendung fortfahren zu können[8].

2. Es ist $\psi(X_j) = \phi(X_j)$ für alle $j \leq i$ und alle Einsetzungen $\psi \in U_i$, d.h. alle Einsetzungen in U_i sind konsistent mit den Werten von Einsetzung ϕ auf den Variablen $X_1, \ldots, X_n$.

Der Rest ist pure Technik: Sei $f \in F$ beliebig. Dann liegt f in F_n für ein n. Da Menge U_n eine unendliche Teilmenge der ursprünglichen Menge von Einsetzungen U ist, gibt es ein $m > n$ so daß $\phi_m \in U_n$ gilt. Wir haben oben gezeigt, daß ϕ_m auch jeden Ausdruck $f \in F_n$ erfüllt. Nach Punkt 2 der Induktionsbehauptung oben stimmt Einsetzung ϕ auf den Variablen $X_1, \ldots, X_n$ mit Einsetzung ϕ_m überein. Es folgt $\phi(f) = \phi_m(f) = 1$. ∎

Aus dem Kompaktheitssatz, Satz 2.26 und ein wenig Technik folgt sofort

---
[8] Vgl. hierzu Abschnitt 1.4.3.

Satz 2.28 (Resolutionssatz) *Sei K eine Menge von Klauseln. Dann ist K genau dann nicht erfüllbar, wenn $0 \in Q^*(K)$ gilt.*

Beweis: Nach dem Kompaktheitssatz ist K ist genau dann nicht erfüllbar, wenn es eine endliche Teilmenge K' von K gibt, die nicht erfüllbar ist. Gibt es eine solche Teilmenge K', so folgt nach Satz 2.26 daß $0 \in Q^*(K')$. Sind K_1, K_2 Mengen von Klauseln mit $K_1 \subseteq K_2$, so gilt offensichtlich

$$Q(K_1) \subseteq Q(K_2) \, .$$

Durch Induktion über i folgt hieraus

$$Q^i(K') \subseteq Q^i(K)$$

für alle i. Also

$$Q^*(K') = \bigcup_{i \geq 0} Q^i(K') \subseteq \bigcup_{i \geq 0} Q^i(K') = Q^*(K) \, .$$

Es folgt $0 \in Q^*(K)$.

Gilt andererseits $0 \in Q^*(K)$, so liegt 0 in $Q^n(K)$ für ein n. Durch Induktion über $i \in \mathbb{N}_0$ zeigt man aber mühelos:

Liegt eine Klausel c in $Q^i(K)$, dann gibt es eine Teilmenge $K(c)$ von K so daß

$$\#K(c) \leq 2^i \text{ und } c \in Q^i(K(c)) \, .$$

Das ist offensichtlich richtig für $i = 0$. Sei nun $c \in Q^i(K) \setminus Q^{i-1}(K)$. Dann ist c Resolvente zweier Klauseln $c_1, c_2 \in Q^{i-1}(K)$. Sei

$$K(c) = K(c_1) \cup K(c_2) \, .$$

Dann gilt $c \in Q^i(K(c))$ und

$$\begin{aligned}
\#K(c) &\leq \#K(c_1) + \#K(c_2) \\
&\leq 2 \cdot 2^{i-1} \\
&= 2^i \, .
\end{aligned}$$

Aus dem Gesagten folgt sofort $0 \in Q^*(K')$ für eine Teilmenge K' von K mit endlich vielen Elementen. Aus Satz 2.26 folgt, daß schon die Menge K' nicht erfüllbar ist. Also ist auch K nicht erfüllbar. ∎

2.5. Übungen

X_1	X_2	X_3	X_4	$f_1(X)$	$f_2(X)$	$f_3(X)$
0	0	0	0	0	1	1
0	0	0	1	0	1	1
0	0	1	0	1	0	1
0	0	1	1	1	1	1
0	1	0	0	0	1	1
0	1	0	1	1	0	1
0	1	1	0	0	1	1
0	1	1	1	1	1	0
1	0	0	0	0	0	1
1	0	0	1	0	1	0
1	0	1	0	1	0	1
1	0	1	1	1	0	1
1	1	0	0	1	1	1
1	1	0	1	0	0	1
1	1	1	0	0	1	1
1	1	1	1	0	0	1

Tabelle 2.7: Beispiel für Schaltfunktionen

2.5 Übungen

Übung 2.1: *Zeigen oder widerlegen Sie:* $M^n \times M^m = M^{n+m}$.

Übung 2.2: *Wie viele Zeichenreihen mit höchstens fünf Buchstaben des Alphabets* $A = \{a, \ldots, z\}$ *gibt es?*

Übung 2.3:

1. *Geben Sie vollständige konjunktive und disjunktive Normalformen für die Schaltfunktionen aus Tabelle 2.7 an.*
2. *Zeigen Sie: Für jede n-stellige Schaltfunktion gilt* $L(f) \leq n \cdot 2^n$.

Übung 2.4:

1. *Zeigen Sie: Für jede n-stellige Schaltfunktion f gibt es einen erweiterten Boole'schen Ausdruck e, der f berechnet, und für den gilt: in e kommen die Konstanten 0 und 1 nicht vor.*
2. *Die Funktion* NAND $: \{0,1\}^2 \to \{0,1\}$ *sei definiert durch*

$$\text{NAND}(x,y) = \overline{x \wedge y}.$$

   Zeigen Sie: Für jede n-stellige Schaltfunktion f gibt es einen erweiterten Boole'schen Ausdruck e, der f berechnet und in dem nur NAND als Funktionszeichen vorkommt.

Übung 2.5: *Für $K : \mathbb{N} \to \mathbb{N}$ möge gelten:*

$$K(1) = 1$$

und

$$K(n+1) = 3n + n.$$

Schätzen Sie $K(n)$ nach oben ab.

Übung 2.6: *Bestimmen Sie alle Primimplikanten der Funktionen aus Tabelle 2.7*

1. *mit Hilfe des Verfahrens von Quine-McCluskey,*
2. *mit Hilfe der Graphen W_n.*

Übung 2.7: *Bestimmen Sie alle Minimalpolynome der Funktionen aus Tabelle 2.7.*

Übung 2.8: *Die Funktion $\oplus : \{0,1\}^2 \to \{0,1\}$ sei definiert durch $\oplus(x,y) = x + y \bmod 2$. Statt $\oplus(x,y)$ schreiben wir auch $x \oplus y$. Es sei $f(X_1, \ldots, X_n) = X_1 \oplus \cdots \oplus X_n$. Bestimmen Sie alle Minimalpolynome von f.*

Übung 2.9: *Für $a,b \in \{0,1\}^n$ definieren wir: es gilt $a \leq b$ genau dann, wenn $a_i \leq b_i$ für alle i gilt. Es gilt $a < b$, wenn $a \leq b$ und $a \neq b$ gilt. Eine n-stellige Schaltfunktion heißt monoton genau dann wenn für alle a,b gilt: aus $a \leq b$ folgt $f(a) \leq f(b)$.*

1. *Es sei $s_k(X) = 1$ genau dann, wenn $X_i = 1$ für mindestens k Komponenten von X gilt. Zeigen Sie, daß s_k für alle k monoton ist.*

2. *Es sei f eine n-stellige monotone Schaltfunktion, und es sei $a \in \{0,1\}^n$. Die Folge a heißt minimales Element von f, falls gilt*

   - $f(a) = 1$ und
   - $f(b) = 0$ für alle $b < a$.

   Bestimmen Sie alle minimalen Elemente der Funktionen s_k.

3. *Zeigen Sie: in den Primimplikanten monotoner Funktionen kommen keine negierten Variablen vor.*

4. *Charakterisieren Sie die Primimplikanten von monotonen Funktionen mit Hilfe der minimalen Elemente.*

5. *Zeigen Sie: jede monotone Funktion hat genau ein Minimalpolynom.*

Übung 2.10: *Eine n-Permutation ist eine bijektive Abbildung*

$$\pi\{1,\ldots,n\} \to \{1,\ldots,n\}.$$

2.5. Übungen

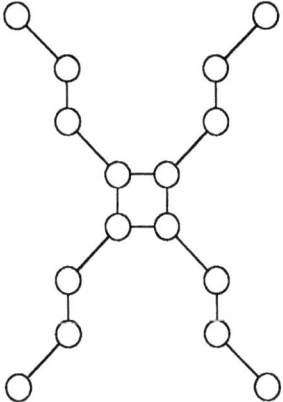

Abbildung 2.5: Roth'sches Männchen

Zeigen Sie:

1. Die Anzahl von n-Permutationen ist
$$n! = 1 \cdot 2 \cdot \ldots \cdot n.$$

2. Die Anzahl der k-elementigen Teilmengen einer n-elementigen Menge ist
$$\binom{n}{k} = \frac{n \cdot (n-1) \cdot \ldots \cdot (n-k+1)}{k!}.$$

3. Es gilt
$$\binom{n}{n/2} \geq 2^{n/2}.$$

4. Es gibt mindestens $2^{2^{n/2}}$ viele n-stellige monotone Schaltfunktionen.

5. Für jedes n gibt es eine monotone n-stellige Schaltfunktion mit $L(f) = \Omega(2^{n/2}/\log n)$.

Übung 2.11: Veranschaulichen Sie die Resolutionsregeln anhand der Graphen W_3.

Übung 2.12: *Zeigen Sie:*

1. Es gibt ein n und eine n-stellige Schaltfunktion f, so daß der von $\text{Tr}(f)$ in W_n aufgespannte Teilgraph isomorph zum Graph in Abbildung 2.5 ist.

2. Die Funktion f hat genau ein Minimalpolynom. Der billigste Primimplikant von f kommt in diesem Polynom nicht vor.

Kapitel 3

Schaltkreise

3.1 Gerichtete Graphen und Schaltkreise

3.1.1 Gerichtete Graphen

Schaltkreise sind Abstraktionen gewisser Schaltungen, mit denen Schaltfunktionen realisiert werden. Wir werden Schaltkreise durch gerichtete Graphen beschreiben.

Definition 3.1 *Ein* endlicher gerichteter Graph *wird spezifiziert durch ein Paar* $G = (V, E)$. *Hierbei gilt*

- *V ist eine endliche Menge. Die Elemente von V heißen die* Knoten *des Graphen.*
- $$E \subseteq V \times V = \{(u,v) \mid u, v \in V\}.$$
  Ein Element $(u,v) \in E$ *heißt eine* gerichtete Kante *von u nach v. Ist* $(u,v) \in E$, *so heißt u* direkter Vorgänger *von v und v heißt* direkter Nachfolger *von u.*

Da V endlich ist, ist notwendig auch E endlich. Wir betrachten bis auf weiteres weder unendliche Graphen noch ungerichtete Graphen. Wir schreiben deshalb statt „endlicher gerichteter Graph" meistens einfach „gerichteter Graph" oder „Graph". Man zeichnet gerichtete Graphen, indem man die Knoten $v \in V$ als Kreise oder Punkte mit Beschriftung v und gerichtete Kanten (u,v) als Pfeile von u nach v malt.

Definition 3.2 *Sei* $G = (V, E)$ *ein gerichteter Graph. Eine Folge von Kanten*

$$e_i = (v_i, w_i) \in E, i = 1, \ldots, l,$$

3.1. Gerichtete Graphen und Schaltkreise

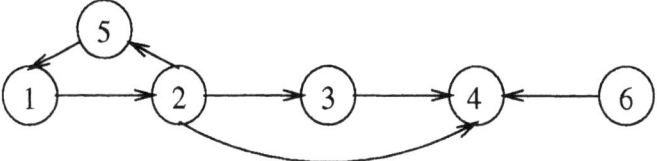

Abbildung 3.1: Beispiel eines Graphen

heißt Pfad, *falls* $v_{i+1} = w_i$ *für* $i = 1, \ldots, l-1$. *Wir nennen* l *die* Länge *des Pfades. Gilt* $w_l = v_0$, *so heißt der Pfad* Zyklus. *Gerichtete Graphen, in denen es keine Zyklen gibt, heißen* zykelfrei.

Definition 3.3 *Sei* $G = (V, E)$ *ein gerichteter Graph. Für einen Knoten* $v \in V$ *ist der* Ingrad *indeg*(v) *und der* Outgrad *outdeg*(v) *definiert als*

$$indeg(v) = \#\{u \mid (u, v) \in E\}$$
$$outdeg(v) = \#\{u \mid (v, u) \in E\}.$$

Knoten v *mit indeg*$(v) = 0$ *heißen* Quellen *des Graphen. Knoten* v *mit outdeg*$(v) = 0$ *heißen* Senken *des Graphen. Für den gesamten Graphen definiert man*

$$indeg(G) = \max\{indeg(v) \mid v \in V\}$$
$$outdeg(G) = \max\{outdeg(v) \mid v \in V\}$$

Beispiel 3.1: Abbildung 3.1 zeigt einen gerichteten Graphen. Es gibt einen Pfad der Länge 3 und einen Pfad der Länge 2 von Knoten 1 nach Knoten 4, es gibt einen Zyklus der Länge 3 aus den Kanten $(1,2)$, $(2,5)$, $(5,1)$. Der Ingrad von Knoten 1 ist 1, der Outgrad von Knoten 2 ist 3. Knoten 4 ist eine Senke, Knoten 6 eine Quelle.

Definition 3.4 *Sei* $G = (V, E)$ *ein gerichteter Graph und* $v \in V$. *Die* Tiefe $T(v)$ *von* v *wird definiert als die Länge eines längsten Pfades von einer Quelle zu* v, *falls ein solcher längster Pfad existiert. Andernfalls ist die Tiefe von* v *nicht definiert.*

Wir fassen einzelne Knoten auf als (unechte) Pfade der Länge 0. Damit können wir die obige Definition noch auf die Quellen gerichteter Graphen ausdehnen und ihre Tiefe als 0 definieren. Die Tiefe von Knoten, die auf einem Zyklus liegen, ist nicht definiert. Es gilt:

Lemma 3.1 *In einem endlichen zykelfreien gerichteten Graph hat jeder Knoten eine Tiefe.*

Beweis: Sei $G = (V, E)$ und $n = \#V$. Wir nehmen an, daß es in G einen Pfad der Länge mindestens n gibt. Dann gibt es auf diesem Pfad $n+1$ Knoten. Da es nur n Knoten in V gibt, muß sich ein Knoten auf dem Pfad wiederholen. Dann enthält der Graph aber einen Zyklus, im Widerspruch zur Voraussetzung. Also hat jeder Pfad in G die Länge höchstens $n-1$.

Sei nun $v \in V$. Ist v Quelle, so ist $T(v) = 0$. Ist v keine Quelle, so verfolgen wir alle in v endenden Pfade rückwärts. In jedem Fall stoßen wir nach höchstens $n-1$ Kanten auf eine Quelle. Also gibt es einen Pfad von einer Quelle nach v und die Länge eines jeden solchen Pfades ist durch $n-1$ beschränkt. ∎

Das eben verwendete Argument nennt man auch ein *pidgeon hole* Argument[1]: wenn 101 Tauben in 100 Löchern (vermutlich von Nistkästen) sitzen, dann müssen mindestens in einem Loch zwei Tauben sitzen. Oben waren die Tauben die Knoten auf dem Pfad und die Löcher die Knoten des Graphen. Für Leser, die Kapitel 2 vollständig gelesen haben, ist das Argument nicht neu. Im Beweis von Satz 2.11 sind die Tauben die n-stelligen Schaltfunktionen und die Löcher die billigen Ausdrücke.

Für zykelfreie gerichtete Graphen $G = (V, E)$ können wir nun die *Tiefe* $T(G)$ des Graphen G definieren als
$$T(G) = \max\{T(v) \mid v \in V\}.$$

3.1.2 Gatter

Wir haben bereits in Abschnitt 2.2 über Gatter gesprochen. Das sind Schaltungen mit wenigen Eingängen und einem Ausgang, die gewisse einfache Schaltfunktionen berechnen. Wir gehen ab jetzt davon aus, daß uns Gatter zur Berechnung der folgenden Schaltfunktionen zur Verfügung stehen:

1. die bereits bekannten Schaltfunktionen $\wedge$, $\vee$ und $\sim$.

2. NAND : $\{0,1\}^2 \to \{0,1\}$ mit
$$\text{NAND}(x,y) = \overline{x \wedge y} \text{ für alle } x, y.$$

3. $\oplus : \{0,1\}^2 \to \{0,1\}$ mit
$$\oplus(x,y) = 1 \Leftrightarrow x + y = 1 \text{ für alle } x, y.$$

Die letzte Schaltfunktion heißt auch *exklusives ODER (EXOR)* oder *Plus modulo zwei*, da
$$\oplus(x,y) = x + y \bmod 2$$

---
[1] pidgeon hole: wörtlich Taubenloch

3.1. Gerichtete Graphen und Schaltkreise   145

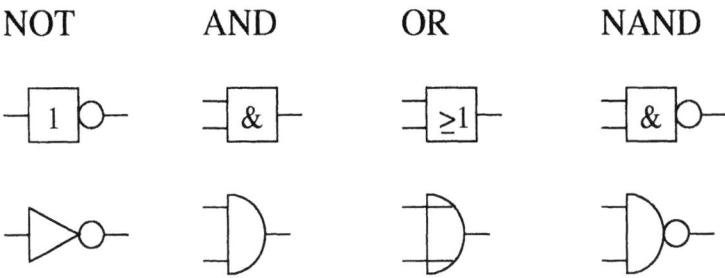

Abbildung 3.2: Schaltsymbole

für alle x, y gilt. Statt $\oplus(x, y)$ schreibt man gewöhnlich $x \oplus y$. Da die Funktion $\oplus$ assoziativ ist, kann man in Ausdrücken wie $(x \oplus (y \oplus z))$ die Klammern weglassen. Wir bemerken noch, daß die Schaltfunktionen $\wedge, \vee$, NAND und $\oplus$ alle kommutativ sind.

Ist f eine Schaltfunktion, so nennt man Gatter, die f berechnen f-*Gatter*. Uns stehen also jetzt $\wedge$-Gatter (AND-Gatter), $\vee$-Gatter (OR-Gatter), $\sim$-Gatter (Inverter), NAND-Gatter und $\oplus$-Gatter (EXOR-Gatter) zur Verfügung. Die Menge der direkt durch Gatter realisierbaren Funktionen fassen wir in der Menge

$$K = \{\wedge, \vee, \sim, \text{NAND}, \oplus\}$$

zusammen. Man verwendet für Gatter üblicherweise die *Schaltsymbole* aus Abbildung 3.2. Die obere Reihe zeigt Schaltsymbole nach DIN, die untere Reihe Schaltsymbole wie sie im wissenschaftlichen Bereich verwendet werden. Die untere Reihe entspricht bis auf das OR-Gatter dem amerikanischen IEEE Standard. Wir werden die Schaltsymbole der unteren Reihe benutzen.

3.1.3 Schaltkreise

Schaltkreise erhält man nun, indem man Gatter auf spezielle Weise zusammenschaltet. Man geht dabei in vier Schritten vor.

1. Man spezifiziert eine endliche Folge $X = (X_1, \ldots, X_n)$ von *Eingängen*. Diese Eingänge werden eine ähnliche Rolle wie die Variablen in Boole'schen Ausdrücken spielen.

2. Man spezifiziert einen zykelfreien Graphen $G = (V, E)$ mit den folgenden Eigenschaften:

    - $\{0, 1\} \cup \{X_1 \ldots, X_n\} \subseteq V$, d. h. jeder Eingang ist Knoten des Graphen G. Zusätzlich gibt es zwei spezielle Knoten 0 und 1. Diese Knoten werden später (kostenlos) die konstanten Signale 0 und 1 liefern.

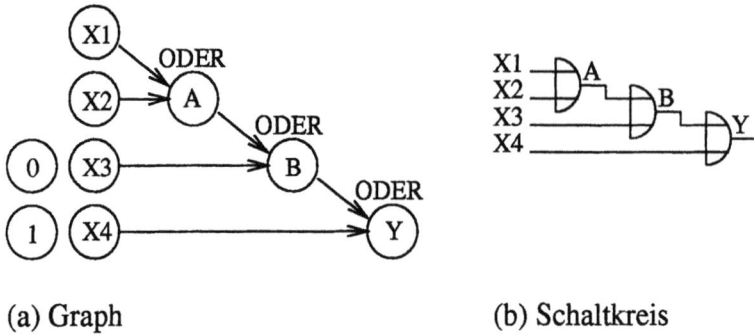

(a) Graph (b) Schaltkreis

Abbildung 3.3: Zeichnen von Schaltkreisen

- Die Menge $\{0,1\} \cup \{X_1,\ldots,X_n\}$ der Eingänge bildet die Quellen von G.
- Jeder Knoten aus $I = V \setminus (\{X_1,\ldots,X_n\} \cup \{0,1\})$ hat Ingrad 1 oder 2.

Die Menge I heißt die Menge der *Gatter*. Die Kanten des Graphen geben die Verdrahtung der Gatter untereinander an. Da Gatter einen oder zwei Eingänge haben, muß auch der Ingrad jedes Gatters 1 oder 2 sein.

3. Man spezifiziert eine Abbildung $g: I \to K$, die für jedes Gatter angibt, welche Funktion es berechnet. Diese Funktion muß sich mit dem Ingrad des Gatters vertragen, d. h. es muß gelten:

$$g(v) \in \begin{cases} \{\wedge, \vee, \text{NAND}, \oplus\} & \text{falls } indeg(v) = 2 \\ \{\sim\} & \text{falls } indeg(v) = 1 \end{cases}$$

4. Man zeichnet eine Folge $Y = (Y_1,\ldots,Y_n)$ von Knoten $Y_i \in V$ als *Ausgänge* aus.

Jedes 4-Tupel $S = (X, G, g, Y)$ mit den oben genannten Eigenschaften spezifiziert einen *Schaltkreis*.

Man kann einen Schaltkreis S zeichnen, indem man den Graphen G zeichnet, und jedes Gatter v zusätzlich mit $g(v)$ beschriftet. Ein Beispiel findet man in Abbildung 3.3(a). Statt ein Gatter v mit $g(v)$ zu beschriften zeichnet man in der Regel jedoch direkt das zugehörige Schaltsymbol. Den Namen v des Gatters schreibt man an den Ausgang des Schaltsymbols. Weil aus den Schaltsymbolen die Richtung der Kanten hervorgeht, spart man sich beim Zeichnen die Spitzen der Pfeile. Die Kreise um die Quellen $0, 1, X_1, \ldots, X_n$ läßt man weg. Werden die speziellen Knoten 0 und 1 nicht als Eingänge von Gattern oder als Ausgänge des Schaltkreises benutzt, läßt man sie in Zeichnungen ebenfalls einfach weg. Aus Abbildung 3.3(a) entsteht so Abbildung 3.3(b).

3.2. Rechnen mit Schaltkreisen   147

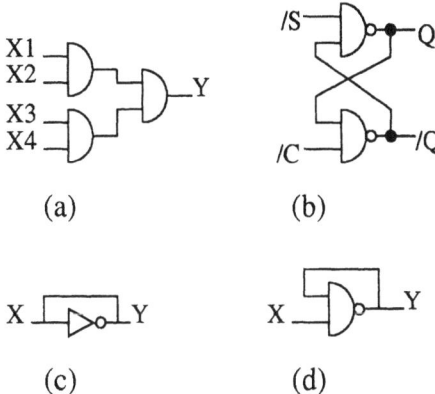

Abbildung 3.4: Beispiele und Gegenbeispiele von Schaltkreisen

Beispiel 3.2: Abbildung 3.4 zeigt vier weitere Schaltungen. Davon ist nur (a) ein Schaltkreis, die Schaltungen (b), (c) und (d) nicht. Bei (b),(c) und (d) gibt es einen Zyklus. Überdies hat bei (c) ein Knoten mit einem Inverter Ingrad 2.

Man kann natürlich jede der Schaltungen aus Abbildung 3.4 physikalisch aufbauen und den Strom anschalten. Wir werden in Kapitel 5 sehen, daß eine dieser Schaltungen sogar sehr nützliche Arbeit leistet. Andere fangen eher an zu qualmen und gehen kaputt.

3.2 Rechnen mit Schaltkreisen

3.2.1 Einsetzungen

Wir kehren zu Schaltkreisen zurück und definieren ihre Arbeitsweise. Sei $S = (X, G, g, Y)$ ein Schaltkreis, $X = (X_1, \ldots, X_n)$ und $G = (V, E)$. Weiter sei $\phi : \{X_1, \ldots, X_n\} \to \{0, 1\}$ eine Einsetzung, die jedem Eingang X_i ein Signal $\phi(X_i) \in \{0, 1\}$ zuordnet. Wir definieren nun auf ziemlich offensichtliche Weise für jeden Knoten $v \in V$ den im Schaltkreis S durch v bei Einsetzung ϕ *berechneten Wert* $\phi(v)$ [2].

Weil G zykelfrei ist, hat nach Lemma 3.1 jeder Knoten $v \in V$ eine Tiefe. Wir setzen für die speziellen Knoten 0 und 1

$$\phi(0) = 0 \text{ und } \phi(1) = 1 .$$

---
[2] Wir müßten hier eigentlich einen Index in der Form $\phi^S(v)$ mitschleppen. Das schenken wir uns aber.

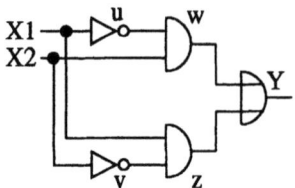

Abbildung 3.5: Schaltkreis zur Berechnung von EXOR

Damit ist $\phi(v)$ definiert für alle Knoten v mit Tiefe 0. Wir definieren nun $\phi(v)$ durch Induktion über t für alle Gatter v.

Sei $t \in \mathbb{N}$, und $\phi(u)$ sei definiert für alle Gatter v mit Tiefe $t - 1$. Es sei v ein Gatter mit Tiefe t. Dann sind zwei Fälle möglich.

1. Ist $indeg(v) = 1$, so hat v einen direkten Vorgänger u mit Tiefe $t - 1$, es ist $g(v) = \sim$ und wir definieren
$$\phi(v) = \sim (\phi(u)) .$$

2. Ist $indeg(v) = 2$, so hat v zwei direkte Vorgänger u_1 und u_2. Beide haben höchstens Tiefe $t - 1$ und wir definieren
$$\phi(v) = \begin{cases} \phi(u_1) \wedge \phi(u_2) & \text{falls } g(v) = \wedge \\ \phi(u_1) \vee \phi(u_2) & \text{falls } g(v) = \vee \\ \overline{\phi(u_1) \wedge \phi(u_2)} & \text{falls } g(v) = \text{NAND} \\ \phi(u_1) \oplus \phi(u_2) & \text{falls } g(v) = \oplus \end{cases}$$

oder kürzer
$$\phi(v) = g(v)(\phi(u_1), \phi(u_2)) .$$

Obwohl aus der formalen Definition von Schaltkreis S nicht hervorgeht, welcher der Knoten u_1 und u_2 mit dem rechten Eingang des $g(v)$-Gatters v verbunden ist und welcher mit dem linken Eingang, ist $\phi(v)$ in jedem Fall wohldefiniert. Das liegt an der Symmetrie der Funktionen $\wedge$, $\vee$, NAND und $\oplus$.

Beispiel 3.3: Wir zeigen, daß der Schaltkreis in Abbildung 3.5 das exklusive Oder aus X_1 und X_2 berechnet. Hierzu berechnen wir für die vier möglichen Einsetzungen ϕ_i, $i = 1, \ldots, 4$, den Wert von $\phi_i(Y)$. Das Resultat ist in Tabelle 3.1 zu sehen.

Die obige Definition schlägt fehl in den Beispielen aus Abbildung 3.4(b) bis (d) wegen der dort vorkommenden Zyklen.

3.2. Rechnen mit Schaltkreisen

i	$\phi_i(X_1)$	$\phi_i(X_2)$	$\phi_i(u)$	$\phi_i(v)$	$\phi_i(w)$	$\phi_i(z)$	$\phi_i(Y)$
1	0	0	1	1	0	0	0
2	0	1	1	0	1	0	1
3	1	0	0	1	0	1	1
4	1	1	0	0	0	0	0

Tabelle 3.1: Berechnete Werte im EXOR Schaltkreis

Durch einen trivialen Induktionsbeweis über die Tiefe von Knoten v zeigt man

Lemma 3.2 *Zur Berechnung von $\phi(v)$ werden als Zwischenergebnisse nur Werte $\phi(u)$ von Knoten u benutzt, die auf einem Pfad von den Eingängen zu v liegen.*

3.2.2 Identitäten und berechnete Funktionen

Sei $S = (X, G, g, Y)$ mit $G = (V, E)$ ein Schaltkreis. Wir haben oben für jede Belegung $\phi : \{X_1, \ldots, X_n\} \to \{0, 1\}$ und jedes Gatter v einen Wert $\phi(v) \in \{0, 1\}$ definiert. Eine solche Konstruktion haben wir früher statt mit Knoten $v \in V$ schon mit erweiterten Boole'schen Ausdrücken $e \in$ EB durchgeführt. Zusammen mit der Definition der Äquivalenz von Ausdrücken war diese Konstruktion der Dreh– und Angelpunkt für die Herleitung der Regeln für das 'gewöhnliche' Rechnen. Man könnte deshalb hoffen, daß man mit Gattern eines vorgegebenen Schaltkreises genauso rechnen kann wie mit erweiterten Boole'schen Ausdrücken.

Das läßt sich sogar sehr leicht rechtfertigen: Man definiert die Menge EB(S) der *zu S gehörigen erweiterten Ausdrücke*, indem man einfach in der Definition der gewöhnlichen erweiterten Ausdrücke die Menge EB$_0 = \{0, 1, X_1, \ldots, X_n\}$ durch die gesamte Menge V ersetzt. Damit hat man gerade die Gatter des Schaltkreises zusätzlich in die Menge EB$_0(S)$ aufgenommen.

Für $f, g \in$ EB(S) definieren wir

$$f \equiv_S g$$

genau dann, wenn

$$\phi(f) = \phi(g) \text{ für alle Einsetzungen } \phi : \{X_1, \ldots, X_n\} \to \{0, 1\}$$

gilt.

Wenn klar ist, in welchem Schaltkreis wir rechnen, schreiben wir ab jetzt statt '$\equiv_S$' einfach '$\equiv$' oder — um Schreibarbeit zu sparen — einfach '$=$'. Aus den Definitionen des Abschnitts 3.2.1 folgt sofort:

Lemma 3.3 *Sei $v \in V$. Hat v nur einen direkten Vorgänger u, so gilt*

$$v \equiv_S \sim u \, .$$

Hat v zwei direkte Vorgänger u_1 und u_2, so ist

$$v \equiv_S \begin{cases} u_1 \wedge u_2 \text{ falls } g(v) = \wedge \\ u_1 \vee u_2 \text{ falls } g(v) = \vee \\ \overline{u_1 \wedge u_2} \text{ falls } g(v) = \text{NAND} \\ u_1 \oplus u_2 \text{ falls } g(v) = \oplus \end{cases}$$

oder kürzer

$$v \equiv_S g(v)(u_1, u_2) \, .$$

Beispiel 3.4: Für den Schaltkreis aus Beispiel 3.3 gilt

$$\begin{aligned} u &= \sim X_1 \\ v &= \sim X_2 \\ w &= u \wedge X_2 \\ &= \sim X_1 \wedge X_2 \\ z &= v \wedge X_1 \\ &= X_1 \wedge \sim X_2 \\ Y &= w \vee z \\ &= (\sim X_1 \wedge X_2) \vee (X_1 \wedge \sim X_2) \end{aligned}$$

Gilt $v = e$ für einen Knoten v und einen Ausdruck $e \in \text{EB}(S)$, so sagen wir: *v berechnet e.*

Wir gewinnen auch sofort:

Satz 3.4 *Sei S ein Schaltkreis mit n Eingängen. Dann gibt es zu jedem Knoten v in S genau eine n-stellige Schaltfunktion f_v mit $f_v(X) \equiv_S v$. Sie heißt die von v berechnete Funktion.*

Beweis: Für $a \in \{0, 1\}^n$ berechnet man $f_v(a)$, indem man für alle i am Eingang X_i das Signal a_i anlegt und dann auswertet, d. h.

$$f_v(a) = \phi_a(v)$$

mit

$$\phi_a(X_i) = a_i \text{ für alle } i \, .$$

∎

3.2. Rechnen mit Schaltkreisen

Hat der Schaltkreis S insgesamt m Ausgänge $(Y_1, \ldots, Y_m)$, so heißt die Funktion

$$f : \{0,1\}^n \to \{0,1\}^m$$

mit

$$f(a) = (\phi_a(Y_1), \ldots, \phi_a(Y_m))$$

für alle $a \in \{0,1\}^n$ die von Schaltkreis S *berechnete Funktion*. Beispielsweise berechnet der Schaltkreis aus Abbildung 3.5 die Funktion $\oplus$.

Wir verallgemeinern Definition 2.2 und betrachten ab jetzt jede Funktion $f : \{0,1\}^n \to \{0,1\}^m$ als *Schaltfunktion*.

3.2.3 Anfangsschaltkreise

Nun können wir in einem festen Schaltkreis S schon rechnen, wie wir das gewöhnt sind. Gehen wir zu einem neuen Schaltkreis S' über, der völlig anders aufgebaut ist als S, dann können wir nicht erwarten, daß Rechnungen mit Knoten aus S uns irgendetwas über Knoten in S' verraten, und wir müssen im allgemeinen von vorn anfangen zu rechnen. Wenn man den Schaltkreis S' jedoch dadurch gewinnt, daß man an den Schaltkreis S so anbaut, daß die Verbindungen von Schaltkreis S mit den Eingängen intakt bleiben, dann sollte man Rechnungen mit Knoten in S für den neuen Schaltkreis S' wiederverwerten können. Das läßt sich in der Tat leicht rechtfertigen:

Definition 3.5 *Es seien* $S = (X, G, g, Y)$ *mit* $G = (V, E)$ *und* $S' = (X, G', g', Y')$ *mit* $G' = (V', E')$ *Schaltkreise mit*

1. $V \subseteq V'$

2. $E \subseteq E'$ *und*

3. $g(v) = g'(v)$ *für alle* $v \in V$.

Dann heißt S ein Anfangsschaltkreis *von* S'.

Beispiel 3.5: Der Schaltkreis aus Beispiel 3.3 ist ein Anfangsschaltkreis des Schaltkreises aus Abbildung 3.6, der ein exklusives ODER mit drei Eingängen berechnet.

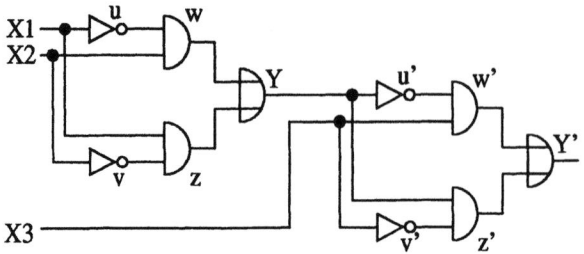

Abbildung 3.6: Berechnung von EXOR mit drei Eingängen

Ist S ein Anfangsschaltkreis von S', dann kann man den Schaltkreis S' konstruieren, indem man zuerst den Schaltkreis S konstruiert und dann anbaut. Das folgende Lemma besagt, daß man dabei die Pfade von den Eingängen zu den Knoten in V nicht verändert.

Lemma 3.5 *Ist S ein Anfangsschaltkreis von S', dann gibt es keinen Pfad von einem Knoten in $V' \setminus V$ zu einem Knoten in $v \in V$.*

Beweis durch Induktion über die Tiefe von v: Die Aussage ist offensichtlich richtig für Knoten der Tiefe 0, da diese alle in V liegen.

Sei nun $v \in V$ ein Knoten mit Tiefe $t+1$. Da S ein Schaltkreis ist, hat v einen direkten Vorgänger in V falls $g(v) = \sim$ oder zwei direkte Vorgänger in V falls $g(v) \neq \sim$. Da S' Schaltkreis ist und $g'(v) = g(v)$ gilt hat v in V' keine zusätzlichen Vorgänger. Also gibt es keine Kante von $V' \setminus V$ nach V. Nach Induktionsvoraussetzung gibt es aber auch keinen Pfad von $V' \setminus V$ zu den direkten Vorgängern von v. ∎

Aus Lemma 3.2 und Lemma 3.5 folgt direkt

Lemma 3.6 *Sei S Anfangsschaltkreis von S', $v \in V$ und $\phi : \{X_1, \ldots, X_n\} \to \{0,1\}$ eine Einsetzung. Dann führt die Berechnung des Wertes $\phi(v)$ in S und in S' zum gleichen Ergebnis*[3].

Das liefert aber sofort:

Satz 3.7 *Ist S Anfangsschaltkreis von S' und sind $f, g \in \mathrm{EB}(S) \cap \mathrm{EB}(S')$, dann gilt $f \equiv_S g$ genau dann, wenn $f \equiv_{S'} g$ gilt.*

Rechnungen für den Anfangsschaltkreis S können also für S' wiederverwertet werden.

---

[3] $\phi^S(v) = \phi^{S'}(v)$ wenn wir uns in Abschnitt 3.2.1 den Index nicht geschenkt hätten.

3.3. Darstellungssatz 153

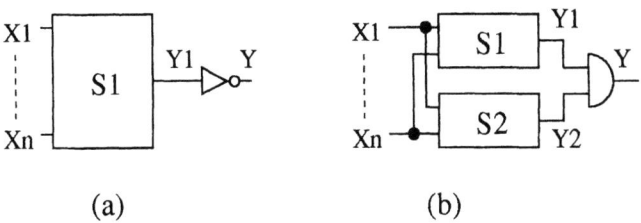

Abbildung 3.7: Schaltkreise zu gegebenen Boole'schen Ausdrücken

3.3 Darstellungssatz

Wir übertragen Satz 2.7 auf Schaltkreise. Zunächst folgern wir mit einem sehr leichten Beweis

Satz 3.8 *Zu jedem Boole'schen Ausdruck $e \in B$ gibt es einen Schaltkreis S mit Eingängen $(X_1, \ldots, X_n)$ und mit einem einzigen Ausgang Y so daß*

$$e \equiv_S Y$$

gilt.

Beweis durch Induktion über den Aufbau der Boole'schen Ausdrücke: Für $e \in B_0 = \{0,1\} \cup \{X_1, \ldots, X_n\}$ braucht man gar keine Gatter. Man setzt einfach $Y = e$, d. h. man macht einfach den passenden Eingang oder speziellen Knoten des Schaltkreises zum Ausgang.

Sei nun $i \in \mathbf{N}_0$ und $e \in B_{i+1}$. Ist $e = \sim e_1$ mit $e_1 \in B_i$, so gibt es nach Induktionsvoraussetzung einen Schaltkreis S_1 mit Ausgang Y_1 so daß $Y_1 \equiv_{S_1} e_1$. Sei S der Schaltkreis aus Abbildung 3.7(a). Schaltkreis S_1 ist Anfangsschaltkreis von S. Also gilt nach Satz 3.7

$$Y_1 \equiv_S e_1$$

und somit

$$\begin{aligned} Y &\equiv_S \sim Y_1 \text{ wegen Lemma 3.2} \\ &\equiv_S \sim e_1 \text{ wegen Satz 3.7} \\ &= e. \end{aligned}$$

Ist $e = e_1 \circ e_2$ mit $\circ \in \{\wedge, \vee\}$, so gibt es nach Induktionsvoraussetzung Schaltkreise S_1, S_2 mit Ausgängen Y_1, Y_2 so daß $Y_1 \equiv_{S_1} e_1$ und $Y_2 \equiv_{S_2} e_2$. Sei S der Schaltkreis aus Abbildung

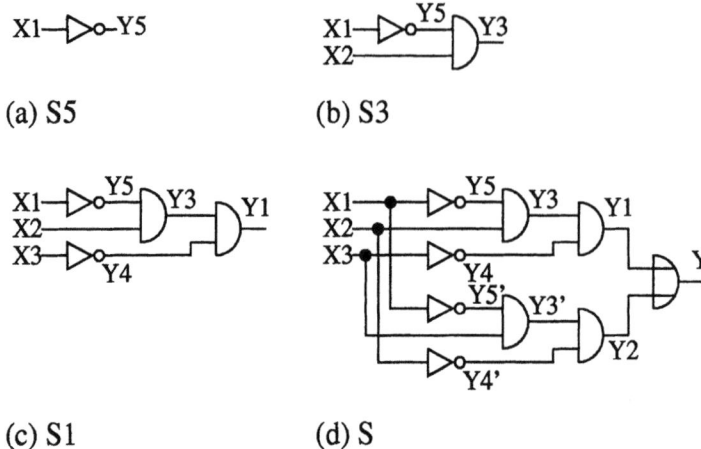

Abbildung 3.8: Konstruktion von Schaltkreis S zu Polynom $p(X)$

3.7(b). Die Schaltkreise S_1, S_2 sind beide Anfangsschaltkreise von S und wir folgern

$$\begin{aligned} y &\equiv_S Y_1 \circ Y_2 \\ &\equiv_S e_1 \circ e_2 \\ &= e. \end{aligned}$$

∎

Beispiel 3.6: Wir konstruieren einen Schaltkreis S, der das Polynom

$$p(X) = \overline{X_1} X_2 \overline{X_3} \vee \overline{X_1} X_3 \overline{X_2}$$

berechnet. Hierzu konstruieren wir zuerst die Schaltkreise S_1 und S_2, die die Monome $e_1 = \overline{X_1} X_2 \overline{X_3}$ und $e_2 = \overline{X_1} X_3 \overline{X_2}$ berechnen.

Zur Konstruktion von S_1 brauchen wir Schaltkreise S_3 und S_4, die $e_3 = \overline{X_1} X_2$ und $e_4 = \overline{X_3}$ berechnen. Die Konstruktion von S_2 kann analog erfolgen durch Vertauschung der Rollen von X_2 und X_3.

Zur Konstruktion von S_3 brauchen wir einen Schaltkreis S_5, der $e_5 = \overline{X_1}$ berechnet. Die Konstruktion von S_4 kann analog zu der von S_5 erfolgen, indem man die Rolle von X_1 durch X_3 ersetzt.

Die Schaltkreise sind in Abbildung 3.8 zu sehen.

Zusammen mit Satz 2.7 folgt sofort:

3.3. Darstellungssatz 155

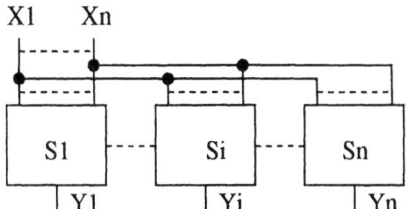

Abbildung 3.9: Konstruktion von Schaltkreis S aus Schaltkreisen S_i

Satz 3.9 *Zu jeder Schaltfunktion $f : \{0,1\}^n \to \{0,1\}$ gibt es einen Schaltkreis S, der f berechnet.*

Sei nun $f : \{0,1\}^n \to \{0,1\}^m$ eine Schaltfunktion mit Wertebereich $\{0,1\}^m$. Dann gibt es m Schaltfunktionen $f_i : \{0,1\}^n \to \{0,1\}$ so daß

$$f(a) = (f_1(a), \ldots, f_m(a))$$

für alle $a \in \{0,1\}^n$. Nach Satz 3.9 gibt es zu jeder Funktion f_i einen Schaltkreis S_i mit Ausgang Y_i, der f_i berechnet. Bilden wir mit diesen Schaltkreisen den Schaltkreis S aus Abbildung 3.9, so gilt: S berechnet f.

Wir haben damit

Satz 3.10 *Zu jeder Schaltfunktion $f : \{0,1\}^n \to \{0,1\}^m$ gibt es einen Schaltkreis S, der f berechnet.*

Man kann also jede Schaltfunktion durch einen Schaltkreis berechnen.

Beispiel 3.7: Wir konstruieren einen Schaltkreis S zur Berechnung der Funktion $f : \{0,1\}^3 \to \{0,1\}^2$. Die Funktionstabelle von f ist in Tabelle 3.2 zu sehen.

Der Schaltkreis S_1 zur Berechnung von f_1 ist gerade der Schaltkreis aus Abbildung 3.6 (siehe Übung 3.2). Weiterhin gilt

$$f_2 = \overline{X_1}X_2X_3 \vee X_1\overline{X_2}X_3 \vee X_1X_2\overline{X_3} \vee X_1X_2X_3 .$$

Der Schaltkreis S_2 zur Berechnung von f_2 ist in Abbildung 3.10(a) zu sehen, der Schaltkreis S in Abbildung 3.10(b).

X_1	X_2	X_3	f_2	f_1
0	0	0	0	0
0	0	1	0	1
0	1	0	0	1
0	1	1	1	0
1	0	0	0	1
1	0	1	1	0
1	1	0	1	0
1	1	1	1	1

Tabelle 3.2: Funktionstabelle der Beispielfunktion

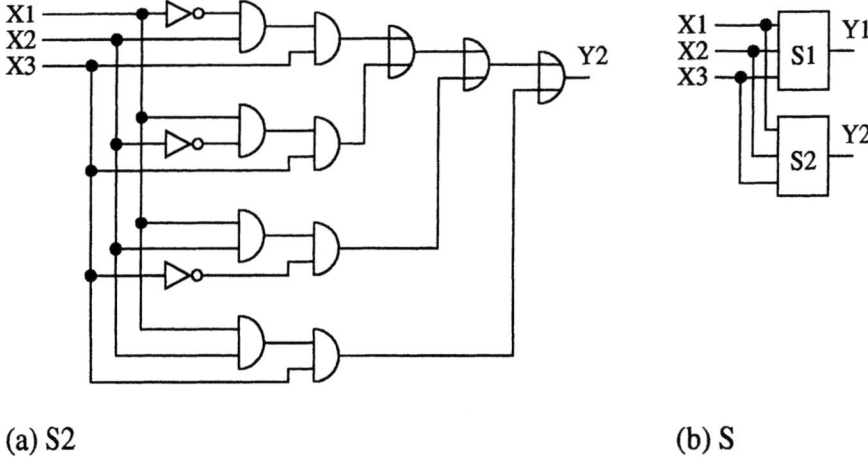

(a) S2 (b) S

Abbildung 3.10: Schaltkreis zur Berechnung der Beispielfunktionen f_2 und f

3.4 Schaltkreiskomplexität

3.4.1 Komplexitätsmaße

Wir messen die Kompliziertheit von Schaltkreisen $S = (X, G, g, Y)$ durch zwei Maße:

Definition 3.6 *Die* Kosten $C(S)$ *des Schaltkreises S sind gleich der Anzahl der Gatter von S. Die* Tiefe $T(S)$ *des Schaltkreises S ist gleich der Tiefe des Graphen* $G = (V, E)$.

> **Beispiel 3.8:** Die Kosten der Schaltkreise in den Abbildungen 3.3(b) und 3.4(a) sind jeweils 3, die Tiefen sind 3 bzw. 2.

Realisiert man einen Schaltkreis S durch physikalische Gatter, von denen jedes d DM kostet, so kosten alle Gatter im Schaltkreis zusammen gerade $d \cdot C(S)$ DM. Schaltkreiskosten modellieren also gewöhnliche Kosten in DM.

Gatter, die man physikalisch realisiert, schalten auch nicht unendlich schnell. Vielmehr machen sich Änderungen an den Eingängen eines Gatters erst nach einer gewissen Verzögerungszeit am Ausgang bemerkbar. Hat jedes Gatter eine Verzögerungszeit von t Sekunden, so dauert es höchstens $t \cdot T(S)$ Sekunden, bis eine Änderung von Signalen an den Eingängen eines Schaltkreises sich an den Ausgängen bemerkbar macht. Die Tiefe von Schaltkreisen modelliert also Verzögerungszeiten.

Analog zur Formelgröße können wir jetzt Schaltkreiskomplexität und Tiefe von Schaltfunktionen erklären:

Definition 3.7 *Sei f eine Schaltfunktion. Dann heißt*

$$C(f) = \min\{C(S) \mid S \text{ berechnet } f\}$$

die Schaltkreiskomplexität *von f, und*

$$T(f) = \min\{T(S) \mid S \text{ berechnet } f\}$$

heißt die Tiefe *von f.*

Offensichtlich gilt für alle Schaltkreise S die triviale Abschätzung $T(S) \leq C(S)$. Hieraus folgt

$$T(f) \leq C(f)$$

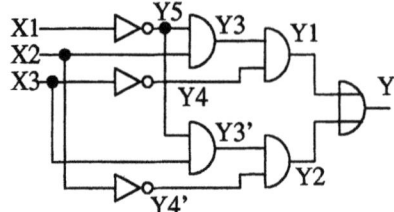

Abbildung 3.11: Vereinfachung durch einmalige Berechnung invertierter Literale

für alle Schaltfunktionen f.

Im Beweis von Satz 3.8 wurde für jedes Funktionszeichen in Ausdruck e ein Gatter benutzt. Für den so konstruierten Schaltkreis S gilt also $C(S) = L(e)$.

Zusammen mit Satz 2.8 erhalten wir

Satz 3.11 *Für alle $f : \{0,1\}^n \to \{0,1\}$ gilt*

$$T(f) \leq C(f) \leq n 2^{n+1}.$$

Beim Beweis von Satz 3.11 haben wir vollständige disjunktive Normalformen

$$p = \bigvee_{a \in \mathrm{Tr}(f)} m(a)$$

mit Hilfe von Satz 3.9 in Schaltkreise umgewandelt. In diesen Schaltkreisen hat jedes Gatter Outgrad 1, d. h. wir haben den Ausgang eines jeden Gatters nur an einer Stelle verwendet und nie den Ausgang eines Gatters an mehreren Stellen genutzt. Insbesondere werden alle Literale der Form $\overline{X_i}$ für jedes Monom $m(a)$ in p getrennt berechnet. Natürlich genügt es in einem Schaltkreis, jedes solche Literal mit einem einzigen Inverter zu berechnen und dann das Ergebnis nötigenfalls an mehreren Stellen zu verwenden. Aus dem Schaltkreis in Abbildung 3.8(d) wird so der Schaltkreis in Abbildung 3.11.

Diese Konstruktion ist von größter praktischer Bedeutung, beispielsweise beim Aufbau der Kontrollogik von Rechnern. Wir kommen darauf in Abschnitt 6.6 zurück. Allgemein reichen zum Berechnen einer n-stelligen Schaltfunktion

- n Inverter,
- $(n-1)2^n$ $\wedge$-Gatter und
- $2^n - 1$ $\vee$-Gatter

und wir haben

Satz 3.12 *Für alle* $f : \{0,1\}^n \to \{0,1\}$ *gilt*

$$T(f) \leq C(f) \leq n2^n + n\,.$$

3.4.2 Assoziativität und balancierte Bäume

Alle bisherigen Abschätzungen über die Tiefe von Schaltfunktionen folgen aus der trivialen Abschätzung $T(S) \leq C(S)$. Um diese Abschätzungen zu verbessern, benutzen wir zwei einfache graphentheoretische Konzepte.

Definition 3.8 *Ein* Baum *ist ein gerichteter zykelfreier Graph G für den gilt:*

1. *outdeg$(G) = 1$ und*

2. *G hat genau eine Senke.*

Die Quellen eines Baums nennt man Blätter, *die Senke des Baums nennt man die* Wurzel *des Baums. Ein* binärer Baum *ist ein Baum, in dem alle Knoten außer den Quellen Ingrad 2 haben.*

Beispiel 3.9: Der Graph aus Abbildung 3.12(a) ist ein binärer Baum mit Blättern 1 und 4 bis 6 und Wurzel 0. Die Graphen aus Abbildung 3.12(b) und (c) sind keine Bäume. Bei (b) gibt es zwei Senken, bei (c) hat ein Knoten Outgrad 2.

Definition 3.9 *Es seien $G = (V,E)$ und $G' = (V',E')$ gerichtete Graphen. Dann heißt G'* Teilgraph *von G falls*

$$V' \subseteq V, \quad E' \subseteq E\,.$$

Ist G' ein Baum, so heißt G' ein Teilbaum *von G.*

Die Graphen der Schaltkreise S, die wir im vorigen Abschnitt aus Polynomen

$$p = \bigvee_{a \in \mathrm{Tr}(f)} m(a)$$

konstruiert haben, enthalten die folgenden Teilgraphen (siehe Abbildung 3.13):

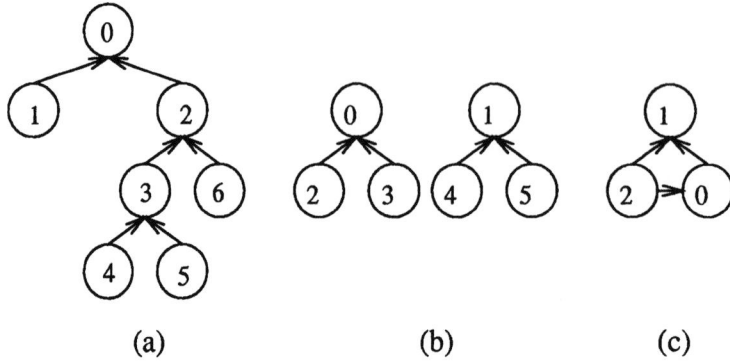

Abbildung 3.12: Beispiele und Gegenbeispiele für Bäume

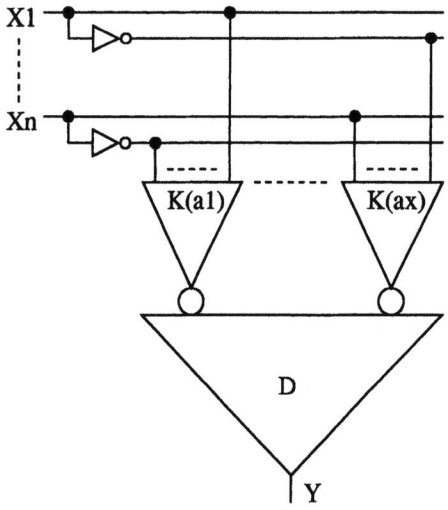

Abbildung 3.13: Teilgraphen des Schaltkreises zu einem Polynom

3.4. Schaltkreiskomplexität

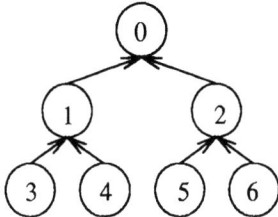

Abbildung 3.14: Verringerung der Tiefe eines Baumes

1. die Eingänge $X_1, \ldots, X_n$ und die Inverter zur Berechnung von $\overline{X_1}, \ldots, \overline{X_n}$.

2. für jedes a mit $f(a) = 1$ einen binären Baum $K(a)$ mit n Blättern aus der Menge $\{X_1, \ldots, X_n, \overline{X_1}, \ldots, \overline{X_n}\}$ und $n-1$ vielen $\wedge$-Gattern, dessen Wurzel das Monom $m(a)$ berechnet.

3. einen binären Baum D, dessen Blätter die Wurzeln der Bäume $K(a)$ sind. Dieser Baum hat $\#\mathrm{Tr}(f) = \#\{a \mid f(a) = 1\}$ viele Blätter sowie $\#\mathrm{Tr}(f) - 1$ viele $\vee$-Gatter, und seine Wurzel berechnet p.

Da jeder Pfad durch den Schaltkreis[4] höchstens einen Inverter und nur einen der Bäume $K(a)$ trifft, folgt sofort

$$\begin{aligned} \mathrm{T}(f) &\leq 1 + \max\{\mathrm{T}(K(a)) \mid a \in \{0,1\}^n \text{ und } f(a) = 1\} + \mathrm{T}(D) \quad (3.1)\\ &\leq 1 + n - 1 + 2^n - 1 \, . \end{aligned}$$

Da die Funktion $\wedge$ assoziativ ist, können wir in S jeden der Bäume $K(a)$ durch irgendeinen anderen binären Baum mit den gleichen Blättern und $n-1$ vielen $\wedge$-Gattern ersetzen, ohne daß sich sich die von S berechnete Funktion ändert. Beispielsweise können wir den Baum in Abbildung 3.12(a) durch den Baum aus Abbildung 3.14 ersetzen.

Ebenso können wir D durch einen beliebigen Baum mit den gleichen Blättern und $\#\mathrm{Tr}(f) - 1$ vielen $\vee$-Gattern ersetzen. Wir interessieren uns deshalb für binäre Bäume mit n Knoten und möglichst geringer Tiefe. Solche Bäume nennt man *balanciert*.

Lemma 3.13 *Für jedes $n \in \mathbb{N}$ gibt es einen binären Baum B_n mit n Blättern und Tiefe $\lceil \log n \rceil$.*

---
[4] Genauer: durch den Graph des Schaltkreises

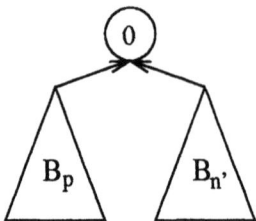

Abbildung 3.15: Konstruktion von B_n aus B_p und $B_{n'}$

Beweis durch Induktion über n: Der Baum B_1 besteht aus einem einzigen Knoten. Für den Induktionsschritt sei nun $n > 1$, und es sei

$$p = \max\{2^k \mid 2^k < n \text{ und } k \in \mathbf{N}_0\},$$

d. h. p ist die größte Zweierpotenz, die kleiner als n ist.

Dann ist
$$n = p + n'$$
mit $n' \in \{1, \ldots p\}$. Es folgt
$$p < n \leq 2p.$$

Logarithmieren liefert
$$\lceil \log p \rceil = \log p < \log n \leq \log(2p) = \log p + 1,$$
also
$$\lceil \log n \rceil = \log p + 1 = \lceil \log p \rceil + 1. \tag{3.2}$$

Wir konstruieren B_n aus den Bäumen B_p und $B_{n'}$ wie in Abbildung 3.15 angegeben. Dann ist
$$T(B_n) = T(B_p) + 1.$$

Das Lemma folgt nun direkt aus (3.2). ∎

Abbildung 3.16 zeigt die Bäume B_n für $n = 1, 2, 3, 4$ und 7.

Aus Lemma 3.13 und (3.1) folgt sofort
$$T(f) \leq 1 + \lceil \log n \rceil + \lceil \log(2^n) \rceil.$$

Also gilt

Satz 3.14 *Für alle $f : \{0, 1\}^n \to \{0, 1\}$ gilt*
$$T(f) \leq n + \lceil \log n \rceil + 1.$$

3.4. Schaltkreiskomplexität

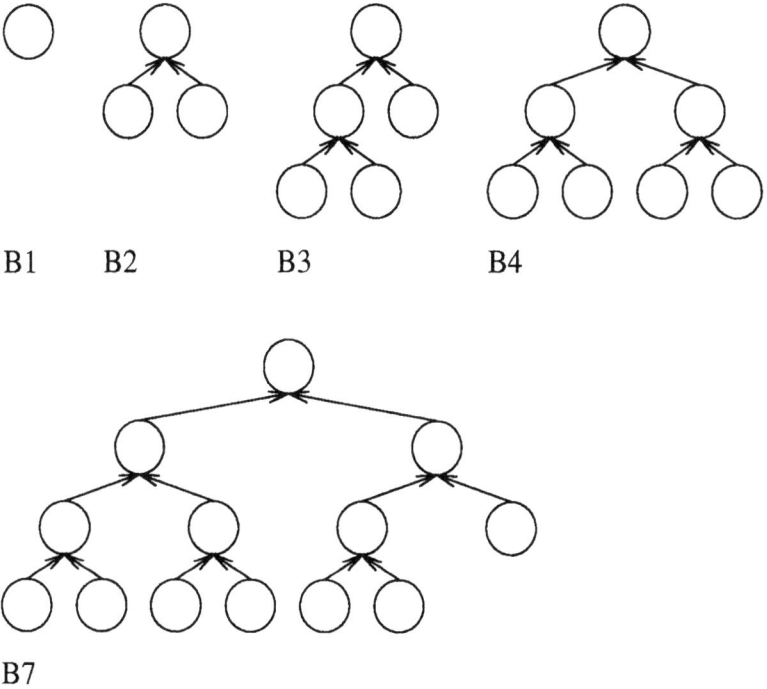

Abbildung 3.16: Bäume B_n für $n = 1, 2, 3, 4, 7$

3.5 *Schaltkreise und Boole'sche Ausdrücke

Aus dem Beweis von Satz 3.8 folgt für alle Schaltfunktionen $f : \{0,1\}^n \to \{0,1\}$ sofort

$$C(f) \leq L(f), \quad (3.3)$$

da man ja aus jedem Boole'schen Ausdruck e sofort einen Schaltkreis S gleicher Kosten konstruieren kann, dessen Ausgang e berechnet. Überdies haben alle Gatter in S Outgrad 1. Schaltkreise mit dieser Eigenschaft nennen wir *Baumschaltkreise*. Die Umkehrung von (3.3) gilt allerdings nicht. Es gibt Funktionen f, deren billigste Schaltkreise sehr viel billiger sind als die billigsten Boole'schen Ausdrücke, die die gleiche Funktion realisieren. Dies wird in Satz 3.15 formalisiert.

Satz 3.15 *Es gibt eine Familie $\{f_n \mid n \in \mathbb{N}\}$ von Schaltfunktionen $f_n : \{0,1\}^n \to \{0,1\}$, so daß für unendlich viele $n \in \mathbb{N}$ gilt:*

$$L(f_n) \geq \frac{n^2}{36 \log(n/2)} - 1,$$
$$C(f_n) \leq 8n.$$

Zum Beweis dieses Satzes gehen wir in vier Schritten vor, von denen jeder einzelne ziemlich einfach ist.

1. Wir definieren, was die Subfunktionen einer Schaltfunktion sind.

2. Wir beweisen das sogenannte Kriterium von Neciporuk. Das Kriterium besagt, daß Funktionen f, die in einem gewissen Sinn viele Subfunktionen haben, nicht durch billige Ausdrücke berechnet werden können. Hier hat man das Problem, daß man über alle nur denkbaren Ausdrücke, die f berechnen, eine Aussage machen muß.

3. Wir studieren eine einfache Familie von Schaltfunktionen g_n, die schon viele Subfunktionen haben, aber noch nicht genügend viele.

4. Wir konstruieren hieraus die Familie von Funktionen $\{f_n\}$ und beweisen den Satz.

3.5.1 Subfunktionen

Sei $f : \{0,1\}^n \to \{0,1\}$ eine Schaltfunktion und $\mathcal{X} = \{X_1, \ldots X_n\}$ die Menge der Variablen. Es sei $T \subseteq \mathcal{X}$ eine Teilmenge der Variablen, und es sei $\alpha : \mathcal{X} \setminus T \to \{0,1\}$ eine Abbildung.

3.5. *Schaltkreise und Boole'sche Ausdrücke

X_1	X_2	$f(X_1,X_2)$	$f_\alpha(X_1)$	$f_\beta(X_2)$
0	0	0		0
0	1	1	1	1
1	0	1		
1	1	0	0	

Tabelle 3.3: Funktionstabellen von f, f_α und f_β

Eine solche Abbildung heißt *partielle Einsetzung*, da sie nicht allen Variablen einen Wert zuweist, sondern nur denen außerhalb von T. Ersetzen wir nun in

$$f(X_1,\ldots,X_n)$$

jede Variable $X_i \in \mathcal{X} \setminus T$ durch die Konstante $\alpha(X_i) \in \{0,1\}$, so berechnet der entstehende erweiterte Boole'sche Ausdruck eine Funktion f_α, deren Wert nur noch von $\#T$ Argumenten abhängt. Funktionen, die auf diese Weise entstehen, nennen wir *T-Subfunktionen* von f. Man kann sie also als Funktionen

$$f_\alpha : \{0,1\}^{\#T} \to \{0,1\}$$

auffassen (siehe auch Übung 3.9).

Beispiel 3.10: Gegeben sei die Funktion $f : \{0,1\}^2 \to \{0,1\}$. Die Funktionstabelle von f ist in der linken Hälfte von Tabelle 3.3 dargestellt.

Sei $T_1 = \{X_1\}$ und $\alpha : \{X_2\} \to \{0,1\}$ gegeben mittels $\alpha(X_2) = 1$. Wir erhalten die T_1-Subfunktion $f_\alpha : \{0,1\} \to \{0,1\}$.

Sei $T_2 = \{X_2\}$ und $\beta : \{X_1\} \to \{0,1\}$ gegeben mittels $\beta(X_1) = 0$. Wir erhalten die T_2-Subfunktion $f_\beta : \{0,1\} \to \{0,1\}$.

Die Funktionstabellen beider Funktionen sind in der rechten Hälfte von Tabelle 3.3 zu sehen.

Aus einem Schaltkreis, der f berechnet erhält man sehr leicht einen Schaltkreis, der f_α berechnet. Man ersetzt einfach für $X_i \in \mathcal{X} \setminus T$ jede Kante, die von Eingang X_i ausgeht, durch eine Kante mit gleichem Endpunkt, die von dem speziellen Knoten $\alpha(X_i)$ ausgeht. Sofern X_i Ausgang des Schaltkreises ist, muß man noch $\alpha(X_i)$ zum Ausgang machen.

Beispiel 3.11: Abbildung 3.17 zeigt die Schaltkreise, die die Funktionen f, f_α und f_β aus Beispiel 3.10 berechnen.

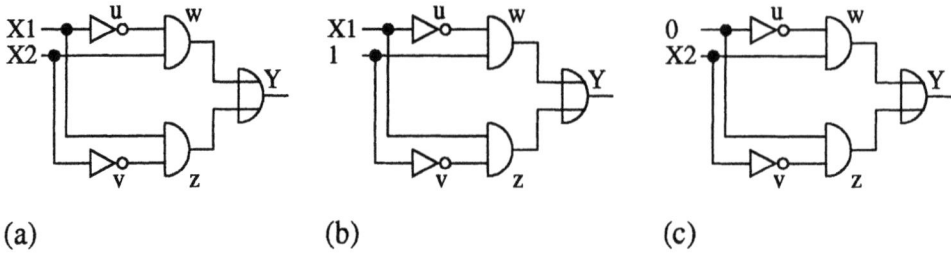

Abbildung 3.17: Schaltkreise zur Berechnung von f, f_α und f_β

3.5.2 Das Kriterium von Neciporuk

Definition 3.10 *Sei S ein Schaltkreis mit einem einzigen Ausgang Y, und sei $T \subseteq V$ eine Teilmenge der Variablen.*

- *Ein T–Pfad ist ein Pfad von einem Eingang $X_i \in T$ zum Ausgang Y.*
- *Ein T–Knoten ist ein Gatter, in dem sich zwei T–Pfade treffen.*
- *Ein T-Segment ist ein Pfad zwischen zwei T–Knoten oder zwischen einem T–Knoten und Y oder zwischen einem Eingang und einem T–Knoten, der keine weiteren T–Knoten berührt.*

Wir zeigen mit einem Abzählargument:

Lemma 3.16 *Sei $f : \{0,1\}^n \to \{0,1\}$ eine Schaltfunktion, S ein beliebiger Schaltkreis der f berechnet und die Menge T sei eine Teilmenge der Variablen. Es sei*

$$\tau = \#\{f_\alpha \mid f_\alpha \text{ ist } T\text{-Subfunktion von } f\} \text{ und}$$
$$v = \#\{v \text{ in } S \mid v \text{ ist } T\text{-Knoten}\}.$$

Dann gilt

$$v \geq \frac{\log \tau}{4} - 1.$$

Beweis: Sei α eine Belegung von $\mathcal{X} \setminus T$. Wir formen wie oben beschrieben den Schaltkreis S so um, daß er f_α berechnet und rechnen in dem so entstandenen Schaltkreis. Für alle Knoten v, die keine T-Knoten sind, folgt durch Induktion über die Tiefe:

$$v = \begin{cases} 0 \text{ oder} \\ 1, \end{cases}$$

3.5. *Schaltkreise und Boole'sche Ausdrücke

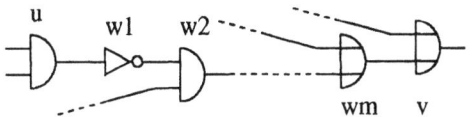

Abbildung 3.18: Beispiel eines T-Segmentes

d. h. der Wert dieser Knoten ist durch die partielle Einsetzung α bereits festgelegt.

Nun betrachten wir ein T-Segment von Knoten u nach Knoten v mit Knoten

$$u, w_1, \ldots, w_m, v$$

(siehe Abbildung 3.18). Keiner dieser Knoten w_j zwischen u und v ist ein T-Knoten. Sofern w_j Ingrad 2 hat, liegt der direkte Vorgänger x von w_j, der nicht auf dem Segment liegt, auf gar keinem T-Pfad. Es folgt

$$x \equiv 0 \text{ oder } x \equiv 1,$$

d. h. der Wert von x ist allein durch α festgelegt. Also hängt der Ausgang von w_j höchstens von seinem direkten Vorgänger auf dem Segment ab. Durch Induktion über j folgt, daß w_j höchstens von u abhängt. Es folgt insbesondere:

$$w_m \equiv \begin{cases} 0 \text{ oder} \\ 1 \text{ oder} \\ u \text{ oder} \\ \bar{u}. \end{cases}$$

Unabhängig von der Länge des Segments kann also v nur in vier Weisen von w abhängen. Die Funktion f_α kann man dadurch spezifizieren, daß man für jedes solche Segment angibt, auf welche Weise v von u abhängt. Dies muß auf mindestens τ viele Weisen möglich sein. Ist σ die Anzahl der T-Segmente, so folgt

$$4^\sigma \geq \tau, \text{ bzw.}$$
$$\sigma \geq \frac{\log \tau}{\log 4}.$$

Da jedes T-Segment entweder in einem T-Gatter oder im Ausgang Y endet, gilt

$$\sigma \leq 2 \cdot v + 1.$$

Hieraus folgt direkt die Behauptung. ∎

Aus dem Lemma folgern wir nun mühelos:

Satz 3.17 (Kriterium von Neciporuk) *Sei $f : \{0,1\}^n \to \{0,1\}$ eine Schaltfunktion und S ein beliebiger Schaltkreis der f berechnet. Die Mengen $T_1, \ldots, T_r$ seien paarweise disjunkte Teilmengen der Variablen, und für $i \in \{1, \ldots, r\}$ sei*

$$\tau_i = \#\{f_\alpha \mid f_\alpha \text{ ist } T_i\text{-Subfunktion von } f\}.$$

Dann gilt

$$L(f) \geq \sum_{i=1}^{r} \left(\frac{\log \tau_i}{4} \right) - 1. \tag{3.4}$$

Beweis: Sei e ein Boole'scher Ausdruck, der f berechnet. Wie im Beweis von Satz 3.8 formen wir e in einen Baumschaltkreis S gleicher Kosten um. Für $i \in \{1, \ldots, r\}$ sei

$$v_i = \#\{v \text{ in } S \mid v \text{ ist } T_i\text{-Knoten in } S\}.$$

Lemma 3.16 liefert

$$v_i \geq \log \tau_i / 4 - 1$$

für alle i. Wir betrachten die T_i-Pfade. Da S ein Baumschaltkreis ist, gibt es davon genau

$$\sum_{X_j \in T_i} outdeg(X_j)$$

viele. Alle diese Pfade treffen in den T_i-Knoten zusammen. Im Ausgang Y sind sie alle zusammengetroffen. Wir verfolgen nun vom Ausgang aus diese Pfade *rückwärts* in Richtung der Eingänge. Anfangs ist es nur ein Pfad. In jedem T_i-Knoten spaltet sich genau ein zusätzlicher Pfad ab. Also gibt es genau $v_i + 1$ viele T_i-Pfade.

Es folgt

$$\sum_{X_j \in T_i} outdeg(X_j) \geq v_i + 1.$$

Da die Mengen T_i paarweise disjunkt sind, folgt

$$\sum_{X_j \in \mathscr{X}} outdeg(X_j) \geq \sum_{i=1}^{r} (v_i + 1).$$

Also gibt es im Baumschaltkreis S mindestens

$$\sum_{i=1}^{r} (v_i + 1) \geq \sum_{i=1}^{r} \log \tau_i / 4$$

viele Pfade von den Eingängen zum Ausgang. Wie eben verfolgen wir diese Pfade vom Ausgang aus rückwärts. In jedem Gatter spaltet sich höchstens ein Pfad ab. Hieraus folgt

$$L(e) = C(S) \geq \sum_{i=1}^{r} (\log \tau_i / 4) - 1.$$

∎

3.5.3 Selektoren

Sei nun f eine Schaltfunktion, $T \subseteq \mathcal{X}$ sei eine Teilmenge der Variablen, und es sei $s = \#T$. Da jede T-Subfunktion von f nur von s Argumenten abhängt, kann es höchstens 2^{2^s} viele T-Subfunktionen von s geben. Wir geben im Folgenden sehr einfache Funktionen g_n an, die diese Eigenschaft haben und die überdies durch billige Ausdrücke berechnet werden können. Die Funktion

$$\langle \ \rangle : \{0,1\}^s \to \{0, \ldots, 2^s - 1\}$$

sei definiert durch

$$\langle a_{s-1}, \ldots, a_0 \rangle = \sum_{i=0}^{s-1} a_i \cdot 2^i .$$

Ein leichter Induktionsbeweis zeigt

$$\sum_{i=0}^{t} 2^i = 2^t - 1 .$$

Hieraus folgt, daß die Funktion $\langle \ \rangle$ bijektiv ist. Wir führen die Beweise in Abschnitt 4.1.

Für Zweierpotenzen $n = 2^s$ definieren wir nun die Funktionen

$$g_n : \{0,1\}^{s+n} \to \{0,1\} .$$

Hierfür teilen wir die Variablen in zwei Folgen

$$\begin{aligned} Y &= (Y_{s-1}, \ldots, Y_0) \text{ und} \\ X &= (X_0, \ldots, X_{n-1}) \end{aligned}$$

ein und definieren

$$g_n(Y, X) = X_{\langle Y \rangle} ,$$

d. h. wir zeigen mit Y auf die Variable $X_{\langle Y \rangle}$. Der Wert dieser Variablen ist der Funktionswert (siehe Abbildung 3.19). Ein Schaltkreis, der g_n berechnet, heißt n-Selektor.

Wir zeigen

Lemma 3.18

1. *Es sei* $T = \{Y_{s-1}, \ldots, Y_0\}$. *Dann hat* g_n *genau* $2^n = 2^{2^s}$ *viele T-Subfunktionen.*
2. $L(g_n) \leq 4n - 4$.

```
   Y₁ Y₀                              Y₁ Y₀
┌─┬─┬──┬──┬──┬──┐              ┌─┬─┬──┬──┬──┬──┐
│0│0│X₀│X₁│X₂│X₃│              │0│1│X₀│X₁│X₂│X₃│
└─┴─┴──┴──┴──┴──┘              └─┴─┴──┴──┴──┴──┘
      ↑                              ↑

   Y₁ Y₀                              Y₁ Y₀
┌─┬─┬──┬──┬──┬──┐              ┌─┬─┬──┬──┬──┬──┐
│1│0│X₀│X₁│X₂│X₃│              │1│1│X₀│X₁│X₂│X₃│
└─┴─┴──┴──┴──┴──┘              └─┴─┴──┴──┴──┴──┘
            ↑                              ↑
```

Abbildung 3.19: Beispiel der Funktion g_n für $n=4$

Beweis:

1. Seien $\alpha, \beta : \{X_0, \ldots, X_{n-1}\} \to \{0,1\}$ zwei verschiedene partielle Einsetzungen, d. h. es gibt ein $i \in \{0, \ldots, n-1\}$ mit

$$\alpha(X_i) \neq \beta(X_i).$$

Dann unterscheiden sich die Funktionen g_α und g_β gerade an der Stelle (d. h. an der Lösung der Gleichung)

$$\langle Y \rangle = i.$$

Da es 2^n partielle Einsetzungen α gibt, folgt die Behauptung. In der Tat kann man leicht zeigen, daß $\langle a \rangle < \langle b \rangle$ genau dann gilt, wenn a lexikographisch kleiner als b ist (siehe Übung 3.11). Somit ist g_α genau die s-stellige Funktion mit Funktionstabelle $\alpha(X_0), \ldots, \alpha(X_{n-1})$.

2. Es ist

$$\langle Y \rangle = \begin{cases} \langle Y_{s-2}, \ldots, Y_0 \rangle & \text{falls } Y_{s-1} = 0 \\ 2^{s-1} + \langle Y_{s-2}, \ldots, Y_0 \rangle & \text{falls } Y_{s-1} = 1. \end{cases}$$

Hieraus folgt sofort für $n \geq 2$:

$$\begin{aligned} g_n(Y,X) &= \overline{Y_{s-1}} \wedge g_{n/2}(Y_{s-2}, \ldots, Y_0, X_0, \ldots, X_{n/2-1}) \\ &\quad \vee Y_{s-1} \wedge g_{n/2}(Y_{s-2}, \ldots, Y_0, X_{n/2}, \ldots, X_{n-1}). \end{aligned}$$

Weiter gilt

$$g_1(X_0) = X_0.$$

Für $n \geq 2$ folgt

$$L(g_n) \leq 2 \cdot L(g_{n/2}) + 4$$

3.5. *Schaltkreise und Boole'sche Ausdrücke

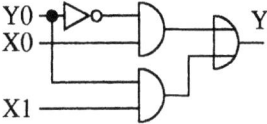

Abbildung 3.20: Aufbau eines 2-Selektors

sowie
$$L(g_1) = 0.$$
Durch Induktion folgt sofort
$$L(g_n) \le 4n - 4.$$

∎

Aus Teil 2 von Lemma 3.18 und Satz 3.8 erhält man natürlich auch n-Selektoren mit Kosten $4n - 4$. Ein Beispiel für $n = 2$ findet man in Abbildung 3.20. Ein solcher 2-Selektor heißt auch *Multiplexer*, siehe hierzu Abschnitt 4.2.4.

3.5.4 Funktionen mit vielen Subfunktionen

Die Schaltfunktionen g_n haben zahlreiche T-Subfunktionen für *eine* Teilmenge T der Variablen. Wir konstruieren nun eine Familie von Schaltfunktionen, die für *viele* disjunkte Teilmengen T^i der Variablen zahlreiche T^i-Subfunktionen hat. Hierfür sei $u \in \mathbf{N}$ $t = 2^u$, $s = 2^t$ und $n = 2s + \log s - \log \log s$. Es folgt

$$2s \le n \le 3s. \qquad (3.5)$$

Wir teilen die n Variablen in $2 + s/\log s$ Folgen ein:

1. Die Folge der Variablen
$$X = (X_1, \ldots, X_{s-1})$$
spielt eine ähnliche Rolle wie bei den Funktionen g_n.

2. Sei
$$q = s/\log s.$$
Für jedes $i \in \{0, \ldots, q-1\}$ definieren wir eine Folge von $\log s$ Variablen
$$Y^i = (Y^i_{\log s - 1}, \ldots, Y^i_0).$$
Diese Gruppen haben insgesamt n Variablen.

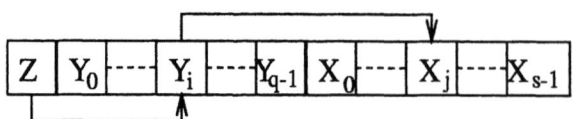

Abbildung 3.21: Berechnung von f_n in zwei Stufen

3. Von den q vielen Gruppen Y^i kann jede die Rolle von Y bei den Funktionen g_n spielen. Welche das ist, wird durch den Wert einer dritten Folge mit insgesamt $r = \log q = \log s - \log \log s$ vielen Variablen

$$Z = (Z_{r-1}, \ldots, Z_0)$$

bestimmt.

Die Funktionen f_n werden jetzt definiert durch

$$f_n(Z, Y^0, \ldots, Y^{q-1}, X) = X_{\langle Y^{\langle Z \rangle} \rangle},$$

d. h. der Funktionswert wird in zwei Stufen bestimmt:

1. mit Hilfe der Variablen Z wird die Folge von Variablen $U = Y^{\langle Z \rangle}$ ausgesucht.

2. mit Hilfe von U wird die Ausgabe $X_{\langle U \rangle}$ ausgesucht (siehe Abbildung 3.21).

Für jedes $i \in \{0, \ldots, q-1\}$ fassen wir die Variablen aus Folge Y^i in der Menge T_i zusammen und zeigen

Lemma 3.19

1. Für jedes $i \in \{0, \ldots, q-1\}$ hat f_n mindestens 2^s viele T_i-Subfunktionen.

2. $C(f_n) \leq 4n$.

Beweis:

1. Sei $\langle Z \rangle = i$. Dann ist
$$f_n(Z, Y^0, \ldots, Y^{q-1}, X) = g_s(Y^i, X)$$
und die Behauptung folgt direkt aus dem ersten Teil von Lemma 3.18.

2. Wir berechnen zunächst
$$U = (U_{\log s-1}, \ldots, U_0)$$
durch $\log s$ viele q-Selektoren S_j, $j \in \{\log s - 1, \ldots, 0\}$. Hierbei berechnet S_j einfach $g_q(Y_j^{q-1}, \ldots, Y_j^0, Z)$. Dann berechnen wir den Funktionswert $g_s(U,X)$ durch einen einzigen weiteren s-Selektor. Es folgt

$$\begin{aligned} C(f_n) &\leq (\log s) \cdot C(g_{s/\log s}) + C(g_s) \\ &\leq 8s \\ &\leq 4n. \end{aligned}$$

∎

Satz 3.15 folgt nun direkt aus Satz 3.17, Lemma 3.19 und (3.5).

3.6 Übungen

Übung 3.1: *Charakterisieren Sie die endlichen gerichteten Graphen G mit indeg(G) = 1.*

Übung 3.2: *Zeigen Sie unter Zuhilfenahme von Satz 3.7 und Beispiel 3.3, daß der Schaltkreis in Abbildung 3.6 die Funktion $\oplus_3 : \{0,1\}^3 \to \{0,1\}$ mit $\oplus_3(x,y,z) = (x+y+z) \bmod 2$ berechnet.*

Übung 3.3: *Geben Sie einen Schaltkreis an, der die Funktion $f : \{0,1\}^3 \to \{0,1\}^3$ aus Tabelle 3.4 berechnet. Tun Sie dies*

- *gemäß den allgemeinen Konstruktionen aus diesem Kapitel,*
- *mit möglichst geringen Kosten.*

Übung 3.4: *Ein Gatter in 0.5μ-Technologie hat ungefähr eine Fläche von $8\,\mu m^2$ [36]. Welche Fläche braucht man, um mit den allgemeinen Konstruktionen aus diesem Kapitel eine Schaltfunktion $f : \{0,1\}^{65} \to \{0,1\}^{33}$ zu realisieren?*

Übung 3.5: *Es sei $f(X_1, \ldots, X_n) = X_1 \oplus \cdots \oplus X_n$. Geben Sie einen Schaltkreis möglichst geringer Tiefe an, der nur aus NAND-Gattern besteht und f berechnet.*

Übung 3.6: *Ein n-Bit Dekodierer ist ein Schaltkreis, der die folgende Funktion $f : \{0,1\}^n \to \{0,1\}^{2^n}$ berechnet:*
$$f(x)_i = \begin{cases} 1 & \text{falls } \langle x \rangle = i \\ 0 & \text{falls } \langle x \rangle \neq i \end{cases}$$
Zeigen Sie: Es gibt n-Bit Dekodierer mit Tiefe $\lceil \log n \rceil + 1$.

X_3	X_2	X_1	$f_3(X)$	$f_2(X)$	$f_1(X)$
0	0	0	0	0	1
0	0	1	0	1	0
0	1	0	0	1	1
0	1	1	1	0	0
1	0	0	1	0	1
1	0	1	1	1	0
1	1	0	1	1	1
1	1	1	0	0	0

Tabelle 3.4: Beispielfunktion f

Übung 3.7: *Zeigen Sie:*

1. Die Anzahl der gerichteten Graphen $G = (V,E)$ mit n Knoten und $\text{indeg}(G) = 2$ ist höchstens n^{2n}.

2. Die Anzahl der Schaltkreise S mit n Eingängen, einem Ausgang und Kosten c ist höchstens $c^{n+c+2} \cdot 5^c \cdot (n+c+2)$.

3. Für alle n gibt es Schaltfunktionen $f : \{0,1\}^n \to \{0,1\}$ mit $C(f) = \Omega(2^n/n)$.

Übung 3.8: *Sei B eine $n \times n$-Matrix mit $B_{i,j} \in \{0,1\}$ für alle $i,j \in \{1,\ldots,n\}$, und sei $a = (a_1,\ldots,a_n) \in \{0,1\}^n$. Wir definieren das Boole'sche Produkt $B \cdot a = c \in \{0,1\}^n$ von Matrix B mit Vektor a durch*

$$c_i = \vee_{j=1}^n B_{i,j} \wedge a_j$$

für alle $i \in \{1,\ldots,n\}$. Eine Schaltfunktion $f : \{0,1\}^n \to \{0,1\}^n$ heißt linear, falls es eine Matrix B gibt, so daß $f(a) = B \cdot a$ für alle $a \in \{0,1\}^n$ gilt.

Zeigen Sie: Für alle n gibt es lineare Schaltfunktionen $f : \{0,1\}^n \to \{0,1\}^n$ mit $C(f) = \Omega(n^2/\log n)$.

Übung 3.9: *Definieren Sie formal, wie man aus gegebener Funktion f, Menge T und partieller Einsetzung α die T-Subfunktion f_α erhält.*

Übung 3.10: *Man kann die Definition der Funktionen g_n aus Abschnitt 3.5.3 auf beliebige $n \in \mathbb{N}$ erweitern. Man wählt dazu $s = \lceil \log n \rceil$. Ist $\langle Y \rangle \geq n$, so sei $g_n(Y,X) = 0$. Konstruieren Sie einen n-Selektor für beliebiges n und bestimmen Sie die Kosten.*

Übung 3.11: *Zeigen Sie durch vollständige Induktion, daß für $a,b \in \{0,1\}^n$ gilt:*

$$\langle a \rangle < \langle b \rangle \Leftrightarrow a <_{lex} b .$$

Übung 3.12: *Formulieren Sie Satz 3.15 in asymptotischer Notation, d. h. mittels der Funktionen O und Ω.*

3.6. Übungen

Übung 3.13: *Wir lassen im Beweis von Satz 3.15 in Boole'schen Ausdrücken auch ⊕ als Funktionszeichen zu. Zeigen oder widerlegen Sie: Die Schranke in Lemma 3.16 verschlechtert sich auf*

$$v \geq \frac{\log \tau}{5} - 1.$$

Kapitel 4

Arithmetik

4.1 Zahlendarstellungen

Wir wollen Schaltkreise entwerfen, die arithmetische Operationen wie Addition, Subtraktion und Multiplikation auf ganzen Zahlen realisieren. Hierfür müssen wir jedenfalls ganze Zahlen als Bitfolgen oder allgemeiner als Zeichenfolgen kodieren. Wir beginnen mit den Darstellungen von nichtnegativen ganzen Zahlen als Ziffernfolgen zu irgendeiner Basis B. Das macht keine zusätzliche Mühe und liefert gleichzeitig die wohlbekannten Dezimalzahlen als Beispiel.

4.1.1 Stellenwertsysteme

In den üblichen Stellenwertsystemen stellt man natürliche Zahlen als Folgen $a_{n-1}\ldots a_0$ von *Ziffern* aus einer Menge $\{0,\ldots,B-1\}$ dar. Die Zahl B heißt dann die *Basis* der Zahlendarstellung. Die Zahl n heißt die Anzahl der *Stellen*. Ein Beispiel sind die wohlbekannten Dezimalzahlen. Die Basis B hat bei diesem Zahlen den Wert 10. Die folgende Tabelle zeigt für einige Zahlensysteme die Basen und die gebräuchlichen Symbole für die verwendeten Ziffern.

Name	Basis B	Ziffern
Binärzahlen	2	0,1
Oktalzahlen	8	$0,1,\ldots,7$
Dezimalzahlen	10	$0,1,\ldots,9$
Hexadezimalzahlen	16	$0,1,\ldots,9,A,B,C,D,E,F$

4.1. Zahlendarstellungen

Sei nun $n \in \mathbb{N}$. Jede Zeichenreihe $a = a_{n-1} \ldots a_0 \in \{0, \ldots, B-1\}^n$ ist eine n-stellige Zahlendarstellung zur Basis B. Man definiert die durch a dargestellte Zahl als

$$\langle a \rangle_B = \sum_{i=0}^{n-1} a_i \cdot B^i,$$

d.h. jede Ziffer a_i in a wird mit dem *Gewicht* B^i multipliziert, und die gewichteten Stellen werden aufsummiert. Ein Beispiel für $B = 10$ und $n = 3$ ist

$$\langle 519 \rangle_{10} = 5 \cdot 10^2 + 1 \cdot 10^1 + 9 \cdot 10^0.$$

Wir schreiben natürlich statt $\langle a \rangle_{10}$ in Zukunft wie gewohnt einfach a, d.h. wir unterscheiden nicht zwischen Dezimaldarstellungen und den durch sie dargestellten Zahlen. Daß wir gerade Dezimalzahlen als Standarddarstellung bevorzugen, dürfte allein an der Zahl unserer Finger liegen. Wenn wir Hühner wären, würden wir sicher bevorzugt zur Basis 8 rechnen. Hieraus folgt übrigens, daß es keinerlei Anlaß gibt, um Jahrtausendwenden oder runde Geburtstage irgendein Aufhebens zu machen. Kein Huhn der Welt kann das nachvollziehen.

Mit dreistelligen Dezimalzahlen kann man genau die ganzen Zahlen von 0 bis $999 = 10^3 - 1$ darstellen. Diese Aussage ist ein Spezialfall von

Lemma 4.1 *Für jedes* $a \in \{0, \ldots, B^n - 1\}$ *gibt es* $a_0, \ldots, a_{n-1} \in \{0, \ldots, B-1\}$, *so daß* $a = \sum_{i=0}^{n-1} a_i \cdot B^i$. *Diese* a_i *sind eindeutig bestimmt.*

Beweis: Wir zeigen zuerst für beliebiges a die Existenz eines Tupels $a_0, \ldots, a_{n-1}$ mit obigen Eigenschaften, danach zeigen wir die Eindeutigkeit. Den Existenzbeweis führen wir durch Induktion über n. Der Beweis liefert ein Verfahren zur Berechnung der a_i.

$n = 1$: Es gilt $a \in \{0, \ldots, B-1\}$. Man wählt $a_0 = a$.

$n-1 \to n$: Man unterteilt die Menge $\{0, \ldots, B^n - 1\}$ in B disjunkte Teilmengen $I_j = \{j \cdot B^{n-1}, \ldots, (j+1) \cdot B^{n-1} - 1\}$, $j = 0, \ldots, B-1$.

Die Zahl a ist in genau einer dieser Mengen I_j enthalten. Es gilt dann $a = j \cdot B^{n-1} + a'$, wobei $a' \in \{0, \ldots, B^{n-1} - 1\}$. Nach Induktionsvoraussetzung gibt es eine Darstellung für a': $a' = \sum_{i=0}^{n-2} a_i \cdot B^i$. Wählt man $a_{n-1} = j$, so erhält man eine Darstellung für a.

Zum Nachweis der Eindeutigkeit zeigen wir, daß aus $(a_{n-1}, \ldots, a_0) \neq (b_{n-1}, \ldots, b_0)$ folgt:

$$\sum_{i=0}^{n-1} a_i \cdot B^i \neq \sum_{i=0}^{n-1} b_i \cdot B^i.$$

a	00	01	10	11
$\langle a \rangle$	0	1	2	3

Tabelle 4.1: Funktionstabelle von $\langle\ \rangle$ für $n = 2$

Sei j der größte Index, so daß $a_j \neq b_j$. Da $a_k = b_k$ für $k > j$, gilt dann

$$D = \sum_{i=0}^{n-1} a_i \cdot B^i - \sum_{i=0}^{n-1} b_i \cdot B^i = \sum_{i=0}^{j} (a_i - b_i) \cdot B^i\,.$$

Sei ohne Beschränkung der Allgemeinheit $a_j > b_j$, es gilt also $a_j - b_j \geq 1$. Da $a_k - b_k \leq B - 1$ für $k < j$ gilt, läßt sich D abschätzen durch

$$\begin{aligned} D &\geq B^j - \sum_{i=0}^{j-1}(B-1) \cdot B^i \\ &= B^j - (B-1) \cdot \frac{B^j - 1}{B - 1} \quad \text{wegen Lemma 2.3} \\ &= 1\,. \end{aligned}$$

Also ist $D \neq 0$, und das Lemma ist bewiesen. ∎

4.1.2 Binärzahlen

Wir werden im Folgenden hauptsächlich das *binäre* Zahlensystem mit $B = 2$ benutzen. Für $a = (a_{n-1}, \ldots, a_0) \in \{0,1\}^n$ schreiben wir statt $\langle a \rangle_2$ einfach $\langle a \rangle$, also

$$\langle a \rangle = \sum_{i=0}^{n-1} a_i \cdot 2^i\,. \tag{4.1}$$

Zeichenreihen a, die so interpretiert werden, nennen wir *Binärzahlen*.

Umgekehrt bezeichnen wir für $c \in \{0, \ldots, 2^n - 1\}$ die eindeutige Zeichenreihe $a \in \{0,1\}^n$ mit $\langle a \rangle = c$ mit

$$a = bin_n(c)$$

und nennen sie die *n-stellige Binärdarstellung* von c. Tabelle 4.1 enthält die Funktionstabelle der Funktion $\langle\ \rangle$ für den Fall $n = 2$.

Bei Korrektheitsbeweisen werden wir später oft das folgende einfache Lemma benutzen:

4.1. Zahlendarstellungen

Lemma 4.2 *Sei $a = (a_{n-1}, \ldots, a_0) \in \{0,1\}^n$ eine Binärzahl, und es sei $l \in \{1, \ldots, n-1\}$. Dann gilt:*
$$\langle a_{n-1}, \ldots, a_0 \rangle = \langle a_{n-1}, \ldots, a_l \rangle \cdot 2^l + \langle a_{l-1}, \ldots, a_0 \rangle .$$

Beweis:

$$\begin{aligned}
\langle a_{n-1}, \ldots, a_l \rangle \cdot 2^l + \langle a_{l-1}, \ldots, a_0 \rangle &= 2^l \cdot \sum_{i=l}^{n-1} a_i \cdot 2^{i-l} + \sum_{i=0}^{l-1} a_i \cdot 2^i \\
&= \sum_{i=l}^{n-1} a_i \cdot 2^i + \sum_{i=0}^{l-1} a_i \cdot 2^i \\
&= \sum_{i=0}^{n-1} a_i \cdot 2^i \\
&= \langle a_{n-1}, \ldots, a_0 \rangle
\end{aligned}$$

∎

Ein entsprechendes Lemma gilt übrigens bei beliebiger Basis B. Ein Beispiel für Dezimalzahlen ist
$$12345 = 12 \cdot 10^3 + 345 .$$

4.1.3 2's-Complement-Darstellung

Mit Bitfolgen $a = a_n, \ldots, a_0 \in \{0,1\}^{n+1}$ kann man in naheliegender Weise die ganzen Zahlen von $-2^n + 1$ bis $2^n - 1$, darstellen, indem man das führende Bit als Vorzeichenbit interpretiert, und mit den restlichen Bits den Betrag darstellt. Die durch die Zeichenreihe a dargestellte Zahl c ist dann

$$c = \begin{cases} \langle a_{n-1}, \ldots, a_0 \rangle & \text{falls } a_n = 0 \\ -\langle a_{n-1}, \ldots, a_0 \rangle & \text{falls } a_n = 1 . \end{cases}$$

Bei der Darstellung mit Betrag und Vorzeichen ist der Bereich der dargestellten Zahlen symmetrisch, es gibt zwei Darstellungen der 0, und man braucht zum Subtrahieren einen eigenen Algorithmus. Wie wir aus dem täglichen Leben wissen, entstehen beim Rechnen mit Vorzeichen und Betrag keine ernsthaften Schwierigkeiten. Es geht aber noch einfacher. Für die im folgenden beschriebene Zahlendarstellung werden wir nämlich später zeigen, daß man überhaupt keinen eigenen Subtraktionsalgorithmus braucht.

Wir stellen mit der Zeichenreihe $a = a_n, \ldots, a_0 \in \{0,1\}^{n+1}$ die Zahl

$$[a_n, \ldots, a_0] = -a_n \cdot 2^n + \langle a_{n-1}, \ldots, a_0 \rangle \qquad (4.2)$$

a	000	001	010	011	100	101	110	111
$[a]$	0	1	2	3	-4	-3	-2	-1

Tabelle 4.2: Funktionstabelle von [ ] für $n=2$

dar. Tabelle 4.2 enthält die Funktionstabelle der Funktion [ ] für den Fall $n=2$.
Offensichtlich ist
$$[a] \in \{-2^n, \ldots, 2^n - 1\},$$
d.h. der Bereich der darstellbaren Zahlen ist nicht mehr symmetrisch. Wir nennen die Menge $\{-2^n, \ldots, 2^n - 1\}$ auch R_n. Wir zeigen, daß die Darstellung eindeutig ist.

Lemma 4.3 *Zu jeder ganzen Zahl $c \in R_n = \{-2^n, \ldots, 2^n - 1\}$ gibt es genau eine Zeichenreihe $a \in \{0,1\}^{n+1}$ mit*
$$[a] = c.$$

Beweis: Sei $c \in \{-2^n, \ldots, 2^n - 1\}$. Ist $c \geq 0$, so liegt $bin_n(c)$ in $\{0,1\}^n$. Für $a = (0, bin_n(c))$ gilt dann
$$[a] = 0 + \langle bin_n(c) \rangle = c.$$
Ist $c < 0$, so liegt c in $\{-2^n, \ldots, -1\}$. Also gilt
$$c = -2^n + c'$$
für ein $c' \in \{0, \ldots, 2^n - 1\}$, es folgt $bin_n(c') \in \{0,1\}^n$. Für $a = (1, bin_n(c'))$ gilt dann
$$[a] = -2^n + \langle bin_n(c') \rangle = c.$$
Also ist die Funktion
$$[\ ] : \{0,1\}^{n+1} \to \{-2^n, \ldots, 2^n - 1\}$$
surjektiv. Da Definitionsbereich und Wertebereich der Funktion beide die Mächtigkeit 2^{n+1} haben, ist die Funktion auch injektiv. ∎

Für $c \in \{-2^n, \ldots, 2^n - 1\}$ bezeichnen wir die Zeichenreihe $a \in \{0,1\}^{n+1}$ mit $[a] = c$ durch
$$a = twoc_n(c)$$
und nennen sie die $(n+1)$-stellige *2's-Complement-Darstellung* von c. Zeichenreihen a, die auf diese Weise interpretiert werden, heißen *2's-Complement-Zahlen*. Wegen
$$[a] \geq 0 \Leftrightarrow a_n = 0$$

4.1. Zahlendarstellungen

heißt das führende Bit von 2's-Complement-Zahlen das *Vorzeichen-Bit*.

Eine Zeichenreihe $a \in \{0,1\}^n$ kann man nun sowohl als Binärdarstellung einer natürlichen Zahl $x = \langle a \rangle$ als auch als 2's-Complement-Darstellung einer eventuell anderen, ganzen Zahl $y = [a]$ interpretieren. Der Zusammenhang zwischen diesen Zahlen wird in folgendem Lemma hergestellt.

Lemma 4.4 *Sei $a \in \{0,1\}^n$. Dann gilt*

$$\langle a \rangle = [a] \bmod 2^n \text{ und} \tag{4.3}$$
$$[a] = \langle a_{n-2}, \ldots, a_0 \rangle \bmod 2^{n-2}. \tag{4.4}$$

Beweis: Für $x, y \in \mathbb{Z}$ und $z \in \mathbb{N}$ gilt $x = y \bmod z$ genau dann, wenn $x - y$ ein Vielfaches von z ist. Wegen Gleichung (4.2) und Lemma 4.2 mit $l = n - 1$ ist

$$\begin{aligned}
\langle a \rangle - [a] &= a_{n-1} \cdot 2^{n-1} + \langle a_{n-2}, \ldots, a_0 \rangle - (-a_{n-1} \cdot 2^{n-1} + \langle a_{n-2}, \ldots, a_0 \rangle) \\
&= 2 \cdot a_{n-1} \cdot 2^{n-1} \\
&= a_{n-1} \cdot 2^n,
\end{aligned}$$

weshalb Gleichung (4.3) gilt. Weiterhin ist wegen Gleichung (4.2)

$$\begin{aligned}
[a] - \langle a_{n-2}, \ldots, a_0 \rangle &= -a_{n-1} \cdot 2^{n-1} + \langle a_{n-2}, \ldots, a_0 \rangle - \langle a_{n-2}, \ldots, a_0 \rangle \\
&= -2 \cdot a_{n-1} \cdot 2^{n-2},
\end{aligned}$$

weshalb Gleichung (4.4) gilt. ∎

Wir leiten nun zwei einfache Regeln zum Rechnen mit 2's-Complement-Zahlen her. Die erste besagt, daß man die $(n+2)$-stellige Darstellung einer Zahl aus der $(n+1)$-stelligen Darstellung einfach durch Verdopplung des Vorzeichenbits erhält.

Lemma 4.5 *Sei $a = a_n, \ldots, a_0 \in \{0,1\}^{n+1}$. Dann gilt*

$$[a_n, a_n, \ldots, a_0] = [a].$$

Beweis:
$$\begin{aligned}
[a_n, a_n, \ldots, a_0] &= -a_n \cdot 2^{n+1} + \langle a_n, \ldots, a_0 \rangle \\
&= -a_n \cdot 2^{n+1} + \sum_{i=0}^{n} a_i \cdot 2^i \\
&= -a_n \cdot 2^n + \langle a_{n-1}, \ldots, a_0 \rangle \\
&= [a]
\end{aligned}$$

∎

Die nächste Regel gibt an, wie man aus der 2's-Complement-Darstellung von c die Darstellung von $-c$ gewinnt: man invertiert alle Bits und addiert Eins. Hierzu werden wir für $a = a_n, \ldots, a_0 \in \{0,1\}^{n+1}$ die Notation $\bar{a} = \overline{a_n}, \ldots, \overline{a_0}$ benutzen.

Lemma 4.6 *Sei $a = a_n, \ldots, a_0 \in \{0,1\}^{n+1}$. Dann gilt*

$$-[a] = [\bar{a}] + 1 \,.$$

Beweis:

$$
\begin{aligned}
[\overline{a_n}, \ldots, \overline{a_0}] &= -2^n \cdot \overline{a_n} + \sum_{i=0}^{n-1} \overline{a_i} \cdot 2^i \\
&= -2^n \cdot (1 - a_n) + \sum_{i=0}^{n-1} (1 - a_i) \cdot 2^i \\
&= -2^n + 2^n \cdot a_n + \sum_{i=0}^{n-1} 2^i - \sum_{i=0}^{n-1} a_i \cdot 2^i \\
&= -2^n + 2^n \cdot a_n + 2^n - 1 - \langle a_{n-1}, \ldots, a_0 \rangle \\
&= -[a_n, \ldots, a_0] - 1
\end{aligned}
$$

■

Im Hinblick darauf, daß das Rechnen mit 2's-Complement-Zahlen einfacher sein soll, als das Rechnen mit Vorzeichen und Betrag, ist Lemma 4.6 ein Schritt in die falsche Richtung. Es ist sicher einfacher, nur das Vorzeichenbit zu negieren, als alle Bits zu negieren und Eins zu addieren. Der Witz der 2's-Complement-Darstellung liegt nun darin, daß man keinen eigenen Algorithmus zur Berechnung negativer 2's-Complement-Zahlen, d.h. zur Subtraktion braucht. Intuitiv liegt das daran, daß außer der führenden Stelle alle Stellen in 2's-Complement-Zahlen *stets* positives Gewicht haben. Einen Satz mit dieser Aussage beweisen wir in Abschnitt 4.3.1.

4.2 Addierer

Nachdem wir festgelegt haben, wie wir Zahlen darstellen, können wir Schaltkreise angeben, die Zahlen in dieser Darstellung addieren. Wir beginnen mit Addierern, die zwei n-stellige Binärzahlen $a = a_{n-1}, \ldots, a_0$ und $b = b_{n-1}, \ldots, b_0$ sowie einen *Eingangsübertrag* $c \in \{0,1\}$ zusammenaddieren und als Ergebnis die Binärdarstellung s der Summe ausgeben. Für $a, b \in \{0,1\}^n$ gilt

$$\langle a \rangle + \langle b \rangle + c \leq 2 \cdot (2^n - 1) + 1 \leq 2^{n+1} - 1 \,.$$

4.2. Addierer

a_0	b_0	s_1	s_0
0	0	0	0
0	1	0	1
1	0	0	1
1	1	1	0

(a)

a_0	b_0	c	s_1	s_0
0	0	0	0	0
0	0	1	0	1
0	1	0	0	1
0	1	1	1	0
1	0	0	0	1
1	0	1	1	0
1	1	0	1	0
1	1	1	1	1

(b)

Tabelle 4.3: Funktionstabellen von Halb– und Volladdierer

Also genügen $n+1$ Stellen für das Ergebnis $s = s_n, \ldots, s_0$. Das führende Bit s_n von s heißt *Ausgangsübertrag* der Summe.

Definition 4.1 *Ein n–Bit Addierer ist ein Schaltkreis, der die folgende Funktion berechnet:*
$+_n : \{0,1\}^{2n+1} \to \{0,1\}^{n+1}$,

$$+_n(a_{n-1}, \ldots, a_0, b_{n-1}, \ldots, b_0, c) = s_n, \ldots, s_0$$

mit

$$\langle s_n, \ldots, s_0 \rangle = \langle a_{n-1}, \ldots, a_0 \rangle + \langle b_{n-1}, \ldots, b_0 \rangle + c \,.$$

4.2.1 Halb– und Volladdierer

Ein *Halbaddierer* ist ein Schaltkreis, der die folgende Funktion $h : \{0,1\}^2 \to \{0,1\}^2$ berechnet:

$$h(a_0, b_0) = (s_1, s_0) \text{ mit } \langle s_1, s_0 \rangle = a_0 + b_0 \,.$$

Die Funktionstabelle dieser Funktion ist in Tabelle 4.3(a) aufgelistet. Diese Tabelle ist gerade das kleine Einsundeins für die Binäraddition. Offensichtlich gilt

$$s_0 = a_0 \oplus b_0 \text{ und } s_1 = a_0 \wedge b_0 \,.$$

Also kann man Halbaddierer HA konstruieren mit

$$C(HA) = 2 \text{ und } T(HA) = 1 \,.$$

Ein *Volladdierer* oder *Full Adder* ist ein 1-Bit Addierer, also ein Schaltkreis, der die Funktion $+_1$ aus Definition 4.1 berechnet. Die Funktionstabelle dieser Funktion ist in Tabelle

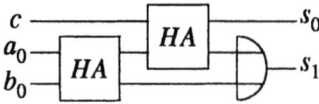

Abbildung 4.1: Aufbau eines Volladdierers aus Halbaddierern

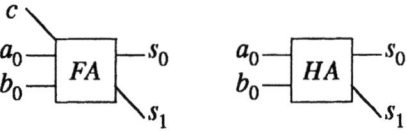

Abbildung 4.2: Symbole für Halb- und Volladdierer

4.3(b) aufgelistet. Diese Tabelle ist gerade das kleine Einsundeins *mit Überträgen* für die Binäraddition. Man verifiziert mühelos

$$s_0 = (a_0 \oplus b_0) \oplus c \text{ und } s_1 = (a_0 \oplus b_0) \wedge c \vee a_0 \wedge b_0 \, .$$

Man kann also einen Volladdierer *FA* bauen, indem man zwei Halbaddierer *HA* und ein OR-Gatter wie in Abbildung 4.1 zusammenschaltet. Für Kosten und Tiefe dieses Volladdierers gilt

$$C(FA) = 5 \text{ und } T(FA) = 3 \, .$$

Wir werden in den nächsten Abschnitten verschiedene n–Bit Addierer aus Voll– und Halbaddierern konstruieren. Dabei werden wir die Symbole aus Abbildung 4.2 verwenden.

4.2.2 Carry–Chain Addierer

Sobald man das kleine Einsundeins mit Überträgen beherrscht, kann man zumindest mit Papier und Bleistift lange Zahlen a und b nach der Schulmethode addieren. Das geht bei Binärzahlen genauso wie bei Dezimalzahlen. Man schreibt die Zahlen untereinander und arbeitet die Stellen von rechts nach links ab. Für jede Stelle i addiert man den Übertrag c_{i-1} von der vorherigen Stelle und die Ziffern a_i und b_i der Summanden ($c_{-1} = 0$). Bei der Addition von Binärzahlen kann man das durch Nachsehen in der Tabelle 4.3(b) der Funktion $+_1$ tun. Von dem zweistelligen Ergebnis (c_i, s_i) schreibt man die hintere Stelle als Teil des Gesamtergebnisses hin und behält die vordere Stelle c_i als Übertrag für die nächste Stelle 'im Sinn'. Ein Beispiel hierfür ist

4.2. Addierer

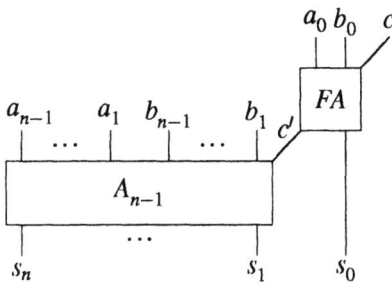

Abbildung 4.3: Rekursiver Aufbau von A_n

c	-	1	1	0	-
a	-	1	0	1	1
b	-	0	1	1	0
s	1	0	0	0	1

Wir spezifizieren nun Schaltkreise, die genau dieses Verfahren durchführen. Daß man mit dem Verfahren tatsächlich korrekt addiert[1], wird im Beweis von Satz 4.7 implizit mitbewiesen.

Satz 4.7 *Der Schaltkreis A_1 bestehe aus einem einzigen Volladdierer FA. Für $n > 1$ entstehe der Schaltkreis A_n aus A_{n-1} und FA wie in Abbildung 4.3 angegeben. Dann ist für alle n der Schaltkreis A_n ein n–Bit Addierer.*

Löst man die in Satz 4.7 angegebene Rekursion auf, so erhält man einen Addierer wie in Abbildung 4.4. Einen solchen Addierer nennt man *Carry–Chain Addierer* oder *Carry–Ripple Addierer*, da der Übertrag die Kette aller Volladdierer durchläuft.

Beweis von Satz 4.7: Wir führen den Beweis durch Induktion über n.

$n = 1$: In diesem Fall ist A_n einfach ein Volladdierer, also nach Definition ein 1–Bit Addierer.

$n - 1 \to n$: Sei die Eingabe $(a_{n-1}, \ldots, a_0, b_{n-1}, \ldots, b_0, c)$ mit

$$\langle a_{n-1}, \ldots, a_0 \rangle + \langle b_{n-1}, \ldots, b_0 \rangle + c = S.$$

Wir zeigen, daß der Schaltkreis A_n den Wert $(s_n, \ldots, s_0)$ ausgibt mit $\langle s_n, \ldots, s_0 \rangle = S$.

---
[1] Für Dezimalzahlen haben wir in der Grundschule gelernt, das zu glauben.

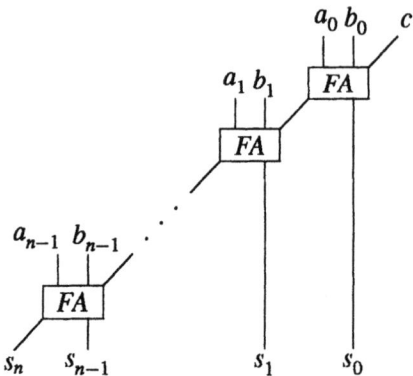

Abbildung 4.4: Aufbau eines Carry–Chain Addierers

Nach Definition des Volladdierers berechnet FA den Wert $\langle c', s_0 \rangle$ mit

$$\langle c', s_0 \rangle = a_0 + b_0 + c.$$

Man beachte, daß $\langle c', s_0 \rangle = 2 \cdot c' + s_0$ gilt. Nach Induktionsvoraussetzung berechnet A_{n-1} den Wert $\langle s_n, \ldots, s_1 \rangle$ mit

$$\langle s_n, \ldots, s_1 \rangle = \langle a_{n-1}, \ldots, a_1 \rangle + \langle b_{n-1}, \ldots, b_1 \rangle + c'.$$

Es folgt

$$\begin{aligned}
S &= \langle a_{n-1}, \ldots, a_0 \rangle + \langle b_{n-1}, \ldots, b_0 \rangle + c \\
&= 2^1 \cdot \langle a_{n-1}, \ldots, a_1 \rangle + 2^1 \cdot \langle b_{n-1}, \ldots, b_1 \rangle + a_0 + b_0 + c \quad \text{nach L. 4.2} \\
&= 2^1 \cdot \langle a_{n-1}, \ldots, a_1 \rangle + 2^1 \cdot \langle b_{n-1}, \ldots, b_1 \rangle + 2 \cdot c' + s_0 \\
&= 2^1 \cdot (\langle a_{n-1}, \ldots, a_1 \rangle + \langle b_{n-1}, \ldots, b_1 \rangle + c') + s_0 \\
&= 2^1 \cdot \langle s_n, \ldots, s_1 \rangle + s_0 \quad\quad\quad\quad\quad\quad\quad\quad\quad\quad\quad\text{nach Vor.} \\
&= \langle s_n, \ldots, s_0 \rangle \quad\quad\quad\quad\quad\quad\quad\quad\quad\quad\quad\quad\quad\quad\text{nach L. 4.2}
\end{aligned}$$

∎

Die Kosten eines n–Bit Carry–Chain Addierers A_n betragen

$$C(A_n) = n \cdot C(FA) = 5n,$$

die Tiefe beträgt

$$T(A_n) \leq n \cdot T(FA) = 3n.$$

4.2. Addierer

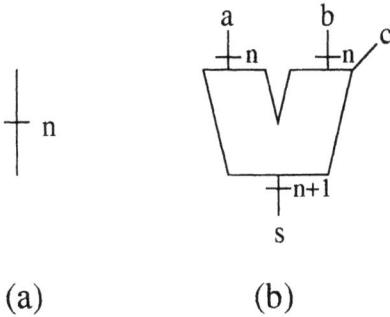

(a)　　　　　(b)

Abbildung 4.5: Symbolvereinbarungen

Für $i \in 0, \ldots, n-1$ sei c_i der Übertrag zwischen Volladdierer i und dem Volladdierer $i+1$ im Carry-Chain Addierer falls $i < n-1$ und der Ausgangsübertrag des Carry-Chain Addierers falls $i = n-1$. Dies ist nichts anderes als der Übertrag von Stelle i nach Stelle $i+1$.

Da die Kette der Volladdierer $i, \ldots, 0$ einen $(i+1)$-Bit Addierer bildet, gilt für alle i:

$$\langle a_i, \ldots, a_0 \rangle + \langle b_i, \ldots, b_0 \rangle + c = \langle c_i, s_i, \ldots, s_0 \rangle . \tag{4.5}$$

Es folgt

$$c_i = 1 \Leftrightarrow \langle a_i, \ldots, a_0 \rangle + \langle b_i, \ldots, b_0 \rangle + c \geq 2^{i+1} .$$

Wir werden im folgenden häufig die Addierer der vorigen Abschnitte als Bausteine für weitere Schaltkreise verwenden. Für das Zeichnen dieser Schaltkreise treffen wir die folgenden Verabredungen:

- Wir verwenden bei n parallel laufenden Verbindungen das Symbol aus Abbildung 4.5(a).

- Wir verwenden für n-Bit Addierer mit Eingängen $a = a_{n-1}, \ldots, a_0$, $b = b_{n-1}, \ldots, b_0$ und c und Ausgängen $s = s_n, \ldots, s_0$ das Symbol aus Abbildung 4.5(b).

4.2.3 Incrementer

Eine spezielle Variante eines Addierers, bei dem ein Eingang stets den Wert 0 hat, ist der *Incrementer*.

Definition 4.2 *Ein n-Bit Incrementer ist ein Schaltkreis, der die Funktion* $inc : \{0,1\}^{n+1} \to \{0,1\}^{n+1}$ *berechnet mit* $inc(a,c) = s$, *wobei* $c \in \{0,1\}$, $a \in \{0,1\}^n$ *und* $\langle s \rangle = \langle a \rangle + c$.

Ein n-Bit Incrementer kann durch einen n-Bit Carry-Chain Addierer realisiert werden, bei dem die Eingänge b_i, $0 \leq i < n$, alle mit 0 verbunden werden. Dann kann aber jeder der Volladdierer durch einen Halbaddierer ersetzt werden.

Ein n-Bit Incrementer hat also Kosten und Tiefe

$$C(INC_n) = n \cdot C(HA) = 2n \text{ und } T(INC_n) = n \cdot T(HA) = n \, .$$

4.2.4 Conditional-Sum Addierer

Wir fragen nun, ob es vielleicht billigere Addierer oder Addierer mit geringerer Tiefe als den Carry-Chain Addierer gibt. Ein einfaches Argument zeigt, daß man die Kosten jedenfalls nicht unter $2n$ senken kann. Der Ausgangsübertrag s_n hängt von allen $2n + 1$ Argumenten ab. Also muß jeder Schaltkreis, der die Funktion $+_n$ berechnet einen Baum B mit Ausgang s_n enthalten, der mit allen Eingängen verbunden ist. In diesem Baum müssen $2n$ Gatter vorkommen.

Ein einfacher Induktionsbeweis zeigt, daß jeder binäre Baum mit Tiefe t höchstens 2^t Blätter hat. Hieraus folgt, daß die Tiefe des Baums B mindestens $\log n + 1$ sein muß.

Es ist verlockend zu argumentieren, daß jeder n-Bit Addierer mindestens Tiefe n haben muß, 'weil der Übertrag ja über alle n Stellen laufen muß'. Dies glaubte auch jener berühmte Kalif aus 1001 Nacht, der seine zwei wunderschönen Töchter mit zwei mittellosen Mathematikern verheiraten mußte. Die Liebe des Kalifen zur Mathematik, die Schönheit der Töchter und die Fertigkeit der mittellosen Mathematiker waren in Bagdad wohlbekannt. Insbesondere war bekannt, daß jeder der Mathematiker pro Sekunde genau eine Dezimalstelle addieren konnte, denn bei dem Versuch schneller zu addieren, hatte jeder von ihnen schon viele Kästen Bier bei Wetten verloren. Um sich die Töchter des Kalifen zu angeln, gingen die beiden nun so vor:

Sie stiegen zunächst in den Garten des Kalifen ein und begannen, die Äpfel dort aufzuessen. Dabei wurden sie prompt ertappt und in den Kerker geworfen. Dort gab der Kalif den beiden Papier und Bleistift sowie zwei 3600-stellige Dezimalzahlen. Wenn sie die Zahlen in 50 Minuten zusammenaddieren könnten, so wolle er ihnen die Freiheit und zwei Kästen Bier schenken, andernfalls müsse er sie — leider, leider — in die Verbannung schicken.

Hierauf erklärten die Mathematiker dem Kalifen, sie wollten — wegen seiner Liebe zur Mathematik, versteht sich — seine Schwiegersöhne werden. Um sich seiner würdig zu erweisen, boten sie an, die beiden Zahlen sogar in 40 Minuten zusammenzuaddieren. Sollte ihnen dies nicht gelingen, so wollten sie gern in den Tod gehen. Der Kalif, ganz in dem Glauben, daß zwei Mathematiker nicht schneller addieren können als einer, weil der Übertrag ja laufen muß, willigte ein.

4.2. Addierer

Dann benutzten die Mathematiker die einfache Tatsache, daß der Übertrag von der 2400-ten zur 2401-ten Stelle entweder Null oder Eins ist. Der erste Mathematiker addierte in 40 Minuten die hinteren 2400 Stellen, während der zweite zunächst in 20 Minuten die vorderen 1200 Stellen addierte. Für den Fall, daß sich der Übertrag von der Stelle 2400 als Null herausstellen sollte, hatte er damit die korrekten führenden Stellen des Ergebnisses. Auf einem zweiten Stapel Papier addierte der zweite Mathematiker in den verbleibenden 20 Minuten die vorderen Stellen plus Eins und erzeugte damit die korrekten führenden Stellen des Ergebnisses für den Fall, daß sich der Übertrag als Eins herausstellen sollte.

Genau mit Ablauf der 40 Minuten hatte der erste Mathematiker seine Rechnung abgeschlossen und teilte seinem Kollegen den korrekten Übertrag mit. Der legte den zugehörigen Stapel mit dem bereits vorberechneten Ergebnis zum Stapel seines Kollegen, und beide reichten den so entstandenen Stapel Papier höchst vergnügt durch das Fenster des Kerkers[2].

Die Konstruktion von n-Bit Addierern logarithmischer Tiefe ist nun natürlich ein Kinderspiel. Wir verschaffen uns zunächst einen Schaltkreis, der aus zwei Ergebnissen eines auswählen kann.

Definition 4.3 *Ein n-Bit Multiplexer (MUX_n) ist ein Schaltkreis, der die folgende Funktion $m: \{0,1\}^{2n+1} \to \{0,1\}^n$ berechnet:*

$$m(a_{n-1},\ldots,a_0,b_{n-1},\ldots,b_0,s) = \begin{cases} (a_{n-1},\ldots,a_0) & \text{falls} \quad s=1 \\ (b_{n-1},\ldots,b_0) & \text{falls} \quad s=0 \, . \end{cases}$$

Ein n-Bit Multiplexer kann durch den Schaltkreis in Abbildung 4.6(a) realisiert werden. Wir werden im Weiteren das Schaltsymbol aus Abbildung 4.6(b) benutzen.

Damit ergeben sich Kosten und Tiefe eines n-Bit Multiplexers zu

$$C(MUX_n) = 3n+1 \text{ und } T(MUX_n) = 3 \, .$$

Sei nun n gerade, und es sei $A_{n/2}$ ein $(n/2)$-Bit Addierer. Dann kann man aus drei Addierern $A_{n/2}$ und einem $(n/2+1)$-Bit Multiplexer den Schaltkreis A_n aus Abbildung 4.7 konstruieren. Wir zeigen, daß A_n ein Addierer ist.

Im Schaltkreis A_n werden die höherwertigen Bits $a_h = a_{n-1},\ldots,a_{n/2}$ und $b_h = b_{n-1},\ldots,b_{n/2}$ der Operanden in zwei $(n/2)$-Bit Addierer gegeben, einmal mit Eingangsübertrag 0 und einmal mit Eingangsübertrag 1. Von diesen Addierern berechnet einer die höherwertigen

---

[2] Als die Töchter des Kalifen hiervon erfuhren, fragten sie, ob der zweite Mathematiker tatsächlich die ganzen 40 Minuten gerechnet hätte. Als der Kalif das bejahte, teilten die Töchter ihm mit, daß in den vorderen 1200 oder 1201 Stellen des Ergebnisses höchstens die Ziffern 0, 1 und 9 vorkommen.

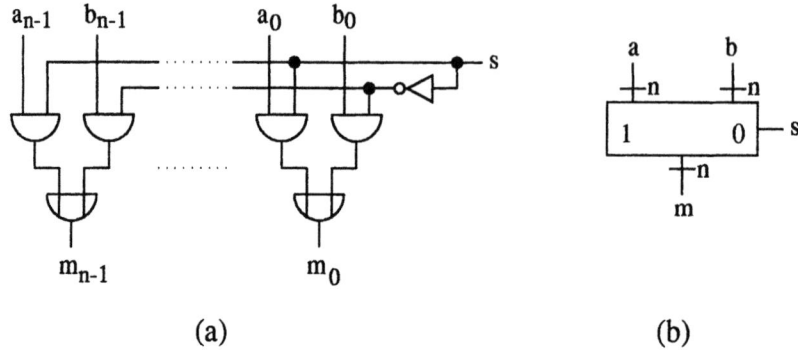

Abbildung 4.6: Schaltkreis und Symbol für Multiplexer

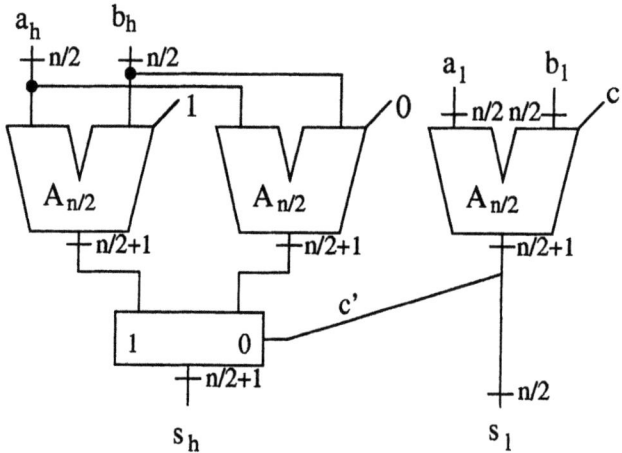

Abbildung 4.7: Aufbau eines Conditional-Sum Addierers

4.2. Addierer

Bits $s_h = s_n, \ldots, s_{n/2}$ der Summe, falls der Übertrag c' von Stelle $n/2 - 1$ nach Stelle $n/2$ gleich 0 ist, der andere berechnet die höherwertigen Bits der Summe falls $c' = 1$ gilt.

Die niederwertigen Bits $a_l = a_{n/2-1}, \ldots, a_0$ und $b_l = b_{n/2-1}, \ldots, b_0$ werden mit Eingangsübertrag c in einen dritten $(n/2)$-Bit Addierer gegeben. Dieser Addierer berechnet die niederwertigen Bits $s_l = s_{n/2-1}, \ldots, s_0$ des Ergebnisses und den Übertrag c'. Die Auswahl der höherwertigen Bits des Ergebnisses erfolgt durch den Multiplexer, kontrolliert durch Signal c'.

Für Zweierpotenzen n definieren wir: der Schaltkreis A_1 sei ein einzelner Volladdierer FA. Für $n > 1$ entstehe A_n aus $A_{n/2}$ wie in Abbildung 4.7 angegeben. Die hierdurch definierten n-Bit Addierer heißen *Conditional-Sum Addierer*. Wir bezeichnen ihre Kosten und Tiefe mit

$$c(n) = C(A_n) \text{ und}$$
$$t(n) = T(A_n)$$

Aus den Definitionen folgt direkt

$$c(1) = C(FA) = 5$$
$$c(n) = 3 \cdot c(n/2) + C(\text{MUX}_{n/2+1})$$
$$= 3 \cdot c(n/2) + 3n/2 + 4 \text{ für } n > 1 \quad (4.6)$$

und

$$t(1) = T(FA) = 3$$
$$t(n) = t(n/2) + T(\text{MUX}_{n/2+1})$$
$$= t(n/2) + 3 \text{ für } n > 1. \quad (4.7)$$

Man nennt Gleichungen der Form (4.6) und (4.7) *Differenzengleichungen*. Wir lösen zuerst das System (4.7). Hierzu müssen wir eine geschlossene Formel für $t(n)$ raten und ihre Korrektheit durch Induktion beweisen. Für Differenzengleichungen gibt es eine einfache Methode, um solche Formeln zu raten. Man wendet die Differenzengleichung mehrfach auf sich selbst an, im obigen Beispiel etwa

$$t(n) = t(n/2) + 3$$
$$= t(n/4) + 3 + 3$$
$$= t(n/8) + 3 + 3 + 3$$
$$\vdots$$

und hofft, daß man etwas sieht. Im obigen Beispiel sieht man

$$t(n) = t(n/2^k) + k \cdot 3$$

für alle k mit $n/2^k \geq 1$. Für $k = \log n$ erhält man für $t(n)$ die geschlossene Formel

$$t(n) = t(1) + 3\log n = 3 + 3\log n.$$

Daß wir hiermit tatsächlich die Lösung des Systems (4.7) geraten haben, zeigt ein einfacher Induktionsbeweis, denn es ist

$$t(1) = \mathrm{T}(FA) = 3 + 3\log 1$$

und für $n > 1$ ist

$$\begin{aligned} t(n) &= t(n/2) + 3 \\ &= 3 + 3\log(n/2) + 3 \qquad \text{nach Ind. Vor.} \\ &= 3 + 3 \cdot (\log n - 1) + 3 \\ &= 3 + 3\log n. \end{aligned}$$

Damit haben wir

Satz 4.8 *n-Bit Conditional-Sum Addierer haben Tiefe $O(\log n)$.*

Das Gleichungssystem (4.6) lösen wir nach dem gleichen Rezept, wir müssen nur etwas mehr rechnen. Das System hat die Form

$$f(n) = a \cdot f(n/b) + g(n), f(1) = c.$$

Wir betrachten nur den Fall $n = b^k$. Mehrfaches Einsetzen der Differenzengleichung in sich selbst liefert

$$\begin{aligned} f(n) &= g(n) + a \cdot f(n/b) \\ &= g(n) + a \cdot g(n/b) + a^2 \cdot f(n/b^2) \\ &\vdots \\ &= \sum_{i=0}^{j-1} a^i \cdot g(n/b^i) + a^j \cdot f(n/b^j) \end{aligned}$$

für $j \leq k$. Einsetzen von $j = k$ und $f(1) = c$ liefert die Induktionsbehauptung des folgenden Lemmas, die man auf keinen Fall auswendig lernen sollte. Es ist viel leichter sich zu merken, wie man sie herleitet.

4.2. Addierer

Lemma 4.9 *Sei $f : \mathbb{N} \to \mathbb{N}$ eine Funktion mit $f(1) = c$ und $f(n) = a \cdot f(n/b) + g(n)$ für alle Potenzen $n = b^k$ von b. Dann gilt*

$$f(n) = a^{\log_b n} \cdot c + \sum_{i=0}^{\log_b n - 1} a^i \cdot g(n/b^i)$$

für alle Potenzen n von b.

Beweis durch Induktion über k:

$k = 0$: Für $n = b^0 = 1$ ist $\log_b n = 0$ und damit $f(1) = a^0 \cdot c = c$.

$k \to k+1$: Für $n = b^{k+1}$ ist $\log_b n = k+1$. Wir zeigen, daß

$$f(n) = a^{k+1} \cdot c + \sum_{i=0}^{k} a^i \cdot g(b^{k+1-i})$$

gilt. Per Definition ist

$$f(n) = f(b^{k+1}) = a \cdot f(b^k) + g(b^{k+1}) \,.$$

Aus der Induktionsvoraussetzung folgt

$$\begin{aligned}
f(b^{k+1}) &= a \cdot \left(a^k \cdot c + \sum_{i=0}^{k-1} a^i \cdot g(b^{k-i}) \right) + g(b^{k+1}) \\
&= a^{k+1} \cdot c + \sum_{i=1}^{k} a^i \cdot g(b^{k-i+1}) + g(b^{k+1}) \\
&= a^{k+1} \cdot c + \sum_{i=0}^{k} a^i \cdot g(b^{k+1-i}) \,.
\end{aligned}$$

∎

Mit Lemma 4.9 lassen sich auch die Kosten von Conditional-Sum Addierern bestimmen. Wir setzen

$$a = 3,\ b = 2,\ c = 5,\ g(n) = C(\text{MUX}_{n/2+1}) = (3/2) \cdot n + 4$$

und erhalten

$$c(n) = 3^{\log n} \cdot 5 + \sum_{i=0}^{\log n - 1} 3^i \cdot \left(\frac{3}{2} \cdot \frac{n}{2^i} + 4 \right) \,.$$

Wir treiben Potenzrechnung: für positive reelle Zahlen x gilt:

$$\begin{aligned} x^{\log n} &= (2^{\log x})^{\log n} \\ &= 2^{(\log x \cdot \log n)} \\ &= (2^{\log n})^{\log x} \\ &= n^{\log x}. \end{aligned} \tag{4.8}$$

Der erste Summand läßt sich so umformen zu

$$5 \cdot n^{\log 3} \approx 5 \cdot n^{1.585}.$$

Die Summe spalten wir in zwei Teilsummen auf:

$$(3n/2) \cdot \sum_{i=0}^{\log n - 1} (3/2)^i \text{ und } 4 \cdot \sum_{i=0}^{\log n - 1} 3^i.$$

Jede der Teilsummen bildet eine geometrische Reihe (vergleiche Abschnitt 2.1). Mit der dort errechneten Formel $\sum_{i=0}^{n-1} x^i = (x^n - 1)/(x-1)$ ergibt sich

$$\begin{aligned} c(n) &= 5n^{\log 3} + \frac{3n}{2} \cdot \frac{(3/2)^{\log n} - 1}{(3/2) - 1} + 4 \cdot \frac{3^{\log n} - 1}{3 - 1} \\ &= 5n^{\log 3} + 3n^{\log 3} - 3n + 2n^{\log 3} - 2 \\ &= 10n^{\log 3} - 3n - 2. \end{aligned}$$

Der Conditional-Sum Addierer hat damit zwar eine geringe Tiefe, aber hohe Kosten.

4.2.5 Carry–Lookahead Addierer

Es ist fast zu schön um wahr zu sein, aber man kann tatsächlich n-Bit Addierer konstruieren, die sowohl Kosten $O(n)$ als auch Tiefe $O(\log n)$ haben. Der Schlüssel hierfür ist die Berechnung *aller* Überträge durch eine sogenannte *Parallele Präfix-Berechnung*.

Parallele Präfix-Berechnungen

Sei $\circ : M \times M \to M$ eine assoziative Abbildung. Wir definieren die parallele Präfix-Funktion $PP_\circ^n$ durch

$$PP_\circ^n : M^n \to M^n$$
$$PP_\circ^n(X_{n-1}, \ldots, X_0) = (Y_{n-1}, \ldots, Y_0) \text{ mit } Y_i = X_i \circ \cdots \circ X_0 \text{ für } 0 \leq i < n.$$

Wir nehmen an, daß wir die Operation ∘ durch spezielle Gatter berechnen können und zeigen

4.2. Addierer

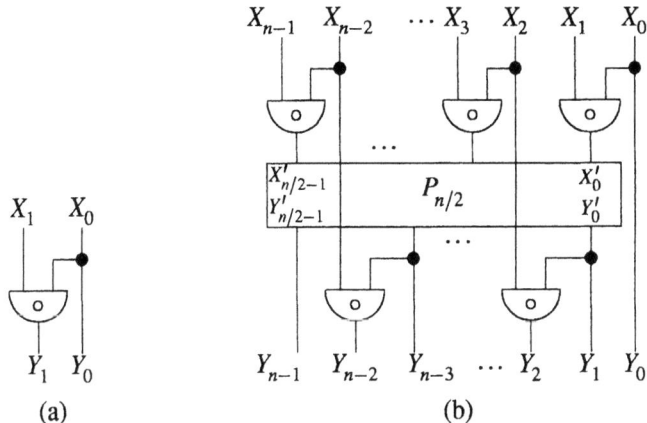

Abbildung 4.8: Aufbau des Schaltkreises P_n

Satz 4.10 *Für alle Zweierpotenzen $n = 2^i, i \in \mathbb{N}$, kann die Funktion $PP_\circ^n$ berechnet werden durch Schaltkreise P_n mit Kosten und Tiefe*

$$c(n) \leq 2n \text{ und } t(n) \leq (2\log n - 1) .$$

Beweis durch Induktion über i:

$i = 1$: Hier ist P_2 der Schaltkreis aus Abbildung 4.8(a). Es folgt

$$c(2) = t(2) = 1 .$$

$i - 1 \to i$: Wir konstruieren P_n durch Gatter für $\circ$ und einen Schaltkreis für $PP_\circ^{n/2}$ wie in Abbildung 4.8(b) angegeben. Nach Induktionsvoraussetzung gilt für die Eingänge $X'_{n/2-1}, \ldots, X'_0$ und Ausgänge $Y'_{n/2-1}, \ldots, Y'_0$ von Schaltkreis $P_{n/2}$:

$$Y'_i = X'_i \circ \cdots \circ X'_0$$

für alle i. Für die Ausgänge Y_i von P_n folgt für $i \in \{0, \ldots n/2 - 1\}$:

$$\begin{aligned} Y_{2i+1} &= Y'_i \\ &= X'_i \circ \cdots \circ X'_0 \\ &= (X_{2i+1} \circ X_{2i}) \circ \cdots \circ (X_1 \circ X_0) \end{aligned}$$

und für $i \in \{1, \ldots n/2 - 1\}$:

$$\begin{aligned} Y_{2i} &= X_{2i} \circ Y'_{i-1} \\ &= X_{2i} \circ (X'_{i-1} \circ \cdots \circ X'_0) \\ &= X_{2i} \circ (X_{2i-1} \circ X_{2i-2}) \circ \cdots \circ (X_1 \circ X_0) \end{aligned}$$

Also berechnet Schaltkreis P_n die Funktion PP_o^n. Für Kosten und Zeit folgt

$$c(n) \leq c(n/2) + n \text{ und}$$
$$t(n) \leq t(n/2) + 2.$$

Mit der Induktionsvoraussetzung folgt

$$c(n) \leq 2(n/2) + n = 2n \text{ und}$$
$$t(n) \leq 2\log(n/2) - 1 + 2 = 2\log n - 1.$$

∎

Anmerkung: In Abbildung 4.8(b) werden nur $2n - 1$ Gatter für ∘ verwendet, im Induktionsschritt werden aber $2n$ Gatter angenommen. Eine genauere Abschätzung führt zu

$$c(n) \leq (2n - \log n - 1).$$

Da dies keine dramatische Verbesserung ist, benutzen wir im restlichen Kapitel die einfachere Formel.

Konstruktion von Carry–Lookahead Addierern

Betrachten wir noch einmal Abbildung 4.4. Wir bezeichnen den Übertrag von Volladdierer i nach $i+1$ mit c_i, wobei $i \in \{0, \ldots, n-2\}$. Um eine konsistente Notation zu erhalten, nennen wir den Eingangsübertrag c nun c_{-1} und den Ausgangsübertrag s_n nun c_{n-1}.

Für das von Volladdierer i berechnete Summenbit s_i gilt dann

$$s_i = a_i \oplus b_i \oplus c_{i-1}, \quad 0 \leq i < n. \tag{4.9}$$

Wir werden nun eine Methode zum schnellen Berechnen aller Überträge angeben, den sogenannten *Carry-Lookahead*. Sind alle Überträge bekannt, läßt sich mit Hilfe von (4.9) das Ergebnis durch einen Schaltkreis mit Tiefe 2 und Kosten $2n$ berechnen. Wir benötigen einige Definitionen.

Seien $a = (a_{n-1}, \ldots, a_0)$ und $b = (b_{n-1}, \ldots, b_0)$ die zu addierenden Binärzahlen. Wir sagen, daß die Stellen i bis j, $i \leq j$, einen Übertrag *generieren*, falls bei der Addition von a und b gilt: $c_j = 1$ unabhängig vom Wert von c_{i-1}. Stellen i bis j *propagieren* einen Übertrag, falls $c_j = 1$ genau dann gilt, wenn $c_{i-1} = 1$ gilt.

Wir definieren Funktionen $g_{i,j}, p_{i,j} : \{0,1\}^{2n} \to \{0,1\}$ für $0 \leq i < n, i \leq j < n$ durch

$$g_{i,j}(a,b) = \begin{cases} 1 & : \text{Stellen } i \text{ bis } j \text{ generieren einen Übertrag} \\ 0 & : \text{sonst} \end{cases}$$

$$p_{i,j}(a,b) = \begin{cases} 1 & : \text{Stellen } i \text{ bis } j \text{ propagieren einen Übertrag} \\ 0 & : \text{sonst} \end{cases}$$

4.2. Addierer

Wir vereinfachen die Schreibweise und lassen a und b weg.

Die Funktionen $g_{i,j}$ und $p_{i,j}$ haben die folgenden Eigenschaften:

1. Es gilt
$$\begin{aligned} p_{i,i} &= a_i \oplus b_i \text{ für } 0 \leq i < n \\ g_{i,i} &= a_i \wedge b_i \text{ für } 1 \leq i < n \\ g_{0,0} &= (a_0 \wedge b_0) \vee ((a_0 \oplus b_0) \wedge c_{-1}) \, . \end{aligned}$$

2. Für $i \leq k < j$ gilt
$$g_{i,j} = g_{k+1,j} \vee (g_{i,k} \wedge p_{k+1,j}) \, , \tag{4.10}$$

denn die Stellen i bis j generieren einen Übertrag, wenn entweder schon die höherwertigen Stellen $k+1$ bis j ihn generieren, oder wenn die niederwertigen Stellen i bis k ihn generieren und die höherwertigen Stellen ihn propagieren. Weiter gilt

$$p_{i,j} = p_{i,k} \wedge p_{k+1,j} \, , \tag{4.11}$$

denn ein Übertrag wird von i bis j genau dann propagiert, wenn er sowohl durch die niederwertigen als auch durch die höherwertigen Bits propagiert wird.

3. Für $0 \leq i < n$ gilt $c_i = g_{0,i}$.

Wegen Eigenschaft 3 genügt es, einen Schaltkreis zu konstruieren, der ausgehend von $g_{i,i}$ und $p_{i,i}$ für $0 \leq i < n$ alle $g_{0,i}$ für $i = 0, \ldots, n-1$ berechnet. Dann gilt nach (4.9)

$$s_i = \begin{cases} g_{0,i-1} \oplus p_{i,i} & : \ 0 \leq i < n \\ g_{0,n-1} & : \ i = n \, . \end{cases}$$

Wir wollen Satz 4.10 mit $M = \{0,1\}^2$ anwenden. Wegen (4.10) und (4.11) gilt

$$(g_{i,j}, p_{i,j}) = (g_{i,k}, p_{i,k}) \circ (g_{k+1,j}, p_{k+1,j}) \tag{4.12}$$

für die Abbildung $\circ : M^2 \to M$ mit

$$(g_1, p_1) \circ (g_2, p_2) = (g_2 \vee (g_1 \wedge p_2), p_1 \wedge p_2) \, .$$

Offenbar gilt
$$C(\circ) = 3 \text{ und } T(\circ) = 2 \, . \tag{4.13}$$

Der Clou dieser Konstruktion ist

Lemma 4.11 *Die Abbildung ○ ist assoziativ.*

Beweis: Für die zweite Komponente folgt das direkt aus der Assoziativität von $\wedge$. Sei nun

$$(g', p') = (g_1, p_1) \circ (g_2, p_2) \text{ und}$$
$$(g'', p'') = (g_2, p_2) \circ (g_3, p_3) .$$

Die erste Komponente von $((g_1, p_1) \circ (g_2, p_2)) \circ (g_3, p_3)$ ist

$$\begin{aligned} e &= g_3 \vee (g' \wedge p_3) \\ &= g_3 \vee ((g_2 \vee (g_1 \wedge p_2)) \wedge p_3) \\ &= g_3 \vee g_2 \wedge p_3 \vee g_1 \wedge p_2 \wedge p_3 , \end{aligned}$$

was sich übrigens bestens als eine Formel dafür interpretieren läßt, daß *drei* benachbarte Intervalle I_3, I_2, I_1 von Stellen einen Übertrag generieren. Die erste Komponente von $(g_1, p_1) \circ ((g_2, p_2) \circ (g_3, p_3))$ ist

$$\begin{aligned} f &= g'' \vee (g_1 \wedge p'') \\ &= g_3 \vee (g_2 \wedge p_3) \vee (g_1 \wedge p_2 \wedge p_3) . \end{aligned}$$

∎

Der Rest ist einfach: aus (4.12) und Lemma 4.11 folgt direkt für alle i, daß sich die gesuchten Werte $g_{0,i}$ durch eine parallele Präfixberechnung

$$(g_{0,i}, p_{0,i}) = (g_{0,0}, p_{0,0}) \circ (g_{1,1}, p_{1,1}) \circ \cdots \circ (g_{i,i}, p_{i,i})$$

berechnen lassen. Aus Satz 4.10 folgt nun, daß wir die Werte $g_{0,i}$ aus $g_{i,i}$ und $p_{i,i}$ mittels eines Schaltkreises mit Kosten $2n \cdot C(\circ) = 6n$ und Tiefe $(2 \log n - 1) \cdot T(\circ) = 4 \log n$ berechnen können. Hinzu kommen noch Kosten von $2n + 3$ zur Berechnung der $g_{i,i}$ und $p_{i,i}$ und Kosten von n zur Berechnung der s_i. Die Tiefe dieser Berechnungen ist 3 bzw. 1. Insgesamt gilt also

Satz 4.12 *Für Zweierpotenzen n haben n-Bit Carry-Lookahead Addierer Kosten $9n + 3$ und Tiefe $4 \log n + 2$.*

Schaltkreise, welche die Funktion $PP_\circ^n$ für die eben verwendete Funktion ○ berechnen, heißen *Carry-Lookahead Generatoren*.

4.3 Subtraktion

4.3.1 Addition von 2's-Complement-Zahlen

Der folgende Satz zeigt, daß man Addierer für $(n+1)$-stellige Binärzahlen direkt als Addierer für $(n+1)$-stellige 2's-Complement-Zahlen benutzen kann. Auch der Test, ob das

4.3. Subtraktion

Ergebnis der Addition im Bereich

$$R_n = \{-2^n, \ldots, 2^n - 1\}$$

liegt, ist sehr einfach. Man muß nur vergleichen, ob die Überträge c_n und c_{n-1} gleich sind, wobei c_i wie üblich den Übertrag von Stelle i nach Stelle $i+1$ bezeichnet. Der Beweis dieses sehr schönen und nützlichen Satzes wird oft sehr mühsam geführt. Wir benutzen hier eine neue und sehr elegante Variante von B. Rederlechner.

Satz 4.13 *Seien $a, b \in \{0,1\}^{n+1}$, $c \in \{0,1\}$ und $s \in \{0,1\}^{n+1}$, so daß $\langle c_n, s \rangle = \langle a \rangle + \langle b \rangle + c$. Es ist*

$$[a] + [b] + c \in R_n \text{ genau dann wenn } c_n = c_{n-1}.$$

In diesem Fall ist $[a] + [b] + c = [s]$.

Beweis: Nach Gleichung (4.5) gilt in einem $(n+1)$-Bit Addierer $\langle a_i, \ldots, a_0 \rangle + \langle b_i, \ldots, b_0 \rangle + c = \langle c_i, s_i, \ldots, s_0 \rangle$ für $0 \leq i \leq n$. Mit Lemma 4.2 erhalten wir für $i = k \geq 1$

$$a_k \cdot 2^k + \langle a_{k-1}, \ldots, a_0 \rangle + b_k \cdot 2^k + \langle b_{k-1}, \ldots, b_0 \rangle + c = c_k \cdot 2^{k+1} + s_k \cdot 2^k + \langle s_{k-1}, \ldots, s_0 \rangle$$

und für $i = k - 1$

$$\langle a_{k-1}, \ldots, a_0 \rangle + \langle b_{k-1}, \ldots, b_0 \rangle + c = c_{k-1} \cdot 2^k + \langle s_{k-1}, \ldots, s_0 \rangle.$$

Subtraktion der beiden Gleichungen und Division durch 2^k ergibt

$$a_k + b_k = 2c_k + s_k - c_{k-1}$$

für $1 \leq k \leq n$. Für $k = 0$ ergibt sich mit $c_{-1} = c$ der Sachverhalt direkt aus Gleichung (4.5).

Aus der Definition der 2's-Complement-Darstellung folgt

$$[a] + [b] + c = -2^n(a_n + b_n) + \langle a_{n-1}, \ldots, a_0 \rangle + \langle b_{n-1}, \ldots, b_0 \rangle + c.$$

Die letzten drei Terme lassen sich nach Gleichung (4.5) zusammenfassen, und es folgt

$$\begin{aligned}[a] + [b] + c &= -2^n(a_n + b_n) + \langle c_{n-1}, s_{n-1}, \ldots, s_0 \rangle \\ &= -2^n(a_n + b_n - c_{n-1}) + \langle s_{n-1}, \ldots, s_0 \rangle.\end{aligned}$$

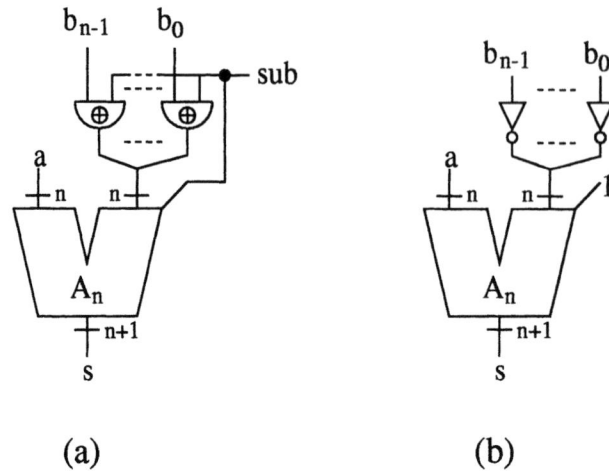

Abbildung 4.9: Schaltkreise zum Addieren und Subtrahieren

Setzen wir nun die durch Subtraktion gewonnene Gleichung mit $k=n$ ein, so erhalten wir

$$\begin{aligned}[a]+[b]+c &= -2^n(2c_n+s_n-c_{n-1}-c_{n-1})+\langle s_{n-1},\ldots,s_0\rangle \\ &= -2^{n+1}(c_n-c_{n-1})-s_n\cdot 2^n+\langle s_{n-1},\ldots,s_0\rangle \\ &= -2^{n+1}(c_n-c_{n-1})+[s]\,.\end{aligned}$$

Hierbei gilt sicher $[s]\in R_n$. Ist nun $c_n=c_{n-1}$, dann ist $-2^{n+1}(c_n-c_{n-1})=0$ und somit $[a]+[b]+c=[s]\in R_n$.

Ist $c_n\neq c_{n-1}$, so nimmt der Term $-2^{n+1}(c_n-c_{n-1})$ einen der Werte -2^{n+1} und 2^{n+1} an. Damit ist

$$-2^{n+1}(c_n-c_{n-1})+[s]<-2^n \text{ oder } -2^{n+1}(c_n-c_{n-1})+[s]\geq 2^n\,.$$

Es folgt $[a]+[b]+c\notin R_n$. ∎

4.3.2 Addierer und Subtrahierer

Wir beenden diesen Abschnitt mit zwei einfachen Anwendungen von Satz 4.13. Zunächst betrachten wir den Schaltkreis aus Abbildung 4.9(a). Wir zeigen, daß man ihn zum Addieren verwenden kann, falls man $sub=0$ setzt, und zum Subtrahieren, falls $sub=1$.

Für $sub = 0$ verhält sich der Schaltkreis offensichtlich genau wie ein n-Bit Addierer. Für $sub = 1$ sei
$$S = [a] + [\overline{b_{n-1}, \ldots, b_0}] + 1 \ .$$
Für $S \in R_{n-1}$ gilt nach Satz 4.13
$$\begin{aligned}[] [s_{n-1}, \ldots, s_0] &= [a] + [\overline{b_{n-1}, \ldots, b_0}] + 1 \\ &= [a] - [b] - 1 + 1 \text{ wegen Lemma 4.6} \ .\end{aligned}$$

Diese Konstruktion werden wir beim Bau von Arithmetisch-Logischen Einheiten (ALU's) in Abschnitt 4.5 verwenden.

Ersetzen wir alle $\oplus$-Gatter in Abbildung 4.9(a) durch Inverter und setzen $c = 1$, so erhalten wir den Schaltkreis aus Abbildung 4.9(b). Ist $\langle b \rangle \leq \langle a \rangle$, so ist $\langle a \rangle - \langle b \rangle \in \{0, \ldots, 2^n - 1\}$ und es gilt
$$\begin{aligned} \langle a \rangle - \langle b \rangle &= [0, a] - [0, b] \\ &= [0, a] + [1, \bar{b}] + 1 \\ &= [x, s_{n-1}, \ldots, s_0] \text{ für ein } x \in \{0, 1\} \\ &= [0, s_{n-1}, \ldots, s_0] \text{ da } \langle a \rangle - \langle b \rangle \geq 0 \\ &= \langle s_{n-1}, \ldots, s_0 \rangle \ .\end{aligned}$$

Also kann man den Schaltkreis unter den genannten Bedingungen zum Subtrahieren von n-stelligen Binärzahlen verwenden. Schaltkreise mit dieser Eigenschaft nennen wir *n-Bit Subtrahierer*. Da man insbesondere als Addierer einen Carry-Chain Addierer benutzen kann, gilt

Lemma 4.14 *Für alle n gibt es n-Bit Subtrahierer mit Kosten $6n$.*

4.4 *Multiplizierer

Seien $a \in \{0,1\}^n$ und $b \in \{0,1\}^m$. Dann ist $0 \leq \langle a \rangle < 2^n$ und $0 \leq \langle b \rangle < 2^m$. Für das Produkt $z = \langle a \rangle \cdot \langle b \rangle$ gilt dann $0 \leq z < 2^{n+m}$, also hat z eine $(n+m)$-stellige Binärdarstellung.

Definition 4.4 *Ein (n,m)-Multiplizierer ist ein Schaltkreis zur Berechnung der Funktion $mul^{n,m} : \{0,1\}^{n+m} \to \{0,1\}^{n+m}$ mit*
$$\begin{aligned} mul^{n,m}(a_{n-1}, \ldots, a_0, b_{m-1}, \ldots, b_0) &= s_{n+m-1}, \ldots, s_0 \text{ mit} \\ \langle s_{n+m-1}, \ldots, s_0 \rangle &= \langle a_{n-1}, \ldots, a_0 \rangle \cdot \langle b_{m-1}, \ldots, b_0 \rangle \ .\end{aligned}$$
Wir nennen (n,n)-Multiplizierer einfach n-Bit Multiplizierer.

Wir stellen in diesem Kapitel drei verschiedene Multiplizierer für Binärzahlen vor.

4.4.1 Multiplikation nach der Schulmethode

Für die Multiplikation von n-stelligen Dezimalzahlen a und mit m-stelligen Dezimalzahlen b lernt man in der Grundschule das folgende Verfahren:

1. Für alle $i \in \{0,\ldots,m-1\}$ multipliziert man den Multikand a mit jeder Stelle b_i des Multiplikators und schiebt das Ergebnis d_i um i Stellen nach links (was einer stillschweigenden Multiplikation mit 10^i entspricht.)

2. Man addiert die Summanden $d_i \cdot 10^i$ auf.

Ein Beispiel findet man in Beispiel 4.1(a). Wenn man nicht weiß, wie man mehrere Summanden $d_i \cdot 10^i$ in einem Schritt zusammenaddiert, kann man sich immer noch helfen: man erzeugt durch einfache Additionen sukzessive

$$D_1 = d_0 + d_1 \cdot 10^1$$
$$D_2 = D_1 + d_2 \cdot 10^2 \text{ usw.}$$

Ein Beispiel für dieses Verfahren findet man in Beispiel 4.1(b).

Das zweite Verfahren läßt sich sofort auf Binärzahlen übertragen. Das Problem, das kleine Einmaleins auswendig zu lernen entfällt, da man für die Erzeugung der Summanden d_i nur mit Stellen $b_i \in \{0,1\}$ multiplizieren muß. Ein Beispiel findet man in Beispiel 4.1(c).

Beispiel 4.1:

(a) Wir multiplizieren zwei Dezimalzahlen $a = 348$ und $b = 529$. Dann ergibt sich

$$d_0 = 348 \cdot 9 = 3132$$
$$d_1 = 348 \cdot 2 = 696$$
$$d_2 = 348 \cdot 5 = 1740$$

Durch aufsummieren der Summanden erhält man das Produkt $a \cdot b$:

```
 3132
  696
1740
─────
184092
```

4.4. *Multiplizierer

(b) Wir wählen a und b wie im Teil (a). Anstatt alle Summanden zu addieren, errechnen wir schrittweise:

$$D_1 = 3132 + 696 \cdot 10^1 = 10092$$
$$D_2 = 10092 + 1740 \cdot 10^2 = 184092$$

(c) Wir multiplizieren zwei Binärzahlen $a = 110$ und $b = 101$ nach der Methode aus Teil (b). Wir erhalten $d_0 = d_2 = 110$ und $d_1 = 000$. Um das Produkt zu erhalten, berechnen wir

$$D_1 = 110 + 0000 = 110$$
$$D_2 = 110 + 11000 = 11110$$

Die Schaltkreise $M^{n,m}$, die wir im folgenden konstruieren, multiplizieren genau auf die eben beschriebene Weise. Wir bezeichnen ihre Kosten und Tiefe mit $c(n,m)$ und $t(n,m)$.

Für $m = 1$ gilt

$$mul^{n,1}(a,1) = a \text{ und } mul^{n,1}(a,0) = 0.$$

Dieser Multiplizierer bildet eine Ausnahme, da für das Produkt eine n-stellige anstatt der erwarteten $(n+1)$-stelligen Binärdarstellung genügt. Ein solcher Multiplizierer läßt sich durch n AND-Gatter realisieren:

$$m_i = a_i \wedge b_0 \text{ für } 0 \leq i < n, m_n = 0.$$

Es gilt somit

$$c(n,1) = n \text{ und } t(n,1) = 1. \tag{4.14}$$

Für $m > 1$ gilt wegen Lemma 4.2

$$\langle a \rangle \cdot \langle b_{m-1}, \ldots, b_0 \rangle = \langle a \rangle \cdot (\langle b_{m-1}, \ldots, b_1 \rangle \cdot 2 + b_0)$$
$$= \langle a \rangle \cdot \langle b_{m-1}, \ldots, b_1 \rangle \cdot 2 + \langle a \rangle \cdot b_0.$$

Eine weitere Anwendung von Lemma 4.2 liefert

$$\langle x_{p-1}, \ldots, x_0 \rangle \cdot 2 = \langle x_{p-1}, \ldots, x_0, 0 \rangle, \tag{4.15}$$

Also braucht man für die Multiplikation mit Zwei keine Gatter, und man kann einen (n,m)-Multiplizierer $M^{n,m}$ konstruieren aus

- einem $(n, m-1)$-Multiplizierer $M^{n,m-1}$,
- einem $(n, 1)$-Multiplizierer, d. h. n AND-Gattern, und
- einem $(n+m)$-Bit Addierer, den wir mit A^m bezeichnen.

Wir verwenden als Addierer A^m einen $(m+n)$-Bit Carry-Chain Addierer und erhalten für die Kosten die Abschätzung

$$\begin{aligned} c(n,m) &= c(n,m-1)+(n+m)\cdot C(FA)+n \\ &= c(n,m-1)+5\cdot (n+m)+n \\ &= c(n,m-1)+5m+6n\,. \end{aligned} \quad (4.16)$$

Aus (4.14) und (4.16) folgt durch Induktion über m sofort

$$\begin{aligned} c(n,m) &= mn+\sum_{i=2}^{m}5(n+i) \\ &= mn+5n(m-1)+5\cdot\left(\sum_{i=1}^{m}i\right)-5\,. \end{aligned}$$

Die Formel für $1+\cdots+m$ haben wir natürlich vergessen, weil es leichter ist, sich ihre Herleitung zu merken:

$$\begin{array}{rcccccc} & 1 & + & 2 & + & \cdots & + & m \\ + & m & + & m-1 & + & \cdots & + & 1 \\ = & m\cdot(m+1)\,, \end{array}$$

also

$$\sum_{i=1}^{m}i = m\cdot(m+1)/2\,. \quad (4.17)$$

Es folgt

$$\begin{aligned} c(n,m) &= mn+5n(m-1)+\frac{5}{2}m(m+1)-5 \\ &= 6mn+\frac{5}{2}m^2+\frac{5}{2}m-5n-5 \end{aligned} \quad (4.18)$$

Für $m=n$ haben wir damit Kosten $O(n^2)$.

4.4. *Multiplizierer

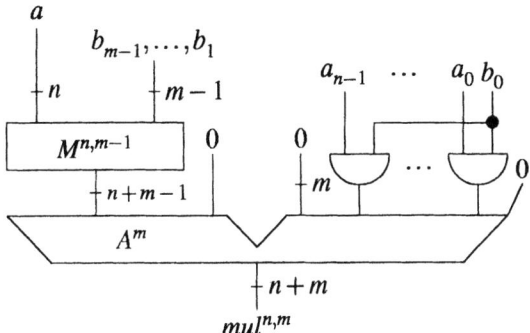

Abbildung 4.10: Rekursive Definition eines einfachen (n,m)-Multiplizierers

Für die Tiefe dieser Multiplizierer liest man aus Abbildung 4.10 direkt die folgende Abschätzung ab:
$$t(n,m) \leq t(n,m-1) + (n+m) \cdot T(FA) .$$

Wie oben folgt
$$\begin{aligned} t(n,m) &\leq 1 + \sum_{i=2}^{m} 3(n+i) \\ &= 1 + 3n(m-1) + \frac{3}{2}m(m+1) - 3 \\ &= 3mn + \frac{3}{2}m^2 + \frac{3}{2}m - 3n - 2 . \end{aligned}$$

Diese Abschätzung ist zwar korrekt aber viel zu grob. Wir betrachten noch einmal Abbildung 4.10 und machen die folgenden Beobachtungen:

1. Jeder Pfad von einem Eingang zu einem Ausgang berührt genau eines der AND-Gatter der $(m,1)$-Multiplizierer.

2. Für $i \in \{2,\ldots,m\}$ und $j \in \{0,\ldots,n+i-1\}$ bezeichne FA^i_j den Volladdierer an Stelle j im $(n+i)$-Bit Carry-Chain Addierer A^i. Dann gibt es von FA^i_j höchstens Kanten zu den folgenden Volladdierern:

   (a) FA^i_{j+1} falls $j \neq n+i-1$ und
   (b) FA^{i+1}_j falls $i \neq m$.

Zeichnen wir nur die Volladdierer FA^i_j des Multiplizierers und ihre Verbindungen untereinander, so ergibt sich das Gitter aus Abbildung 4.11. Durch Induktion über x folgt nun sofort die Behauptung:

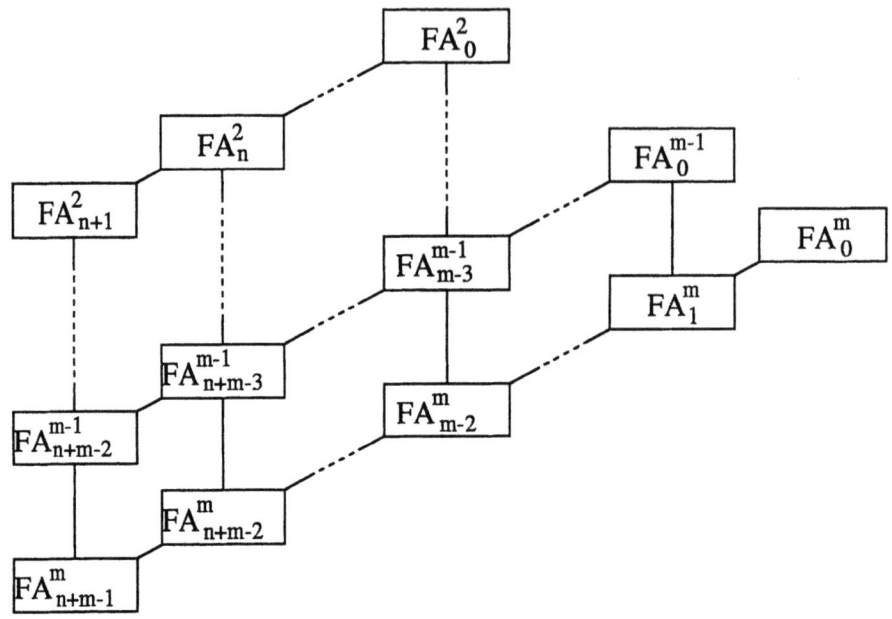

Abbildung 4.11: Aufbau der Volladdierer im einfachen Multiplizierer

Ist $i + j = x$, und ist v ein Gatter in Volladdierer FA_j^i, dann ist
$$T(v) \leq (i+j)T(FA) + 1.$$

Hieraus folgt
$$t(n,m) \leq (2m+n-1) \cdot T(FA) + 1 = 6m + 3n - 2.$$

Die Kosten der obigen Konstruktion kann man leicht verbessern. In jedem der Addierer A^i hat der Volladdierer FA_0^i zwei Eingänge, die immer Null sind, und bei i Volladdierern ist ein Eingang stets Null. Diese Volladdierer kann man nach dem Schema von Abbildung 4.10 ersetzen. Dadurch spart man in jedem der $m-1$ Carry Chain Addierer A^i Kosten
$$i(C(FA) - C(HA)) + C(FA) = 2i + 5.$$

Für die Kosten $c'(n,m)$ der so modifizierten Multiplizierer gilt dann
$$\begin{aligned} c'(n,m) &= c(n,m) - \sum_{i=2}^{m}(2i+5) \\ &= 6mn + \frac{3}{2}m^2 - \frac{7}{2}m - 5n + 1. \end{aligned}$$

Wir fassen die bisherigen Ergebnisse für $m = n$ zusammen in

4.4. *Multiplizierer

Satz 4.15 *Die Implementierung der Schulmethode liefert n-Bit Multiplizierer mit Kosten $7.5 \cdot n^2 - 8.5 \cdot n + 1$ und Tiefe $9n - 2$.*

4.4.2 Wallace-Tree Multiplizierer

Die bisher konstruierten n-Bit Multiplizierer haben Kosten $O(n^2)$ und Tiefe $O(n)$. In diesem Abschnitt reduzieren wir mit Hilfe von zwei Techniken die Tiefe auf $O(\log n)$. Die Kosten bleiben $O(n^2)$. Wir nehmen an, daß n eine Zweierpotenz ist.

Die erste der beiden Techniken liegt auf der Hand. Wir betrachten noch einmal die Formel für die Berechnung des Produktes zweier n-stelliger Binärzahlen.

$$\begin{aligned}\langle a \rangle \cdot \langle b \rangle &= \langle a \rangle \cdot \sum_{i=0}^{n-1} b_i \cdot 2^i \\ &= \sum_{i=0}^{n-1} \langle a \rangle \cdot b_i \cdot 2^i \\ &= \sum_{i=0}^{n-1} 2^i \cdot \langle b_i \wedge a_{n-1}, \ldots, b_i \wedge a_0 \rangle\end{aligned}$$

und interpretieren sie als die zuerst beschriebene Schulmethode zum Multiplizieren: erzeuge für alle i die Binärzahl $d_i = \langle b_i \wedge a_{n-1}, \ldots, b_i \wedge a_0 \rangle$, schiebe sie um i Stellen nach links, und summiere dann die hierdurch entstandenen n Binärzahlen

$$e^i = (\underbrace{0, \ldots, 0}_{n-i}, b_i \wedge a_{n-1}, \ldots, b_i \wedge a_0, \underbrace{0, \ldots, 0}_{i}) \in \{0, 1\}^{2n}. \tag{4.19}$$

Wegen

$$\sum_{i=1}^{n} \langle e_i \rangle = \langle a \rangle \cdot \langle b \rangle \leq 2^{2n} - 1$$

genügen jedenfalls $2n$-Bit Addierer für diese Additionen. Weil die Addition assoziativ und kommutativ ist, ist es gleichgültig, in welcher Reihenfolge wir die Summanden aufaddieren. Wir verfahren wie in Abschnitt 3.4.2:

Wegen Lemma 3.13 gibt es einen binären Baum B_n mit n Blättern $u_{n-1}, \ldots, u_0$ und Tiefe $\log n$. Wir ersetzen in B_n jedes Blatt u_i durch einen Schaltkreis mit Kosten n und Tiefe 1 zur Berechnung von e^i, jeden inneren Knoten durch einen $2n$-Bit Carry-Lookahead Addierer und jede Kante durch $2n$ Kanten. Für $n = 8$ entsteht so beispielsweise der Multiplizierer aus Abbildung 4.12.

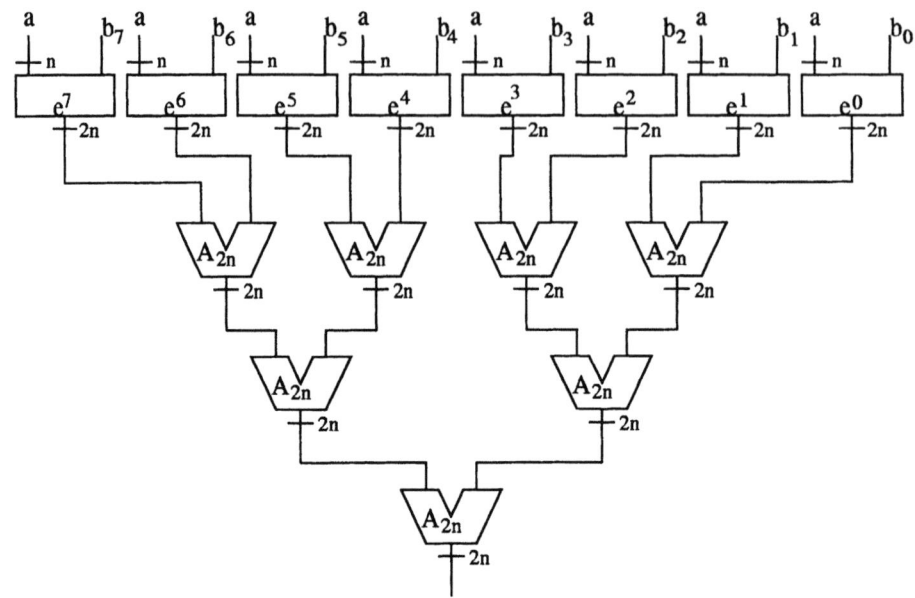

Abbildung 4.12: Aufbau eines 8–Bit Multiplizierers mittels binärem Baum

Die Kosten der so konstruierten Multiplizierer sind nicht größer als

$$n^2 + (n-1)(18n+3) = O(n^2)\,.$$

Die Tiefe ist

$$1 + \log n \cdot (4\log n + 6) = 4\log^2 n + 6\log n + 1\,.$$

Dies ist bereits viel besser als die Tiefe von $9n - 2$ des einfachen Multiplizierers. Als Beispiel wählen wir $n = 32$. Die Tiefe des neuen Multiplizierers ist 131, die Tiefe des alten Multiplizierers 286.

Multiplizierer logarithmischer Tiefe würde man erhalten, wenn es gelänge, in dem obigen Baum von Addierern die Tiefe jedes einzelnen Addierers auf $O(1)$ zu verringern. Wir wissen aber bereits, daß das unmöglich ist. An dieser Stelle hilft nun eine verblüffend einfache, aber keineswegs naheliegende Technik weiter: man addiert in einem Schritt nicht zwei Binärzahlen a und b zu einer Summe s zusammen, sondern *drei* Binärzahlen a,b und c zu *zwei* Teilsummen s und u, wobei

$$\langle a \rangle + \langle b \rangle + \langle c \rangle = \langle s \rangle + \langle u \rangle$$

gilt. Dies leistet der Schaltkreis mit Tiefe 3 aus Abbildung 4.13, der einfach aus n einzelnen

4.4. *Multiplizierer

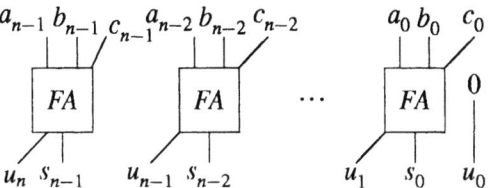

Abbildung 4.13: Aufbau eines $(3,2)$–Addierers aus Volladdierern

Volladdierern und einem konstanten Ausgang $u_0 = 0$ besteht, denn

$$
\begin{aligned}
\langle s \rangle + \langle u \rangle &= \sum_{i=0}^{n-1} s_i \cdot 2^i + \sum_{i=0}^{n} u_i \cdot 2^i \\
&= \sum_{i=0}^{n-1} (2u_{i+1} + s_i) \cdot 2^i \quad \text{da } u_0 = 0 \\
&= \sum_{i=0}^{n-1} \langle u_{i+1}, s_i \rangle \cdot 2^i \\
&= \sum_{i=0}^{n-1} (a_i + b_i + c_i) \cdot 2^i \\
&= \langle a \rangle + \langle b \rangle + \langle c \rangle .
\end{aligned}
$$

Der Rest ist jetzt natürlich einfach. Wir definieren allgemein einen n-Bit $(m,2)$–Addierer als einen Schaltkreis, der m viele n-stellige Summanden zu zwei Teilsummen zusammenaddiert:

Definition 4.5 *Ein n-Bit $(m,2)$–Addierer ist ein Schaltkreis zur Berechnung der Funktion* $+_{m,2}^n : \{0,1\}^{mn} \to \{0,1\}^{2n}$ *mit folgender Eigenschaft: Gilt $d^i \in \{0,1\}^n$ für alle $i \in \{1,\ldots,m\}$, ist*

$$\sum_{i=1}^{n} \langle d^i \rangle \leq 2^n - 1,$$

und ist

$$+_{m,2}(d^1,\ldots,d^m) = (s_{n-1},\ldots,s_0, u_{n-1},\ldots,u_0),$$

dann ist

$$\langle s \rangle + \langle u \rangle = \sum_{i=1}^{n} \langle d^i \rangle .$$

Wir konstruieren eine Familie $A^{n,m}$ von n-Bit $(m,2)$–Addierern mit Kosten $c(m,n) = O(mn)$ und Tiefe $t(m,n) = O(\log m)$. Für $m = 3$ erhalten wir den Schaltkreis $A^{n,m}$ aus dem Schaltkreis in Abbildung 4.13, indem wir den Ausgang u_n weglassen. Es folgt

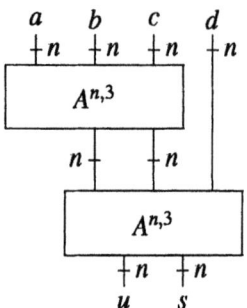

Abbildung 4.14: Aufbau eines $(4,2)$-Addierers

$$\begin{aligned} c(3,n) &= n \cdot C(FA) = 5n \text{ und} \\ t(3,n) &= T(FA) = 3 \, . \end{aligned} \qquad (4.20)$$

Nun droht die Konstruktion von ziemlich unregelmäßigen Bäumen[3]. Wir vermeiden dies durch einen Zwischenschritt. Der Schaltkreis $A^{n,4}$ in Abbildung 4.14 ist offensichtlich ein n-Bit $(4,2)$-Addierer mit

$$\begin{aligned} c(4,n) &= 10n \text{ und} \\ t(4,n) &= 6 \, . \end{aligned} \qquad (4.21)$$

Für Zweierpotenzen $m \geq 8$ zeigt Abbildung 4.15 die Konstruktion von $(m,2)$-Addierern aus $(m/2,2)$-Addierern. Es folgt

$$\begin{aligned} c(m,n) &= 2 \cdot c(m/2,n) + c(4,n) \text{ und} \\ t(m,n) &= t(m/2,n) + t(4,n) \, . \end{aligned} \qquad (4.22)$$

Aus (4.21) und (4.22) folgt durch zwei einfache Induktionsbeweise

$$\begin{aligned} c(m,n) &= \left(\frac{m}{2} - 1\right) \cdot c(4,n) \text{ und} \\ t(m,n) &= (\log m - 1) \cdot t(4,n) \, . \end{aligned} \qquad (4.23)$$

---

[3]Bäume mit m Blättern und Tiefe $\lceil \log_{3/2} m \rceil$.

4.4. *Multiplizierer

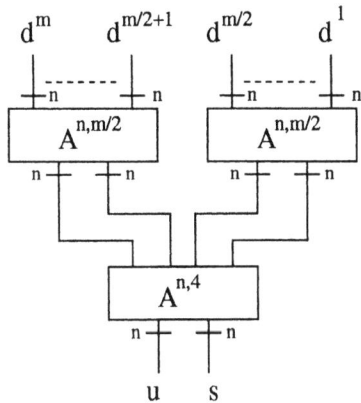

Abbildung 4.15: Aufbau eines $(m,2)$-Addierers

Also gilt

Lemma 4.16 *Für alle Zweierpotenzen $m \geq 4$ und für alle n gibt es n-Bit $(m,2)$-Addierer mit Kosten $c(m,n) = 5mn - 10n$ und Tiefe $t(m,n) = 6\log m - 6$.*

Die so konstruierten $(m,2)$-Addierer heißen n-Bit m-*Wallace Trees*. Den $(3,2)$-Addierer nennt man auch *Carry-Save Addierer*.

Die Konstruktion von sogenannten n-Bit *Wallace-Tree Multiplizierern* ist nun offensichtlich (siehe Abbildung 4.16):

1. Man berechnet die Summanden e^i aus (4.19) mit insgesamt n^2 AND-Gattern und Tiefe 1.

2. Man faßt die Ergebnisse mit einem $2n$-Bit n-Wallace Tree zu zwei Summanden zusammen.

3. Man addiert die Summanden mit einem $2n$-Bit Carry-Lookahead Addierer.

Für die Kosten $c(n)$ und die Tiefe $t(n)$ dieser Multiplizierer folgt

$$c(n) = n^2 + 10n^2 - 20n + 18n + 3 = 11n^2 - 2n + 3$$

und

$$t(n) = 1 + 6\log n - 6 + 4\log n + 6 = 10\log n + 1.$$

Es gilt also:

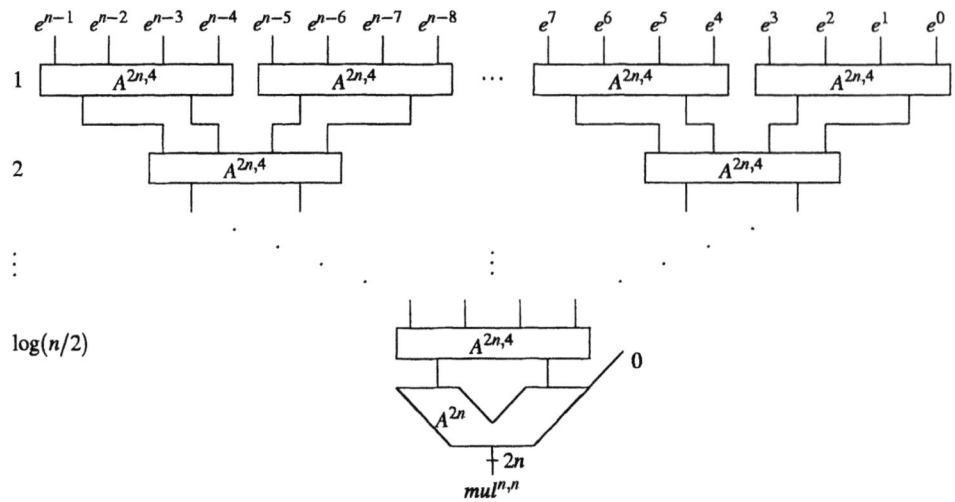

Abbildung 4.16: Aufbau eines Wallace-Tree Multiplizierers

Satz 4.17 *Für Zweierpotenzen n haben n-Bit Wallace-Tree Multiplizierer Kosten $O(n^2)$ und Tiefe $O(\log n)$.*

Für $n = 32$ haben diese Multiplizierer nur Tiefe 51. Die Kosten der Multiplizierer kann man verringern, wenn man im Wallace-Tree Volladdierer wo möglich eliminiert oder durch Halbaddierer ersetzt. Wir verfolgen das hier aber nicht.

4.4.3 Multiplikation nach Karatsuba und Ofman

In diesem Abschnitt beweisen wir ein verblüffendes Ergebnis: es gibt n-Bit-Multiplizierer mit Kosten $O(n^{\log 3}) \approx O(n^{1.585})$. Es gibt also — für große n — viel einfachere Methoden zum Multiplizieren als die Schulmethode. Man beachte, daß man bei Kosten $o(n^2)$ nicht einmal genug Gatter zur Verfügung hat, um alle Summanden d^i erzeugen.

Sei $a = a_{n-1}, \ldots, a_0, b = b_{n-1}, \ldots, b_0$ für eine Zweierpotenz n. Wie bei der Konstruktion von Conditional-Sum Addierern zerlegen wir jede der Zeichenreihen a und b in eine obere und eine untere Hälfte:

$$h_a = a_{n-1}, \ldots, a_{n/2} \quad l_a = a_{n/2-1}, \ldots, a_0$$
$$h_b = b_{n-1}, \ldots, b_{n/2} \quad l_b = b_{n/2-1}, \ldots, b_0.$$

4.4. *Multiplizierer

Aus Lemma 4.2 folgt

$$\langle a \rangle = \langle h_a \rangle \cdot 2^{n/2} + \langle l_a \rangle \text{ und } \langle b \rangle = \langle h_b \rangle \cdot 2^{n/2} + \langle l_b \rangle \,.$$

Also ist

$$\langle a \rangle \cdot \langle b \rangle = \langle h_a \rangle \cdot \langle h_b \rangle \cdot 2^n + \langle h_a \rangle \cdot \langle l_b \rangle \cdot 2^{n/2} + \langle l_a \rangle \cdot \langle h_b \rangle \cdot 2^{n/2} + \langle l_a \rangle \cdot \langle l_b \rangle \,.$$

Die Realisierung eines n-Bit Multiplizierers ist damit möglich durch vier $(n/2)$-Bit Multiplizierer und drei $(2n)$-Bit Addierer. Drei $2n$-Bit Carry-Chain Addierer haben Kosten

$$g(n) = 3 \cdot 2n \cdot C(FA) = 30n \,.$$

Für die Kosten $c(n)$ der so konstruierten n-Bit Multiplizierer erhält man die Differenzengleichung

$$\begin{aligned} c(n) &= 4c(n/2) + g(n) \text{ und} \\ c(1) &= 1 \,. \end{aligned} \quad (4.24)$$

Aus Lemma 4.9 folgt

$$c(n) > 4^{\log n} \cdot c(1) = n^2$$

nach (4.8).

Die Kosten sind also noch mindestens quadratisch in n, und das kann man der Differenzengleichung (4.24) fast mit bloßem Auge ansehen. Dennoch ist der Ansatz nicht ganz abwegig. Wir müssen nur erreichen, daß wir statt mit vier mit drei $(n/2)$-Bit Multiplizierern auskommen. Dann würde nämlich Lemma 4.9 eine Lösung der Form

$$c(n) = 3^{\log n} + c' = n^{\log 3} + c'$$

liefern, wobei wir natürlich auch c' abschätzen müssen.

Mit drei Multiplikationen von $(n/2)$-stelligen Binärzahlen kommt man aus, indem man während der Rechnung nicht nur addiert, sondern auch *subtrahiert*[4]:

$$\begin{aligned} p_1 &= \langle h_a \rangle \cdot \langle h_b \rangle, \\ p_2 &= \langle l_a \rangle \cdot \langle l_b \rangle, \\ s_1 &= \langle h_a \rangle + \langle l_a \rangle, \\ s_2 &= \langle h_b \rangle + \langle l_b \rangle, \\ p_3 &= s_1 \cdot s_2, \\ s_3 &= p_1 + p_2, \\ s_4 &= p_3 - s_3 \,. \end{aligned}$$

---
[4] Das ist nicht ganz naheliegend; andererseits haben schon die alten Römer gewußt, daß Subtraktion beim Multiplizieren helfen kann (siehe Abschnitt 1.4.2).

Eine leichte Rechnung zeigt

$$\langle a \rangle \cdot \langle b \rangle = p_1 \cdot 2^n + s_4 \cdot 2^{n/2} + p_2 \,. \tag{4.25}$$

Der Rest ist einfach. Man braucht zur Berechnung von

p_1 und p_2: zwei $(n/2)$-Bit Multiplizierer

s_1 und s_2: zwei $(n/2)$-Bit Addierer

p_3: einen $(n/2+1)$-Bit Multiplizierer

s_3: einen n-Bit Addierer

s_4: einen $(n+2)$-Bit Subtrahierer

rechte Seite von (4.25): zwei $(2n)$-Bit Addierer

Wir benutzen Carry-Chain Addierer sowie die Subtrahierer aus Abschnitt 4.3.2, und erhalten für die Kosten $c(n)$ der so konstruierten n-Bit Multiplizierer die Differenzengleichung

$$\begin{aligned} c(1) &= 1 \text{ und} \\ c(n) &= 2 \cdot c(n/2) + c(n/2+1) + 6n \cdot C(FA) + 6(n+2) \\ &= 2 \cdot c(n/2) + c(n/2+1) + 36n + 12 \,. \end{aligned} \tag{4.26}$$

Damit wir Lemma 4.9 anwenden können müssen wir noch angeben, wie man aus einem $(n/2)$-Bit-Multiplizierer einen $(n/2+1)$-Bit-Multiplizierer baut. Das ist eine reine Routinesache:

Seien $a = a_s, \ldots, a_0$ und $b = b_s, \ldots, b_0$ zwei $(s+1)$-Bit Zahlen. Dann gilt

$$\begin{aligned} \langle a \rangle \cdot \langle b \rangle &= \langle a_s, \ldots, a_0 \rangle \cdot \langle b_s, \ldots, b_0 \rangle \\ &= (\langle a_s, \ldots, a_1 \rangle \cdot 2 + a_0) \cdot (\langle b_s, \ldots, b_1 \rangle \cdot 2 + b_0) \\ &= 2^2 \cdot \langle a_s, \ldots, a_1 \rangle \cdot \langle b_s, \ldots, b_1 \rangle \\ &\quad + 2 \cdot \langle a_s, \ldots, a_1 \rangle \cdot b_0 + 2 \cdot a_0 \cdot \langle b_s, \ldots, b_1 \rangle + a_0 \cdot b_0 \end{aligned}$$

Ein $(s+1, s+1)$-Bit Multiplizierer läßt sich also durch zwei $(s,1)$-Bit Multiplizierer, d. h. $2s$ AND-Gatter, einen (s,s)-Bit Multiplizierer, einen $(1,1)$-Bit Multiplizierer, d. h. ein AND-Gatter, und zwei $(2s+2)$-Addierer realisieren. Ein dritter Addierer zur Addition von $a_0 \cdot b_0$

ist nicht notwendig, da nach (4.15) die niederwertigsten Bits der anderen Summanden Null sind.

Es folgt:
$$\begin{aligned} c(s+1) &= c(s) + 2s + 1 + 2 \cdot (2s+2) \cdot C(FA) \\ &= c(s) + 22s + 21 \,. \end{aligned}$$

Einsetzen in (4.26) mit $s = n/2$ liefert
$$c(n) = 3 \cdot c(n/2) + 47n + 33 \,.$$

Unter Zuhilfenahme von Lemma 4.9, Lemma 2.3 und (4.8) erhalten wir die Lösung
$$\begin{aligned} c(n) &= 3^{\log n} \cdot c(1) + \sum_{i=0}^{\log n - 1} 3^i \cdot \left(\frac{47n}{2^i} + 33 \right) \\ &= 3^{\log n} + 33 \cdot \sum_{i=0}^{\log n - 1} 3^i + 47n \cdot \sum_{i=0}^{\log n - 1} (3/2)^i \\ &= 3^{\log n} + 33 \cdot \frac{3^{\log n} - 1}{3 - 1} + 47n \cdot \frac{(3/2)^{\log n} - 1}{3/2 - 1} \\ &= 3^{\log n}(1 + 33/2) + 94n \cdot 3^{\log n}/n - 94n - 33/2 \\ &= 111.5 \cdot n^{\log 3} - 94n - 16.5 \end{aligned}$$

Damit haben wir

Satz 4.18 *Für Zweierpotenzen n gibt es n-Bit Multiplizierer mit Kosten* $O(n^{\log 3})$.

Die eben angegebenen Multiplizierer sind leider erst ab $n = 256$ billiger als die Multiplizierer aus Abschnitt 4.4.2. Eine Beschreibung von Multiplizierern mit asymptotisch noch viel geringeren Kosten, nämlich nur $O(n \log n \log \log n)$ findet der Leser in [2], [43] oder [47]. Die einfache Frage, ob es n-Bit Multiplizierer mit Kosten $O(n)$ gibt, ist seit Jahrzehnten eines der berühmtesten offenen Probleme der Schaltkreistheorie.

4.5 Aufbau von Arithmetikeinheiten

Man faßt Schaltkreise zur Berechnung mehrerer arithmetischer Operationen und bitweiser logischer Operationen
$$f_i : \{0,1\}^{2n+1} \to \{0,1\}^{n+1}, \quad i = 1, \ldots, t$$

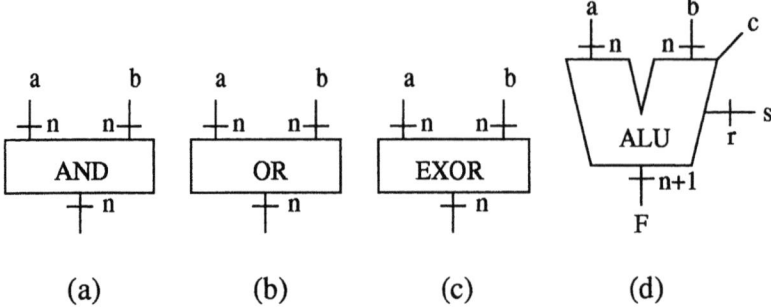

Abbildung 4.17: Schaltkreissymbole für einfache Funktionen

in sogenannten n-Bit Arithmetik-Einheiten zusammen. Im Englischen heißt eine solche Einheit *arithmetic logic unit* oder kurz ALU.

Typische arithmetische Funktionen, die von ALU's unterstützt werden, sind Addition und Subtraktion. Typische logische Operationen sind bitweises UND, ODER und $\oplus$, d. h. für $\circ \in \{\wedge, \vee, \oplus\}$ wird

$$a \circ b := (a_{n-1} \circ b_{n-1}, \ldots, a_0 \circ b_0)$$

berechnet. Schaltkreise zur Berechnung von $a \circ b$ erhält man einfach durch n viele $\circ$-Gatter. Wir benutzen für diese Schaltkreise die Symbole aus Abbildung 4.17(a)–(c).

Die Anzahl t der unterstützten Funktionen ist in der Regel eine Zweierpotenz $t = 2^r$, und die Auswahl der Funktion f_i, die auf die Operanden $a, b \in \{0,1\}^n$ und den Eingangsübertrag $c_{in} \in \{0,1\}$ angewendet werden soll, geschieht durch eine Folge von r zusätzlichen Eingängen $s = s_{r-1}, \ldots, s_0$. Diese Eingänge heißen *select* Eingänge.

Ein typisches Beispiel für eine ALU ist der Baustein 74F381 der FAST Familie [14], auf die wir in Kapitel 5 noch ausführlich eingehen. Tabelle 4.4 enthält — in etwas salopper Form — die Liste der Funktionen, die von diesem Baustein unterstützt werden. Wir werden sehen, daß man diese Tabelle mit Vorsicht genießen muß.

Wir numerieren die Funktionen f_i so, daß durch select Eingang s die Funktion $f_{\langle s \rangle}$ ausgewählt wird. Eine ALU berechnet dann eine Funktion

$$F : \{0,1\}^{2n+1+r} \to \{0,1\}^{n+1} \text{ mit}$$
$$F(a,b,c,s) = f_{\langle s \rangle}(a,b,c) \text{ für alle } a,b,c \text{ und } s.$$

ALU's kann man in trivialer — und zu teurer — Weise dadurch realisieren, daß man für alle i die Ergebnisse $f_i(a,b,c)$ durch getrennte Schaltkreise S_i berechnet und dann mit einem

4.5. Aufbau von Arithmetikeinheiten

$s_2 s_1 s_0$	$f_{\langle s \rangle}$
000	0000
001	$b-a$
010	$a-b$
011	$a+b$
100	$a \oplus b$
101	$a \vee b$
110	$a \wedge b$
111	1111

Tabelle 4.4: Tabelle der ALU Funktionen

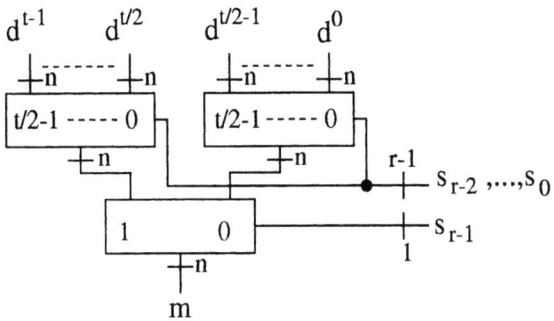

Abbildung 4.18: Aufbau eines t-fach Multiplexers

zusätzlichen Schaltkreis als Funktion der select Eingänge das richtige Ergebnis auswählt. Schaltkreise, die diese Auswahl leisten, heißen t-fach Multiplexer.

Definition 4.6 *Sei $t = 2^r$ eine Zweierpotenz. Ein n-Bit t-fach Multiplexer ist ein Schaltkreis zur Berechnung der Funktion $m : \{0,1\}^{nt+r} \to \{0,1\}^n$ mit*

$$m(d^0, \ldots, d^{t-1}, s) = d^{\langle s \rangle}$$

für alle $d^i \in \{0,1\}^n$, $i = 0, \ldots, t-1$, und alle $s \in \{0,1\}^r$.

Die bereits bekannten Multiplexer sind 2-fach Multiplexer. Abbildung 4.18 zeigt die Konstruktion von t-fach Multiplexern aus $(t/2)$-fach Multiplexern. Die so definierten t-fach Multiplexer bilden offensichtlich einen Baum von 2-fach Multiplexern.

Abbildung 4.19 zeigt den Aufbau einer ALU aus getrennten Funktionseinheiten und einem Baum von $n+1$-Bit 2-fach Multiplexern.

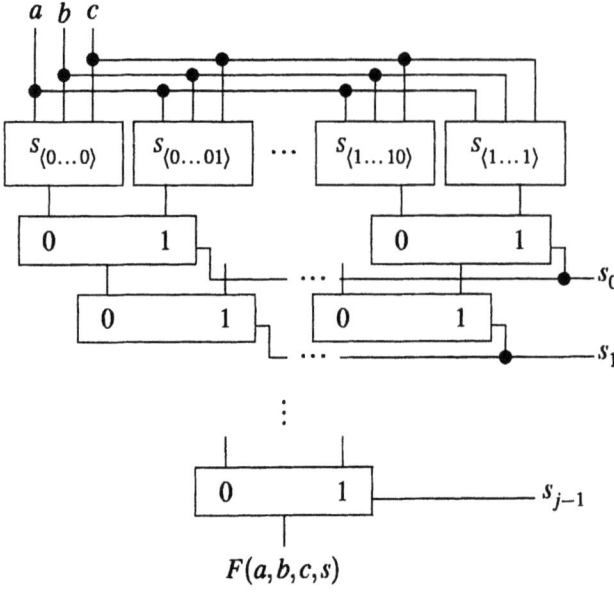

Abbildung 4.19: Aufbau einer ALU

Diese Konstruktion kann man verbessern. Es war ja gerade der Witz der 2's-Complement-Darstellung, daß man für Addition und Subtraktion keine getrennten Schaltkreise braucht (siehe Abschnitt 4.3.2). Für eine ALU mit den Funktionen aus Tabelle 4.4 legt das etwa die Konstruktion aus Abbildung 4.20 nahe. Wir verwenden hierfür das Symbol aus Abbildung 4.17(d).

Wir erinnern daran, daß wir für $x \in \{0,1\}^n$ die Bezeichnung

$$\bar{x} = (\overline{x_{n-1}}, \ldots, \overline{x_0})$$

verabredet haben. Für die eben konstruierte ALU gilt dann insbesondere

$$\langle c', z \rangle = \begin{cases} \langle \bar{a} \rangle + \langle b \rangle + c \text{ falls } s = (0,0,1) \\ \langle a \rangle + \langle \bar{b} \rangle + c \text{ falls } s = (0,1,0) \\ \langle a \rangle + \langle b \rangle + c \text{ falls } s = (0,1,1) \end{cases}$$

Das ist weitaus weniger salopp als Tabelle 4.4. Insbesondere folgt, daß die ALU nur dann subtrahiert, wenn man den Eingangsübertrag beim Subtrahieren auf Eins zwingt, etwa indem man mit einem zusätzlichen NAND-Gatter

$$c = \overline{s_1 \wedge s_0}$$

4.5. Aufbau von Arithmetikeinheiten   219

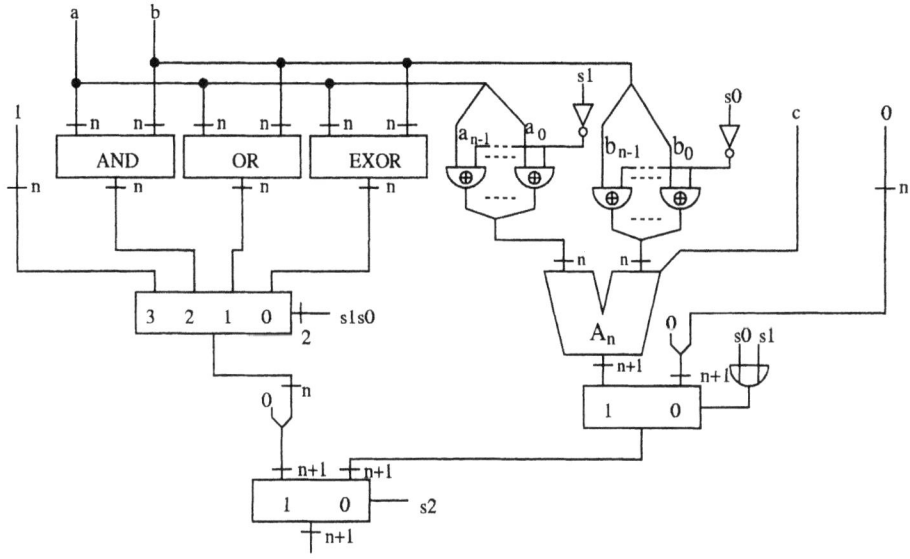

Abbildung 4.20: Aufbau der ALU mit acht Funktionen

setzt. Man sieht ebenfalls, warum die Funktion '$-a-b$' nicht implementiert ist. Für ihre Berechnung müßten wir nach Lemma 4.6

$$-[a]-[b] = [\bar{a}] + [\bar{b}] + 2$$

rechnen, und das geht nicht mehr mit einem einzigen Addierer.

4.5.1 Bit Slice Designs

Es sei A_h eine n-Bit ALU, es sei A_l eine m-Bit ALU, und es sei A der Schaltkreis aus Abbildung 4.21. Ein leichter Beweis nach dem Muster des Induktionsschritts von Lemma 4.7 zeigt, daß A eine $m+n$-Bit ALU ist. Also kann man die eben beschriebenen ALU's genau wie Volladdierer kaskadieren. Tut man dies mit k ALUs, erhält man eine kn-Bit ALU.

Man kann n-Bit ALU's auch mit Hilfe von Carry-Lookahead-Generatoren kaskadieren. In diesem Fall berechnet die ALU die Summenbits mit Hilfe des Eingangsübertrags c_{in} wie bisher. Statt eines Ausgangsübertrags c_{out} generiert die ALU jedoch unabhängig vom Eingangsübertrag die Generate- und Propagate-Signale

$$g = g_{0,n-1} \text{ und } p = p_{0,n-1} .$$

Wir nennen die alten ALUs vom *Typ 0* und die neuen ALU's vom *Typ 1*. Aus einer Typ 0 ALU A^0, $k-1$ Typ 1 ALU's $A^1, \ldots, A^{k-1}$ und einem k-Bit Carry-Lookahead Generator

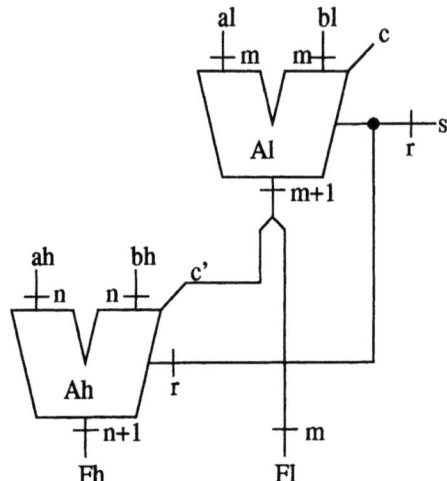

Abbildung 4.21: Kaskadierung von ALU's

Nummer	Funktion	Bits	Typ
74F583	BCD Addierer	4	
74F569	Zähler	4	
74F381	ALU	4	1
74F382	ALU	4	0
29F01	Prozessor	4	

Tabelle 4.5: Beispiele kommerzieller Bit Slice Bausteine

CL kann man den Schaltkreis aus Abbildung 4.22 erzeugen. Ein leichter Beweis nach dem Muster des Induktionsschritts von Lemma 4.10 zeigt:

$$G_i = g_{0,in-1} \text{ für alle } i \in \{0,\ldots,k-1\}.$$

Also ist auch der Schaltkreis aus Abbildung 4.22 eine kn-Bit ALU vom Typ 0.

Designs, bei denen eine kn-Bit Einheit durch einfaches Zusammenschalten von n-Bit Einheiten erzeugt wird, heißen *Bit Slice Designs*. Mit fortschreitender Integrationsdichte hat man nacheinander Slices von Addierern, ALU's und schließlich Prozessoren auf Chips gepackt. Tabelle 4.5 zeigt einige kommerziell verfügbare Bausteine aus [14]. Seitdem selbst 32-Bit Prozessoren auf einen einzigen Chip passen, haben diese Designs beim Entwurf von Platinen kaum noch Bedeutung. Man findet aber Slices von 4-Bit Addierern und Carry-Lookahead Generatoren in den Zellbibliotheken moderner Systeme zum Chip-Entwurf [25, 36]. Diese Bibliotheken enthalten übrigens keine Makros für n-Bit Addierer mit $n > 4$.

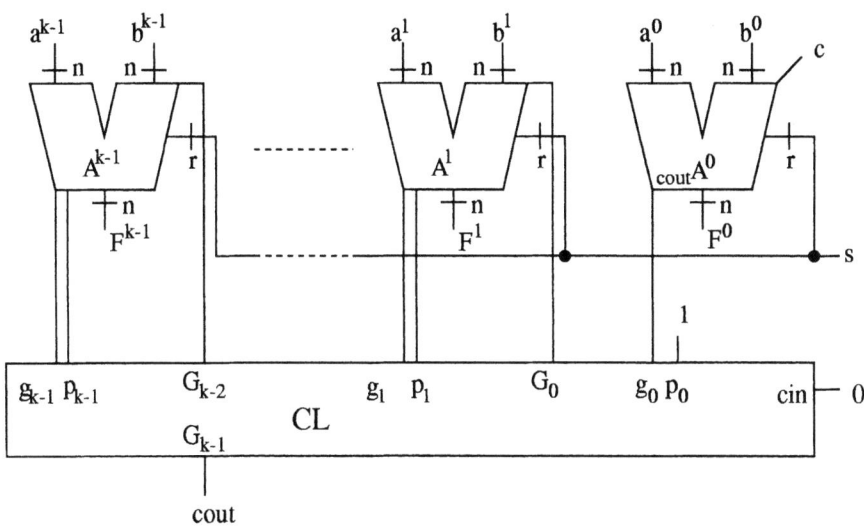

Abbildung 4.22: Aufbau einer ALU mittels Carry-Lookahead Generator

4.6 Übungen

Übung 4.1: *Es seien $x, y \in \{0, \ldots, B-1\}^n$. Für $i \in \{0, \ldots, n-1\}$ definieren wir*

$$c_{-1} = 0$$
$$c_i = \begin{cases} 0 \text{ falls } x_i + y_i + c_{i-1} < B \\ 1 \text{ falls } x_i + y_i + c_{i-1} \geq B \end{cases}$$
$$s_i = (x_i + y_i + c_{i-1}) \bmod B.$$

1. Kennen Sie dieses Verfahren? Falls ja, wie lange?
2. Was tut das Verfahren? Beweis?

Übung 4.2:

1. Addieren Sie die folgenden Hexadezimalzahlen:
   - A3C4 und 2BFE
   - 8888 und 7778
   - FFC4 und FFFF

2. Addieren Sie die folgenden Binärzahlen:
   - 1010001111000100 und 0010101111111110

- *1000100010001000* und *0111011101111000*
- *1111111111000100* und *1111111111111111*

3. Es sei $x \in \{0, \ldots, B^n - 1\}$ und es sei $\beta = \lceil \log B \rceil$. Wir definieren die binär kodierte Darstellung $BC_B(x)$ von x zur Basis B in zwei Schritten:
   - Wir bestimmen die Darstellung $a = (a_{s-1}, \ldots, a_0)$ von x zur Basis B.
   - Wir ersetzen jedes a_i durch die Binärdarstellung $bin_\beta(a_i)$.

   Berechnen Sie $BC_{16}(x)$ für alle Hexadezimalzahlen aus Teil 1 dieser Übung.

4. Ein n-Ziffern BC_B-Addierer ist ein Schaltkreis, der die folgende Funktion $f : \{0,1\}^{2\beta n+1} \to \{0,1\}^{\beta(n+1)}$ berechnet:

$$f(BC_B(x), BC_B(y), c) = BC_B(x+y+c)$$

   für alle $x, y \in \{0, \ldots, B^n - 1\}$ und $c \in \{0, 1\}$. Zeigen Sie: aus jedem 4n-Bit Addierer kann man ohne zusätzliche Kosten einen n-Ziffern BC_{16}-Addierer machen. Man kann also insbesondere 32-Bit Addierer zum Addieren 8-ziffriger binär kodierter Hexadezimalzahlen benutzen.

5. Konstruieren Sie n-Ziffern BC_{10}-Addierer. Diese Addierer heißen auch BCD-Addierer (BCD= Binary Coded Decimal).

Übung 4.3: Wir betrachten im folgenden gleichzeitig Additionen zur Basis $B = 10$ und zur Basis $B = 16$ [11]. Wir verwenden statt statt c_i und s_i die Notation $c_i(x,y,B)$ und $s_i(x,y,B)$.

1. Addieren Sie die folgenden Dezimalzahlen:
   - $x = 3075$ und $y = 0930$
   - $x = 0001$ und $y = 9999$

   Schreiben Sie für jede der Additionen den Vektor $c(x, y, 10)$ der auftretenden Überträge auf.

2. Addieren Sie die folgenden Hexadezimalzahlen:
   - $x = 3075$ und $z = (0930 + 6666)$
   - $x = 0001$ und $z = (9999 + 6666)$

   Warum treten beim Auswerten der Klammern keine Überträge auf ? Schreiben Sie für jede der Additionen den Vektor $c(x, z, 16)$ der auftretenden Überträge auf.

3. Bilden Sie für die Paare x, y aus Teil 1 den Vektor $u(x, y)$ durch

$$u(x,y) = 6 \cdot c(x,y,10) \text{ (komponentenweise)}$$

   und addieren Sie als Hexadezimalzahlen $x + (y + u)$.

4. Es seien $x, y \in \{0, \ldots 9\}^n$ zwei n-stellige Dezimalzahlen. Wir definieren die n-stellige Hexadezimalzahl z durch

$$z_i = y_i + 6$$

   für alle i. Zeigen Sie für alle i:

$$c_i(x, y, 10) = c_i(x, z, 16) \, .$$

4.6. Übungen

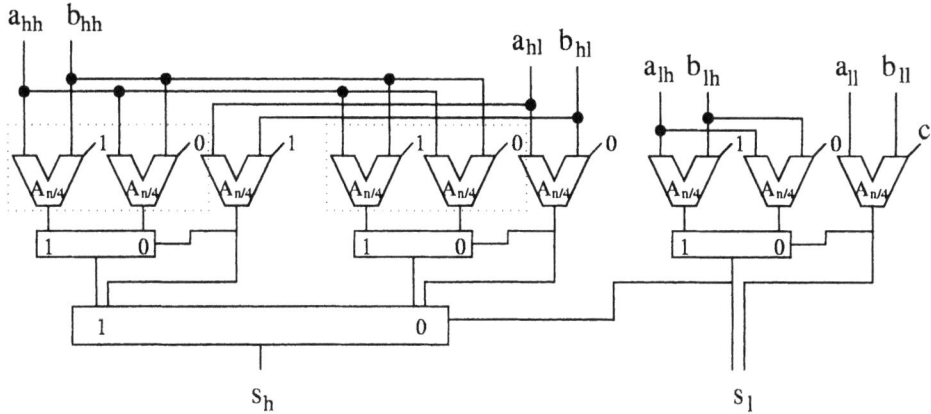

Abbildung 4.23: Verbesserter Conditional-Sum Addierer

5. Wir definieren die n-stelligen Hexadezimalzahlen u und v durch

$$u_i = 6 \cdot c_i(x,z,16) \text{ und}$$
$$v_i = y_i + u_i = y_i + 6 \cdot c_i(x,z,16).$$

für alle i. Zeigen Sie:

$$s_i(x,y,10) = s_i(x,v,16) \text{ und}$$
$$c_i(x,y,10) = c_i(x.v,16).$$

für alle i.

6. Konstruieren Sie einen n-Ziffern BC_{10}-Addierer mit Kosten $O(n)$ und Tiefe $O(\log n)$.

Übung 4.4:

1. Wir verringern die Kosten des Conditional-Sum Addierers. Wir rollen die in Abbildung 4.7 dargestellte Rekursion auf und ersetzen A_n durch drei Multiplexer und neun Schaltkreise $A_{n/4}$. Wir erhalten den Schaltkreis aus Abbildung 4.23. Diesen Schaltkreis kann man vereinfachen, da die Addierer in den gestrichelten Umrandungen die gleichen Daten berechnen. Berechnen Sie Kosten und Tiefe der so vereinfachten Addierer.

2. Schätzen Sie für $n = 64$ möglichst genau die Kosten des ursprünglichen Conditional-Sum Addierers und des vereinfachten Addierers ab.

3. Es seien c und d positive reelle Zahlen. Für Zweierpotenzen n gelte

$$f(1) = 1 \text{ und } f(n) = 2 \cdot f(n/2) + cn + d.$$

Zeigen Sie, daß $f(n) = O(n \log n)$ gilt.

4. Wir verändern die Konstruktion von Conditional-Sum Addierern. Ein modifizierter n-Bit Conditional-Sum Addierer (n-MCSA) berechnet die folgende Funktion $f : \{0,1\}^{2n} \to \{0,1\}^{2n+2}$:

$$f(a_{n-1},\ldots,a_0,b_{n-1},\ldots,b_0) = (s_n,\ldots,s_0,t_n,\ldots,t_0)$$

mit

$$\langle s \rangle = \langle a \rangle + \langle b \rangle \text{ und } \langle t \rangle = \langle a \rangle + \langle b \rangle + 1.$$

Konstruieren Sie n-MCSA's mit Kosten $O(n \log n)$ für Zweierpotenzen n.

5. Schätzen Sie für $n = 64$ möglichst genau die Kosten dieses Addierers ab.

Übung 4.5: Konstruieren Sie einen möglichst billigen n-Bit Incrementer mit Tiefe $O(\log n)$.

Übung 4.6: Konstruieren Sie einen Multiplizierer für n-stellige 2's-Complement-Zahlen.

Übung 4.7: Ein $(k+1/2)$-Bit Carry-Lookahead Generator ist ein $(k+1)$-Bit Carry-Lookahead Generator, bei dem der Propagate-Eingang p_0 fest mit Eins verbunden ist. Zeigen Sie:

1. Aus einem k-Bit Carry-Lookahead Generator und k vielen m-Bit ALU's vom Typ 1 kann man eine km-Bit ALU vom Typ 1 bauen.

2. Aus einem $(k+1/2)$-Bit Carry-Lookahead Generator und k vielen m-Bit ALU's vom Typ 1 kann man eine km-Bit ALU vom Typ 0 bauen.

Übung 4.8: Für $n \in \mathbb{N}$ und $i \in \{0,\ldots,n-1\}$. definieren wir die Funktion $cls_i : \{0,1\}^n \to \{0,1\}^n$ durch

$$cls_i(a_{n-1},\ldots,a_0) = (a_{n-i-1},\ldots,a_0,a_{n-1},\ldots,a_{n-i}).$$

Die Funktion cls_i heißt zyklischer Linksshift um i Stellen.

Es sei n eine Zweierpotenz. Ein n-Bit Barrelshifter ist ein Schaltkreis, der die folgende Funktion $bs : \{0,1\}^{n+\log n} \to \{0,1\}^n$ berechnet:

$$bs(a,b) = cls_{\langle b \rangle}(a)$$

für alle $a \in \{0,1\}^n$ und $b \in \{0,1\}^{\log n}$.

1. Konstruieren Sie Barrelshifter mit Kosten $O(n \log n)$.

2. Fügen Sie einen weiteren Eingang r hinzu. Der Shifter soll um $\langle b \rangle$ Stellen zyklisch nach rechts shiften, falls $r = 1$, sonst wie bisher um $\langle b \rangle$ Stellen zyklisch nach links. Realisieren sie diese Erweiterung mit nur $O(\log n)$ zusätzlichen Gattern.

3. Entwerfen Sie eine ALU-Slice, die als eine ihrer Funktionen einen einfachen Rechtsshift

$$rsh(a_{n-1},\ldots,a_0) = (0,a_{n-1},\ldots,a_1)$$

realisiert.

Warum sind in Bit-Slice Designs nicht einmal Rechtsshifts um eine Stelle zu finden?

Kapitel 5

Speicher und Tristate-Bausteine

Wir haben bei der Definition von Schaltkreisen $S = (X, V, E, g, Y)$ verlangt, daß der gerichtete Graph $G = (V, E)$ zykelfrei ist. Hierdurch konnte mit Hilfe eines *pidgeon hole* Arguments in Lemma 3.1 gezeigt werden, daß jeder Knoten in V eine Tiefe hat. Durch Induktion über die Tiefe konnte man dann jede Einsetzung $\phi : X \to \{0, 1\}$ auf ganz V ausdehnen. Mit anderen Worten: in Schaltkreisen sind allein durch die Signale $\phi(X_i)$ an den Eingängen X_i bereits die Signale $\phi(v)$ am Ausgang eines jeden Gatters $v \in V$ festgelegt.

Wir lassen nun die Forderung fallen, daß der Graph G zykelfrei sein muß, und nennen die so entstehenden Gebilde *Schaltpläne* oder *Schaltungen*. Wir könnten nun versuchen, für jeden Schaltplan mathematisch zu definieren, wie er arbeitet. Ein Blick auf Abbildung 3.4(c) und (d) wird den Leser überzeugen, daß hier jedenfalls mit erheblichen Schwierigkeiten zu rechnen ist. Wir wählen daher einen anderen Weg:

1. In einem Exkurs über die physikalischen Eigenschaften von Gattern stellen wir zwei neue Parameter von Gattern vor, nämlich ihre minimalen und maximalen Schaltzeiten. Mit Hilfe dieser Parameter können wir in sogenannten Timing-Diagrammen detailliert das zeitliche Verhalten von Schaltkreisen sowie von gewissen Schaltplänen analysieren.

2. Wir analysieren das zeitliche Verhalten einiger ganz spezieller Schaltpläne mit Zyklen und lernen auf diese Weise den Aufbau der üblichen Speicherbausteine kennen: Flipflops, Latches, Register und RAMs. Bei der Analyse treten in natürlicher Weise Begriffe wie minimale Pulsweite, Setup– und Hold-Zeit sowie Speicherzugriffszeit auf. Mit Einführung dieser wenigen Begriffe ist der Übergang von der Schaltkreistheorie zum Hardwaredesign praktisch schon vollzogen.

3. Durch das Zusammenschalten von Schaltkreisen und gemeinsam getakteten Speicherbausteinen entstehen sogenannte *sequentielle Schaltungen* oder *Schaltwerke*, deren

Verhalten wieder sehr leicht beschrieben werden kann. Eine besondere Art von Schaltwerken stellen hierbei die *endlichen Automaten* dar.

Schließlich stellen wir noch *Tristate-Treiber* und ihre Ansteuerung vor.

5.1 Physikalische Eigenschaften von Gattern

Wir behandeln drei Eigenschaften realer Gatter und realer Chips: sie repräsentieren logische Signale durch Spannungspegel, sie erlauben nur begrenzten Fanout und sie brauchen Zeit zum Schalten.

Wir werden diesen Abschnitt mit zahlreichen Beispielen aus dem Chipkatalog [14] der Bausteinfamilie FAST (Fairchild Advanced Semiconductor Technology) illustrieren. Dazu müssen wir einige Worte über den in Katalogen üblichen Jargon verlieren.

Bausteine in Chipkatalogen werden durch eine Buchstaben/Zahlen Kombination der Form *xxWyyy* gekennzeichnet. Hierbei gilt:

- Die Zahl *xx* spezifiziert die allgemeinen Betriebsbedingungen, unter denen der Baustein arbeitet, insbesondere den Temperaturbereich und die Störanfälligkeit gegen Strahlung sowie die Ausfallsicherheit. Die meisten im Handel erhältlichen Bausteine sind für den *kommerziellen Bereich* und haben die Kennung 74. Bausteine für den *militärischen Bereich* haben die Kennung 54.

- Der Buchstabe oder die Folge von Buchstaben *W* spezifiziert, in welcher Technologie die Gatter der Bausteinfamilie realisiert sind. Einige gebräuchliche Familien sind

    F: FAST, Fairchild advanced Schottky TTL,

    FACT: Fairchild advanced CMOS Technology,

    TTL: Transistor–Transistor Logic,

    LS: Low Power Schottky.

    Die Technologie bestimmt natürlich technische Daten wie Stromverbrauch und Verzögerungszeiten von Bausteinen. Die technischen Daten solcher Technologien kann man in den Katalogen nachlesen.

- Die Zahl *yyy* spezifiziert — unabhängig von den Betriebsbedingungen *xx* und der Technologie *W* — die Funktion des Bausteins.

5.1. Physikalische Eigenschaften von Gattern

Beispiel 5.1: Der Baustein 54F04 ist ein Chip mit sechs Invertern in FAST Technologie für den militärischen Bereich. Der Baustein 54LS04 hat die gleiche Funktion, ist aber in Low Power Schottky Technologie hergestellt.

5.1.1 Logische und physikalische Signale

Jedes Gatter und auch jeder Eingang oder Ausgang eines Chips ist in irgendeiner Technologie realisiert. Gatter auf dem gleichen Chip sind in der Regel, aber nicht immer, in der gleichen Technologie realisiert. Chips auf der gleichen Leiterplatte sind in der Regel nicht alle in der gleichen Technologie realisiert.

In jeder dieser Technologien gibt es eine Versorgungsspannung VCC und zwei *Input-Pegel* V_{IH} (V in high) und V_{IL} (V in low), so daß eine Spannung $U \in [0, VCC]$ an einem Eingang eines Gatters oder Chips interpretiert wird als das logische Signal

$$l(U) = \begin{cases} 0 & \text{falls } U \leq V_{IL} \\ 1 & \text{falls } U \geq V_{IH} \\ \text{undefiniert} & \text{sonst.} \end{cases}$$

Für $U \leq V_{IL}$ sagt man einfach: das Eingangssignal ist 0 (oder low), und für $U \geq V_{IH}$ sagt man einfach: das Eingangssignal ist 1 (oder high). Der zeitliche Verlauf eines physikalischen Signals und das zugehörige logische Signal sind in Abbildung 5.1 dargestellt. Die Zeiten, zu denen das logische Signal undefiniert ist, sind grau schraffiert.

Beispiel 5.2: Beim Entwurf von Leiterplatten verwendet man häufig die Versorgungsspannung $VCC = 5V$ (V = Volt) und die sogenannten *TTL-Pegel*

$$V_{IL} = 0.8V, \quad V_{IH} = 2V .$$

Für die Ausgänge von Gattern oder Chips gibt es in jeder Technologie zwei *Output-Pegel* V_{OL} (V out low) und V_{OH} (V out high). Abhängig von dem logischen Wert $x \in \{0, 1\}$, der repräsentiert werden soll, wird am Ausgang eine Spannung U erzeugt, für die unter gewissen Betriebsbedingungen gilt:

$$U \begin{cases} \leq V_{OL} & \text{falls } x = 0 \\ \geq V_{OH} & \text{falls } x = 1 . \end{cases}$$

Für $U \leq V_{OL}$ sagt man einfach: das Ausgangssignal ist 0 (oder low), und für $U \geq V_{OH}$ sagt man einfach: das Ausgangssignal ist 1 (oder high).

Wollen wir den Ausgang u mit einem Eingang v verbinden, so sollte besser für die Ausgangspegel von u und die Eingangspegel von v

$$V_{OL}^u \leq V_{IL}^v \text{ und } V_{OH}^u \geq V_{IH}^v$$

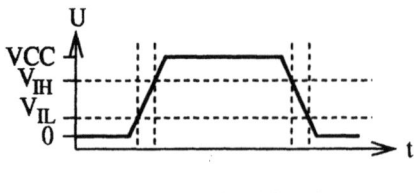

(a) physikalisches Signal

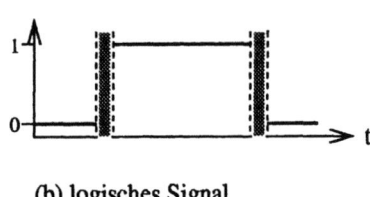

(b) logisches Signal

Abbildung 5.1: Zeitlicher Verlauf eines Signales

gelten; andernfalls interpretiert nämlich v die von u erzeugten Signale nicht richtig.

Beispiel 5.3: Die Inputs aller Chips in [14] benutzen die TTL-Pegel $0.8V$ und $2V$. Die Output-Pegel sind nicht alle gleich. Sie liegen in den Intervallen

$$V_{OL} \in [0.5, 0.55] \text{ und } V_{OH} \in [2, 2.7] .$$

Jedenfalls kann man alle Chips aus diesem Katalog zusammenschalten, was uns nicht sonderlich überrascht. Der Speicherchip 4164 aus Katalog [37] hat Input-Pegel

$$V_{IL} = 0.8V \text{ und } V_{IH} = 2.4V .$$

Seine Eingänge kann man also mit den Ausgängen einiger aber nicht aller FAST-Chips zusammenschalten.

5.1.2 Fanout

In Abbildung 5.2 ist ein Ausgang u mit n Eingängen $v_1 \ldots, v_n$ verbunden. Die Zahl n heißt dann der *Fanout* des Ausgangs. Fanout ist offenbar nichts weiter als ein neues Wort für Outgrad.

Jeder der Eingänge v_i verbraucht Strom, der vom Ausgang u geliefert werden muß. Ein Ausgang kann aber nur in beschränktem Maß Strom liefern. Deshalb gibt es für jede Technologie Fanout-Beschränkungen, also Bedingungen darüber, wieviele Eingänge man höchstens an

5.1. Physikalische Eigenschaften von Gattern

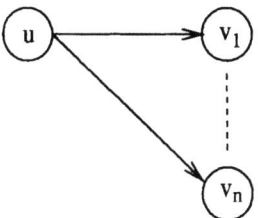

Abbildung 5.2: Fanout eines Ausgangs

einen Ausgang hängen darf. Wir beschreiben diese Bedingungen für die TTL–Technologien (z.B. FAST, S und LS). Diese Technologien werden fast ausschließlich an den Ein- und Ausgängen von Chips benutzt, auch wenn intern auf dem Chip eine andere Technologie (z.B. CMOS) benutzt wird.

Solange *nicht* geschaltet wird, hängt die Stromstärke nur von der Spannung U ab, die Ausgang u liefert. In diesem Fall bezeichnen wir bei der in Abbildung 5.2 dargestellten Situation mit $I^j(U)$ die Stromstärke am Eingang v_j sowie mit $I(U)$ die Stromstärke am Ausgang u, und es gilt das *Kirchhoff'sche Gesetz*

$$I(U) = \sum_{j=1}^{n} I^j(U) \,. \tag{5.1}$$

Der Ausgang muß also bei jeder Spannung $U \in [0, VCC] \setminus [V_{IL}, V_{IH}]$ den Strom liefern können, den die Ausgänge verbrauchen.

In Katalogen werden nun für jeden Eingang nur zwei Stromstärken I_{IL} und I_{IH} angegeben. Ebenso werden für jeden Ausgang nur zwei Stromstärken I_{OL} und I_{OH} spezifiziert. Man schaltet Ausgang u mit den Eingängen $v_1, \ldots, v_n$ nur dann zusammen, wenn gilt:

$$I_{OL} \geq \sum_{j=1}^{n} I_{IL}^j \text{ und } I_{OH} \geq \sum_{j=1}^{n} I_{IH}^j \,. \tag{5.2}$$

5.1.3 Verzögerungszeiten

Wir betrachten das AND–Gatter in Abbildung 5.3(a), und wir betrachten physikalische wie logische Eingangssignale als Funktion der Zeit. Wir halten das Eingangssignal des einen Eingangs fest auf 1 und ändern das Eingangssignal des anderen Eingangs X von 0 auf 1 und nach einiger Zeit wieder zurück auf 0. Dann wird der Ausgang Y auf diesen Wechsel des Eingangssignals reagieren, jedoch erst mit einer gewissen Verzögerungszeit. Würde das

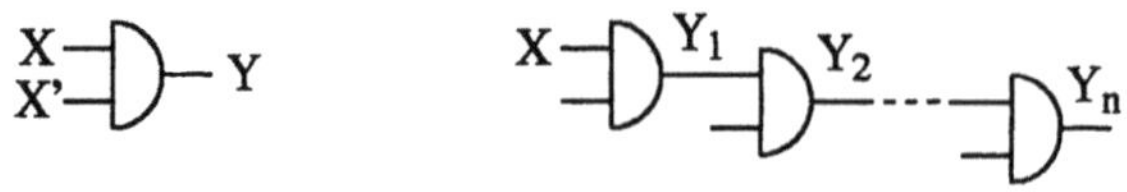

(a)   (b)

Abbildung 5.3: Zwei Beispielschaltungen

Symbol	Bezeichnung	Größe
k	Kilo	10^3
M	Mega	10^6
G	Giga	10^9
m	Milli	10^{-3}
μ	Mikro	10^{-6}
n	Nano	10^{-9}
p	Pico	10^{-12}

Tabelle 5.1: Abkürzende Bezeichnungen für Größenordnungen

physikalische Ausgangssignal $Y(t)$ durch eine Translation des physikalischen Eingangssignals $X(t)$ entstehen, also

$$Y(t) = X(t+t_P)$$

für alle t und ein festes $t_P > 0$, so würde man t_P als die *Verzögerungszeit* oder das *propagation delay* des Gatters definieren. Das ist aber in der Regel nicht der Fall. Deshalb definiert man Verzögerungszeiten bezüglich einer Spannung M mit $V_{IL} < M < V_{IH}$: man bestimmt t_1, t_2 mit

$$X(t_1) = Y(t_2) = M$$

und setzt

$$t_P = t_2 - t_1 \,.$$

Wir werden im weiteren Zeiten in der Einheit *Sekunde* messen und als Symbol s benutzen. Betrachten wir periodische Signale, so messen wir ihre Frequenz (Zahl der Perioden pro Zeiteinheit) in *Hertz* und benutzen als Symbol *Hz*. Es gilt

$$1\,Hz = 1/s \,.$$

Die hier betrachteten Zeiten betragen nur Bruchteile von Sekunden, die betrachteten Frequenzen sind Vielfache von *Hz*. Wir benutzen deswegen die Abkürzungen aus Tabelle 5.1.

5.1. Physikalische Eigenschaften von Gattern

Beispiel 5.4: Für die Bausteine 74F00, 04, 08, 32, 86 (NAND, NOT, AND, OR, EXOR) in [14] liegen die Verzögerungszeiten zwischen 1.5 und 8.0 ns.

Man würde vielleicht erwarten, daß $M = (V_{IL} + V_{IH})/2$ benutzt wird. In [14] wird jedoch $M = 1.5V$ benutzt, während $(V_{IL} + V_{IH})/2 = (0.8 + 2.0)/2 = 1.4V$ beträgt.

Für Übergänge von 0 nach 1 erhält man in der Regel andere Verzögerungszeiten als für Übergänge von 1 nach 0. Man bezeichnet deshalb mit

- t_{PLH} die Verzögerungszeit bei einem Übergang von 0 nach 1 und mit
- t_{PHL} die Verzögerungszeit bei einem Übergang von 1 nach 0.

Die obige Definition der Verzögerungszeit hat den unbestreitbaren Vorteil, daß man die Verzögerungszeit leicht messen kann. Für den Entwurf von Schaltungen ist man natürlich viel mehr daran interessiert, wann die logischen Signale 0 oder 1 sind, d.h. wann die physikalischen Signale unterhalb von V_{IL} oder oberhalb von V_{IH} liegen. Aus der Verzögerungszeit allein gewinnt man hierfür keine Abschätzungen. Für jedes Signal braucht man zusätzliche Information über

- die *Anstiegszeit (rise time)*, d.h. die Zeit, in der das physikalische Signal von V_{IL} nach V_{IH} steigt und
- die *Abfallzeit (fall time)*, d.h. die Zeit, in der das physikalische Signal von V_{IH} nach V_{IL} fällt.

Außerdem muß man wissen, wie stark sich Anstiegs– und Abfallzeiten von Signalen vom Eingang zum Ausgang eines Gatters verändern können. Wir illustrieren das, indem wir das Zeitverhalten des Schaltkreises aus Abbildung 5.3(b) analysieren. Alle Gatter sollen die gleiche Verzögerungszeit t_{PLH} haben. Das Eingangssignal X soll von 0 auf 1 steigen mit Anstiegszeit δ_0. Für $i \in \{1,\ldots,n\}$ sei δ_i die Anstiegszeit von Signal Y_i am Ausgang des i-ten AND-Gatters. Für alle i definieren wir die Zeiten $l(i)$, $m(i)$ und $h(i)$ als diejenigen Zeiten, zu denen das Signal Y_i die Schwellen V_{IL}, M und V_{IH} schneidet. Es sei $m(0)$ bekannt, und wir wollen $l(n)$ und $h(n)$ abschätzen. Aus

$$m(i) = m(i-1) + t_{PLH} \text{ für alle } i > 0$$

folgt jedenfalls

$$m(n) = m(0) + n \cdot t_{PLH}.$$

Wir rechnen nun unter zwei Szenarios weiter:

1. Im ersten, ungünstigen Szenario wissen wir nur

$$\delta_i \leq 2\delta_{i-1} \text{ für alle } i,$$

d.h. die Signale werden möglicherweise in jedem Gatter flacher. Dann können wir nur

$$\delta_n \leq 2^n \cdot \delta_0$$

folgern, und aus

$$l(n) \leq m(n) \leq h(n) \leq l(n) + \delta_n$$

folgt

$$\begin{aligned} l(n) &\geq m(n) - \delta_n \\ &= m(0) + n \cdot t_{PLH} - 2^n \cdot \delta_0 \text{ und} \\ h(m) &\leq m(n) + \delta_n \\ &= m(0) + n \cdot t_{PLH} + 2^n \cdot \delta_0. \end{aligned}$$

In diesem Szenario sagt also die Summe der Verzögerungszeiten mit steigender Pfadlänge immer weniger darüber aus, wann das Umschalten nun wirklich beginnt und wann es vorbei ist.

2. Im zweiten, günstigen Szenario gibt es eine Konstante δ so daß gilt: Sind Anstiegszeiten und Abfallzeiten an den Eingängen eines Gatters höchstens δ, so sind sie es auch am Ausgang. Sofern nur $\delta_0 \leq \delta$ gilt, folgt in diesem Szenario

$$\delta_i \leq \delta \text{ für alle } i$$

sowie

$$\begin{aligned} l(n) &\geq m(0) + n \cdot t_{PLH} - \delta \text{ und} \\ h(n) &\leq m(0) + n \cdot t_{PLH} + \delta \\ &= l(0) + n \cdot t_{PLH} + 2\delta. \end{aligned}$$

Man kann in diesem Szenario also ruhig auf langen Pfaden Verzögerungszeiten addieren, die Abschätzungen über die tatsächlichen Schaltzeiten werden dadurch nicht ungenauer.

Glücklicherweise liegt bei realen Gattern das zweite Szenario vor, bei Chips aus [14] etwa ist $\delta \approx 2.5\,ns$. Wir ziehen für die praktische Analyse des Zeitverhaltens von Schaltungen hieraus die folgende Konsequenz:

Wir analysieren bei Schaltvorgängen diejenigen Zeiten, an denen die physikalischen Signale den Wert M annehmen. Die Zeiten, an denen die entsprechenden logischen Signale wohldefinierte Werte 0 oder 1 annehmen unterscheiden sich von diesen Zeiten höchstens um δ.

5.1. Physikalische Eigenschaften von Gattern

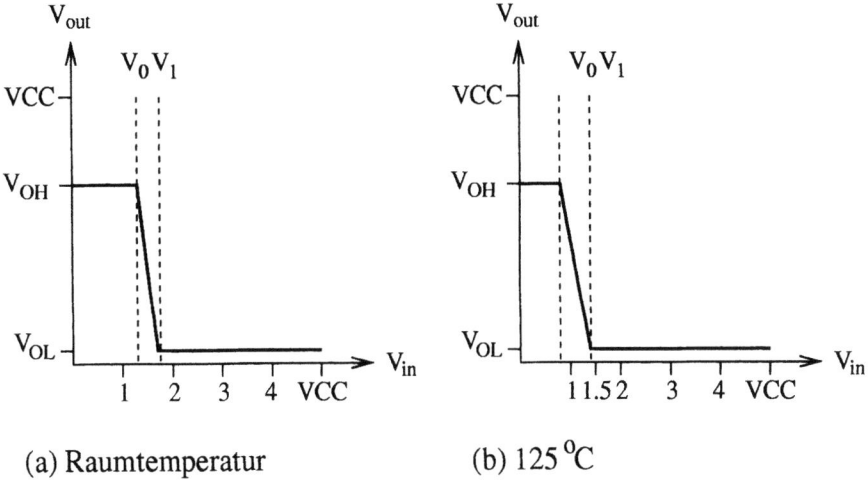

(a) Raumtemperatur   (b) 125 °C

Abbildung 5.4: Transferfunktionen bei verschiedenen Temperaturen

5.1.4 *Transferfunktionen

Daß das zweite Szenario vorliegt, kann man sich informal etwa wie folgt klarmachen: Verändert sich die Eingangsspannung V_{in} *langsam*, so ist die Ausgangsspannung V_{out} einfach eine Funktion

$$V_{out} = f(V_{in})$$

der Eingangsspannung. Die Funktion f heißt die *Transferfunktion* des Gatters. Für NAND-Gatter etwa sieht eine solche Transferfunktion annäherungsweise wie die stückweise lineare Funktion in Abbildung 5.4(a) aus. Wir haben

$$f(V_{in}) = \begin{cases} V_{OH} & \text{falls } V_{in} \leq V_0 \\ V_{OH} - \frac{V_{OH} - V_{OL}}{V_1 - V_0} \cdot (V_{in} - V_0) & \text{falls } V_0 \leq V_{in} \leq V_1 \\ V_{OL} & \text{falls } V_1 \leq V_{in}. \end{cases}$$

Hierbei muß natürlich

$$V_{IL} \leq V_0 < V_1 \leq V_{IH}$$

gelten, man versucht aber, $V_1 - V_0$ möglichst klein und damit die Steigung zwischen V_0 und V_1 möglichst groß zu machen. In [14] etwa ist $V_1 - V_0 < 0.5V < (V_{IH} - V_{IL})/2$, und damit ist die Steigung größer als 2. Rechnet man nun in diesem Modell für ein linear mit der Zeit ansteigendes Eingangssignal

$$X(t) = V_{IL} + \frac{V_{IH} - V_{IL}}{\delta} \cdot t$$

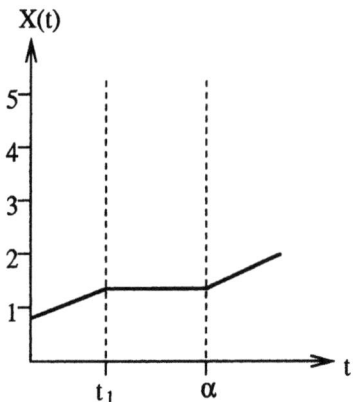

Abbildung 5.5: Verlauf einer Eingangsspannung

die Anstiegszeit δ' des Ausgangssignals aus, so findet man mit Hilfe von Abbildung 5.4(a) mühelos

$$\delta' = \frac{V_1 - V_0}{V_{IH} - V_{IL}} \cdot \delta < \delta/2.$$

Die Steilheit der Transferfunktion hat also die Tendenz, Anstiegs- und Abfallzeiten zu verkürzen. Bei sehr kurzen Anstiegs- und Abfallzeiten wird das Modell falsch, sonst könnte man durch Hintereinanderschalten von Gattern beliebig steile Signale erzeugen.

Damit der Leser nicht meint, wir hätten hier mit der Diskussion trivialer Probleme Zeit verloren, geben wir ihm zur Mahnung noch rasch eine Anleitung, wie er *negative* Verzögerungszeiten messen kann:

Durch Inspektion der (fallenden) Transferfunktionen f für NAND-Gatter des Datenbuchs [14] stellen wir zunächst fest, daß sich die Spannungen V_0 und V_1 als Funktion der Temperatur verschieben, und zwar mit steigender Temperatur nach links. Bei $125°C$ ist $V_1 \approx 1.4V$, d.h. der fallende Teil der Transferfunktion liegt gänzlich *links* von der Stelle $V_{in} = 1.5V$ (siehe Abbildung 5.4(b)). Damit ist natürlich das Unglück perfekt:

Wir steigern die Eingangsspannung $X(t)$ zwischen Zeit $t = 0$ und $t = t_1$ von $0.8V$ auf 1.4, halten sie dort bis zur Zeit $t = \alpha$ konstant und erhöhen sie dann auf $2V$ (siehe Abbildung 5.5). Da der fallende Teil der Transferfunktion links von $1.4V$ liegt, gilt für eine Zeit $t_2 < t_1$:

$$f(X(t_2)) = 1.5V.$$

Da bei Spannung $X(t_2)$ der Ausgang des Gatters dem Eingang gemäß der Transferfunktion nur mit einer gewissen tatsächlichen Verzögerung Δ folgt, gilt

$$Y(t_3) = 1.5V \text{ für } t_3 = t_2 + \Delta.$$

5.1. Physikalische Eigenschaften von Gattern

Andererseits gilt
$$X(t_4) = 1.5V \text{ für ein } t_4 > t_1 + \alpha.$$

Wählen wir nun $\alpha > \Delta$, so folgt

$$\begin{aligned} t_{PHL} &= t_3 - t_4 \\ &< t_2 + \Delta - t_1 - \alpha \\ &< \Delta - \alpha \\ &< 0. \end{aligned}$$

5.1.5 Kapazitive Last

Die Verzögerungszeiten von Gattern werden stark von drei Faktoren beeinflußt:

1. der kapazitiven Last am Ausgang des Gatters,
2. der Betriebstemperatur und
3. dem Verlauf des Fertigungsprozesses des Chips, auf dem sich das Gatter befindet.

Kapazitive Last an einem Ausgang u entsteht dadurch, daß sich die Eingänge $v_1, \ldots, v_n$, die mit u verbunden sind, wie Kondensatoren verhalten, die beim Schalten geladen oder entladen werden müssen. Zusätzlich verhält sich auch noch die Leitung zwischen u und $v_1, \ldots, v_n$ wie ein Kondensator. Wir messen kapazitive Last in *Farad* und benutzen als Symbol F.

Jedem Eingang von Gattern oder Chips wird deshalb eine *kapazitive Last* (capacitative load) zugeordnet. Für die Chips in [14] liegt diese Last zwischen 4 und 5 pF.

Anmerkung: Die einzige Ausnahme bilden Tristate-Treiber, die in Abschnitt 5.5 eingeführt werden. Diese tragen im Zustand Z mit $12\,pF$ zur kapazitiven Last bei.

Bezeichnen wir mit C_j die kapazitive Last, die der Eingang v_j beiträgt, mit C_L die Last, welche die Leitung beiträgt, und mit C die Gesamtlast am Ausgang u, dann gilt

$$C = C_L + \sum_{i=1}^{n} C_j.$$

Die kapazitive Last von Leitungen hängt von der Länge der Leitungen ab. Man kann sie erst abschätzen, wenn man weiß, wo die Gatter auf einem Chip bzw. wo die Chips auf einer Leiterplatte plaziert sind. Beim Entwurf von Leiterplatten kann man diese Last sehr oft einfach ignorieren. *Das werden wir hier auch tun.* Beim Entwurf von Chips geht das leider nicht. Deswegen können beim Chipentwurf die Schaltzeiten erst dann einigermaßen genau abgeschätzt werden, wenn die Komponenten plaziert sind.

Verzögerungszeiten t_P werden in der Regel bezüglich einer Standard-Last C_0 angegeben. In [14] wird $C_0 = 50\,pF$ benutzt. Die Verzögerungszeit $t_P(C)$ an einem Ausgang u bei einer Last $C \neq C_0$ gehorcht dann der Formel

$$t_P(C) = t_P(C_0) + \alpha_u \cdot (C - C_0) \;. \tag{5.3}$$

Hierbei gibt die technologieabhängige Konstante α_u an, um wieviel die Verzögerungszeit mit jedem pF zusätzlicher Last steigt. Für die Chips in [14] ist

$$\alpha_u \approx 0.03\,ns/pF \;.$$

Kennt man eine obere Grenze C_{max} für die Kapazität der Eingänge, die man an einen Ausgang hängen will, dann kann man sich das Rechnen mit Formel (5.3) meistens schenken: solange der Fanout n eines Ausgangs nämlich durch

$$n_0 \leq C_0/C_{max}$$

beschränkt ist, gilt

$$C = \sum_{i=1}^{n} C_i \leq n \cdot C_{max} \leq C_0$$

und mithin

$$t_P(C) \leq t_P(C_0) \;.$$

Für $n \leq n_0$ überschätzt man also höchstens die Verzögerungszeit, wenn man einfach mit der Standardlast $C = C_0$ rechnet. Für die Chips aus [14] ergibt sich eine Fanout-Beschränkung von

$$n = 50/5 = 10 \;.$$

Sofern man Verzögerungszeiten nach *unten* abschätzen muß, kann man immer noch zunächst mit der Standardlast rechnen. Danach muß man aber entweder die Rechnung korrigieren, oder notfalls die kapazitive Last künstlich durch einen Kondensator zwischen Ausgang u und 'Erde' auf $50\,pF$ erhöhen.

Wir beschränken den Fanout auf 10 und rechnen immer mit Standardlast.

Wer Lust hat, rechnet genauer[1].

---

[1] Vorher die Geschichte vom Untergang konservativer Schulen in Abschnitt 1.2.1 lesen!

5.1.6 Worst Case Timing-Analyse

Chips werden für zwei verschiedene Temperaturbereiche verkauft, nämlich

1. den *kommerziellen* Temperaturbereich von $0°C$ bis $70°C$ und
2. den *militärischen* Temperaturbereich von $-55°C$ bis $125°C$.

Leider hängen Verzögerungszeiten nicht in einfacher Weise von der Temperatur ab, und sie streuen schon stark innerhalb des kommerziellen Temperaturbereichs, den wir hier ausschließlich betrachten.

Auch die Fertigungsprozesse für Chips tragen dazu bei, daß man Verzögerungszeiten nicht gut vorhersagen kann. Die Prozesse haben zwar unvorstellbar kleine Toleranzen, sie stellen aber auch unvorstellbar kleine Gebilde her, so klein, daß die Toleranzen bei den Prozessen groß sind verglichen mit den gefertigten Gebilden.

Die Hersteller spezifizieren deshalb anstelle einer Verzögerungszeit $\tau = t_{PLH}$ oder $\tau = t_{PLH}$ für jeden der beiden Temperaturbereiche T nur insgesamt drei Werte:

- eine untere Schranke τ^{min} und eine obere Schranke τ^{max}. Bei allen Temperaturen im Bereich T und bei jedem vom Hersteller gefertigten Chip oder Gatter des vorgegebenen Typs garantiert der Hersteller, daß bei kapazitiver Last C_0 für die tatsächliche Verzögerungszeit t_P gilt:

$$\tau^{min} \leq t_P \leq \tau^{max}.$$

- eine typische Verzögerungszeit τ^{typ} mit

$$\tau^{min} \leq \tau^{typ} \leq \tau^{max}.$$

In welchem Sinn diese Zeit typisch ist, wird nicht spezifiziert. Wenn man mit der typischen Verzögerungszeit rechnet, macht man Fehler, aber man weiß nicht welche. Wir werden daher nicht mit typischen Verzögerungszeiten arbeiten.

Tabelle 5.2 zeigt die Verzögerungszeiten einiger Bausteine der Gruppe 74F aus [14]. Die Verzögerungszeiten sind wie üblich in Nanosekunden angegeben.

Mit Hilfe von Verzögerungszeiten wie denen aus Tabelle 5.2 können wir nun für Schaltkreise *exakte Timing-Analysen* durchführen. Hierbei werden wir zwangsläufig mit Zeitintervallen der Form (a,b) rechnen, wobei a,b reelle Zahlen sind mit $a \leq b$. Für reelle Zahlen a,b,c,d verabreden wir die folgenden Sprechweisen und Rechenregeln:

- 'Zur Zeit' (a,b) heißt: frühestens zur Zeit a und spätestens zur Zeit b.

	NAND 74F00		NOT 74F04		AND 74F08		OR 74F32		EXOR 74F86	
	min	max	min	max	min	max	min	max	min	max
t_{PLH}	2.4	6.0	2.4	6.0	3.0	6.6	3.0	6.6	3.5	8.0
t_{PHL}	1.5	5.3	1.5	5.3	2.5	6.3	3.0	6.3	3.0	7.5

Tabelle 5.2: Verzögerungszeiten von FAST Bausteinen

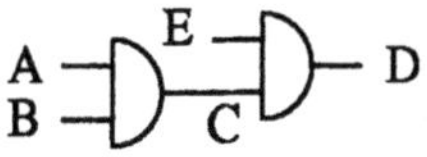

Abbildung 5.6: Beispielschaltkreis zur exakten Timing-Analyse

- 'Zur Zeit a' heißt 'zur Zeit (a,a)'.

-
$$\min(a,b) = a$$
$$\max(a,b) = b$$
$$(a,b)+(c,d) = (a+c,b+d).$$

Wir untersuchen nun die Schaltung in Abbildung 5.6, bei der beide AND-Gatter durch 74F08 realisiert werden.

Unter der Voraussetzung $A=1$ und $E=1$ führt eine Änderung des Signales B von 0 nach 1 zum Zeitpunkt t_0 zu einer Änderung des Signales C von 0 nach 1. Tabelle 5.2 liefert für den Baustein 74F08 die Abschätzung

$$3 \le t_{PLH} \le 6.6 \quad [ns].$$

Die Änderung tritt also ein in dem Zeitintervall

$$t_1 = t_0 + (3,6.6).$$

Die Änderung des Signales C bewirkt eine Änderung des Signales D von 0 nach 1 im Intervall

$$t_2 = t_1 + (3,6.6) = t_0 + (6,13.2).$$

Diese Rechnung ist in einem sogenannten *detaillierten Timing-Diagramm* in Abbildung 5.7 graphisch dargestellt, ebenso die Auswirkung einer späteren Änderung des Signales B von 1 nach 0.

5.1. Physikalische Eigenschaften von Gattern

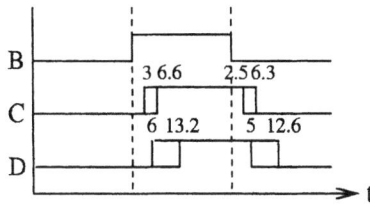

Abbildung 5.7: Detailliertes Timing-Diagramm einer einfachen Schaltung

Wir untersuchen die Schaltung nochmals, diesmal unter weniger spezifischen Voraussetzungen, und erhalten naturgemäß gröbere Abschätzungen. Zum Zeitpunkt t_0 möge sich eines der Signale A, B, E ändern, vielleicht aber auch mehrere oder alle. Wir machen keine Annahme mehr darüber, ob die Änderung von 0 nach 1 oder von 1 nach 0 geht. In dieser Situation kann man Zeitintervalle (a,b), zu denen Gatter überhaupt schalten können, in offensichtlicher Weise induktiv über die Tiefe der Gatter bestimmen: Man benutzt für jedes Gatter v nur noch zwei Parameter, nämlich

$$t^{min} = \min\{t^{min}_{PLH}, t^{min}_{PHL}\} \text{ und } t^{max} = \max\{t^{max}_{PLH}, t^{max}_{PHL}\} \ .$$

Im Falle der Bausteine 74F08 etwa ist

$$t^{min} = \min\{2.5, 3\} = 2.5 \text{ und } t^{max} = \max\{6.6, 6.3\} = 6.6 \ .$$

Für Gatter v seien t_{min} und t_{max} wie oben definiert. Es seien u_1 und u_2 die direkten Vorgänger von Gatter v, und für $i = 1, 2$ sei bekannt, daß Gatter u_i nur zur Zeit (a_i, b_i) schalten kann. Dann kann v nur zur Zeit

$$(a,b) = (\min\{a_1, a_2\}, \max\{b_1, b_2\}) + (t^{min}, t^{max}) \tag{5.4}$$

schalten[2].

Nach diesem Muster erhält man für den Schaltkreis in Abbildung 5.6: Signal C ändert sich höchstens im Intervall

$$t_1 = t_0 + (2.5, 6.6) \ ,$$

Signal E ändert sich höchstens zur Zeit t_0, also im Intervall (t_0, t_0). Also ändert sich D höchstens im Intervall

$$\begin{aligned} t_2 &= t_0 + (0, 6.6) + (2.5, 6.6) \\ &= t_0 + (2.5, 13.2). \end{aligned}$$

---

[2]Man kann für CAD-Systeme zum Entwurf von Leiterplatten oder Chips Teilprogramme kaufen, die diese Rechnungen durchführen.

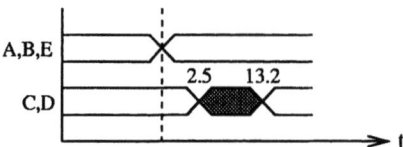

Abbildung 5.8: Timing-Diagramm bei Änderung eines oder aller Eingänge

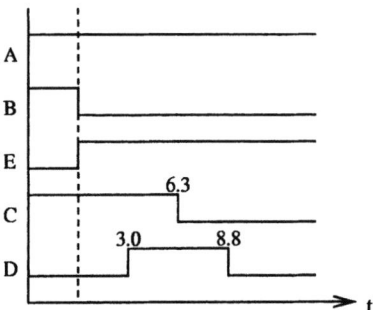

Abbildung 5.9: Timing-Diagramm mit Spike

Diese Rechnung ist als Timing-Diagramm in Abbildung 5.8 graphisch dargestellt. Die Zeitintervalle (a,b), in denen Signale überhaupt schalten können sind dort schraffiert.

Darüber, was in den schraffierten Regionen genau geschieht, sagt die obige Rechnung nichts aus.

In dieser Zeit können aber noch sehr interessante Dinge passieren: Wenn etwa das erste der beiden AND-Gatter langsam und das zweite schnell ist, und wenn zur Zeit t_0 die Eingänge A, B und E von $(1,1,0)$ nach $(1,0,1)$ wechseln, dann erhält man das Timing-Diagramm in Abbildung 5.9. Der kleine Buckel am Signal D heißt *Spike*.

Die Analysen der Verzögerungszeiten, wie wir sie eben durchgeführt haben, heißen *Worst Case Timing-Analysen*, weil nur die Angaben τ^{min} und τ^{max} des Herstellers für den ungünstigsten Fall benutzt werden.

5.1.7 Spikefreies Umschalten von Gattern

Es gibt eine einzige Situation, in der wir die maximale Anstiegs- und Abfallzeit δ von Signalen berücksichtigen müssen und Verzögerungszeit nicht nur bezüglich der Spannung M messen können. Diese Situation ist in Abbildung 5.10(a) dargestellt. Die Eingänge A und

5.1. Physikalische Eigenschaften von Gattern 241

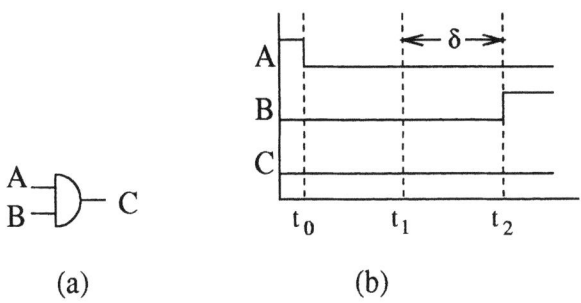

(a) (b)

Abbildung 5.10: Schaltung ohne Spike

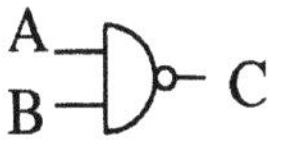

Abbildung 5.11: Umschalten eines NAND-Gatters ohne Spike

B eines AND-Gatters sollen möglichst schnell von $A = 1$, $B = 0$ auf $A = 0$, $B = 1$ überführt werden, wobei am Ausgang C garantiert kein Spike entstehen darf.

Wir haben keine Angaben über das Verhalten von C, sofern beide physikalischen Eingangssignale zwischen V_{IH} und V_{IL} liegen. Wir wissen auch nicht, was geschieht, wenn wir A absenken und dann B heben, bevor der Effekt der Absenkung von A durch das Gatter propagiert worden ist. Deshalb verfahren wir in zwei Schritten:

1. Signal A wird — bezüglich Spannung M — zur Zeit $t_0 = 0$ abgesenkt. Dann bleibt $C = 0$, aber das Gatter schaltet intern — bezüglich M — zur Zeit $(2.5, 6.3)$. Spätestens zur Zeit $t_1 = 6.3 + \delta$ ist dann tatsächlich $C = 0$ bezüglich V_{IL} wegen $A = 0$.

2. Nachdem das Gatter intern ganz umgeschaltet hat, heben wir Signal B — bezüglich M — zur Zeit
$$t_2 = t_1 + \delta = 6.3 + 2\delta \ .$$
Dann bleibt $B = 0$ bezüglich V_{IL} mindestens bis Zeit $t_2 - \delta = t_1$.

Das Timing-Diagramm dieser Vorgehensweise ist in Abbildung 5.10(b) zu sehen.

Eine analoge Situation entsteht in Abbildung 5.11, wo beide Eingänge eines NAND-Gatters so umgeschaltet werden, daß der Ausgang garantiert 1 bleibt. Man muß nur in der obigen Analyse die Verzögerungszeit t_{PHL} des AND-Gatters, durch die Zeit $t_{PLH} = 6.0$ des NAND-

Gatters ersetzen. Ist $\delta = 2.5\,ns$, so folgt

$$t_2 - t_0 \geq \begin{cases} 11.3 & \text{für AND-Gatter} \\ 11.0 & \text{für NAND-Gatter.} \end{cases} \qquad (5.5)$$

Ab jetzt sind alle Zeiten in Timing-Analysen bezüglich M. Wenn wir ohne Spikes umschalten müssen, benutzen wir die — bezüglich M formulierte — Ungleichung (5.5).

5.2 Flipflops

5.2.1 R/S–Flipflop

Wir beginnen jetzt, Schaltpläne $S = (X, V, E, g, Y)$ mit Zyklen zu analysieren. Sei $\phi : X \to \{0,1\}$ eine Belegung. Dann interessiert man sich für Abbildungen $\phi : V \to \{0,1\}$ so daß für alle $v \in V$ gilt:

1. Ist $indeg(v) = 1$ und ist u der direkte Vorgänger von v, so ist

$$\phi(v) = \sim (\phi(u)).$$

2. Ist $indeg(v) = 2$ und sind u_1, u_2 die direkten Vorgänger von v, so ist

$$\phi(v) = g(v)(\phi(u_1), \phi(u_2)).$$

Eine solche Abbildung ϕ nennt man einen *stabilen Zustand* von S. Wir haben in Kapitel 3 gezeigt, daß man bei Schaltkreisen jede Einsetzung $\phi : X \to \{0,1\}$ in genau einer Weise zu einem stabilen Zustand fortsetzen kann. Das ist in der Gegenwart von Zyklen nicht mehr der Fall. Für die Schaltpläne in 3.4(c) und (d) gibt es überhaupt keine stabilen Zustände, und der Schaltplan in Abbildung 5.12(a) hat für die Einsetzung $/S = /C = 1$ genau zwei stabile Zustände, nämlich

$$Q = 0 \quad \text{und} \quad \bar{Q} = 1 \text{ sowie}$$
$$Q = 1 \quad \text{und} \quad \bar{Q} = 0.$$

Den Schaltplan aus Abbildung 5.12(a) nennt man *R/S-Flipflop*, und die beiden eben beschriebenen Zustände bezeichnet man mit 'Zustand $Q = 0$' und 'Zustand $Q = 1$'. Abbildung 5.12(b) zeigt das zugehörige Schaltsymbol.

Wir wollen jetzt natürlich wissen, wie man stabile Zustände in vorhersagbarer Weise in neue stabile Zustände überführen kann. Das gelingt mit Hilfe von detaillierten Timing-Diagrammen.

5.2. Flipflops

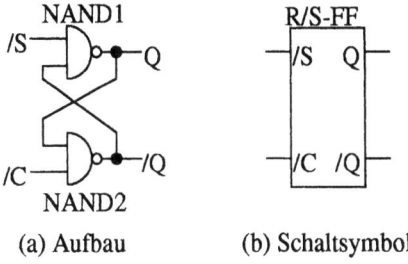

(a) Aufbau (b) Schaltsymbol

Abbildung 5.12: R/S–Flipflop

Symbol	Bezeichnung	min	max
x	Pulsweite	22.3	
$t_{P/SQ}$	Verzögerungszeit von $/S$ bis Q	2.4	6.0
$t_{P/S/Q}$	Verzögerungszeit von $/S$ bis $\bar{Q}$	3.9	11.3
$t_{P/CQ}$	Verzögerungszeit von $/C$ bis Q	3.9	11.3

Tabelle 5.3: Bezeichnungen beim Umschalten eines R/S–Flipflops

Wir zeigen, wie man ein R/S-Flipflop aus Zustand $Q=0$ in den Zustand $Q=1$ überführt. Abbildung 5.13(a) enthält das zugehörige detaillierte Timing-Diagramm. Man senkt zur Zeit $t=0$ das Signal $/S$ ab und hebt es nach einer Zeit x wieder an. Einen solchen Verlauf eines Signals nennt man einen *Puls*. Nach einer Zeit $t_{P/SQ}$ ist dann $Q=1$ und nach einer Zeit $t_{P/S/Q}$ ist auch $\bar{Q}=0$. Ist x groß genug, so können wir Signal $/S$ wieder anheben, ohne daß sich Q und $\bar{Q}$ ändern und ohne daß auf Signal Q ein Spike entsteht. Einen solchen Spike müssen wir vermeiden, da wir nicht garantieren können, daß er nichts verändert.

Für die eben eingeführten Parameter sind die Bezeichnungen der ersten beiden Spalten aus Tabelle 5.3 üblich. Wir zeigen, daß der Umschaltvorgang mit den Parameterwerten aus den letzten beiden Spalten von Tabelle 5.3 gelingt.

Zur Zeit $t=0$ wird $/S=0$, also wird $Q=1$ zur Zeit

$$t_1 = (2.4, 6.0) \ .$$

Dann wird $\bar{Q}=0$ zur Zeit

$$t_2 = t_1 + (1.5, 5.3) = (3.9, 11.3) \ .$$

Nun sind wir an dem NAND-Gatter mit Ausgang $\bar{Q}$ genau in der Situation von Abbildung 5.11 mit $A=\bar{Q}$ und $B=/S$. Wir warten gemäß Ungleichung (5.5) bis zur Zeit

$$t_3 = \max(t_2) + 11.0 = 22.3 \ .$$

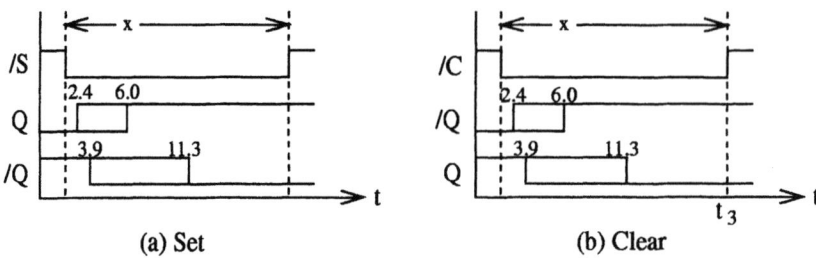

Abbildung 5.13: Timing-Analyse des R/S–Flipflops

Spätestens zu diesem Zeitpunkt können wir das Signal $/S$ wieder anheben, ohne daß an Signal $\bar{Q}$ ein Spike entsteht, und das Flipflop bleibt im gleichen Zustand. Der Wechsel des Zustands wird also garantiert funktionieren, falls

$$x \geq 22.3\,ns \qquad (5.6)$$

gilt.

Ein Wechsel von Zustand $Q = 1$ in Zustand $Q = 0$ folgt aus Symmetriegründen genau dem gleichen Timing, wobei nur die Rollen von $/C$ und $/S$ sowie die Rollen von Q und $\bar{Q}$ vertauscht sind. Hieraus folgen die Schranken für $t_{P/CQ}$ in Tabelle 5.3. Das Timing-Diagramm ist in Abbildung 5.13(b) zu sehen.

Das Umschalten des Flipflops in den Zustand $Q = 1$ heißt auch *Setzen* des Flipflops, das Umschalten in den Zustand $Q = 0$ heißt auch *Zurücksetzen* des Flipflops. Der Gebrauch der Buchstaben S und R in der Bezeichnung des Flipflops kommt von den englischen Worten *set* und *reset* für 'setzen' und 'zurücksetzen'. Man nennt die beiden Signale auch *Set* und *Clear* Signal. Weil man die Signale $/C$ und $/S$ durch ihr *Absenken* aktiviert, nennt man sie *active low*. Ein Schrägstrich als erstes Zeichen eines Signalnamens gibt in der Regel an, daß das Signal active low ist. Das Gegenstück zu active low Signalen sind *active high* Signale.

Werden beide Kontrollsignale aktiv, dann erhalten sowohl Q als auch $\bar{Q}$ den Wert 1. Werden beide Kontrollsignale danach gleichzeitig inaktiv, und schalten beide Gatter gleich schnell, dann erhalten beide Ausgänge zunächst den Wert 0, daraufhin erhalten beide Ausgänge wieder den Wert 1 usw. Ein solches Verhalten nennt man einen *metastabilen Zustand* oder *Flakkern*. Das Flackern endet erst, wenn beide NAND-Gatter nicht mehr genau gleichschnell schalten. Wie schon oben gesagt, wird man eine solche Situation vermeiden.

Der Baustein 74F74 in [14] enthält zwei Flipflops, die man insbesondere als R/S-Flipflops betreiben kann.

5.2. Flipflops

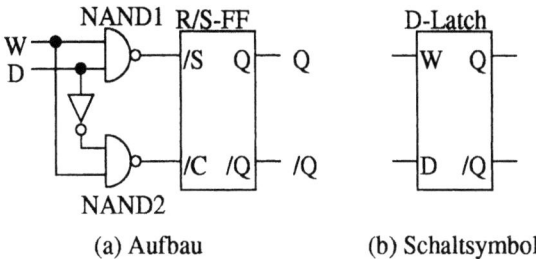

(a) Aufbau (b) Schaltsymbol

Abbildung 5.14: D–Latch

5.2.2 D–Latch

Das R/S–Flipflop erlaubt zwar bereits das Speichern eines Bits, allerdings muß man beim Einspeichern wissen, welchen Wert die zu speichernde Information hat. Normalerweise möchte man aber zu einem definierten Zeitpunkt den Wert eines Datensignales D speichern, ohne den Wert zu kennen. Man muß dazu die Kontrolsignale $/S$ und $/C$ automatisch aus dem Wert von D ableiten und eines der Kontrollsignale abhängig von einem Schreibsignal W aktiv werden lassen. Hierfür benutzt man die Schaltung aus Abbildung 5.14(a), die *D–Latch* genannt wird. Abbildung 5.14(b) zeigt das Schaltsymbol.

Das Schreibsignal ist active high. Ist $W = 0$, also inaktiv, so sind sowohl das Set Signal $/S$ als auch das Clear Signal $/C$ inaktiv. Ist $W = 1$, so wird bei $D = 0$ das Clear Signal, bei $D = 1$ das Set Signal aktiv. Das Signal W muß solange aktiv sein, daß im nachgeschalteten R/S–Flipflop die minimale Pulsweite x garantiert wird. Wir halten die Daten so lange vor dem Beginn und nach dem Ende des Schreibpulses stabil, daß auf den Signalen $/S$ und $/C$ garantiert keine Spikes entstehen. Wir können nämlich nicht garantieren, daß ein Spike das R/S-Flipflop nicht kippt.

Abbildung 5.15 enthält ein detailliertes Timing-Diagramm für einen Schreibvorgang. Wir analysieren den Vorgang mit den folgenden Parametern: Das Schreibsignal W wird von Zeit 0 bis zur Zeit y aktiviert. Die Daten werden mindestens von Zeit $-t_{SDW}$ bis zur Zeit $y + t_{HWD}$ stabil gehalten. Die neuen Daten erscheinen am Ausgang Q zur Zeit t_{PWQ}. Für diese Parameter sind die Bezeichnungen der ersten vier Zeilen aus Tabelle 5.4 üblich.

Wir zeigen jetzt, daß der Schreibvorgang mit den Parameterwerten aus Tabelle 5.4 gelingt.

1. Das Datensignal D sei stabil ab Zeit $-t_{SDW}$. Dann ist ab Zeit

$$t_1 = -t_{SDW} + (1.5, 6)$$

auch das invertierte Datensignal $\bar{D}$ stabil. Wir sind in der Situation von Abbildung 5.11 mit $A = \bar{D}$ und $B = W$. Wegen Ungleichung (5.5) dürfen wir W erst $11\,ns$ nach t_1

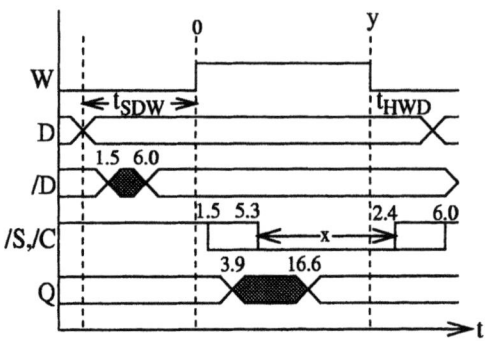

Abbildung 5.15: Timing-Analyse des D–Latch

Symbol	Name	min	max
y	Pulsweite des Schreibpulses	25.2	
t_{SDW}	Setup-Zeit von D bis W	17.0	
t_{HWD}	Hold-Zeit von D nach W	11.0	
t_{PWQ}	Verzögerungszeit von W bis Q	3.9	16.6
t_{PDQ}	Verzögerungszeit von D bis Q	3.9	22.6

Tabelle 5.4: Bezeichnungen beim Umschalten eines D–Latch

5.2. Flipflops

aktivieren, um Spikes auf $/C$ und $/S$ garantiert zu vermeiden. Es folgt

$$\max(t_1) + 11 \leq 0,$$

also

$$t_{SDW} \geq 17.$$

2. Wir erzeugen einen Schreibpuls von Zeit 0 bis Zeit y. Dann ist eines der Signale $/S$ und $/C$ aktiv von Zeit

$$t_2 = (1.5, 5.3)$$

bis zur Zeit

$$t_3 = y + (2.4, 6.0).$$

Hierdurch entsteht ein Set- oder Reset-Puls der Dauer

$$x \geq \min(t_3) - \max(t_2) = y - 2.9.$$

Damit das Schreiben in das R/S-Flipflop gelingt, muß wegen Tabelle 5.3 $x \geq 22.3$ gelten, also

$$y \geq 22.3 + 2.9 = 25.2. \tag{5.7}$$

3. Das Datensignal D wird für die Dauer T_{HWD} über das Ende des Schreibpulses hinaus stabil gehalten. Wir sind in der Situation von Abbildung 5.11 mit $A = W$ und $B = D$. Wegen Ungleichung (5.5) wählen wir

$$t_{HWD} \geq 11.0$$

und beenden den Schreibvorgang ohne Spikes auf $/S$ und $/C$.

4. Aus den Verzögerungszeiten für das R/S-Flipflop aus Tabelle 5.3 folgt, daß Änderungen am Ausgang Q zur Zeit

$$t_{PWQ} = t_2 + (2.4, 11.3) = (3.9, 16.6)$$

eintreten.

Während das Schreibsignal W aktiv ist, heißt das Latch *transparent*. Wenn man das Latch lange transparent hält und das Datensignal D zur Zeit t verändert, so folgt der Ausgang Q dieser Veränderung wegen Tabelle 5.3 zur Zeit

$$t' = t + (2.4, 11.3) + (1.5, 11.3) = t + (3.9, 22.6).$$

Die Zeit

$$t_{PDQ} = t' - t$$

heißt *Verzögerungszeit von D bis Q*.

Der Baustein 74F373 aus [14] enthält acht D-Latches.

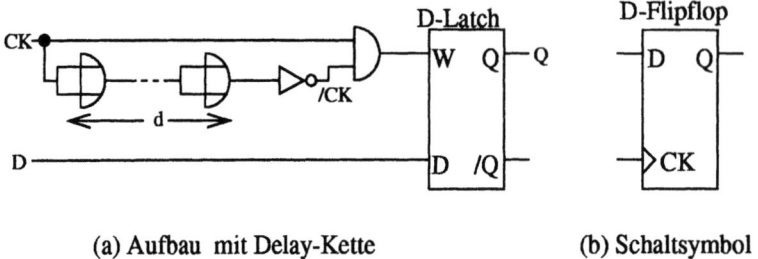

(a) Aufbau mit Delay-Kette (b) Schaltsymbol

Abbildung 5.16: D–Flipflop

5.2.3 D–Flipflop

Beim D–Latch wurde das Speichern eines Wertes mittels eines *Pulses* gesteuert, nämlich der aktiven Phase von W. Man möchte aber oft das Einspeichern beim Eintreten eines einzigen Ereignisses realisieren, zum Beispiel der steigenden (oder auch fallenden) Flanke eines Steuersignales. In der restlichen Zeit soll der gespeicherte Wert stabil bleiben, was in der transparenten Phase beim D–Latch nicht der Fall ist.

Ein Signal, das mittels einer Flanke eine Schaltung steuert, nennt man *Clocksignal*. Einen Baustein, der ein Bit speichert und einen Eingangswert abhängig von einer Flanke am Clocksignal übernimmt, nennt man *D–Flipflop*. Abbildung 5.16(a) zeigt eine Möglichkeit, wie man ein D-Flipflop aus einzelnen Gattern aufbauen kann. Abbildung 5.16(b) zeigt das Schaltsymbol für D-Flipflops. Der Clockeingang ist mittels eines Dreiecks besonders gekennzeichnet. Die Übernahme eines Wertes in ein Flipflop bei steigender Clockflanke nennt man auch „einen Wert in das Flipflop clocken".

In Abbildung 5.16(a) wird mittels einer Delay–Kette aus d OR-Gattern aus einem Clocksignal ein Puls erzeugt. Abbildung 5.17 enthält das Timing-Diagramm für einen Schreibvorgang bei dieser Schaltung.

Hat zur Zeit 0 das Clocksignal eine steigende Flanke von 0 nach 1, so erhält auch W den Wert 1 zur Zeit
$$t_1 = (3.0, 6.6) \,,$$
da $\overline{CK}$ noch den Wert 1 hat. Erst mit der Verzögerung der OR-Gatter und des Inverters wird $\overline{CK}$ zu 0, und zwar zur Zeit
$$t_2 = d \cdot (3.0, 6.6) + (1.5, 5.3) \,.$$

Hierdurch sinkt das Schreibsignal wieder auf 0 zur Zeit
$$t_3 = t_2 + (2.5, 6.3) = d \cdot (3.0, 6.6) + (4.0, 11.6) \,.$$

5.2. Flipflops

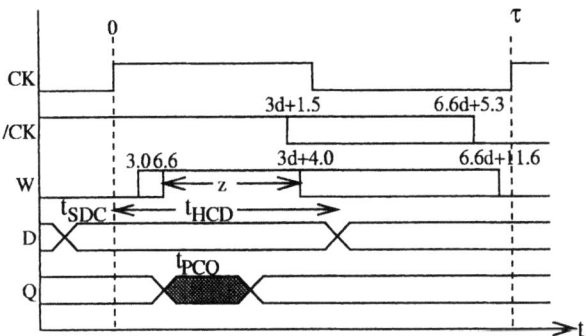

Abbildung 5.17: Timing-Analyse des D–Flipflops mit Delay-Kette

Symbol	Bezeichnung	min	max
t_{SDC}	Setup-Zeit von D bis CK	14.0	
t_{HCD}	Hold-Zeit von D nach CK	88.6	
t_{PCQ}	Verzögerungszeit von CK bis Q	6.9	23.2
v	Clockfrequenz (in MHz)		6.1

Tabelle 5.5: Bezeichnungen beim Umschalten eines D–Flipflops

Der erzeugte Schreibpuls hat mindestens die Breite

$$z = \min(t_3) - \max(t_1) = 3d + 4.0 - 6.6 = 3d - 2.6.$$

Wir wählen d so groß, daß z größer oder gleich der minimalen Pulsweite eines D-Latches ist. Aus Tabelle 5.4 folgt

$$3d - 2.6 \geq 25.2, \text{ mithin}$$
$$d = 10,$$
$$t_2 = (31.5, 71.3) \text{ und}$$
$$t_3 = (34.0, 77.6).$$

Wir analysieren den Schreibvorgang nun mit folgenden Parametern: Das Clocksignal wird zur Zeit 0 angehoben. Das Datensignal wird mindestens von Zeit $-t_{SDC}$ bis zur Zeit t_{HCD} stabil gehalten. Die neuen Daten erscheinen am Ausgang Q zur Zeit t_{PCQ}. Für diese Parameter sind die Bezeichnungen aus den ersten drei Zeilen von Tabelle 5.5 üblich. Wir zeigen, daß der Schreibvorgang mit den Parameterwerten aus Tabelle 5.5 gelingt.

Wir erinnern daran, daß Setup- und Hold-Zeit des D-Latches mindestens 17 bzw. 11 ns waren. Das Schreibsignal des D-Latches ist durch das AND-Gatter verzögert. Die minimale

Setup-Zeit beim obigen D-Flipflop ist also
$$t_{SDC} = 17 - \min(t_1) = 17 - 3 = 14 \,.$$
Andererseits müssen wir die Daten nach der Clockflanke bis zur Zeit
$$t_{HCD} = \max(t_3) + 11 = 88.6$$
stabil halten. Die Verzögerungszeit t_{PCQ} ist um die Verzögerungszeit des AND-Gatters größer als die Verzögerungszeit t_{PWQ} von W nach Q beim D-Latch. Aus Tabelle 5.4 folgt
$$t_{PCQ} = (3.0, 6.6) + (3.9, 16.6) = (6.9, 23.2) \,.$$

Wir gehen nun davon aus, daß wir ein periodisches Clocksignal CK haben, das mit einer *Clockperiode* von $\tau \, ns$ steigt und fällt. Die Größe
$$v = 1/\tau$$
heißt die *Clockfrequenz* von CK.

Wir setzen weiter voraus, daß das Signal *symmetrisch* ist, d.h. das Signal steigt und fällt alle $\tau/2 \, ns$. Dann fällt in der obigen Timinganalyse das Clocksignal zur Zeit $\tau/2$. Das darf nicht zu beliebigen Zeiten geschehen, weil man sonst Spikes auf Signal W hervorrufen kann. Wenn wir CK senken wollen, sind wir in der Situation von Abbildung 5.10 mit $A = \overline{CK}$ und $B = CK$. Aus Ungleichung (5.5) folgt
$$\tau/2 \geq \max(t_2) + 11.3 = 82.6 \,.$$
Das obige D-Flipflop funktioniert also nur mit einer Clockperiode von mindestens
$$165.2 \, ns = 165.2 \cdot 10^{-9} \, s$$
und die maximale Clockfrequenz ist
$$v = 1/(165.2 \cdot 10^{-9} \, s) \leq 6.1 \cdot 10^6 \, Hz = 6.1 \, MHz \,.$$

Wir bemerken, daß man die eben betrachtete Schaltung überhaupt nicht analysieren kann, wenn man nur stabile Zustände ϕ betrachtet. Bei allen stabilen Zuständen ist nämlich $W = 0$, und es wird nichts ins D-Latch geschrieben.

Kommerziell erhältliche D-Flipflops sind nicht aus einzelnen Gattern aufgebaut und haben sehr viel kürzere Setup–, Hold– und Verzögerungszeiten. Ein Beispiel ist der schon früher erwähnte Baustein 74F74. Die Charakteristiken der Flipflops auf diesem Baustein sind in Anhang A.3 beschrieben.

Bisher haben wir Flipflops nur während des Betriebes analysiert. Beim Abschalten der Spannungsversorgung verlieren Flipflops und Bausteine, die darauf aufbauen (wie Zähler und SRAMs), die gespeicherten Informationen. Beim Einschalten der Spannungsversorgung sind Flipflops zunächst metastabil und gehen dann — in nicht vorhersagbarer Weise — in einen der beiden stabilen Zustände über.

5.3. Bausteine mit Flipflops

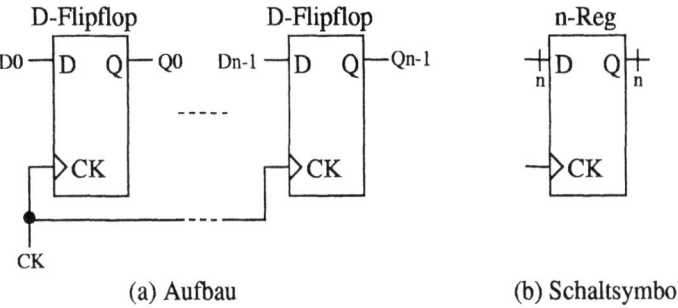

(a) Aufbau (b) Schaltsymbol

Abbildung 5.18: n–Bit Register

5.3 Bausteine mit Flipflops

Mit Hilfe der bisher vorgestellten Flipflops lassen sich jetzt drei sehr wichtige Bausteine von Rechenanlagen realisieren, nämlich Register, Zähler und statische Speicher.

5.3.1 Register

Man nennt n D-Flipflops mit einem gemeinsamen Clocksignal ein *n–Bit Register*. Abbildung 5.18(a) zeigt den Aufbau, Abbildung 5.18(b) das Schaltsymbol eines n–Bit Registers.

Der Baustein 74F374 aus [14] ist ein 8–Bit Register, seine technischen Daten sind in Anhang A.3 beschrieben.

Man nennt n D-Latches mit einem gemeinsamen Schreibsignal W ein *n-Bit Latch*. Das Schaltsymbol gleicht dem des D–Latches, nur sind hier D und Q n-Bit Ein- bzw. Ausgänge.

5.3.2 Zähler

Ein *n–Bit Zähler* ist eine Schaltung mit folgenden Ein– und Ausgängen:

- Dateneingänge $X = (X_{n-1}, \ldots, X_0)$
- Datenausgänge $Y = (Y_{n-1}, \ldots, Y_0)$
- Dateneingang C_{in} für einen Eingangsübertrag
- Datenausgang C_{out} für den Ausgangsübertrag

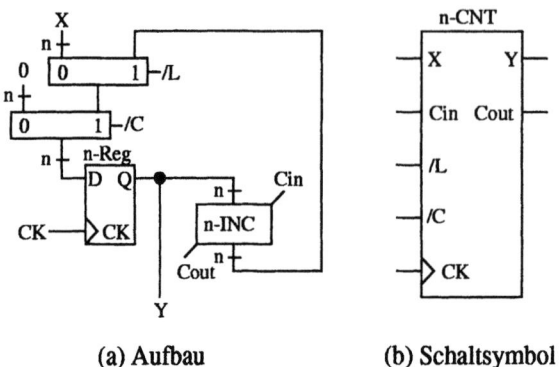

(a) Aufbau (b) Schaltsymbol

Abbildung 5.19: n-Bit Zähler

- Eingänge für Kontrollsignale $/C$ (Clear), $/L$ (Load) und CK (Clock).

Der Zähler speichert in einem Register ein n-Bit Wort, das an den Ausgängen Y erscheint. Das gespeicherte Wort heißt der *Zählerstand*. Bei jeder steigenden Flanke von CK wird ein neuer Zählerstand Y_{neu} gespeichert. Dieser ist

$$Y_{neu} = \begin{cases} 0\ldots0 & \text{falls } /C = 0 \\ X & \text{falls } /C = 1 \text{ und } /L = 0 \\ bin_n(\langle Y \rangle + C_{in} \bmod 2^n) & \text{falls } /C = /L = 1. \end{cases}$$

Man kann also entweder den Zählerstand inkrementieren (falls $C_{in} = 1$), den Zähler auf Null zurücksetzen ($/C = 0$) oder den Zähler über die Dateneingänge mit einem neuen Wert laden ($/L = 0$).

Ausgang C_{out} ist der Ausgangsübertrag bei der Addition von Eins zur Binärzahl Y. Damit kann man Zähler genau wie Addierer kaskadieren und aus s vielen n-Bit Zählern einen $s \cdot n$-Bit Zähler konstruieren. Den Eingangsübertrag des Zählers mit den am wenigsten signifikanten Bits setzt man auf Eins. Dies ist ein weiteres Beispiel eines Bit-Slice Designs.

Die offensichtliche Realisierung eines Zählers mit einem Register, einem Incrementer und zwei Multiplexern ist in in Abbildung 5.19(a) zu sehen, das Schaltsymbol in Abbildung 5.19(b).

Der Baustein 74F163 aus [14] ist ein 4-Bit Zähler.

5.4 Statischer Speicher

Sei n eine natürliche Zahl und $N = 2^n$. Ein N-*Bit statischer Speicher* oder *SRAM* (static random access memory) ist ein Baustein mit den folgenden Ein- und Ausgängen:

- n Eingänge $A = (A_{n-1}, \ldots, A_0)$ für *Adressen*,
- je ein Eingang D_{in} und ein Eingang D_{out} für Daten,
- ein Eingang für das Kontrollsignal W (write).

Der Speicher enthält insgesamt N Speicherzellen $L_0, \ldots, L_{N-1}$, von denen jede ein Bit speichern kann. Mit Hilfe der Adreßsignale wird davon die Zelle $L_{\langle A \rangle}$ ausgewählt. Am Datenausgang D_{out} erscheint der aktuelle Inhalt der ausgewählten Zelle $L_{\langle A \rangle}$. Während eines Schreibpulses am Eingang W wird das Signal am Dateneingang D_{in} in die ausgewählte Zelle $L_{\langle A \rangle}$ übernommen.

Man nennt s viele N-Bit SRAMs mit gemeinsamen Adreßsignalen und einem gemeinsamen Schreibsignal ein $N \times s$-SRAM.

Statische Speicher kann man aus einzelnen Gattern aufbauen. Hierfür benötigen wir drei Hilfsschaltkreise, die in den nächsten Abschnitten vorgestellt werden.

5.4.1 Mehrfaches OR

Definition 5.1 *Ein N–faches OR O_N mit $N = 2^n, n \in \mathbf{N}$ ist ein Schaltkreis, der die Funktion $v_N : \{0,1\}^N \to \{0,1\}$ berechnet mit*

$$v_N(x_{N-1}, \ldots, x_0) = x_{N-1} \vee \cdots \vee x_0 .$$

Man konstruiert ein N–faches OR rekursiv aus zwei $(N/2)$–fachen OR-Schaltkreisen wie in Abbildung 5.20(a) gezeigt[3]. Durch Induktion folgt sofort, daß jeder Pfad von den Blättern zur Wurzel n OR-Gatter trifft. Für die Verzögerungszeit $\rho(n)$ folgt die Abschätzung

$$3n \leq \rho(n) \leq 6.6n . \tag{5.8}$$

---
[3] Das ist ein Spezialfall der Konstruktion aus Abschnitt 3.4.2.

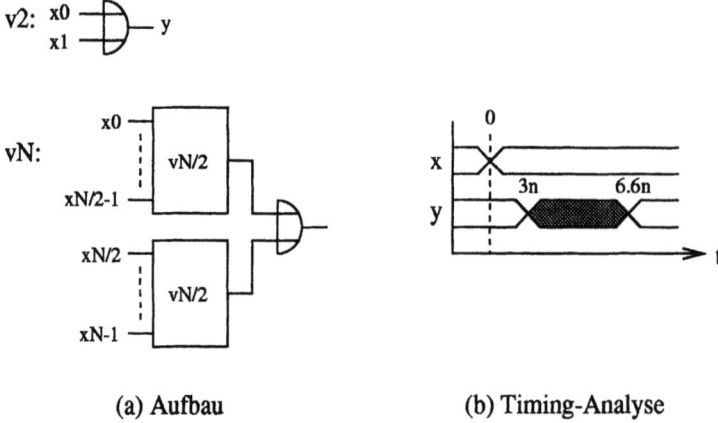

(a) Aufbau (b) Timing-Analyse

Abbildung 5.20: N–faches OR

Abbildung 5.21: Schaltsymbol für Treiber

5.4.2 Treiberbäume

Ein *Treiber* ist ein Gatter mit einem Eingang X und einem Ausgang Y, das die identische Funktion berechnet. Man benutzt für Treiber das Schaltsymbol aus Abbildung 5.21. Der Baustein 74F244 aus [14] enthält acht Treiber mit den folgenden Verzögerungszeiten:

$$t_{PLH} = (2.5, 6.2) \text{ und } t_{PHL} = (2.5, 6.5) \ .$$

Treiber helfen offensichtlich nicht beim Rechnen. Mit Hilfe von Treibern kann man aber Fanout Beschränkungen überwinden. Insbesondere kann man mit Hilfe von sogenannten *Treiberbäumen* ein Signal sehr oft duplizieren. Genau das müssen wir bei der Konstruktion von SRAMs gleich an drei verschiedenen Stellen tun.

Für die Konstruktion von Treiberbäumen betrachten wir zunächst gerichtete zykelfreie Graphen $G = (V, E)$ mit den folgenden Eigenschaften:

1. G hat genau eine Quelle w,

2. $indeg(v) = 1$ für alle $v \in V \setminus \{w\}$.

5.4. Statischer Speicher

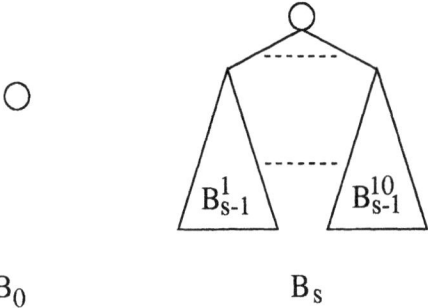

B_0 B_s

Abbildung 5.22: Rekursive Definition von B_s

Graphen mit diesen Eigenschaften nennt man *gerichtete Bäume*. Die Knoten $v \in V$ mit $outdeg(v) = 0$ nennt man die *Blätter* und den Knoten w mit $indeg(w) = 0$ nennt man die *Wurzel* des Baums. Die Knoten $v \in V$ mit $outdeg(v) \geq 1$ nennen wir die *inneren Knoten* des Baums G. Wir bezeichnen mit

- $L(G)$ die Anzahl der Blätter von G und mit
- $I(G)$ die Anzahl der inneren Knoten von G.

Diese Begriffe wurden größtenteils schon in Abschnitt 3.4.2 definiert, und zwar anders. Der mehrdeutige Gebrauch der Begriffe ist üblich. Die Konfusion, die hierdurch entsteht, hält sich in Grenzen, da sich die beiden Definitionen im Wesentlichen nur durch die Richtung der Kanten unterscheiden. Wir behalten unsere übliche Fanout Beschränkung von 10 pro Gatter bei und betrachten nur Bäume mit Outgrad 10.

Zunächst betrachten wir die Bäume B_s, die durch Abbildung 5.22 rekursiv definiert sind. B_0 besteht aus einem einzigen Knoten, und für $s \geq 1$ besteht B_s aus 10 Kopien von B_{s-1}, deren Wurzeln alle mit einer neuen Wurzel verbunden sind. Durch Induktion über s folgt sofort für $s \geq 1$:

- $L(B_s) = 10^s$,
- $I(B_s) = \sum_{i=0}^{s-1} 10^i$, und
- alle Pfade von der Wurzel zu einem Blatt in B_s haben Länge s.

Es folgt

$$I(B_s) = \sum_{i=0}^{s-1} 10^i$$

$$= \frac{10^s - 1}{10 - 1}$$
$$\leq L(B_s)/9 \, . \tag{5.9}$$

Die Bäume B_s sind sehr ökonomisch, wenn wir ein Signal x-mal duplizieren wollen, wobei x eine Zehnerpotenz ist: wir ersetzen einfach jeden inneren Knoten durch einen Treiber. Wir konstruieren jetzt Bäume mit ganz ähnlichen Eigenschaften für beliebiges x.

Lemma 5.1 *Für jedes $s \in \mathbb{N}$ und für jedes $x \in \{1, \ldots, 10^s\}$ gibt es einen Baum $T(x,s)$ mit Outgrad 10 und den folgenden Eigenschaften:*

- *$T(x,s)$ hat x Blätter.*
- *$I(T(x,s)) \leq x/9 + s$.*
- *Alle Pfade von der Wurzel zu einem Blatt in $T(x,s)$ haben Länge s.*

Beweis durch Induktion über s: Für $s = 1$ leistet ein Baum mit genau einem inneren Knoten und x Blättern das Gewünschte.

Zum Schluß von $s - 1$ auf s zerlegen wir

$$x = \alpha \cdot 10^{s-1} + \beta \quad \text{mit}$$
$$\alpha \in \{0, \ldots, 9\} \text{ und } \beta \in \{0, \ldots, 10^{s-1}\} \, .$$

Da $x \geq 1$ gilt, sind α und β nicht beide gleich Null. Es sei $T(x,s)$ der Baum aus Abbildung 5.23. Er besteht aus α Bäumen B_{s-1}, einem Baum $T(\beta, s-1)$ und einer neuen Wurzel. Offensichtlich hat $T(x,s)$ genau x Blätter, und alle Pfade in $T(x,s)$ haben die Länge s. Für die Anzahl der inneren Knoten gilt

$$\begin{aligned}
I(T(x,s)) &= \alpha \cdot I(B_{s-1}) + I(T(\beta, s-1)) + 1 \\
&\leq \alpha \cdot L(B_{s-1})/9 + \beta/9 + s - 1 + 1 \\
&= x/9 + s \, .
\end{aligned}$$

∎

Für $x \in \mathbb{N}$ sei
$$\lambda(x) = \lceil \lg x \rceil \, ,$$
das ist gerade die Anzahl von Stellen, die man braucht, um x als Dezimalzahl hinzuschreiben. Wegen
$$x = 10^{\lg x}$$

5.4. Statischer Speicher

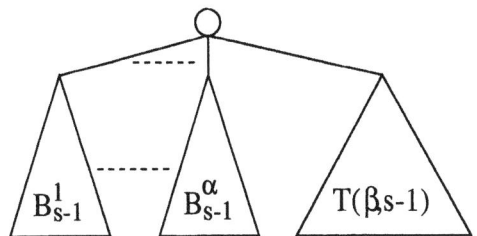

Abbildung 5.23: Rekursive Definition von $T(x,s)$

gilt
$$\lg x = \frac{1}{\log 10} \log x.$$

Aus
$$3 < \log 10 < 4$$
folgt
$$\frac{1}{4}\log x < \lambda(x) < \frac{1}{3}\log x + 1. \tag{5.10}$$

Wir ersetzen jetzt in $T(x, \lambda(x))$ jeden inneren Knoten durch einen Treiber und nennen den so entstehenden Schaltkreis F_x einen *x-Treiberbaum*. Er hat Kosten

$$C(F_x) = x/9 + \lambda(x),$$

und für seine Verzögerungszeit $\tau(x)$ gilt

$$2.5\lambda(x) \leq \tau(x) \leq 6.5\lambda(x).$$

Mit (5.10) folgt

$$0.625 \log x \leq \tau(x) \leq 2.2 \log x + 6.5. \tag{5.11}$$

Ersetzen wir den Treiber an der Wurzel des Treiberbaums F_x durch einen Inverter, so erhalten wir den *invertierenden Treiberbaum* $/F_x$. Seine minimale Verzögerungszeit ist um $0.1\,ns$ geringer als die von F_x. In Schaltplänen kennzeichnen wir Treiberbäume und invertierende Treiberbäume, indem wir die Symbole aus Abbildung 5.24 auf Leitungen mit großem Fanout zeichnen.

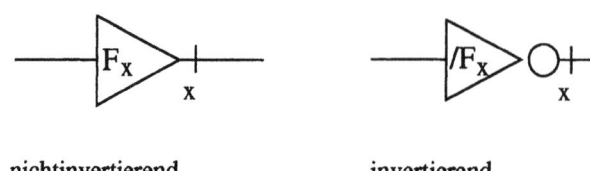

nichtinvertierend   invertierend

Abbildung 5.24: Schaltsymbole für Treiberbäume

5.4.3 Dekodierer

Definition 5.2 *Es sei $n \in \mathbb{N}$ und $N = 2^n$. Ein n–Bit Dekodierer D_n ist ein Schaltkreis, der die folgende Funktion $d : \{0,1\}^n \to \{0,1\}^N$ berechnet:*

$$d_i(a) = \begin{cases} 1 & \text{falls } \langle a \rangle = i \\ 0 & \text{falls } \langle a \rangle \neq i \end{cases} \text{ für alle } i \in \{0,\ldots,N-1\} .$$

Hierbei bezeichnet $d_i(a)$ Bit i des N–Bit Tupels $d(a)$.

Abbildung 5.25(a) zeigt die rekursive Konstruktion von n–Bit Dekodierern aus $(n-1)$–Bit Dekodierern. Unter Berücksichtigung von Fanout-Beschränkungen werden zwei 2^{n-1}-Treiberbäume benutzt, einer davon invertierend. Wir schätzen die Verzögerungszeit $\delta(n)$ dieser Dekodierer nach oben ab. Offensichtlich gilt

$$\begin{aligned} \delta(1) &\leq 6 \\ \delta(n) &\leq 6.6 + \max\{\delta(n-1), \tau(2^{n-1})\} \\ &\leq 6.6 + \max\{\delta(n-1), 2.2(n-1) + 6.5\} \end{aligned}$$

wegen (5.11). Durch Induktion folgt für $n \geq 3$

$$\delta(n) \leq 6.6n . \tag{5.12}$$

Zwei leichte Übungen zeigen für $\delta(n)$ die untere Schranke

$$\delta(n) \geq 0.625n$$

und für die Kosten $c(n)$ dieser Dekodierer die obere Schranke

$$c(n) = 4 \cdot 2^n + O(n \log n) .$$

Wir werden diese Schranken aber im Text nicht benutzen.

5.4. Statischer Speicher

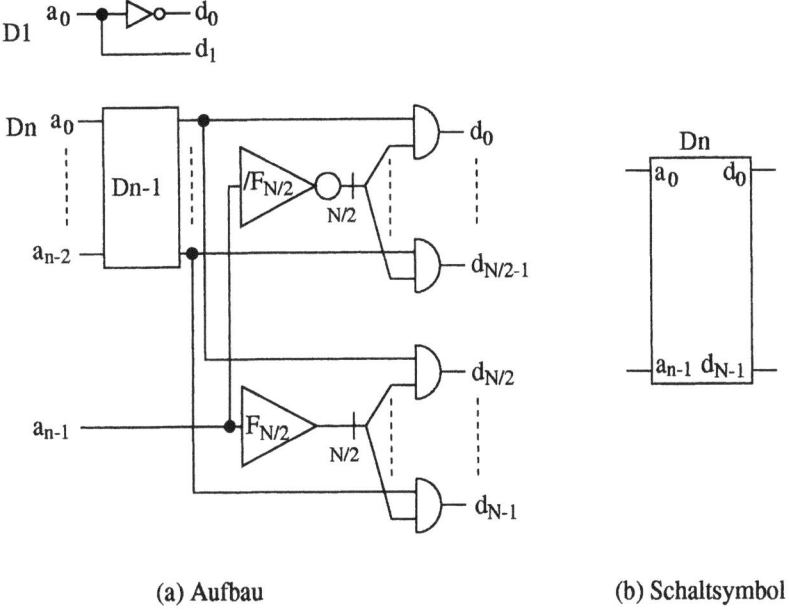

(a) Aufbau   (b) Schaltsymbol

Abbildung 5.25: Dekodierer

5.4.4 Aufbau eines statischen Speichers

Es sei $n \in \mathbf{N}$ und $N = 2^n$. Abbildung 5.26 zeigt den Aufbau eines N-Bit-SRAMs aus den folgenden Teilen:

- einem n-Bit Dekodierer,
- einem N–fachen OR,
- N D-Latches und $2N$ AND-Gattern.
- zwei N-Treiberbäumen für das Schreibsignal W und D_{in}.

Der Dekodierer garantiert, daß genau bei Latch $L_{\langle A \rangle}$ der Schreibpuls W ankommt und daß bei den Eingängen des N-fachen ORs $G_i = Q_i$ nur für $i = \langle A \rangle$ gilt.

Wir analysieren das Timing bei Lese- und Schreibzugriffen auf das so konstruierte SRAM. Abbildung 5.27 zeigt die Timing-Diagramme.

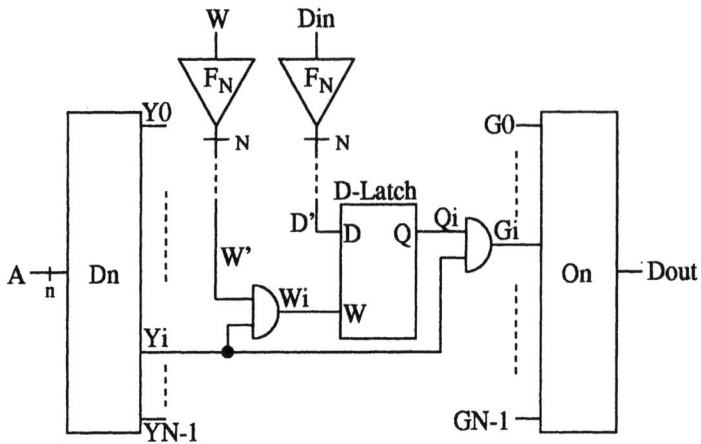

Abbildung 5.26: Aufbau eines SRAMs

Beim Lesen werden stabile Adreßsignale zur Zeit $t = 0$ angelegt. Dann sind alle Y_i stabil zur Zeit

$$t_1 = \delta(n) = (0, 6.6n)$$

und die Signale G_i sind stabil zur Zeit

$$t_2 = t_1 + (2.5, 6.6) = (2.5, 6.6(n+1)) \text{ wegen (5.12)}.$$

Der Ausgang D_{out} des N-fachen ORs wird stabil zur Zeit

$$t_{acc} = t_2 + \rho(n) = (3n + 2.5, 6.6(2n+1)) \text{ wegen (5.8)}.$$

Die Zeit t_{acc} heißt die *Lese-Zugriffszeit* des SRAMs.

Wir analysieren den Schreibvorgang mit den folgenden Parametern:

Beim Schreibzugriff wird das Schreibsignal W von Zeit 0 bis Zeit w aktiviert. Wir halten die Adressen mindestens stabil von Zeit $-t_{SAW}$ bis Zeit $w + t_{HWA}$, und wir halten das Eingangsdatum D_{in} mindestens stabil von Zeit $-t_{SDW}$ bis Zeit $w + t_{HWD}$. Die neuen Daten können am Ausgang zur Zeit t_{PWD} beobachtet werden. Für diese Parameter sind die Bezeichnungen aus Tabelle 5.6 üblich. Ein Beispiel für ein statisches RAM ist das $2^{16} \times 4$ SRAM CY7C191-45 von Cypress [9], seine Daten sind in Tabelle 5.7 zu sehen.

Wir zeigen, daß der Schreibzugriff mit den Parameterwerten aus Tabelle 5.6 gelingt.

1. Die Schreibsignale W' hinter dem Fanout-Baum für W werden wegen (5.11) stabil zur Zeit

$$t_1 = \tau(n) = (0.625n, 2.2n + 6.5).$$

5.4. Statischer Speicher

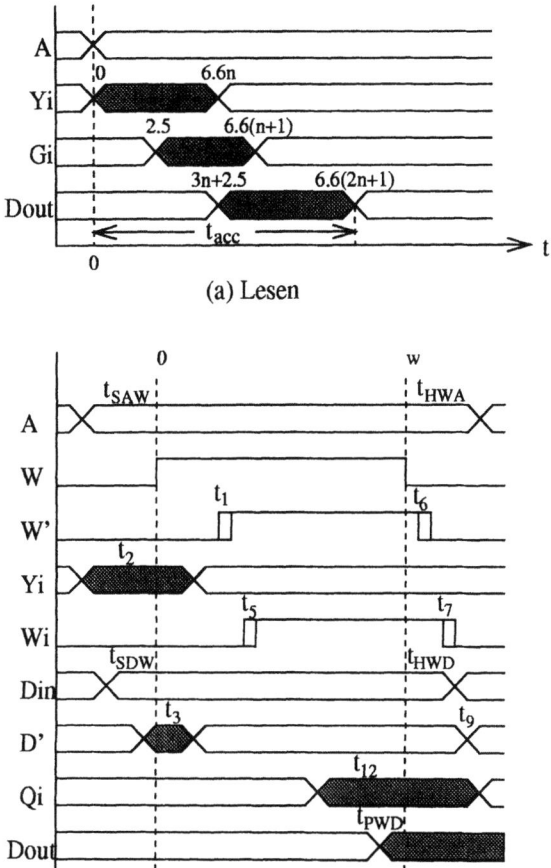

Abbildung 5.27: Timing-Analyse des SRAMs

Symbol	Bezeichnung	min	max
t_{acc}	Lesezugriffszeit	$3n+2.5$	$6.6(2n+1)$
w	Schreibpulsweite	$1.575n+32.9$	
t_{SAW}	Setup-Zeit von A bis W	$5.975n+11.3$	
t_{HWA}	Hold-Zeit von A nach W	$2.2n+17.8$	
t_{SDW}	Setup-Zeit von D bis W	$1.575n+23.5$	
t_{HWD}	Hold-Zeit von D nach W	$1.575n+12.8$	
T_{PWD}	Verzögerungszeit von W bis D	$3.625n+9.4$	$8.8n+36.3$

Tabelle 5.6: Bezeichnungen beim Betrieb eines SRAMs

		SRAM CY7C191-45	
		min	max
Lesezugriffszeit	t_{acc}	3.0	45.0
Setup-Zeit von A bis W	t_{SAW}	0.0	
Setup-Zeit von A bis Ende W	t_{SAEW}	35.0	
Hold-Zeit von A nach W	t_{HWA}	0.0	
Schreibpulsweite	w	22.0	
Setup-Zeit von D bis Ende W	t_{SDEW}	15.0	
Hold-Zeit von D nach W	t_{HWD}	0.0	

Tabelle 5.7: Parameterwerte eines SRAMs

Die Ausgänge Y_i des Dekodierers werden wegen (5.12) stabil zur Zeit

$$t_2 = -t_{SAW} + \delta(n) = -t_{SAW} + (0, 6.6n) \ .$$

An den Schreibpulsen W_i dürfen keine Spikes entstehen. Wir sind in der Situation von Abbildung 5.10 mit $A = Y_i$ und $B = W'$. Wegen (5.5) können wir Spikes auf den Signalen W_i vermeiden, falls

$$\max(t_2) + 11.3 \leq \min(t_1)$$

gilt. Es folgt

$$-t_{SAW} + 6.6n + 11.3 \leq 0.625n \ , \text{ also}$$
$$t_{SAW} \geq 5.975n + 11.3 \ .$$

2. Die Datensignale D' hinter dem Fanout-Baum für D_{in} werden stabil zur Zeit

$$t_3 = -t_{SDW} + \tau(n) = -t_{SDW} + (0.625n, 2.2n + 6.5) \ .$$

Damit die Setup-Zeit für D-Latches erfüllt ist, muß

$$\max(t_3) + 17 \leq \min(t_1)$$

gelten. Es folgt

$$-t_{SDW} + 2.2n + 6.5 + 17 \leq 0.625n \ , \text{ also}$$
$$t_{SDW} \geq 1.575n + 23.5 \ .$$

Die Setup-Zeit von D bis W ist in der Regel deutlich kürzer als die Setup-Zeit von A bis W, weil Fanoutbäume kürzere Verzögerungszeiten haben als Dekodierer. Der Rest der Timing-Analyse folgt ganz schematisch dem gleichen Muster.

5.4. Statischer Speicher

3. Die individuellen Schreibsignale W_i werden aktiv zur Zeit

$$t_5 = t_1 + (3.0, 6.6) = (0.625n + 3, 2.2n + 13.1) \ .$$

Die Signale W' fallen zur Zeit

$$t_6 = w + \tau(n) = w + (0.625n, 2.2n + 6.5) \ .$$

Die individuellen Schreibsignale W_i fallen dann zur Zeit

$$t_7 = t_6 + (2.5, 6.3) = w + (0.625n + 2.5, 2.2n + 12.8) \ .$$

Der entstehende individuelle Schreibpuls muß mindestens die minimale Pulsweite des D-Latches haben. Dies kann garantiert werden, falls

$$\min(t_7) - \max(t_5) \geq 22.3$$

gilt. Es folgt

$$\begin{aligned} w + 0.625n + 2.5 - 2.2n - 13.1 &\geq 22.3 \ , \text{ also} \\ w &\geq 1.575n + 32.9 \ . \end{aligned}$$

4. Die Eingangsdaten D_{in} bleiben mindestens bis zur Zeit

$$t_8 = w + t_{HWD}$$

stabil. Die Ausgänge D' bleiben mindestens stabil bis

$$t_9 = t_8 + \min(\tau(n)) = w + t_{HWD} + 0.625n \ .$$

Damit die Hold-Zeit der D-Latches erfüllt ist, muß

$$t_9 \geq \max(t_7) + 11$$

gelten. Es folgt

$$\begin{aligned} w + t_{HWD} + 0.625n &\geq w + 2.2n + 12.8 \ , \text{ also} \\ t_{HWD} &\geq 1.575n + 12.8 \ . \end{aligned}$$

5. Die Adressen bleiben mindestens bis zur Zeit

$$t_{10} = w + t_{HWA}$$

stabil. Die Ausgänge Y_i bleiben mindestens stabil bis zur Zeit

$$t_{11} = t_{10} + \min(\delta(n)) = w + t_{HWA} \ .$$

An den individuellen Schreibpulsen dürfen keine Spikes entstehen. Wir sind in der Situation von Abbildung 5.10 mit $A = W'$ und $B = Y_i$. Wegen (5.5) entsteht kein Spike, falls
$$\min(t_{11}) \geq \max(t_6) + 11.3$$
gilt. Es folgt
$$w + t_{HWA} \geq w + 2.2n + 6.5 + 11.3 \text{, also}$$
$$t_{HWA} \geq 2.2n + 17.8 \,.$$

6. Für D-Latches ist das Propagation-Delay von W nach Q gleich $t_{PWQ} = (3.9, 16.6)$. Für $i = \langle A \rangle$ ändert Q_i seinen Wert zur Zeit
$$\begin{aligned}t_{12} &= t_5 + t_{PWQ} \\ &= (0.625n + 3, 2.2n + 13.1) + (3.9, 16.6) \\ &= (0.625n + 6.9, 2.2n + 29.7) \,.\end{aligned}$$

Der Ausgang D_{out} schließlich ändert seinen Wert zur Zeit
$$\begin{aligned}t_{PWD} &= t_{12} + (2.5, 6.6) + \rho(n) \\ &= (0.625n + 9.4, 2.2n + 36.3) + (3n, 6.6n) \\ &= (3.625n + 9.4, 8.8n + 36.3) \,.\end{aligned}$$

Dies gilt natürlich nur, wenn die Adresse und damit die Y_i lange genug stabil bleiben (siehe Übung 5.6).

5.5 Tristate-Treiber, Busse und Pipelines

Chips haben mindestens zwei Pins für die Stromversorgung. Diese Pins werden in der Regel mit $0V$ (Erde, GND) und $5V$ (VCC) versorgt. Den Mechanismus zum Produzieren verschiedener Spannungen am Ausgang eines Gatters kann man sich wie in Abbildung 5.28(a) vorstellen: es gibt zwei regelbare Widerstände R_1 und R_2, den einen zwischen Y und VCC, den anderen zwischen Y und GND. Der Widerstand von R_1 und R_2 wird durch die interne Schaltung des Gatters geregelt. Jeder der beiden Widerstände kann groß oder klein sein. Dadurch entstehen die vier Fälle aus Tabelle 5.8.

Den dritten Fall haben wir implizit schon behandelt. Wir haben nämlich bisher verboten, daß man etwa die Ausgänge $Y_1 Y_2$ zweier verschiedener Gatter zusammenschaltet. Im Fall $Y_1 = 1$ und $Y_2 = 0$ würde dadurch nämlich ein Kurzschluß entstehen.

Neu und interessant ist der vierte Fall, in dem sich der Ausgang elektrisch isoliert. Diesen Zustand bezeichnet man mit *Zustand hoher Impedanz* oder *high Z* oder einfach *Z*. Es gibt

5.5. Tristate-Treiber, Busse und Pipelines

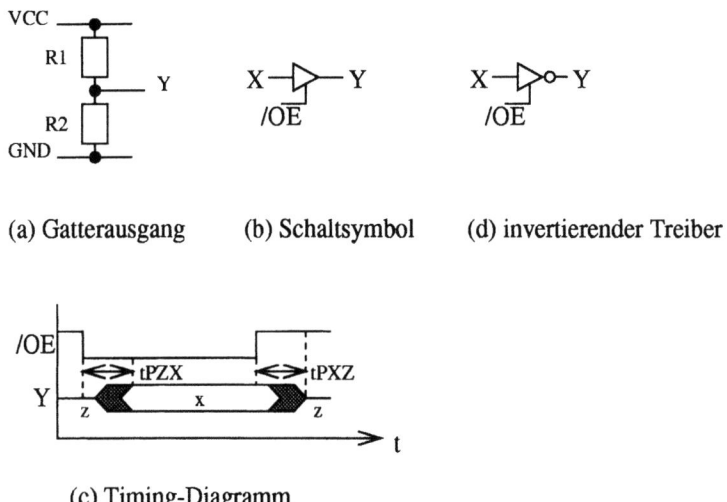

(a) Gatterausgang (b) Schaltsymbol (d) invertierender Treiber

(c) Timing-Diagramm

Abbildung 5.28: Treiber Baustein

R_1	R_2	Ausgangssignal
groß	klein	0
klein	groß	1
klein	klein	Kurzschluß
groß	groß	Z

Tabelle 5.8: Zustände am Ausgang eines Gatters

	Treiber 74F244	
	min	max
t_{PLH}	2.5	6.2
t_{PHL}	2.5	6.5
t_{PZH}	2.0	6.7
t_{PZL}	2.0	8.0
t_{PHZ}	2.0	7.0
t_{PLZ}	2.0	7.0

Tabelle 5.9: Schaltzeiten eines Treibers

Treiber, die man unter Kontrolle eines zusätzlichen Eingangs /OE (*Output enable*) in diesen Zustand Z überführen kann. Sie heißen *Tristate-Treiber*. Abbildung 5.28(b) zeigt das Schaltsymbol für einen Tristate-Treiber. Am Ausgang erscheint

$$Y = \begin{cases} X \text{ falls } /OE = 0 \\ Z \text{ falls } /OE = 1 \end{cases}.$$

Ist der Ausgang im Zustand Z, so heißt der Treiber *disabled*, andernfalls *enabled*.

Abbildung 5.28(c) zeigt die Symbole, die man in Timing-Diagrammen für Treiber verwendet. Die Zeit vom Aktivieren von /OE bis zum Durchschalten von Y nennt man *Enable-Zeit* t_{PZX}, die Zeit vom Deaktivieren von /OE bis zum Isolieren von Y nennt man *Disable-Zeit* t_{PXZ}. Bei beiden Bezeichnungen kann X entweder L oder H sein. Ist der Treiber enabled, so hat er wie bisher ein gewöhnliches Propagation Delay.

Abbildung 5.28(d) zeigt das Schaltsymbol eines invertierenden Treibers. Dieser Baustein wirkt wie ein Inverter mit nachgeschaltetem Treiber.

Man nennt n Treiber mit gemeinsamem Output enable Signal /OE einen *n-Bit Treiber*. Der Baustein 74F244 enthält zwei 4-Bit-Treiber. Die Verzögerungszeiten für diesen Baustein sind in Tabelle 5.9 zusammengefaßt.

Im Gegensatz zu gewöhnlichen Gattern kann man die Ausgänge von Tristate-Treibern gewinnbringend zusammenschalten, solange zu jeder Zeit höchstens einer der Treiber enabled ist. Eine Leitung, welche die Ausgänge mehrerer Treiber verbindet, nennt man einen *Bus*. Werden die Ausgänge von n-Bit Treibern zusammengefaßt, spricht man von einem n Bit *breiten* Bus.

Ein Kurzschluß, den man dadurch erzeugt, daß man mehrere Treiber auf einem Bus gleich-

5.5. Tristate-Treiber, Busse und Pipelines

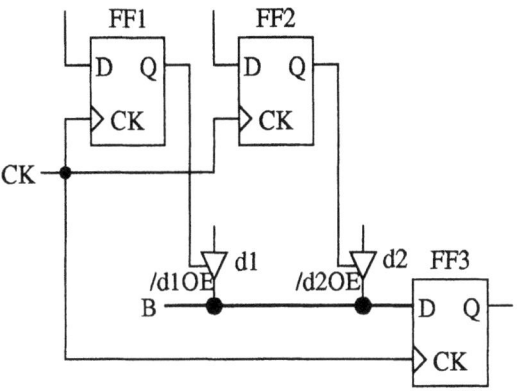

Abbildung 5.29: Beispiel eines Busses

zeitig enabled, hat den klangvollen Namen[4] *Bus contention*.

Offensichtlich sind k Treiber auf einem Bus nicht viel anderes als eine neue Realisierung von k-fachen Multiplexern. Es gibt drei Gründe, warum man dennoch Treiber einsetzt:

- Die Verzögerungszeit ist — bis auf den Einfluß der kapazitiven Last — von k unabhängig.

- Wenn man den Bus von vornherein mit vielen Steckverbindern ausstattet, dann kann man ganz einfach k erhöhen: man steckt einen neuen Treiber mit Hilfe eines Steckers auf den Bus. Das tut man beispielsweise immer dann, wenn man in einen PC (personal computer) eine neue Karte einsteckt.

- Man kann auf den gleichen Leitungen zu verschiedenen Zeiten Daten in verschiedenen Richtungen transportieren. Leitungen — und Steckverbinder — brauchen Platz und kosten Geld.

Wir zeigen am Beispiel der Schaltung in Abbildung 5.29 wie man Treiber so kontrolliert, daß Bus contention nicht auftreten kann. In dieser Schaltung sind zwei Tristate-Treiber 74F244 mit Namen $d1$ und $d2$ mit Bus B verbunden. Die Output enable Signale werden erzeugt von zwei 74F74 D-Flipflops $FF1$ und $FF2$, die mit einem gemeinsamen Clocksignal CK geclockt werden. Wir kümmern uns an dieser Stelle nicht darum, wie die Eingaben für die Flipflops $FF1$ und $FF2$ erzeugt werden. Die Ausgabe von Treiber $d1$ oder von Treiber $d2$ wird in Flipflop $FF3$ geclockt. Wir berechnen die kürzeste Clockperiode τ, so daß auf Bus B keine Bus contention auftritt, und so daß Setup- und Hold-Zeit für $FF3$ erfüllt sind.

---
[4]Der Grund, warum man hierfür einen neuen Namen einführt, ist rein psychologischer Natur: Verdrängung.

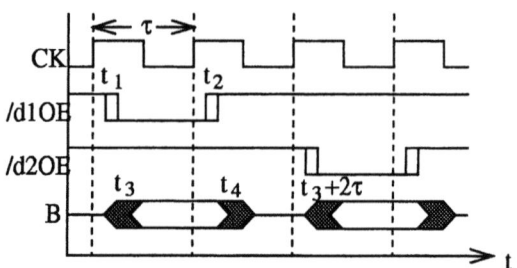

Abbildung 5.30: Timing-Analyse der Beschaltung des Busses

Abbildung 5.30 zeigt das Timing-Diagramm der Schaltung[5]. Propagation Delay, Setup– und Hold–Zeiten des Registers 74F74 wurden bereits in Abschnitt 5.3.1 spezifiziert.

Wir legen den Zeitpunkt $t = 0$ an eine Clockflanke, hinter der das Signal $/d1OE$ fällt. Dann fällt $/d1OE$ zur Zeit

$$t_1 = (4.4, 9.2)$$

und steigt zur Zeit

$$t_2 = \tau + (3.8, 7.8).$$

Treiber $d1$ ist enabled und liefert Daten auf den Bus von Zeit

$$t_3 = t_1 + (2.0, 8.0) = (6.4, 17.2)$$

bis

$$t_4 = t_3 + (2.0, 7.0) = \tau + (5.8, 14.8).$$

Für Treiber $d2$ sind diese Zeiten um 2τ verzögert. Bus contention wird vermieden falls

$$\max(t_4) \leq 2\tau + \min(t_3)$$

gilt. Es folgt

$$14.8 \leq \tau + 6.4, \text{ also}$$
$$\tau \geq 8.4.$$

Damit die Setup-Zeit von Flipflop $FF3$ erfüllt ist, muß

$$\max(t_3) + 3 \leq \tau$$

---

[5] Jeden zweiten Takt wird ein undefiniertes Signal in $FF3$ geclockt. Dadurch kann das Flipflop metastabil werden. Wie man Clocksignale nur zu bestimmten Zeitpunkten erzeugt, zeigen wir in Kapitel 6.

5.5. Tristate-Treiber, Busse und Pipelines

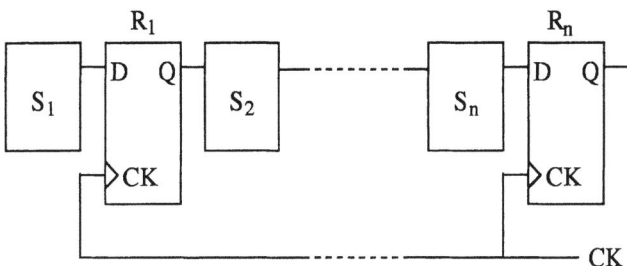

Abbildung 5.31: Aufbau einer Pipeline

gelten, also
$$\tau \geq 20.2 \ .$$
Die Hold-Zeit ist ebenfalls erfüllt, da
$$\min(t_4) = \tau + 5.8 \geq \tau + 1$$
ist.

Dennoch kann mit der obigen Schaltung etwas schiefgehen. Die Quelle hierfür ist die endliche Geschwindigkeit von 'nur' $25\,cm/ns$, mit der sich elektrische Signale auf Leitungen fortpflanzen. Wenn der Treiber für CK nahe bei $FF1$ und $FF2$ liegt, aber zwei Meter entfernt von $FF3$, dann ist das Clocksignal bei $FF3$ um $200/25 = 8\,ns$ gegen das Clocksignal bei $FF1$ und $FF2$ verzögert. Hier gibt es zwei Auswege:

1. Man benutzt keine langen Leitungen für CK.
2. Man plaziert den Treiber nahe $FF3$. Dann ist das Clocksignal von $FF1$ und $FF2$ gegen das Clocksignal von $FF3$ verzögert, und das ist gut für die Hold-Zeit.

Das gleiche Problem tritt beim Clocken sogenannter *Pipelines* auf, das sind Folgen von Schaltkreisen S_i und Registern R_i, $i = 1, \ldots, n$ mit einem gemeinsamen Clocksignal wie in Abbildung 5.31. In dieser Situation plaziert man den Clock-Treiber in die Nähe des untersten Registers R_n. D.h. *Pipelines clockt man von unten nach oben.*

5.5.1 Speicher und Bus Contention

Wenn man bei $n \times d$-SRAMs wie in Abbildung 5.32 die d Signale D_{in} und die d Signale D_{out} über gemeinsame Datenleitungen D leitet, kann man zunächst d Pins sparen. Man braucht dann noch einen zusätzlichen Pin für ein Signal $/DOE$ zum Enablen des Ausgangstreibers

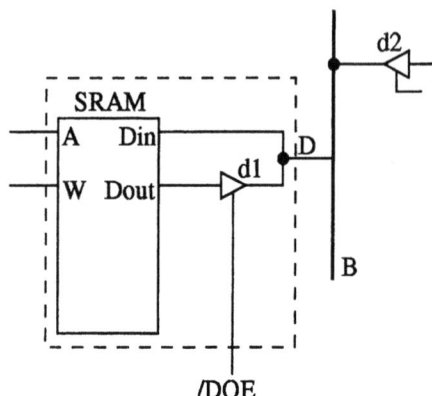

Abbildung 5.32: Statischer Speicher mit gemeinsamem Datenein- und Ausgang

des SRAMs, den wir mit $d1$ bezeichnen. Sehr viele RAM-Chips sind so aufgebaut. Von außen muß man die Datenpins D dieser Chips an einen Bus B anschließen. Wird aus dem RAM gelesen, muß $d1$ enabled sein und sonst kein Treiber auf Bus B. Wird geschrieben, muß $d1$ disabled werden und ein anderer Treiber $d2$ enabled. Wie man das ohne Bus contention macht, haben wir gerade vorgeführt.

Diese Art, Output enable Signale zu erzeugen, wird bevorzugt von mathematisch orientierten Hardwaredesignern benutzt sowie von Leuten in großen konservativen Firmen, die Rechner in größeren Stückzahlen herstellen. Wir wollen nicht versäumen, dem Leser ein weiteres erstaunlich populäres Design vorzustellen:

Umschalten beider Treiber an der gleichen Clockflanke. Abbildung 5.33 zeigt das Timing-Diagramm. Wir setzen voraus, daß der Ausgangstreiber $d1$ des RAMs die gleichen Verzögerungszeiten wie ein 74F244-Treiber hat[6]. Dann erhalten wir bei jedem Umschalten Bus contention für eine Zeit zwischen 0 und $8.4\,ns$.

Der erste Fall tritt ein, wenn $d1$ schnell, d.h. in Zeit $\min(t_4)$, disabled und $d2$ langsam, d.h. in Zeit $\max(t_3)$, enabled. Der zweite Fall tritt ein, wenn $d1$ langsam disabled und $d2$ schnell enabled. Mit Glück passiert also gar nichts.

Wenn man Pech hat, gibt es wieder zwei Möglichkeiten. Die langweilige Variante ist, daß die Chips durch die häufigen kurzen Kurzschlüsse heiß werden und schnell kaputt gehen. Kaputte Chips sind leicht zu finden. Die interessante Variante ist, daß durch die Kurzschlüsse nur die Stromversorgung des RAMs ein bißchen unregelmäßig wird, was das RAM zu *seltenen* und *nicht reproduzierbaren* Fehlern veranlaßt...

---

[6] Diese Treiber haben in der Regel viel längere Enable- und Disable Zeiten.

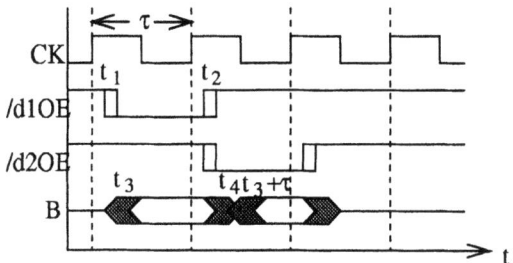

Abbildung 5.33: Timing-Diagramm bei bei Umschalten mit Bus contention

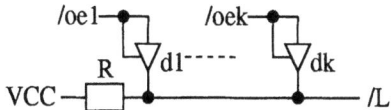

Abbildung 5.34: Wired OR

5.5.2 Wired OR

Mit Hilfe der Schaltung in Abbildung 5.34 kann man das UND der Output enable Signale

$$/L = /oe_1 \wedge \cdots \wedge /oe_k$$

berechnen, wobei die Treiber $d_1, \ldots, d_k$ nur mit einer einzigen Leitung verbunden sind. Ist keiner der Treiber enabled, zieht der sogenannte *Pullup-Widerstand* R die Leitung $/L$ auf Eins. Andernfalls wird die Leitung von einem oder mehreren Treiberausgängen, die enabled sind, auf Null gezogen. Für active low Signale $/L$ und $/oe_i$ gilt:

$/L$ ist aktiv genau dann, wenn $/oe_1$ aktiv ist oder $/oe_2$ aktiv ist oder ... oder $/oe_k$ aktiv ist.

Deshalb nennt man die Schaltung aus Abbildung 5.34 auch *Wired OR*.

Es gibt Gatter, die speziell die Berechnung des Wired OR unterstützen. Ihre Ausgänge im Sinn von Abbildung 5.28(a) haben nur einen regelbaren Widerstand $R2$. Diese Ausgänge heißen *open collector* Ausgänge. Ein Beispiel sind die NAND-Gatter 74F38.

5.6 Übungen

Übung 5.1: *Schätzen Sie die Verzögerungszeit von 74F00-Gattern bei 5 pF Last ab.*

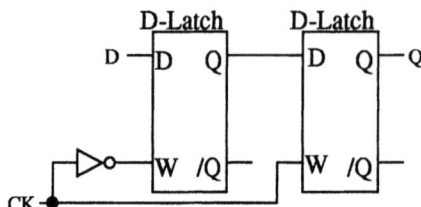

Abbildung 5.35: Master-Slave Flipflop

Übung 5.2:

1. Ersetzen Sie in einem 64-Bit Carry-Chain Addierer aus Kapitel 4 alle Gatter durch Bausteine aus Tabelle 5.2. Berechnen Sie die maximale Verzögerungszeit.

2. Realisieren Sie den Ausgangsübertrag eines n-Bit Addierers mit den allgemeinen Methoden aus Satz 4.10, ersetzen Sie die Gatter durch Bausteine aus Tabelle 5.2 und berechnen Sie die maximale Verzögerungszeit $t_1(n)$.

3. Nehmen Sie an, daß jedes Gatter eine Fläche von $8\,\mu m^2$ [36] einnimmt. Welches ist der Radius des kleinsten Kreises, in dem man alle Gatter unterbringen kann?

4. Welche Verzögerungszeit $t_2(n)$ ergibt sich allein aus den Signallaufzeiten in den Leitungen (Ausbreitungsgeschwindigkeit $v = 25\,cm/ns$)?

5. Berechnen Sie $t_1(64)$ und $t_2(64)$.

6. Zeigen Sie: unabhängig von der Gatterfläche und der Verzögerungszeit der Gatter ist $t_2(n) > t_1(n)$ für alle n außer endlich vielen.

7. Berechnen Sie asymptotisch die Signallaufzeit in den Leitungen eines n-Bit Carry-Lookahead Addierers.

Übung 5.3: Abbildung 5.35 zeigt ein sogenanntes Master-Slave Flipflop. Führen Sie eine Timing-Analyse zur Berechnung der Parameter aus Tabelle 5.5 durch.

Übung 5.4: Erweitern Sie den Zähler aus Abbildung 5.19(a) um einen Eingang I mit folgender Bedeutung: sind $/C$ und $/L$ beide inaktiv, so wird bei $I = 1$ inkrementiert und bei $I = 0$ dekrementiert. Wie verändert sich die Schaltung?

5.6. Übungen

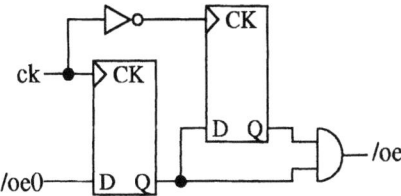

Abbildung 5.36: Erzeugung verlängerte Kontrollsignale

Übung 5.5:

1. Zeigen Sie für die Verzögerungszeit $\delta(n)$ der n-Bit Dekodierer aus Abschnitt 5.4.3

$$\delta(n) \geq 0.625n.$$

2. Zeigen Sie für die Kosten $c(n)$ dieser Dekodierer

$$c(n) = 4 \cdot 2^n + O(n \log n).$$

3. An welchen Stellen können Sie hiermit die Timing-Analyse des SRAMs aus Abschnitt 5.4.4 verbessern?

Übung 5.6: Wie lange müssen bei einem SRAM die Adressen nach dem Inaktivieren von W stabil gehalten werden, damit bei einem Schreibzugriff der geschriebene Wert mindestens 20 ns lang als D_{out} erscheint?

Übung 5.7: Wir erzeugen mit der Schaltung aus Abbildung 5.36 ein Output enable Signal $/oe$, das an einer steigenden Flanke des Clocksignals ck aktiv wird und an einer fallenden Flanke von ck inaktiv wird. Wir benutzen die Bausteine 74F04, 74F08 und 74F74.

1. Erstellen Sie eine Timing-Analyse für diese Schaltung.
2. Können Sie mit dieser Technik die Schaltung aus Abbildung 5.29 schneller machen?

Übung 5.8:

1. Wie schnell kann man die Schaltung aus Abbildung 5.37 takten, wenn man die Bausteine 74F08, 74F86 und 74F374 benutzt?
2. Für $t \in \mathbf{N}$ bezeichnen wir mit $X(t)$ und $Y(t)$ den Inhalt der Register X und Y, nachdem sie t-mal getaktet wurden. Mit $X(0)$ und $Y(0)$ bezeichnen wir den ursprünglichen Inhalt. Es sei $X_n(0) = Y_n(0) = 0$. Zeigen Sie

$$\langle X(t) \rangle + \langle Y(t) \rangle = \langle X(0) \rangle + \langle Y(0) \rangle$$

für alle t.

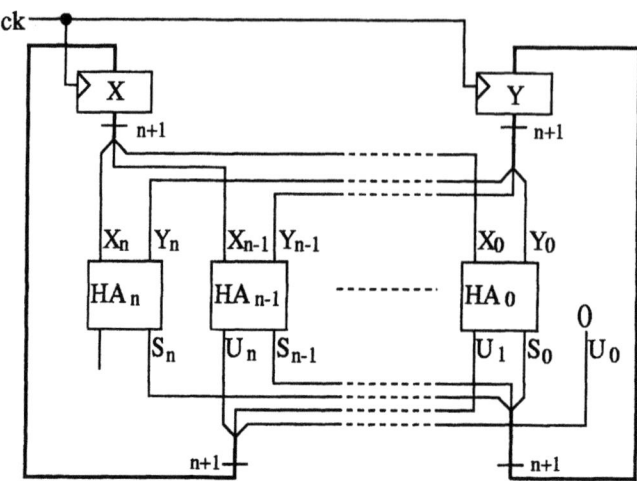

Abbildung 5.37: von Neumann Addierer

3. Zeigen Sie: $X(t) = (0,\ldots,0)$ für ein $t \leq n+1$. Die Schaltung aus Abbildung 5.37 heißt von Neumann-Addierer.

4. Unter welchen Voraussetzungen dauert die Addition volle $n+1$ Takte?

5. Modifizieren Sie die Schaltung so, daß man die Register X und Y unter Kontrolle eines Signals $/load$ von zwei n-Bit-Bussen A und B laden kann. Mit welcher Frequenz kann man die Schaltung jetzt takten?

Kapitel 6

Ein einfacher Rechner

Mit den bisher vorgestellten Mitteln sind wir schon in der Lage, ganze Rechner zu entwerfen. Wir entwickeln hier den Schaltplan für einen Rechner namens RESA (**RE**chenanlage **SA**arbrücken), dessen abstraktes Modell in [29, S. 236ff.] eingeführt wurde. Er ist sehr nahe verwandt mit dem Registermaschinen-Modell, das in der Theorie effizienter Algorithmen verwendet wird [2]. Wir gehen in acht Schritten vor.

1. Wir definieren zunächst die *abstrakte RESA-Maschine*. Sie hat zwei unendlich große Speicher, einen für Daten, den anderen für Befehle. In Speicherzellen des Datenspeichers kann man beliebige ganze Zahlen speichern. In Speicherzellen des Befehlsspeichers kann man Befehle speichern, die als Parameter beliebige ganze Zahlen haben. Solche Maschinen gibt es natürlich nicht, aber anhand der abstrakten Maschine kann man viel leichter die Arbeitsweise der Maschine verstehen lernen.

2. In realen Maschinen ist nichts unendlich, und alles, was man konkret manipulieren kann, sind Folgen von Nullen und Einsen. Für die konkrete RESA-Maschine legen wir daher Formate und Kodierungen für alle Daten und sämtliche Befehle detailliert fest.

3. Wir spezifizieren die Datenpfade des Rechners und zeigen, daß man alle Befehle ausführen kann. Wir geben außerdem eine Liste von kommerziell erhältlichen Bausteinen zur Realisierung der Datenpfade an. Die meisten dieser Bausteine haben wir bereits in den vorhergehenden Kapiteln als Beispiele eingeführt.

4. Mit Hilfe idealisierter Timing-Diagramme planen wir grob den zeitlichen Ablauf von Befehlen.

5. Wir beschreiben sogenannte PALs. Das sind hochintegrierte Chips zum Berechnen von Boole'schen Polynomen.

6. Wir spezifizieren die Kontrollogik durch mäßig viele Polynome.

7. Wir bestimmen durch detaillierte Timing-Analyse die Zykluszeit der Maschine. Dann ändern wir den Entwurf an einigen Stellen und machen so die Maschine schneller.

8. Wir vervollständigen den Entwurf um Mechanismen zur Ein- und Ausgabe von Programmen und Daten.

Maschinen, die man so entwirft, kann man natürlich bauen. Nach Beseitigung einiger Fehler, die sich stets in Designs einschleichen, funktionieren diese Maschinen tatsächlich. Der Leser, der uns bis ans Ende dieses Kapitels folgt, wird vielleicht erstaunt feststellen, daß er fast gleichzeitig das Beweisen von Sätzen in der Schaltkreistheorie und den praktischen Entwurf realer Hardware gelernt hat.

Man mag zu Recht einwerfen, daß man heutzutage Rechner nicht mehr aus einzelnen Registern, Treibern, usw. aufbaut. Auf diese Weise kann man aber neben dem Verständnis der Funktionsweise des Rechners sehr einfach die Durchführung detaillierter Timing-Analysen üben. Diese tauchen nämlich auch im Entwurf heutiger Rechner wieder auf, zum Beispiel beim Zusammenschalten von Prozessorchips und Chips zur Speicherverwaltung.

6.1 Die abstrakte RESA-Maschine

Abbildung 6.1 zeigt die abstrakte RESA-Maschine aus Sicht des Benutzers. Es gibt drei große Teile, nämlich die *zentrale Recheneinheit*, auch *central processing unit* oder einfach CPU genannt, den *Programmspeicher P*, und den *Datenspeicher S*. Wenn klar ist, daß der Programmspeicher nicht gemeint ist, nennen wir den Datenspeicher einfach den *Speicher*.

Jeder der beiden Speicher besteht aus *Zellen*, die mit nichtnegativen ganzen Zahlen, den *Adressen* der Zellen, durchnumeriert sind. In jeder Zelle des Datenspeichers kann eine beliebige ganze Zahl gespeichert werden. In jeder Zelle des Programmspeichers kann ein beliebiger *Befehl* gespeichert werden. Eine endliche Folge von Befehlen heißt ein *Programm*. Für $i \in N_0$ bezeichnen wir mit

- $S(i)$ den Inhalt von Zelle i des Datenspeichers und mit

- $P(i)$ den Inhalt von Zelle i des Programmspeichers.

In der CPU gibt es vier für den Benutzer sichtbare Register, nämlich

- den *Befehlszähler* PC (program counter),

6.1. Die abstrakte RESA-Maschine

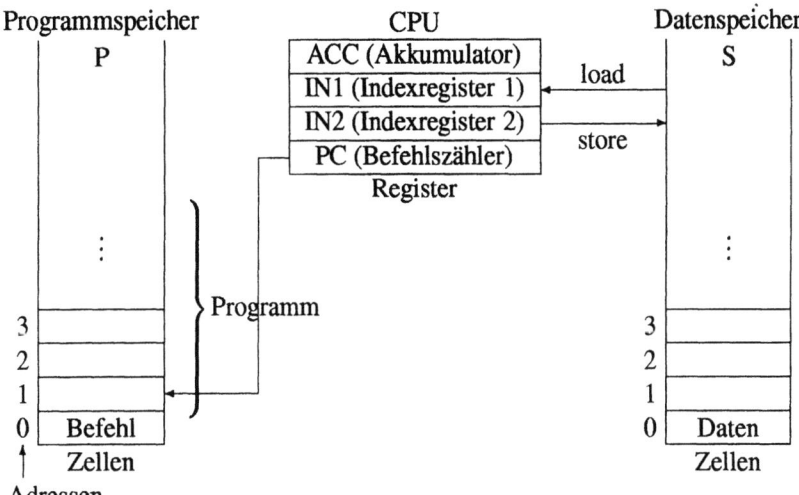

Abbildung 6.1: Die abstrakte RESA-Maschine

- den *Akkumulator* ACC und
- die beiden *Indexregister* IN1 und IN2.

Jedes der Register kann beliebige ganze Zahlen speichern.

Wir gehen davon aus, daß beim Start der abstrakten Maschine schon ein Programm und Daten in den Speichern stehen, und kümmern uns nicht darum, wie sie dorthin gekommen sind. Das Programm beginnt in Zelle 0 des Programmspeichers. Nach dem Start der Maschine wird der Inhalt des Programmspeichers nicht geändert. Die Maschine arbeitet in Schritten $t = 1, 2, \ldots$. In jedem Schritt wird ein Befehl ausgeführt. Die Arbeitsweise der Maschine ist vollständig beschrieben, wenn wir die folgenden Fragen beantworten:

1. Welcher Befehl wird in Schritt t ausgeführt?
2. Welche Befehle gibt es?
3. Was ist die Wirkung der Befehle, d.h. wie verändert die Ausführung eines Befehls die Inhalte der CPU-Register und der Zellen im Datenspeicher?

Die Antwort auf die erste Frage ist einfach. In jedem Schritt t erhält der Befehlszähler *PC* als Wirkung des ausgeführten Befehls einen neuen Wert. Dieser Wert wird als Adresse einer Zelle im Programmspeicher P interpretiert (siehe Abbildung 6.1). Der Inhalt $P(PC)$ dieser

Zelle wird als Befehl interpretiert und in Schritt $t+1$ ausgeführt. Anfangs ist $PC = 0$. Ist der Wert des Befehlszählers negativ, hält das Programm an.

Wir werden nun nacheinander die Befehle der *abstrakten Assemblersprache* einführen. Die Bedeutung der Befehle wird durch Beispiele illustriert.

6.1.1 Load und Store

Die Befehle LOAD und STORE transportieren Daten zwischen dem Akkumulator ACC und dem Datenspeicher. Sie haben einen Parameter $i \in \mathbf{N}_0$.

Der Befehl 'LOAD i' lädt den Inhalt $S(i)$ von Speicherzelle i in den Akkumulator und erhöht PC um 1. Der Befehl 'Store i' speichert den Inhalt des Akkumulators in Speicherzelle i. Folgen von Befehlen, die PC um 1 erhöhen, werden offenbar in der Reihenfolge abgearbeitet, in der sie im Speicher stehen. Es ist verlockend, die Wirkung der Befehle salopp zu beschreiben durch

Befehl	Wirkung	
LOAD i	$ACC = S(i)$	$PC = PC + 1$
STORE i	$S(i) = ACC$	$PC = PC + 1$

Für diejenigen unserer Leser, die schon einmal in der Programmiersprache C programmiert haben, ist dies eine vertraute Schreibweise. Aus mathematischer Sicht ist jedoch '$PC = PC + 1$' keine Erklärung von irgendetwas sondern bestenfalls das erfolgreiche Ende eines Widerspruchsbeweises. Wir wollen hier natürlich die Arbeitsweise einer Maschine erklären und nicht nachweisen, daß wir falsche Annahmen gemacht haben. Das Problem ist leicht aus der Welt zu bringen: für $t \in \mathbf{N}_0$ bezeichnen wir mit

- R_t den Inhalt von CPU-Register R nach Schritt t und mit
- $S_t(i)$ den Inhalt von Speicherzelle i nach Schritt t.

Hiermit können wir die Wirkung der Befehle in Schritt $t \geq 1$ wie folgt definieren:

Befehl	Wirkung	
LOAD i	$ACC_t = S_{t-1}(i)$	$PC_t = PC_{t-1} + 1$
STORE i	$S_t(i) = ACC_{t-1}$	$PC_t = PC_{t-1} + 1$

Die Indizierung löst das Problem, aber wir Menschen sind — zu Recht — schreibfaul. Deshalb verabreden wir für Register und Speicherzellen A sowie für beliebige Ausdrücke B die

6.1. Die abstrakte RESA-Maschine

Schreibweise
$$A := B$$
als Abkürzung für
$$A_t = B_{t-1}.$$
Die obige Tabelle wird dann zu

Befehl	Wirkung
LOAD i	$ACC := S(i)$ $PC := PC + 1$
STORE i	$S(i) := ACC$ $PC := PC + 1$

Beispiel 6.1: Anfangs sei $S(0) = x$ und $S(1) = y$. Wir wollen ein Programm schreiben, das die Inhalte der Zellen 0 und 1 des Datenspeichers vertauscht. Wir werden hierzu die Notation verwenden, daß jede Zeile des Programms das Format

```
Adresse des Programmspeichers    Befehl   ; Kommentar
```

hat.

```
0    LOAD  0    ; ACC := S(0) = x
1    STORE 2    ; S(2) := ACC = x
2    LOAD  1    ; ACC := S(1) = y
3    STORE 0    ; S(0) := ACC = y
4    LOAD  2    ; ACC := S(2) = x
5    STORE 1    ; S(1) := ACC = x
```

Statt der zusätzlichen Speicherzelle 2, die als Zwischenablage dient, kann man auch mittels des Befehls MOVE eines der Indexregister benutzen, siehe Abschnitt 6.1.4.

Anmerkung: Weil man in Programmen öfter 'A := B' als 'A=B' schreibt, hat man in der Programmiersprache C einfach ':=' in '=' umbenannt und '=' in '=='. Das ist nicht schön.

6.1.2 Compute Befehle

Compute Befehle haben einen Parameter $i \in \mathbb{N}_0$. Sie haben die Funktion, den Inhalt des Akkumulators mit dem Inhalt $S(i)$ einer Speicherzelle mit Adresse i zu verknüpfen. Das Ergebnis der Verknüpfung wird wieder im Akkumulator gespeichert. An Verknüpfungen wählen wir zunächst nur Addition und Subtraktion. Die Wirkung der beiden Befehle wird beschrieben durch

Befehl	Wirkung	
ADD i, $i \in \mathbb{N}_0$	$ACC := ACC + S(i)$	$PC := PC + 1$
SUB i, $i \in \mathbb{N}_0$	$ACC := ACC - S(i)$	$PC := PC + 1$

Beispiel 6.2: Der Datenspeicher enthalte zu Beginn die Daten $S(1) = a$, $S(2) = b$ und $S(3) = c$. Wir wollen $a + b + c$ berechnen und in Speicherzelle 4 abspeichern.

```
0   LOAD  1    ;  ACC := S(1) = a
1   ADD   2    ;  ACC := ACC + S(2) = a + b
2   ADD   3    ;  ACC := ACC + S(3) = a + b + c
3   STORE 4    ;  S(4) := ACC
```

Offenbar kann man im Akkumulator die Ergebnisse von mehreren Rechenschritten akkumulieren. Daher kommt auch der Name dieses Registers.

6.1.3 Immediate Befehle

Die bisher eingeführten Befehle erlauben es nicht einmal, ein Programm zu schreiben, das den Inhalt beispielsweise von Speicherzelle 0 um Eins erhöht. Wir können zwar mit Hilfe des ADD Befehls den Inhalt von zwei Zellen addieren. Wir können uns sogar mit Hilfe von Programmen wie

```
0   LOAD  0    ;  ACC := S(0)
1   SUB   0    ;  ACC := ACC - S(0) = 0
2   STORE i    ;  S(i) := ACC = 0
```

eine Null in Speicherzelle i erzeugen. Wir können uns aber keine Eins erzeugen.

Dies gelingt mit Hilfe des *Load Immediate* Befehls LOADI. Er hat einen Parameter $i \in \mathbb{N}$. Im Gegensatz zum LOAD Befehl wird nicht $S(i)$ in den Akkumulator geladen, sondern unmittelbar (immediately) die im Befehl spezifizierte Konstante i. Ebenso gibt es *Compute immediate* Befehle ADDI und SUBI mit einem Parameter $i \in \mathbb{Z}$, die den Akkumulator direkt mit i anstatt mit $S(i)$ verknüpfen.

Befehl	Wirkung	
LOADI i	$ACC := i$	$PC := PC + 1$
ADDI i	$ACC := ACC + i$	$PC := PC + 1$
SUBI i	$ACC := ACC - i$	$PC := PC + 1$

Um Mehrdeutigkeiten zu vermeiden, werden wir die Compute Befehle aus Abschnitt 6.1.2

6.1. Die abstrakte RESA-Maschine

im Weiteren *Compute memory* Befehle nennen und den Begriff Compute Befehl als Sammelbegriff für Compute memory und Compute immediate Befehle verwenden.

6.1.4 Indexregister

Obwohl wir bereits Befehle zum Laden, Speichern und Rechnen eingeführt haben, stoßen wir doch bereits bei einfachen Aufgaben an Grenzen.

Beispiel 6.3: Die Eingabe ist $S(0) = x$ und $S(1) = y$, und wir sollen y in die Zelle x des Datenspeichers kopieren.

Diese Aufgabe ist mit den bisherigen Befehlen nicht lösbar, weil wir die Adresse x der Zelle, auf die zugegriffen wird, noch nicht als Funktion der Daten im Datenspeicher wählen können. Dies zu ermöglichen ist genau die Rolle der Indexregister $IN1$ und $IN2$ und der im folgenden beschriebenen Gruppe von Befehlen.

Die Befehle LOADIN und STOREIN haben zwei Parameter j und i. Hierbei spezifiziert $j \in \{1,2\}$ eines der Indexregister, und es ist $i \in \mathbf{Z}$. Diese Befehle transportieren ebenfalls Daten zwischen ACC und dem Datenspeicher. Es wird aber jetzt auf Adresse $INj + i$ zugegriffen. Die Wirkung der Befehle ist also

Befehl	Wirkung
LOADINj i	$ACC := S(INj+i)$ $PC := PC+1$
STOREINj i	$S(INj+i) := ACC$ $PC := PC+1$

Anmerkung:

1. Wir spezifizieren nicht, was im Fall $INj + i < 0$ passiert.
2. Die Notation $A := B$ als Abkürzung für $A_t = B_{t-1}$ ist bei Verwendung der Indexregister so zu verstehen, daß auch bei STOREINj der Wert INj_{t-1} verwendet wird.

Mit diesen Befehlen allein kann man nichts anfangen, solange man nicht Daten in die Indexregister laden kann. Hierzu dient der MOVE Befehl. Dieser Befehl hat als Parameter zwei CPU-Register $S, D \in \{PC, ACC, IN1, IN2\}$. Er kopiert einfach S (source) nach D (destination).

Befehl	Wirkung
MOVE S D	$D := S$ $PC := PC+1$

Nun ist die in Beispiel 6.3 gestellte Aufgabe natürlich leicht lösbar:

```
0   LOAD 0           ;  ACC := S(0) = x
1   MOVE ACC IN1     ;  IN1 := ACC = x
2   LOAD 1           ;  ACC := S(1) = y
3   STOREIN1 0       ;  S(x) = S(IN1+0) := ACC = y
```

6.1.5 Sprungbefehle

Jedes der bisherigen Programme hat den Programmzähler bei jedem Schritt um Eins erhöht. Also können Programme mit l Befehlen bisher nur l Schritte machen. Danach steht kein Befehl mehr in Zelle $P(PC)$ des Programmspeichers. Wir verabreden, daß die abstrakte Maschine in diesem Fall anhält.

Die folgenden beiden Befehle manipulieren direkt den Befehlszähler. Der JUMP Befehl hat einen Parameter $i \in \mathbf{Z}$. Dieser Befehl addiert einfach i zum Befehlszähler.

Der $JUMP_c$ Befehl manipuliert den Befehlszähler in Abhängigkeit vom Wert des Akkumulators. Er hat zwei Parameter: eine Zahl $i \in \mathbf{Z}$ und eine Bedingung

$$c \in \{<,=,>,\leq,\neq,\geq\} \; .$$

Der Befehl testet, ob die Bedingung $ACC \;\; c \;\; 0$ erfüllt ist. Falls ja, wird i zum PC addiert, andernfalls wird der PC inkrementiert.

Befehl	Wirkung
JUMP i	$PC := PC + i$
$JUMP_c\ i$	$PC := \begin{cases} PC+i & : \;\; ACC\ c\ 0 \\ PC+1 & : \;\; \text{sonst} \end{cases}$

Das folgende Beispiel zeigt ein Programm zum Kopieren von Blöcken des Datenspeichers. Das Programm benutzt Adressierung mit Indexregistern, um jeweils ein Blockelement zu laden und zu speichern. Dieses Programmstück wird abhängig von der Länge des Blocks mehrfach ausgeführt. Um vom Ende des Programmstücks wieder zu seinem Anfang zu kommen, benutzt man Sprungbefehle.

Beispiel 6.4: Gegeben sei eine Eingabe $S(0) = n$, $S(1) = a$ und $S(2) = b$. Wir wollen ein Programm schreiben, das die Inhalte der Zellen $a, \ldots, a+n-1$ in die Zellen $b, \ldots, b+n-1$ kopiert. Hierbei soll gelten, daß $a, b \geq 3$ und $|a-b| \geq n$.

6.1. Die abstrakte RESA-Maschine

```
 0   LOAD 1         ; ACC := a
 1   MOVE ACC IN1   ; IN1 := a
 2   LOAD 2         ; ACC := b
 3   MOVE ACC IN2   ; IN2 := b
 4   LOAD 0         ; ACC := n
 5   JUMP= 13       ; falls n = 0, dann Stop
 6   LOADIN1 0      ; ACC := S(IN1)
 7   STOREIN2 0     ; S(IN2) := ACC
 8   MOVE IN1 ACC
 9   ADDI 1
10   MOVE ACC IN1   ; IN1 := IN1 + 1
11   MOVE IN2 ACC
12   ADDI 1
13   MOVE ACC IN2   ; IN2 := IN2 + 1
14   LOAD 0
15   SUBI 1
16   STORE 0        ; S(0) := S(0) − 1
17   JUMP -12       ; Geh zu Befehl 5
18                  ; Stop
```

Die hier verwendete Programmkonstruktion des mehrfachen Durchlaufens eines Programmstücks nennt man *Schleife*. Die Befehle 6 bis 16 nennt man *Schleifenrumpf*, der Befehl 5 enthält die *Schleifenkontrolle* samt *Abbruchbedingung*.

Das Programm lädt die Werte a und b in die beiden Indexregister. In Befehl 6 und 7 wird der Inhalt einer Zelle kopiert und zwar im ersten Durchlauf der Schleife $S(a)$ nach $S(b)$. In den Befehlen 8 bis 10 bzw. 11 bis 13 werden beide Indexregister um 1 erhöht, im nächsten Durchlauf wird also $S(a+1)$ nach $S(b+1)$ kopiert usw. Die Anzahl der Durchläufe dieser Schleife wird durch den Inhalt der Zelle 0 kontrolliert. Der Inhalt dieser Zelle wird in jedem Durchlauf in den Befehlen 14 bis 16 um Eins erniedrigt.

Durch einen einfachen Induktionsbeweis zeigt man

Lemma 6.1 *Beim i-ten Erreichen des Befehls 5 ist*

$$S(0) = n - (i-1), IN1 = a + i - 1 \text{ und } IN2 = b + i - 1$$

für alle $i \in \{1, \ldots, n+1\}$.

Das Programm tut also tatsächlich das Gewünschte. Induktionsvoraussetzungen in Korrektheitsbeweisen von Programmen haben einen wunderschönen Namen, man nennt sie *Schleifeninvarianten*.

6.2 Instruktionssatz

Beim Übergang von der unendlichen abstrakten zur endlichen realen Maschine treten die folgenden Veränderungen auf.

1. Es gibt nur noch einen einzigen endlichen Speicher M, in dem sowohl Daten als auch Befehle gespeichert werden. Für $i \in \{0, \ldots, 2^{32} - 1\}$ bezeichnen wir mit $M(i)$ den Inhalt von Speicherzelle i. Die allerersten Rechner, die gebaut wurden, hatten getrennte Programm- und Datenspeicher. Das Zusammenlegen der beiden Speicher geht auf *von Neumann* zurück und wurde einst als fabelhafter Fortschritt gefeiert. Wir werden sehen warum.

2. In den CPU-Registern $PC, ACC, IN1, IN2$ und in den Speicherzellen kann man nur noch Elemente w aus der Menge

$$W = \{0,1\}^{32}$$

   speichern. Wir nennen sie *Worte*. Je nachdem wie sie benutzt werden, interpretiert man sie als

   - Binärzahlen, falls sie Zellen im Speicher adressieren.
   - 2's-Complement-Zahlen bei arithmetischen Operationen.
   - Zeichenreihen bei bitweisen logischen Operationen, die wir ebenfalls unterstützen werden.

   Deshalb müssen wir beim Definieren der Wirkung von Befehlen die Kodierungen berücksichtigen.

3. Befehle sind natürlich auch nur Worte $I \in W$. Die Befehle der abstrakten Assemblersprache müssen daher in dieses Format kodiert werden. Insbesondere werden die Parameter $i \in \mathbf{N}_0$ bzw. $i \in \mathbf{Z}$ der abstrakten Befehle jetzt als m-stellige Binärzahlen bzw. 2's-Complement-Zahlen kodiert, wobei $m < 32$ gilt. Dadurch erhält man die *Maschinensprache* bzw. den *Instruktionssatz* der Maschine.

4. Die konkrete Assemblersprache unterscheidet sich von der abstrakten Assemblersprache nur dadurch, daß die Parameter i Elemente aus $\{0,1\}^m$ sind[1].

Wir verabreden für das Weitere zwei wichtige Notationen.

---

[1] In komfortableren Assemblersprachen darf man die Parameter auch als Hexadezimal- oder Dezimalzahlen spezifizieren.

6.2. Instruktionssatz

- Für $j \in \mathbb{N}$ und $b \in \{0,1\}$ verabreden wir

$$b^j = \underbrace{(b,\ldots,b)}_{j\,mal}\,.$$

Es ist also beispielsweise 0^{32} ein 32-Tupel mit lauter Nullen.

- Wir hatten bisher '$A := B$' nur definiert für Speicherzellen oder Register A. In der konkreten Maschine können diese nur Werte aus der Menge $W = \{0,1\}^{32}$ annehmen. Ist nun N eine Menge, ist $f : W \to N$ injektiv und ist $B \in f(W)$, dann verabreden wir:

$$f(A) := B \text{ ist Abkürzung für } A := f^{-1}(B)\,.$$

Insbesondere ist für $B \in \{0,\ldots,2^{32}-1\}$

$$\langle A \rangle := B \text{ Abkürzung für } A := bin_{32}(B)\,.$$

Damit können wir beispielsweise

$$\langle PC \rangle := \langle PC \rangle + 1$$

schreiben, zumindest solange keine Bereichsüberschreitung auftritt.
Ebenso ist für $B \in R_{31} = \{-2^{31},\ldots,2^{31}-1\}$

$$[A] := B \text{ Abkürzung für } A := twoc_{32}(B)\,.$$

Damit können wir beispielsweise

$$[ACC] := [ACC] + [M(i)]$$

schreiben, zumindest solange keine Bereichsüberschreitung auftritt.

Im Rest dieses Abschnitts definieren wir den Instruktionssatz.

6.2.1 Instruktionsformate

Wir kodieren alle Instruktionen in dem allgemeinen Format aus Abbildung 6.2(a). Hierzu verabreden wir folgende Notation: ist $I = i_{31},\ldots,i_0$, so ist

$$I[y:x] \text{ eine Abkürzung für } i_y,\ldots,i_x$$

für $0 \le x \le y \le 31$.

Das Instruktionswort ist zunächst in drei *Felder* unterteilt. In Feld $I[31:30]$ wird der *Typ* der Instruktion wie folgt spezifiziert:

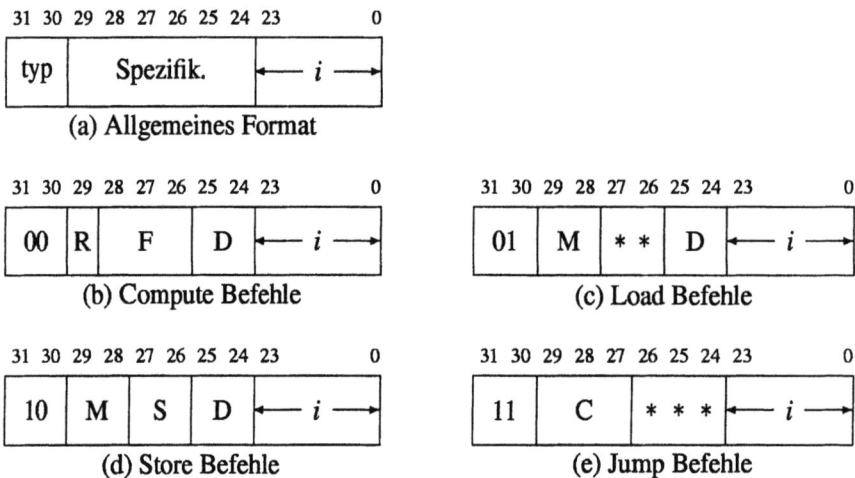

Abbildung 6.2: Formate zur Kodierung der RESA Instruktionen

$I[31:30]$	Typ
00	Compute
01	Load
10	Store, Move
11	Jump

Die $m = 24$ Bits des Felds $I[23:0]$ spezifizieren den Parameter i. Man nennt i die *Immediate-Konstante*. Abhängig von der ausgeführten Instruktion wird dieses Feld als 2's-Complement-Zahl oder als Binärzahl interpretiert.

Die verbleibenden sechs Bits $I[29:24]$ werden abhängig vom Typ der Instruktion interpretiert.

6.2.2 Load Befehle

Bei Load Befehlen kodieren wir den sogenannten *Adressierungsmodus* im Modus-Feld $M = I[29:28]$. Die Wirkung der Load Befehle mit Parameter $i \in \{0,1\}^{24}$ wird definiert durch

6.2. Instruktionssatz

typ	M	Befehl	Wirkung	
01	00	LOAD i	$ACC := M(\langle i \rangle)$	$\langle PC \rangle := \langle PC \rangle + 1$
	01	LOADIN1 i	$ACC := M(\langle IN1 \rangle + [i])$	$\langle PC \rangle := \langle PC \rangle + 1$
	10	LOADIN2 i	$ACC := M(\langle IN2 \rangle + [i])$	$\langle PC \rangle := \langle PC \rangle + 1$
	11	LOADI i	$ACC := 0^8 i$	$\langle PC \rangle := \langle PC \rangle + 1$

Hier und in vielen weiteren Fällen sind Rechnungen der Art

$$\langle x \rangle + [y]$$

durchzuführen, zumindest für den Fall, daß das Ergebnis nichtnegativ ist. Wir behandeln dies am Ende dieses Abschnitts in Lemma 6.2.

6.2.3 Store Befehle

Wir benutzen im Modus Feld M eine ganz ähnliche Kodierung wie für Load Befehle. Da wir keinen Store immediate Befehl haben, benutzen wir $M = 11$ für MOVE Befehle.

typ	M	Befehl	Wirkung	
10	00	STORE i	$M(\langle i \rangle) := ACC$	$\langle PC \rangle := \langle PC \rangle + 1$
	01	STOREIN1 i	$M(\langle IN1 \rangle + [i]) := ACC$	$\langle PC \rangle := \langle PC \rangle + 1$
	10	STOREIN2 i	$M(\langle IN2 \rangle + [i]) := ACC$	$\langle PC \rangle := \langle PC \rangle + 1$
	11	MOVE S D	$D := S$	$\langle PC \rangle := \langle PC \rangle + 1$

In den Move Befehlen spezifizieren wir Quelle (source) und Ziel (destination) durch die Felder $S = I[27:26]$ und $D = I[25:24]$. Wir benutzen in beiden Feldern die Kodierung

S,D	Register
00	PC
01	IN1
10	IN2
11	ACC

6.2.4 Compute Befehle

Wir spezifizieren im *Funktionsfeld* $F = I[28:26]$ die Funktion, mit der die Operanden verknüpft werden sollen. Ein Operand ist der Akkumulator ACC. Ob der zweite Operand B der immediate Operand i oder der Inhalt von Speicherzelle $\langle i \rangle$ ist, wird durch das Feld $R = I[29]$ bestimmt. Wir benutzen nur Funktionen und ihre Kodierung aus Tabelle 4.4.

C	Bedingung c
000	nie
001	>
010	=
011	≥
100	<
101	≠
110	≤
111	immer

Tabelle 6.1: Kodierung der Sprungbedingungen beim Jump Befehl

typ	R	F	Befehl	Wirkung	
00	0	010	SUBI i	$[ACC] := [ACC] - [i]$	$\langle PC \rangle := \langle PC \rangle + 1$
		011	ADDI i	$[ACC] := [ACC] + [i]$	$\langle PC \rangle := \langle PC \rangle + 1$
		100	OPLUSI i	$ACC := ACC \oplus 0^8 i$	$\langle PC \rangle := \langle PC \rangle + 1$
		101	ORI i	$ACC := ACC \vee 0^8 i$	$\langle PC \rangle := \langle PC \rangle + 1$
		110	ANDI i	$ACC := ACC \wedge 0^8 i$	$\langle PC \rangle := \langle PC \rangle + 1$
	1	010	SUB i	$[ACC] := [ACC] - [M(\langle i \rangle)]$	$\langle PC \rangle := \langle PC \rangle + 1$
		011	ADD i	$[ACC] := [ACC] + [M(\langle i \rangle)]$	$\langle PC \rangle := \langle PC \rangle + 1$
		100	OPLUS i	$ACC := ACC \oplus M(\langle i \rangle)$	$\langle PC \rangle := \langle PC \rangle + 1$
		101	OR i	$ACC := ACC \vee M(\langle i \rangle)$	$\langle PC \rangle := \langle PC \rangle + 1$
		110	AND i	$ACC := ACC \wedge M(\langle i \rangle)$	$\langle PC \rangle := \langle PC \rangle + 1$

6.2.5 Sprungbefehle

Wir realisieren den einfachen Sprungbefehl JUMP als einen bedingten Sprungbefehl JUMP_c, dessen Bedingung immer erfüllt ist. Wir benutzen Feld $C = I[29:27]$ zum Kodieren der verschiedenen Sprungbedingungen $ACC \; c \; 0$ wie in Tabelle 6.1 beschrieben.

Die Wirkung eines Sprungbefehls ist dann

typ	Befehl	Wirkung
11	$\text{JUMP}_c \; i$	$\langle PC \rangle := \begin{cases} \langle PC \rangle + [i] : [ACC] \; c \; 0 \\ \langle PC \rangle + 1 : \text{sonst} \end{cases}$

Die durch $C = 000$ kodierte Bedingung ist niemals erfüllt. Der zugehörige seltsame niemals springende Sprungbefehl tut nichts, außer den Befehlszähler zu erhöhen. Er trägt in den meisten Maschinensprachen die Bezeichnung NOP für *No Operation* und ist bei der Fehlersuche in Maschinenprogrammen nützlich.

6.2. Instruktionssatz

Die Kodierung der Sprungbedingungen ist nicht willkürlich. Es gilt nämlich

$$[ACC] \; c \; 0 \; \Leftrightarrow \; ([ACC] < 0) \wedge I[29] \\ \vee ([ACC] = 0) \wedge I[28] \vee ([ACC] > 0) \wedge I[27] \, . \tag{6.1}$$

6.2.6 Erzeugung großer Konstanten und Shifts

Der hier vorgestellte Instruktionssatz ist sehr einfach. Insbesondere ist das Verschieben von Zeichenreihen etwas mühsam. Operationen, die Zeichenreihen um eine oder mehrere Stellen verschieben, nennt man *Shifts*. Weil man beim Verschieben die freiwerdenden Stellen auf verschiedene Weise auffüllen kann gibt es viele Varianten von Shifts. Besonders einfach ist der Linksshift um eine Stelle:

$$lsh : \{0,1\}^n \to \{0,1\}^n \text{ mit}$$
$$lsh(a_{n-1},\ldots,a_0) = (a_{n-2},\ldots,a_0,0) \, .$$

Wegen Lemma 4.2 gilt für $a_{n-1} = 0$

$$\langle lsh(a) \rangle = 2 \cdot \langle a \rangle = \langle a \rangle + \langle a \rangle \, .$$

Man kann also a um eine Stelle nach links shiften, indem man $\langle a \rangle$ zu sich selbst addiert. Die arithmetischen Operationen der Maschine haben wir jedoch für 2's-Complement-Zahlen definiert. Beim Addieren solcher Zahlen kann es zu Bereichsüberschreitungen kommen, beispielsweise bei der Addition

$$[010^{30}] + [010^{30}] \, .$$

Wir werden hier die Behandlung von Bereichsüberschreitungen nur in den Übungen behandeln. Wegen Satz 4.13 unterscheiden sich aber die Verfahren zum Addieren von Binärzahlen und von 2's-Complement-Zahlen nicht in der Ausgabe des Addierers, sondern nur dadurch, wie man Fehlermeldungen bei Bereichsüberschreitungen erkennt ($c_{31} = 1$ bei Binärzahlen, $c_{31} \neq c_{30}$ bei 2's-Complement-Zahlen). Wir brauchen also nur Bereichsüberschreitungen zu ignorieren und können die Addition von 2's-Complement-Zahlen uneingeschränkt zum Linksshiften mißhandeln.

Damit ist die Erzeugung beliebiger Zeichenreihen aus $w \in W$ möglich: Wir zerlegen w in einen oberen Teil w_H und einen unteren Teil w_L durch

$$w_H = w_{31}\ldots w_{24} \text{ und } w_L = w_{23}\ldots w_0 \, .$$

Durch 'LOADI $w_H 0^{16}$' und acht Linksshifts erzeugt man im Akkumulator

$$w_H 0^{24} \, .$$

Eine Instruktion 'ORI w_L' liefert

$$w = w_H 0^{24} \vee 0^8 w_L .$$

Der *zyklische Linksshift*

$$cls : \{0,1\}^n \to \{0,1\}^n$$

ist definiert durch

$$cls(a) = a_{n-2} \cdots a_0 a_{n-1} .$$

Zyklische Linksshifts kann man berechnen durch

$$cls(a) = \begin{cases} lsh(a) & \text{falls } a_{n-1} = 0 \\ lsh(a) \vee 0^{31}1 & \text{falls } a_{n-1} = 1 . \end{cases}$$

Den Test $a_{n-1} = 1$ kann man programmieren, indem man

$$a_{n-1} = 1 \Leftrightarrow [a \wedge 10^{31}] < 0$$

ausnutzt.

Die *k*–fache Anwendung einer Shiftoperation nennt man auch einen *Shift um k Stellen*. Einen zyklischen *Rechtsshift* um *k* Stellen kann man (mit dem Brecheisen) durch einen zyklischen Linksshift um $n-k$ Stellen realisieren. Wir behandeln die Erweiterung des Instruktionssatzes um einen Rechtshift und die notwendige Hardwareunterstützung in den Übungen.

6.2.7 Selbstmodifikation und von Neumann-Architektur

Mit Hilfe der Indexregister ist es möglich, mit einem festen Programm als Funktion der Eingabedaten auf beliebige Adressen im Speicher zuzugreifen. Es ist wenig bekannt, daß die ersten Rechner getrennte Speicher für Programm und Daten und keine Indexregister hatten [22]. Dadurch, daß von Neumann bei Maschinen ohne Indexregister Programmspeicher und Datenspeicher vereinigte, konnte das Problem erstmals gelöst werden. Hierbei wurde ausgenutzt, daß sich das Programm durch STORE Befehle selbst verändern kann. Wir führen den Mechanismus an der RESA-Maschine vor:

Bei Programmstart gelte $M(6) = 0^8 x$, $x \in \{0,1\}^{24}$ und es sei $M(7) = y$. Das folgende Programm benutzt keine Indexregister und schreibt y in die Speicherzelle $[x]$. Wir haben die Parameter unkomfortabel als 2's-Complement-Zahlen geschrieben.

```
0   LOAD  0²¹110    ; ACC := M(6) = 0⁸x
1   OR    0²¹100    ; ACC := ACC ∨ M(4) = 0⁸x ∨ 'STORE 0²⁴' = 'STORE x'
2   STORE 0²¹100    ; M(4) := 'STORE x'
3   LOAD  0²¹111    ; ACC := y
4   STORE 0²⁴       ; Nach Ausführung von Befehl 2 ist das 'STORE x'
```

Dieser Programmierstil ist fehleranfällig und wird nicht mehr benutzt.

6.2.8 Sign Extension

Es sei $y \in \{0,1\}^{24}$. Wir zerlegen y in das Vorzeichenbit y_{23} und den Rest $y' \in \{0,1\}^{23}$. Wir bezeichnen mit
$$sext(y) = y_{23}^8 y$$
diejenige Zeichenreihe aus $\{0,1\}^{32}$, die man durch Voranstellen von acht zusätzlichen Vorzeichenbits (sign extension) aus y erhält. Aus Lemma 4.5 folgt direkt
$$[y] = [sext(y)]. \tag{6.2}$$

Hiermit ist schon die Ausführung der Befehle ADDI und SUBI auf die Addition und Subtraktion gleichlanger 2's-Complement-Zahlen zurückgeführt. Wie man die Binärdarstellung von
$$\langle x \rangle + [y]$$
berechnet, besagt das folgende Lemma 6.2, sofern die Summe nicht negativ ist.

Lemma 6.2 *Es seien $x \in \{0,1\}^{32}$ und $y \in \{0,1\}^{24}$ mit $0 \leq \langle x \rangle + [y] < 2^{32}$, und es sei*
$$\langle x \rangle + \langle sext(y) \rangle = \langle c, s \rangle$$
mit $c \in \{0,1\}$ und $s \in \{0,1\}^{32}$. Dann ist
$$\langle x \rangle + [y] = \langle s \rangle.$$

Die gewünschte Binärzahl s erhält man also, indem man x und $sext(y)$ als Binärzahlen addiert und den Übertrag c ignoriert.

Beweis: Wir machen aus x und y 33-stellige 2's-Complement-Zahlen und wenden Satz 4.13 an. Es ist
$$\begin{aligned}\langle x \rangle + [y] &= [0,x] + [y_{23}, sext(y)] \\ &= [0,s] \text{ für ein } s \in \{0,1\}^{32},\end{aligned}$$
da die Summe nach Voraussetzung nicht negativ ist. Nach Satz 4.13 gilt
$$\langle 0,x \rangle + \langle y_{23}, sext(y) \rangle = \langle c', 0, s \rangle$$
für ein $c' \in \{0,1\}$. Es folgt
$$\langle x \rangle + \langle sext(y) \rangle = \langle c, s \rangle$$
für ein $c \in \{0,1\}$. ∎

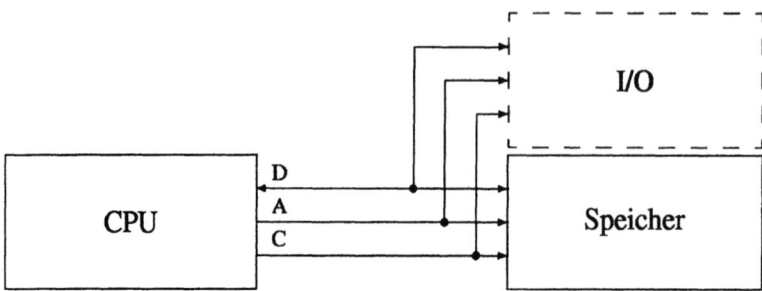

Abbildung 6.3: Hardware der RESA

An dieser Stelle lohnt es sich, für einen Moment die Nützlichkeit von Abstraktionen zu würdigen. Es gibt keine abstrakten Maschinen, und es wird sie nie geben. Die vorübergehende Betrachtung der abstrakten Maschine hat uns aber erlaubt, zunächst alle Fragen von Kodierung und Umrechnung von Formaten zu ignorieren. In dem jetzt abgeschlossenen Abschnitt wiederum haben wir schon verstanden, wie die abstrakte Maschine arbeitet, und konnten uns *allein* auf Fragen von Kodierung und Zahlenformaten konzentrieren. Wir sehen, daß die Einführung der Computer die große Stunde der konservativen Schule von Atlantis (siehe Abschnitt 1.2.1) gewesen wäre.

6.3 Datenpfade

Im Rest dieses Kapitels konstruieren wir einen Schaltplan für eine Maschine mit der eben spezifizierten Maschinensprache. Abbildung 6.3 zeigt ganz grob den Aufbau der Maschine. Uns interessieren zunächst nur die CPU und der Speicher. Die Leitungen, welche CPU und Speicher verbinden, sind in drei Bussen zusammengefaßt, nämlich

- dem 32 Bit breiten *Datenbus* $D = D[31:0]$,
- dem 32 Bit breiten *Adreßbus* $A = A[31:0]$, sowie
- dem *Kontrollbus C*, dessen Breite wir bei der Konstruktion der Kontrollogik festlegen.

Die Ein/Ausgabeeinheiten, die wir in Abschnitt 6.8 behandeln, werden an genau die gleichen Busse angeschlossen und verhalten sich von der CPU aus gesehen wie zusätzliche Speicherzellen.

Diese Art der Ankopplung von Speicher und Ein/Ausgabeeinheiten an eine CPU heißt *3-Bus-Architektur* und ist sehr weit verbreitet. Alle industrieüblichen Busse wie zum Beispiel

6.3. Datenpfade 293

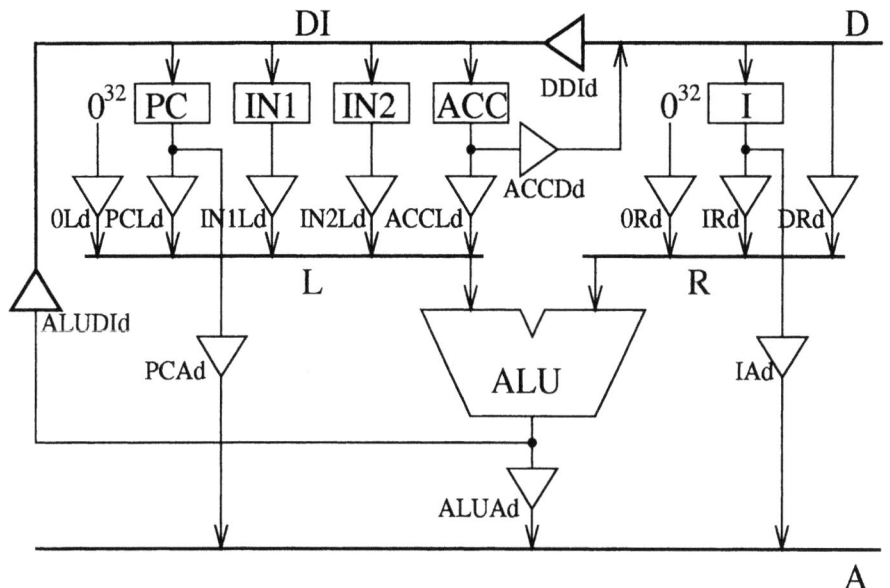

Abbildung 6.4: Datenpfade der RESA CPU

AT-Bus [12] und VMEbus [22, Kap. 9.5] folgen diesem Muster.

Die CPU arbeitet in zwei Phasen, die einander abwechseln. In der *Fetch*-Phase wird der nächste auszuführende Befehl aus dem Speicher in das *Instruktionsregister I* der CPU geladen. In der *Execute*-Phase wird der in *I* stehende Befehl ausgeführt. Die Datenpfade der CPU und des Speichers sind in den Abbildungen 6.4 und 6.5 zu sehen.

Im Speicher ist ein statisches RAM *SM* mit getrennten Dateneingängen und -Ausgängen in der offensichtlichen Weise mit Adreßbus *A* und Datenbus *D* verbunden. Der Treiber *ASMd* zwischen *A* und *M* ist immer enabled. Er wurde eingefügt, weil später insgesamt mehr als zehn Bausteine an den *A*-Bus angeschlossen werden, davon acht SRAM-Chips. Treiber *ASMd* reduziert dann den Fanout auf dem *A*-Bus.

In der CPU finden wir erwartungsgemäß die folgenden Bausteine:

- einen Zähler *PC*,

- die drei für den Programmierer sichtbaren Register *IN*1, *IN*2, *ACC* und das eben erwähnte Instruktionsregister *I* sowie

- eine *ALU*.

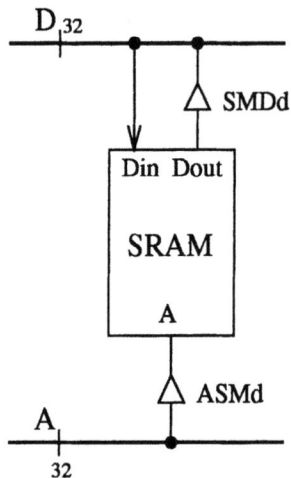

Abbildung 6.5: Datenpfade des Speichers

Es gibt drei CPU-interne Busse, nämlich

- die Busse L und R für den linken und rechten Operanden der ALU und

- den internen Datenbus DI.

Alle Register, der PC, die ALU, alle internen Busse und alle Treiber sind 32 Bit breit.

Die Namen der Treiber wurden nach einem einheitlichen Schema vergeben. Für Busse oder Bausteine X und Busse Y haben wir einen Treiber (driver) von X nach Y mit XYd bezeichnet. Der Treiber vom Befehlszähler auf den Adreßbus heißt also $PCAd$ und der Treiber von der ALU zum internen Datenbus heißt $ALUDId$.

Über die Treiber $0Ld$ und $0Rd$ kann man Nullen auf die Operandenbusse legen. Wenn man etwa $L = 0^{32}$ wählt und die ALU addieren läßt, dann erscheint am Ausgang der ALU einfach R.

An einer Stelle müssen wir Abbildung 6.4 offensichtlich verfeinern. Wir wollen niemals die vorderen acht Bits des Instruktionsregisters auf den rechten Operandenbus R oder auf den Adreßbus A legen. Vielmehr muß in Abhängigkeit von der gerade ausgeführten Instruktion entweder $0^8 I[23:0]$ oder $sext(I[23:0])$ auf diese Busse gelegt werden. Die vorderen acht Bit werden dabei mit dem gleichen Füllbit $fill$ aufgefüllt wie in Abbildung 6.6 angegeben. In der Kontrollogik werden wir zunächst ein Signal $sext$ erzeugen, das aktiviert wird, falls

6.3. Datenpfade

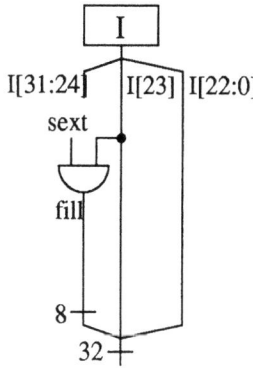

Abbildung 6.6: Auffüllen zwischen Instruktionsregister und Bus R

$sext(I[23:0])$ als Operand gebraucht wird. Hiermit wird dann

$$fill = sext \wedge I[23] \qquad (6.3)$$

berechnet.

Wir müssen nun zeigen, daß man mit diesen Datenpfaden die Fetch-Phase und alle Befehle aus Abschnitt 6.2 ausführen kann. Das tun wir mit Hilfe der Abbildungen 6.7 bis 6.9. Dort sind für die Fetch-Phase und für jede Art von Befehl die Wege markiert, die von den Daten benutzt werden. Man sieht, daß die nötigen Datenpfade vorhanden sind und daß auf jedem Bus stets höchstens ein Treiber enabled werden muß. In Abschnitt 6.6 werden anhand von Abbildung 6.7 bis 6.9 die Output enable Signale der Treiber berechnet.

Anhand von Abbildung 6.4 sieht man auch, daß man einige neue Befehle einfach geschenkt erhält. Bei Load Befehlen kann man offensichtlich die geladenen Daten in jedes beliebige Register r aus der Menge der CPU-Register

$$R = \{PC, IN1, IN2, ACC\}$$

laden. Wir haben auch in der Maschinensprache das Feld D noch frei um das Ziel der Load Instruktion zu bestimmen.

Ebenso kann in allen Compute Instruktionen die Stelle des Akkumulators von jedem der CPU-Register eingenommen werden. In den Compute Instruktionen ist Feld D ebenfalls noch frei zum Spezifizieren des Registers r, mit dem gerechnet wird.

Wir erweitern deshalb die Load Befehle und die Compute Befehle der Assemblersprache um einen zusätzlichen Parameter $r \in R$. Die Befehle der erweiterten Assemblersprache sind in Tabelle 6.2 zusammengefaßt. Es muß noch bemerkt werden, daß bei Load und Compute Befehlen mit Parameter $r = PC$ die Wirkung $\langle PC \rangle := \langle PC \rangle + 1$ ausbleibt.

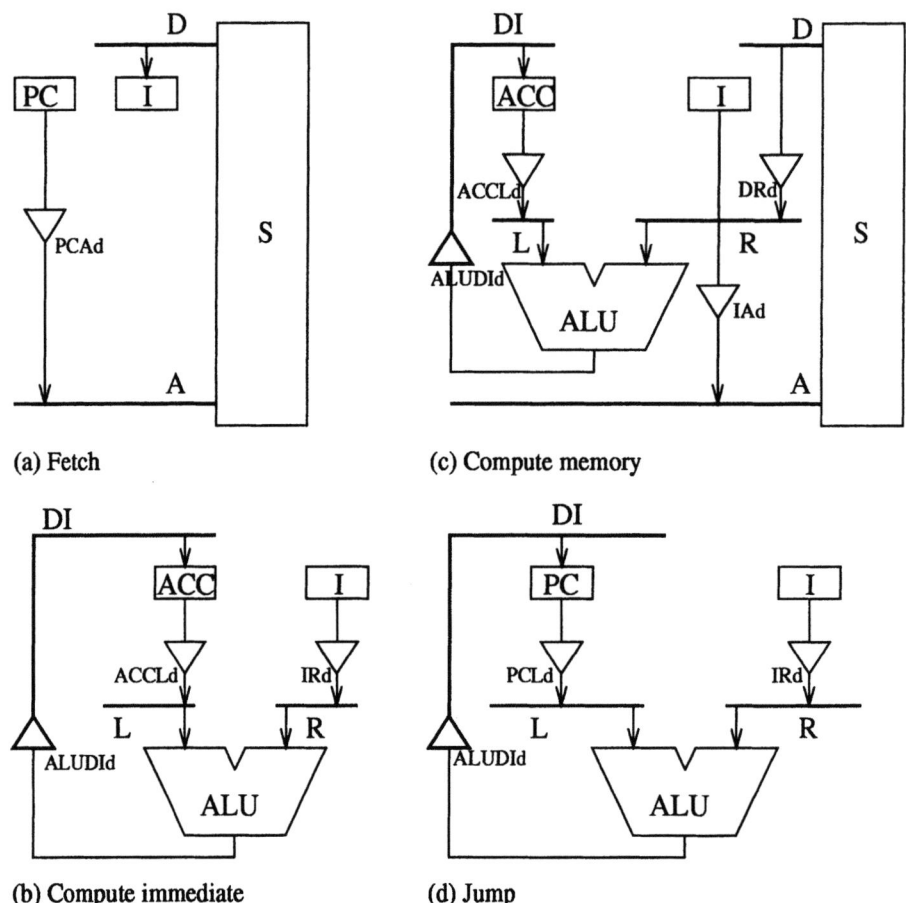

Abbildung 6.7: Datenpfade bei Fetch, Compute und Jump Befehlen

6.3. Datenpfade

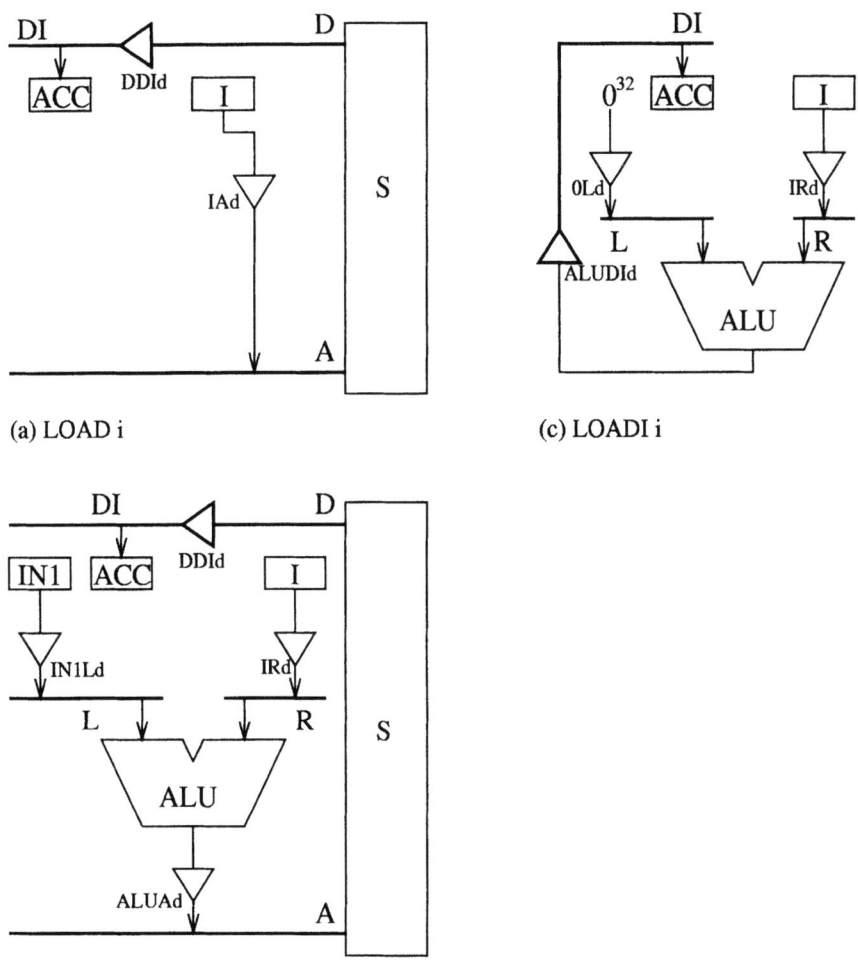

Abbildung 6.8: Datenpfade bei Load Befehlen

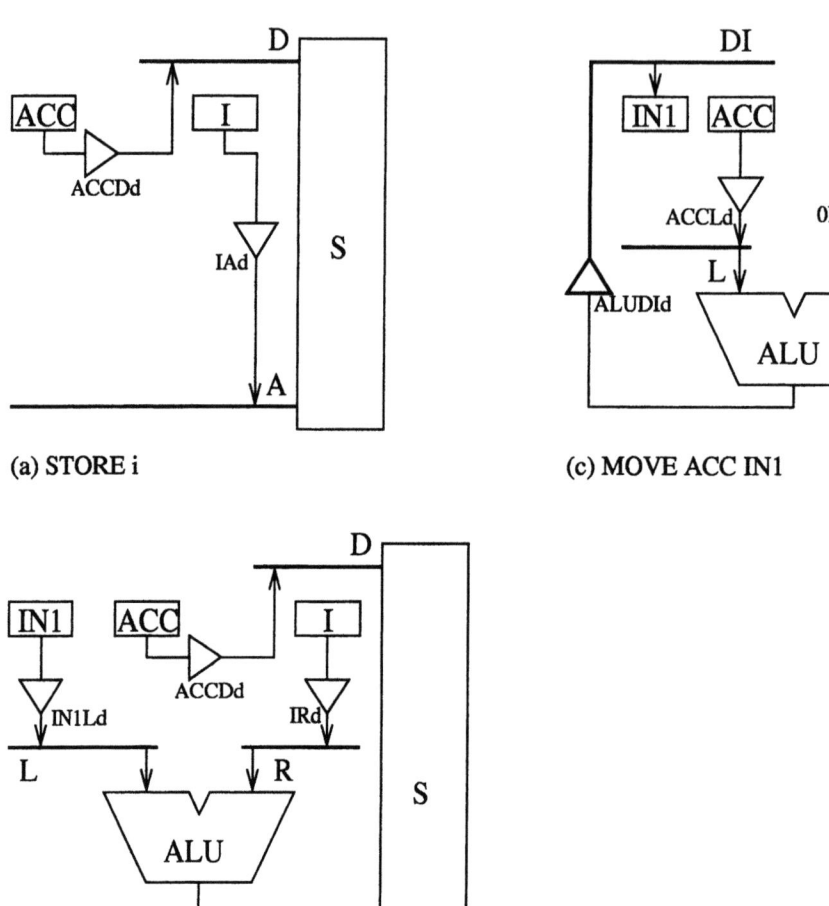

Abbildung 6.9: Datenpfade bei Store Befehlen

6.3. Datenpfade

Load Befehle	$I[25:24]=D$		
$I[31:28]$	Befehl	Wirkung	
0100	LOAD D i	$D:=M(\langle i \rangle)$	
0101	LOADIN1 D i	$D:=M(\langle IN1 \rangle + [i])$	$\langle PC \rangle := \langle PC \rangle + 1$
0110	LOADIN2 D i	$D:=M(\langle IN2 \rangle + [i])$	
0111	LOADI D i	$D:=0^8 i$	

Store Befehle	MOVE: $I[27:24]=S\ D$		
$I[31:28]$	Befehl	Wirkung	
1000	STORE i	$M(\langle i \rangle) := ACC$	
1001	STOREIN1 i	$M(\langle IN1 \rangle + [i]) := ACC$	$\langle PC \rangle := \langle PC \rangle + 1$
1010	STOREIN2 i	$M(\langle IN2 \rangle + [i]) := ACC$	
1011	MOVE S D	$D := S$	

Compute Befehle	$I[25:24]=D$		
$I[31:26]$	Befehl	Wirkung	
000010	SUBI D i	$[D] := [D] - [i]$	
000011	ADDI D i	$[D] := [D] + [i]$	
000100	OPLUSI D i	$D := D \oplus 0^8 i$	$\langle PC \rangle := \langle PC \rangle + 1$
000101	ORI D i	$D := D \vee 0^8 i$	
000110	ANDI D i	$D := D \wedge 0^8 i$	
001010	SUB D i	$[D] := [D] - [M(\langle i \rangle)]$	
001011	ADD D i	$[D] := [D] + [M(\langle i \rangle)]$	
001100	OPLUS D i	$D := D \oplus M(\langle i \rangle)$	$\langle PC \rangle := \langle PC \rangle + 1$
001101	OR D i	$D := D \vee M(\langle i \rangle)$	
001110	AND D i	$D := D \wedge M(\langle i \rangle)$	

Jump Befehle		
$I[31:27]$	Befehl	Wirkung
11000	NOP	$\langle PC \rangle := \langle PC \rangle + 1$
11001	JUMP$_>$ i	
11010	JUMP$_=$ i	
11011	JUMP$_\geq$ i	$\langle PC \rangle := \begin{cases} \langle PC \rangle + [i] : [ACC] \ c \ 0 \\ \langle PC \rangle + 1 : \text{sonst} \end{cases}$
11100	JUMP$_<$ i	
11101	JUMP$_{\neq}$ i	
11110	JUMP$_\leq$ i	
11111	JUMP i	$\langle PC \rangle := \langle PC \rangle + [i]$

Tabelle 6.2: Tabelle aller Maschinenbefehle

Wir schließen die Behandlung der Datenpfade vorläufig ab mit einer Liste der kommerziell verfügbaren Bausteine, die wir für die Realisierung der Datenpfade einsetzen, und mit einer Liste der Kontrollsignale, die von der Kontrollogik noch generiert werden müssen. Die technischen Daten aller verwendeten Bausteine wurden größtenteils bereits als Beispiele eingeführt. Sie sind überdies in Anhang A zusammengestellt.

- Alle Register: $4 \times 74F374$.

- PC: $8 \times 74F163$, als Carry-Chain kaskadiert.

- ALU: $8 \times 74F382$, als Carry-Chain kaskadiert.

- Treiber:

    - Die 74F374-Register haben eingebaute Treiber. Wir können sie als IN1Ld und IN2Ld einsetzen, da die Register $IN1$ und $IN2$ nur mit dem Bus L verbunden werden müssen. Die Ausgänge der übrigen Register müssen mit zwei Bussen verbunden werden, und wir müssen externe Treiber benutzen. Die Treiber der 74F374-Chips für diese Register müssen permanent enabled werden.
    - Alle übrigen Treiber: $4 \times 74F244$.

- SM : $8 \times$ CY7C191. Dieser Chip ist ein $2^{16} \times 4$-SRAM mit getrennten Dateneingängen und -ausgängen. Wir betreiben die acht Chips mit gemeinsamen Schreibsignalen und Adressen. Bei Zugriffen auf Adressen $A \notin \{0, \ldots, 2^{16} - 1\}$ greifen wir — anstatt eine ordentliche Fehlerbehandlung durchzuführen — einfach auf Adresse $A \bmod 2^{16}$ zu, d.h. wir ignorieren einfach die oberen 16 Adreßbits. Die Konstruktion größerer Speicher und die Fehlerbehandlung behandeln wir in den Übungen.

Zu generieren sind die folgenden Kontrollsignale:

- Clocksignale für alle Register r. Wir benutzen die einheitliche Bezeichnung

    rck für das Clocksignal von Register r.

- Output enable Signale (alle active low) für alle Treiber XYd. Wir benutzen die einheitliche Bezeichnung

    $/XYdoe$ für das Output enable Signal von Treiber XYd.

- Function-Select Signale $f[2:0]$ zum Selektieren der Funktion, die von der ALU berechnet wird.

- Eingangsübertrag cin der ALU.

- Signale /*PCclear* und /*PCload* für den *PC*.
- Signal *sext* zum Selektieren der Füllbits bei der 24-Bit Immediate-Konstanten.
- das active low Schreibsignal /*SMw* für die SRAMs des Speichers.

6.4 Idealisierte Timing-Diagramme

Wir wollen nun die Kontrollogik der RESA-Maschine aufbauen. Hierfür unterteilen wir die Befehlsabarbeitung in Takte und legen zunächst fest, in welchem Takt welche Treiber und welche Register aktiv sind. Hierfür verwenden wir eine vereinfachte Form von Timing-Diagrammen.

Definition 6.1 *Ein* idealisiertes Timing-Diagramm *ist ein Timing-Diagramm, das man so zeichnet, als ob die Verzögerungszeiten aller Bausteine gleich Null wären.*

Das idealisierte Timing-Diagramm für die RESA-Maschine ist in Abbildung 6.10 zu sehen. Das Timing ist so angelegt, daß die Busse der RESA möglichst lange genutzt werden können, und daß die Clocksignale für die Register möglichst spät aktiv werden, so daß für Berechnungen möglichst viel Zeit bleibt.

- Die steigenden und fallenden Flanken des Clocksignals *ck* entsprechen dem Tick-Tack einer mechanischen Uhr.

- Sowohl die Fetch-Phase als auch die Execute-Phase werden in je vier Takte gleicher Länge unterteilt. Ein Kontrollsignal e gibt an, ob man im Fetch ($e = 0$) oder im Execute ($e = 1$) ist. Zwei Signale $s1$ und $s0$ geben die Binärdarstellung der Taktnummer an. Diese Signale entsprechen der Uhrzeit: sie geben an, in welchem Zyklus sich die Maschine gerade befindet. Wir nennen die drei Signale $e, s1, s0$ die *Phasensignale*.

    Die steigende Flanke des Clocksignals zu Beginn des Taktes i bezeichnen wir mit Pi, die fallende Flanke des Clocksignals in der Mitte des Taktes i mit Ni.

    Statt 'Fetch-Phase' und 'Execute-Phase' sagen wir im Folgenden einfach 'Fetch' und 'Execute'.

- Treiber auf den Adreßbus werden bei Flanke N0 enabled und bei Flanke N3 disabled. Während Fetch kann dies nur Treiber *PCAd* sein, während Execute darf das der *IAd* oder der *ALUAd* sein. Würden wir bei Flanke N0 gleichzeitig einen der Treiber disablen und einen anderen enablen, würden wir die in Abschnitt 5.5 beschriebene Bus contention riskieren.

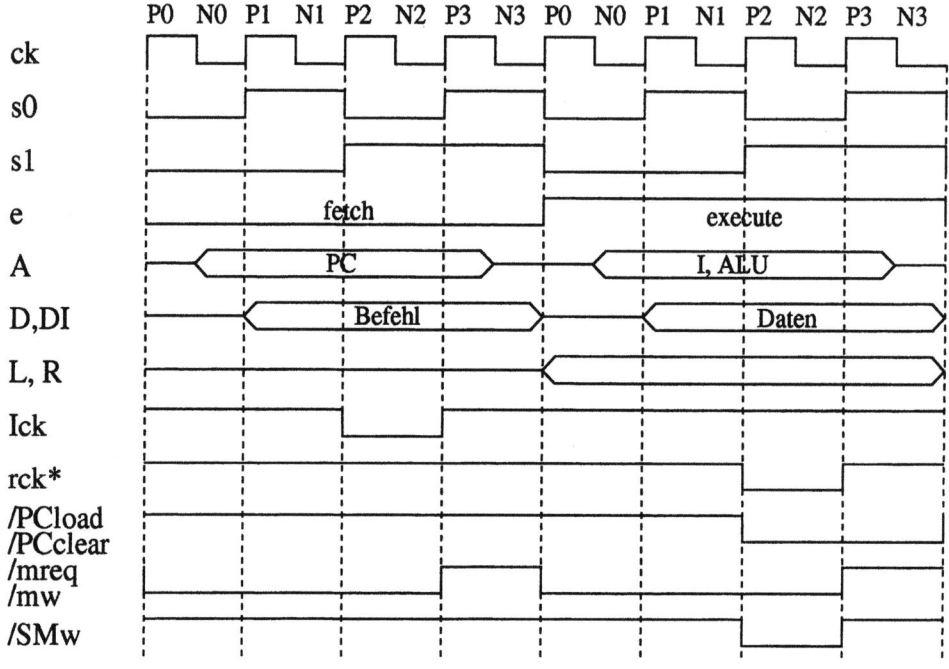

Abbildung 6.10: Idealisierte Timing-Analyse der RESA

6.4. Idealisierte Timing-Diagramme

- Treiber der CPU zum Datenbus D und zum internen Datenbus DI werden bei P1 enabled und bei P0 disabled. Während Fetch ist dies $SMDd$, während Execute kann dies auch $ALUDId$, $DDId$ oder $ACCDd$ sein.

- Treiber zu den Operandenbussen L und R werden bei P0 von Execute enabled und bei P0 des folgenden Fetch disabled. Hier tritt keine Bus contention auf, da diese Busse während Fetch nicht benutzt werden.

- Das Clocksignal Ick des Befehlsregisters hat bei P3 von Fetch eine steigende Flanke. Zu diesem Zeitpunkt wird also der gerade geladene Befehl ins Befehlsregister I geclockt. Die Clocksignale rck für $r \in \{PC, IN1, IN2, ACC\}$ haben steigende Flanken bei P3 von Execute, natürlich nur in Befehlen, in denen etwas nach r gespeichert wird. Wo die fallenden Flanken der Clocksignale liegen, ist nicht so wichtig.

- Für den Befehlszähler gibt es noch die beiden Signale $/PCload$ und $/PCclear$. Sie sind active low und werden von P2 von Execute bis P0 des folgenden Fetch aktiv. Signal $/PCload$ wird aktiv, wenn bei einem ausgeführten Sprung in den Befehlszähler ein neuer Wert geladen werden soll. Signal $/PCclear$ setzt den Befehlszähler auf Null.

- Schließlich gibt es noch die beiden active low Signale $/mreq$ und $/mw$. Signal $/mreq$ (memory request) initiiert im Speicher eine Lese– oder Schreiboperation. Wird zusätzlich das Signal $/mw$ (memory write) aktiviert, wird eine Schreiboperation durchgeführt, andernfalls eine Leseoperation.

Für die Kontrollsignale des Speichers planen wir vorläufig den Verlauf aus Timing-Diagramm 6.11.

- Bei Leseoperationen aus dem statischen RAM SM wird der Treiber $SMDd$ von P1 bis P0 aktiviert.

- Bei Schreiboperationen in das statische RAM SM wird ein active low Schreibpuls $/SMw$ von P2 bis P3 von Execute erzeugt.

Später werden wir den Speicher insbesondere um eine Ein/Ausgabeeinheit erweitern, was eine leichte Modifikation dieses Timings erforderlich machen wird.

An dieser Stelle sind alle wesentlichen Entwurfsentscheidungen vorerst getroffen. Das Generieren der Kontrollogik aus Datenpfaden (Abbildungen 6.4 und 6.5), Instruktionssatz (Tabelle 6.2) und idealisiertem Timing-Diagramm (Abbildung 6.10) ist nämlich Routinearbeit und folgt einem festen Rezept. Dieses Rezept stellen wir vor und wenden es danach an. Die Bausteine, die wir dazu benutzen, heißen PALs.

Die gerade genannten Tabellen und Abbildungen sollte man im Weiteren stets zur Hand haben.

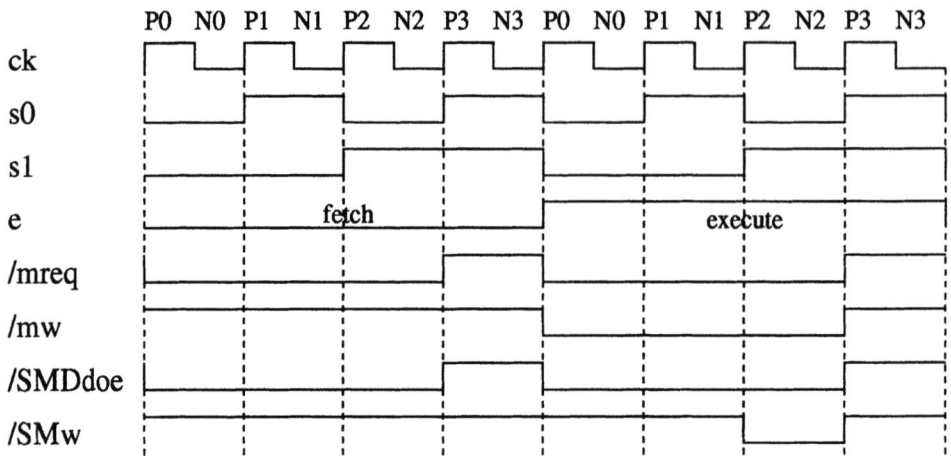

Abbildung 6.11: Idealisiertes Timing-Diagramm für Speicherzugriff

6.5 PLAs, PROMs und PALs

Wir verabreden einige Symbole, die wir in Schaltplänen benutzen werden. Für einen Baum aus AND-Gattern mit n Blättern, die mit Signalen $X_1, \ldots, X_n$ verbunden sind, benutzen wir das Symbol aus Abbildung 6.12(a). Wir behandeln einen solchen Baum oft auch wie ein einziges AND-Gatter mit n Eingängen. Für einen Baum aus OR-Gattern mit n Blättern, die mit Signalen $X_1, \ldots, X_n$ verbunden sind, benutzen wir das Symbol aus Abbildung 6.12(b). Wir behandeln einen solchen Baum oft auch wie ein einziges OR-Gatter mit n Eingängen.

Für zwei Treiber, von denen einer invertierend und einer nicht invertierend ist, und die einen gemeinsamen Eingang X haben, benutzen wir das Symbol aus Abbildung 6.12(c).

Wir betrachten die Schaltung in Abbildung 6.13. Nun stellen wir uns vor, daß wir die Freiheit haben, in den n-fachen AND-Gattern für jeden Eingang j die Verbindung mit Signal X_j zu unterbrechen und durch eine Verbindung mit Signal 1 zu ersetzen. Ebenso stellen wir uns vor, daß wir in den n-fachen OR-Gattern für jedes Blatt j die Verbindung mit Signal X_j unterbrechen und durch eine Verbindung mit Signal 0 ersetzen können. Eine solche Unterbrechung werden wir in Schaltplänen durch ein Kreuz auf Leitung X_j kenntlich machen.

6.5.1 PLAs

Es seien nun $P_1, \ldots, P_p$ Boole'sche Polynome mit Variablen $X_1, \ldots, X_n$, in denen insgesamt höchstens q verschiedene Monome vorkommen. Dann kann man die Schaltung aus Abbil-

6.5. PLAs, PROMs und PALs

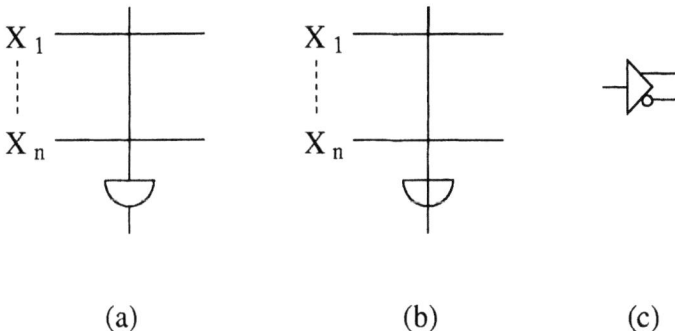

Abbildung 6.12: Beim Aufbau von PLAs benutzte Symbole

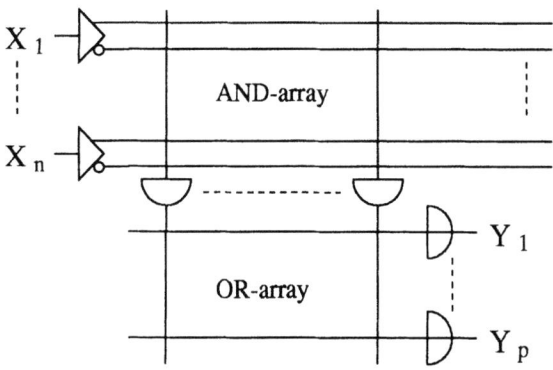

Abbildung 6.13: Aufbau eines PLAs

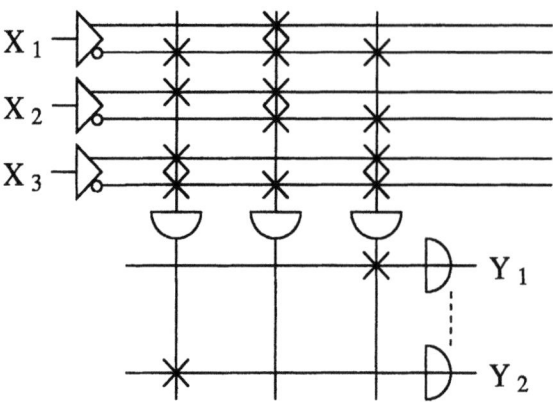

Abbildung 6.14: Beispiel eines PLAs

dung 6.13 offenbar so spezialisieren, daß sie gerade die Polynome $P_1,\ldots,P_p$ berechnet. Eine solche Schaltung heißt *programmable logic array* oder einfach PLA. Solche PLAs werden beim Semicustom und Full custom Chipentwurf eingesetzt.

Beispiel 6.5: Das PLA aus Abbildung 6.14 ist so spezialisiert, daß es die beiden Polynome

$$Y_1 = X_1 \cdot \overline{X_2} + X_3 \text{ und}$$
$$Y_2 = X_1 \cdot X_2 + X_3$$

berechnet.

PLAs haben ein Feld von AND-Gattern und ein Feld von OR-Gattern. Diese Felder werden auch das *AND-array* und das *OR-array* genannt. Man hat in beiden Feldern die Wahl, welche Verbindungen realisiert werden und welche nicht.

6.5.2 PROMs und EPROMs

Nun nehmen wir an, daß wir in einem PLA mit den Eingängen $X_1,\ldots,X_n$ und den Ausgängen $Y_1,\ldots,Y_p$ von vornherein das AND-array so spezialisieren, daß genau die $q = 2^n$ möglichen Monome mit n Literalen

$$\overline{X_1} \wedge \cdots \wedge \overline{X_n}, X_1 \wedge \overline{X_2} \cdots \wedge \overline{X_n}, \ldots, X_1 \wedge \ldots \wedge X_n$$

berechnet werden. Dann kann man durch Spezialisierung des OR-arrays für jeden Ausgang Y_i jede Schaltfunktion $f: \{0,1\}^n \to \{0,1\}$ realisieren. Man kann also insgesamt durch Spe-

6.5. PLAs, PROMs und PALs

		EPROM HN27C256AG-12	
		min	max
Lesezugriffszeit	t_{acc}	5.0	120.0

Tabelle 6.3: Parameterwerte des EPROMs

zialisieren des OR-arrays jede Funktion

$$f : \{0,1\}^n \to \{0,1\}^p$$

realisieren. Nachdem man das PLA so spezialisiert hat, verhält es sich wie ein $2^n \times p$-RAM, aus dem man nur lesen kann: legt man Adresse $x \in \{0,1\}^n$ an, erscheint am Datenausgang $f(x) \in \{0,1\}^p$. Das Schreiben in das RAM geschieht beim Spezialisieren des OR-arrays.

Ein PLA mit einem festen wie oben beschriebenen AND-array und programmierbarem OR-array heißt deshalb *programmable read only memory* oder kurz PROM. Im Gegensatz zu SRAMs verlieren PROMs nicht die gespeicherten Daten, wenn man den Strom abschaltet. Wenn man die Programmierung des OR-arrays rückgängig machen kann und der Baustein danach wieder programmiert werden kann, heißt der Baustein ein *erasable* PROM oder kurz EPROM.

Ein Beispiel ist das $2^{15} \times 8$ EPROM HN27C256AG-12 der Firma Hitachi [24]. Seine Zugriffszeit ist in Tabelle 6.3 angegeben.

6.5.3 PALs

Abbildung 6.15 zeigt einen weiteren Typ von PLA, bei dem diesmal das OR-array von vornherein spezialisiert wurde: Die Eingänge der OR-Gatter sind jetzt mit festen AND-Gattern verbunden. Nur das AND-array kann programmiert werden. Chips mit dieser Art von PLA werden beispielsweise in den Katalogen [1] angeboten. Sie heißen *programmable array logic* oder einfach PALs.

Die Ausgänge der OR-Gatter sind entweder über einen Treiber oder über D-Flipflops mit den Pins der Chips verbunden. Im ersten Fall spricht man von *kombinatorischen Ausgängen*, im zweiten Fall von *Register-Ausgängen*. PALs mit mindestens einem Registerausgang heißen *Register-PALs*. Die übrigen heißen *kombinatorische PALs*. Die Treiber der kombinatorischen Ausgänge sind üblicherweise invertierende Tristate-Treiber. Ihre Output enable Signale werden individuell durch AND-Gatter des AND-arrays berechnet. Die D-Flipflops von Register-PALs sind in der Regel über invertierende Treiber mit den Ausgangspins verbunden.

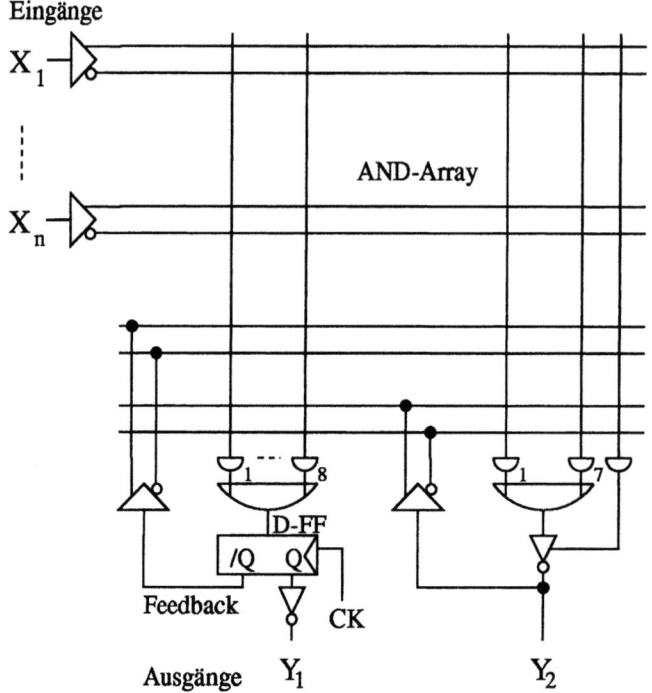

Abbildung 6.15: Interner Aufbau eines PALs

6.5. PLAs, PROMs und PALs

Invertierte und nichtinvertierte Versionen einiger Ausgänge von PALs werden in das AND-array zurückgeführt. Das Zurückführen von Registerausgängen erlaubt unter anderem den Bau sogenannter *endlicher Automaten* mit PALs. Hierauf gehen wir in Abschnitt 6.8.6 ein. Das Zurückführen von kombinatorischen Ausgängen erlaubt die Realisierung von Schaltkreisen, die nicht mehr von Polynomen beschrieben werden können. Hierdurch erhöht sich natürlich die Verzögerungszeit. Ist der Treiber eines kombinatorischen Ausgangs disabled, kann man den zugehörigen Pin als zusätzlichen Eingang in das AND-array benutzen.

In Katalogen werden PALs in der Form $xxYz$ benannt. Hierbei ist

- xx die Zahl der Ein- und Ausgangssignale,

-
$$Y = \begin{cases} R & \text{für Register-PALs} \\ L & \text{für kombinatorische PALs.} \end{cases}$$

-
$$z = \begin{cases} \text{Zahl der Ausgänge} & \text{bei kombinatorischen PALs} \\ \text{Zahl der Registerausgänge} & \text{bei Register-PALs} \end{cases}$$

Oft verwendete PALs sind 20R4, 20R6, 20R8, 20L8. Sie haben jeweils 12 Eingänge und 8 Ausgänge, bei den ersten drei sind davon 4 bzw. 6 bzw. 8 Registerausgänge. Bei Registerausgängen dieser PALs darf das programmierte Polynom acht Monome umfassen, bei kombinatorischen Ausgängen nur sieben, da ein AND-Gatter für das Output enable Signal verloren geht.

Tabelle 6.4 enthält technische Daten für diese PALs aus dem Katalog [1] der Firma Monolithic Memories. Wir werden mit diesen Bausteinen die Kontrollogik realisieren.

6.5.4 PALASM

Physikalisch programmiert man PALs und EPROMs mit Hilfe von Geräten, die PAL-*burner* bzw. EPROM-*Burner*[2] heißen. Diese Geräte werden normalerweise von Personal Computern kontrolliert. Die Boole'schen Polynome, die nach dem Programmieren berechnet werden sollen, spezifiziert man in gewissen einfachen Programmiersprachen. Wir werden die weit verbreitete Sprache PALASM [33] benutzen.

Ein Programm in der Programmiersprache PALASM hat drei Teile, nämlich

---
[2] to burn: brennen

		PAL 20Rxx, 20Lxx	
		min	max
Verzögerungszeit von X_i oder Feedback bis Y_i	t_P	12.0	15.0
Verzögerungszeit von CK bis Y_i oder Feedback	t_{CLK}	8.0	12.0
Minimale Zykluszeit ohne Feedback	t_C	22.2	
Minimale Zykluszeit mit Feedback	t_C	27.0	
Setup-Zeit von X_i oder Feedback bis CK	t_S	15.0	
Hold-Zeit von X_i nach CK	t_H	0.0	
Clockpulsweite	$t_W(H)$	12.0	
	$t_W(L)$	10.0	

Tabelle 6.4: Technische Daten für PALs

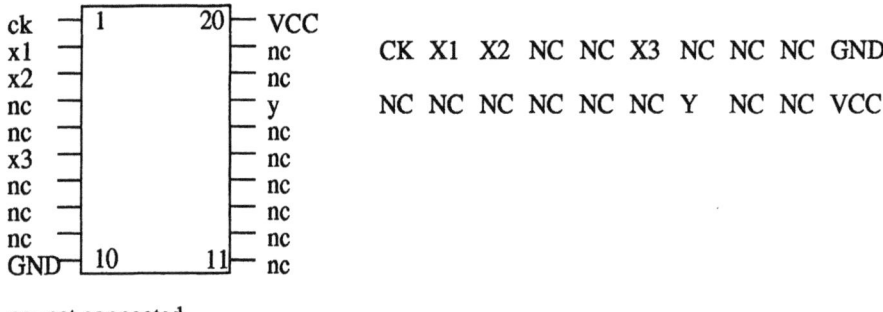

nc=not connected

Abbildung 6.16: Beispiel einer Deklaration in PALASM

Deklarationsteil: Hier werden den Ein– und Ausgabepins des PALs Namen zugeordnet, und zwar in der Reihenfolge der physikalischen Pins am Chip. Abbildung 6.16 enthält ein Beispiel.

Anmerkung: Namen bestehen in PALASM nur aus Großbuchstaben und Ziffern. Wir werden der besseren Lesbarkeit wegen auch kleine Buchstaben und eckige Klammern benutzen. Umwandlung der kleinen Buchstaben in Große und Weglassen der Klammern liefert formal korrekte PALASM-Programme.

PAL-Gleichungen: Sie definieren ein Polynom für jeden Ausgang und ein Monom für das Output enable Signal eines jeden kombinatorischen Ausgangs. In den PAL-Gleichungen schreibt man /x statt $\bar{x}$, man schreibt * statt $\wedge$, und man schreibt + statt $\vee$. Es werden keine Klammern benutzt.

6.5. PLAs, PROMs und PALs

Beispiel 6.6: Man schreibt

$$x_1 + /x_2 * x_3 \text{ statt } x_1 \vee \overline{x_2} \wedge x_3 .$$

Kommentar: Jeder Kommentar in einem PALASM-Programm beginnt mit einem Semikolon ';' und reicht bis zum Zeilenende.

Im Deklarationsteil definierte Namen können mit einem '/'-Zeichen beginnen, man kann also '/ALUAdoe' als Pinnamen deklarieren. Wir nennen diese Namen *active low*. Die Sichtweise bei diesen Namen ist, daß der *außen* anliegende Signalname deklariert wird. Hieraus folgt:

Es sei s das außen an Pin j anliegende Signal. Der Name von Pin j sei deklariert als $/x$. Dann gilt:

- bei einem Gebrauch von $/x$ in einer PAL-Gleichung wird s benutzt, und
- bei einem Gebrauch von x in einer PAL-Gleichung wird $/s$ benutzt.

Diese Sichtweise schafft einen gewissen Komfort beim Umgang mit active low Kontrollsignalen $/c$. Man deklariert für den Pin, an den sie angeschlossen werden, einen Namen $/c$ und schreibt die PAL-Gleichungen mit der active high Version c des Kontrollsignals.

Man ordnet ein Polynom P einem Registerausgang mit deklariertem Namen y in folgender Form zu:

$$\begin{aligned} /y &:= P \text{ falls der Name } y \text{ active high ist} \\ y' &:= P \text{ falls } y = /y' \text{ active low ist.} \end{aligned} \quad (6.4)$$

Auch hier ist die Sichtweise, daß die deklarierten Namen das außen am Pin erzeugte Signal bezeichnen. Das Polynom P wird aber für den Ausgang eines OR-Gatters im PAL spezifiziert. Zwischen beiden Signalen liegt der invertierende Ausgangstreiber hinter dem Register.

Man ordnet ein Polynom P und ein Monom m für das Output enable Signal einem kombinatorischen Ausgang mit deklariertem Namen y in folgender Form zu:

$$\begin{aligned} IF(m) \quad /y &= P \text{ falls der Name } y \text{ active high ist} \\ IF(m) \quad y' &= P \text{ falls } y = /y' \text{ active low ist.} \end{aligned} \quad (6.5)$$

Will man einen kombinatorischen Ausgang immer enablen, sollte man erwarten, daß man etwa $IF(1)$ $/y = P$ schreiben kann. Stattdessen schreibt man $IF(VCC)$ $/y = P$. Das ist nicht schön.

Es ist wichtig, sich noch einmal klarzumachen:

- Bei Signalnamen wird ein Name für das außen anliegende Signal deklariert.
- PAL-Gleichungen werden für die Ausgänge der OR-Gatter geschrieben.

Beispiel 6.7: Wir möchten das Polynom

$$y = x_1 \wedge \overline{x_2} \wedge x_3 \vee x_2$$

in einem kombinatorischen PAL berechnen. Hierzu haben wir mehrere Möglichkeiten, abhängig davon, ob uns die Eingangssignale x_i negiert oder nicht-negiert zur Verfügung stehen und ob wir uns damit begnügen $\overline{y}$ auszugeben, oder wirklich y am Ausgang des PALs berechnen wollen.

Haben wir x_1 und x_3 nicht-negiert, x_2 hingegen negiert vorliegen, und wir wollen wir /y ausgeben, so definieren wir als Pin-Namen x1, /x2, x3 und /y, und programmieren als Polynom

$$\text{IF (VCC)} \; y = x1 * /x2 * x3 + x2 \,.$$

Genausogut hätten wir auch als Ausgangsvariable y definieren können. Allerdings müßten wir dann im Polynom /y = ... schreiben. Am erzeugten Signal macht das keinen Unterschied, verwirrt aber oft den Programmierer durch die nicht offensichtliche Zuordnung.

Haben wir zur Abwechslung alle Eingangssignale nicht-negiert vorliegen, und wollen wir y selbst ausgeben, so definieren wir als Variablen x1, x2, x3 und y, und wir müssen jetzt in der PAL-Gleichung ein Polynom für $\overline{y}$ schreiben. Aus den Morgan-Formeln von Satz 2.5 folgt

$$\begin{aligned}
\overline{y} &= \overline{x_1 \wedge \overline{x_2} \wedge x_3 \vee x_2} \\
&= \overline{x_1 \wedge \overline{x_2} \wedge x_3} \wedge \overline{x_2} \\
&= (\overline{x_1} \vee \overline{\overline{x_2} \wedge x_3}) \wedge \overline{x_2} \\
&= (\overline{x_1} \vee x_2 \vee \overline{x_3}) \wedge \overline{x_2} \\
&= \overline{x_1} \wedge \overline{x_2} \vee \overline{x_3} \wedge \overline{x_2}
\end{aligned}$$

Wir müssen also schreiben

$$\text{IF (VCC)} \; /y = /x1 * /x2 + /x3 * /x2 \,.$$

6.6. Kontrollogik

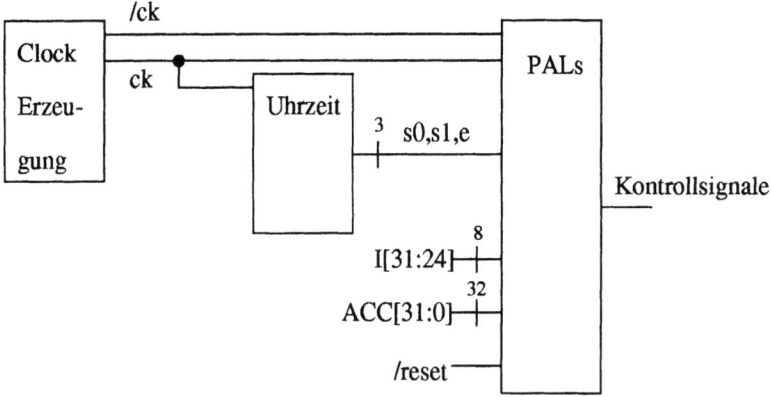

Abbildung 6.17: Kontrollogik der RESA

6.6 Kontrollogik

Wir bauen die Kontrollogik für die RESA-Maschine in drei Stufen auf (siehe Abbildung 6.17):

- In der ersten Stufe wird ein beinahe symmetrisches Clocksignal *ck* sowie die invertierte Clock /*ck* erzeugt.

- In der zweiten Stufe werden die die in Abschnitt 6.4 erwähnten Phasensignale $s0$, $s1$, e erzeugt.

- In der dritten Stufe werden mit Register-PALs die Kontrollsignale für die Datenpfade generiert. Diese Stufe hat als zusätzliche Eingaben

    - Bits $I[31:24]$ des Instruktionsworts,
    - Für Sprungbefehle alle Bits $ACC[31:0]$ des Akkumulators.
    - Für den Programmstart ein Signal /*reset*. Aktivierung dieses Signals hat die Wirkung
    $$\langle PC \rangle := 0\,.$$

Wir werden in der Regel nur die PAL-Gleichungen für die Kontrollsignale entwickeln und nicht die genaue Zuordnung von Pins und Variablen angegeben.

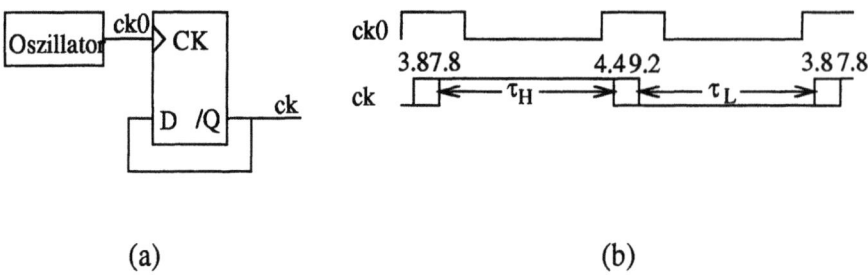

(a)　　　　　　　　　　　　　　　(b)

Abbildung 6.18: Erzeugung einer symmetrischen Clock

6.6.1 Clock- und Phasensignale

Die Realisierung der ersten beiden Stufen der Kontrollogik ist einfach. Man kann sogenannte *Oszillatoren* kaufen. Das sind Chips, die TTL-kompatible aber nicht notwendigerweise symmetrische Clocksignale erzeugen. Der Schaltplan in Abbildung 6.18(a) zeigt, wie man das Clocksignal mit Hilfe eines D-Flipflops nahezu symmetrisch macht. Abbildung 6.18(b) enthält das zugehörige detaillierte worst case Timing-Diagramm für ein 74F74 Flipflop.

Es sei

- τ_H die Zeit, in der Signal *ck* den Wert 1 hat, und
- τ_L, in der Signal *ck* den Wert 0 hat.

Je weniger sich diese Zeiten unterscheiden, desto symmetrischer ist das Clocksignal. So wie das Diagramm gezeichnet ist, kann man den Unterschied zwischen diesen Zeiten nur durch

$$|\tau_H - \tau_L| \le (9.2 - 3.8) - (3.8 - 9.2) = 10.8\,ns$$

abschätzen. Das ist jedoch zu pessimistisch. Wir erinnern uns, daß bei festen Betriebsbedingungen (Fanout, kapazitive Last) die Verzögerungszeiten nur noch von der Temperatur und vom vom Verlauf des Fertigungsprozeß des Flipflops abhängen. Damit der ungünstigste Fall wirklich auftritt, müßte sich das Flipflop von einer Flanke zur nächsten von einem schnellen warmen in ein langsames kaltes Flipflop verwandeln.

Wir werden daher bei der detaillierten Timinganalyse in Abschnitt 6.7 von einem symmetrischen Clocksignal mit Periode τ ausgehen. Die Analyse für unsymmetrische Clocksignale wird in den Übungen behandelt.

Die Phasensignale im idealisierten Timing-Diagramm 6.10 zählen offenbar modulo acht in Binärdarstellung. Wir erzeugen sie zunächst einfach mit den unteren drei Bits eines 4-Bit-

6.6. Kontrollogik

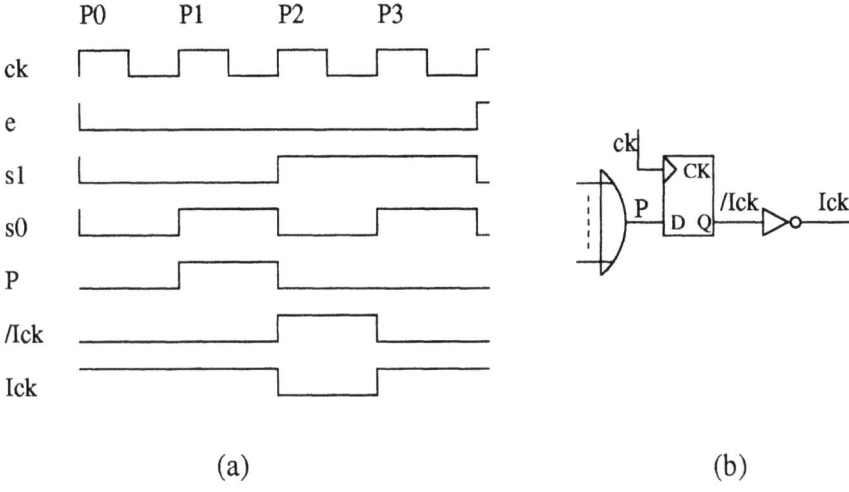

Abbildung 6.19: Clocksignal für Befehlsregister

Zählers 74F163. Wenn wir später die RESA schneller machen, werden wir den Verlauf der Phasensignale abändern und den Zähler durch ein Register-PAL ersetzen.

6.6.2 Clocksignale

Wir beginnen mit der PAL-Gleichung für das Clocksignal Ick des Befehlsregisters I. Das Signal hat stets eine fallende Flanke an P2 von Fetch und eine steigende Flanke an P3 von Fetch (vgl. Abbildung 6.19(a).)

Wir erzeugen Signal Ick als Ausgangssignal eines Register-PALs das mit ck geclockt wird und als Eingangssignale jedenfalls die Phasensignale e, $s1$ und $s0$ hat. (vgl. Abbildung 6.19(b)).

Da wir am Ausgang das active high Signal Ick erzeugen, müssen wir wegen (6.4) eine PAL-Gleichung der Form

$$/Ick := P$$

schreiben. Signal $/Ick$ hat eine steigende Flanke an P2 von Fetch und eine fallende Flanke an P3 von Fetch.

Wir erinnern uns, daß wir Polynome immer für die Ausgänge der OR-Gatter in den PALs schreiben, dies sind bei Register-PALs die Eingänge der D-Flipflops.

Um in ein D-Flipflop an Flanke P2 eine Eins hineinzuclocken, muß am Eingang des D-

Flipflops bereits während Phase P1 eine Eins erzeugt werden. Polynom P muß also ein Signal erzeugen, welches gegen Signal $/Ick$ um eine Phase vorauseilt. Die gesuchte PAL-Gleichung ist deshalb

$$/Ick := /e * /s1 * s0 \,; \quad \text{aktiviere an P2 von Fetch}$$

Der Befehlszähler PC wird an Flanke P3 der Execute-Phase eines jeden Befehls geclockt, unabhängig davon, was für ein Befehl ausgeführt wird. Wir können also sein Clocksignal nach dem gleichen Muster programmieren. Wir müssen nur $/e$ durch e ersetzen.

$$/PCck := e * /s1 * s0 \,; \quad \text{aktiviere an P2 von Execute}$$

Der Akkumulator wird während Execute geclockt bei

- Compute Befehlen mit $D = ACC$, wenn also das Ergebnis im Akkumulator abgespeichert werden soll,

- allen Arten von Load Befehlen mit $D = ACC$, und

- Move Befehlen mit $D = ACC$.

Alle diese Fälle müssen nun mittels ihrer Kodierung im Befehlsregister in der Sprache PALASM spezifiziert werden.

Um einen Compute Befehl zu erkennen, muß man gemäß Tabelle 6.2 testen ob die Bits $I[31:30]$ des Instruktionsregisters beide den Wert Null haben. In PALASM programmieren wir diesen Test mit dem Teilmonom[3]

$$/I31 * /I30 \,.$$

Andere Befehle erkennt man gemäß Tabelle 6.2 mit ähnlichen Tests. Für Move Befehle müssen die vier Bits $I[31:28]$ betrachtet werden.

Um bei irgendwelchen Befehlen zu testen, ob $D = ACC$ gilt, muß man nach Tabelle 6.2 testen, ob Bits $I[25:24]$ des Instruktionsregisters beide den Wert Eins haben. In PALASM programmieren wir diesen Test mit dem Teilmonom

$$I25 * I24 \,.$$

Wir fassen nun die Tests für alle Fälle, in denen ACC geclockt werden muß in einem Polynom zusammen.

---

[3] PALASM erlaubt keine eckigen Klammern.

6.6. Kontrollogik

```
/ACCck:= e * /s1 * s0              ; Startzeit bei P2 von E
         * /I31 * /I30              ; typ = Compute
         * I25 * I24                ; D = ACC
     + e * /s1 * s0                 ; Startzeit bei P2 von E
         * /I31 *I30                ; typ = Load
         * I25 * I24                ; D = ACC
     + e * /s1 * s0                 ; Startzeit bei P2 von E
         * I31 * /I30 * I29 * I28   ; Move
         * I25 * I24                ; D = ACC
```

PAL-Gleichungen für die Indexregister erhält man hieraus, indem man einfach das Teilmonom $I25 * I24$ (für den Test $D = ACC$) durch $/I25 * I24$ (für $D = IN1$) bzw. $I25 * /I24$ (für $D = IN2$) ersetzt.

6.6.3 Output enable Signale

Bei den Output enable Signalen für die Treiber unterscheiden wir zwischen denen für L, R, D und DI Bus, die bei steigenden Clockflanken P0 bzw. P1 von ck ihren Wert ändern, und denen für den A-Bus, die bei fallenden Flanken N0 und N3 von ck ihren Wert ändern. Sie müssen in getrennten PALs erzeugt werden. Kontrollsignale, die an fallenden Flanken von ck ihren Wert ändern, erzeugen wir mit Register-PALs die mit der invertierten Clock getaktet werden.

Als Beispiel eines Treibers auf den linken Operandenbus L betrachten wir das Output enable Signal $/PCLdoe$ für den Treiber $PCLd$. Dieser Treiber muß bei P0 von Execute enabled werden, wenn

- ein Jump Befehl,
- ein Compute Befehl mit $D = PC$ oder
- ein Move Befehl mit $S = PC$

vorliegt. Weil wir außerhalb des PALs ein active low Signal $/PCLdoe$ erzeugen, müssen wir wegen (6.4) die PAL-Gleichung für das active high Signal $PCLdoe$ schreiben. Allein um das Output enable Signal $PCLdoe$ für Takt 0 von Execute zu aktivieren, brauchen wir bereits die folgenden drei Monome.

```
PCLdoe := /e * s1 * s0              ; Start bei P0 von E
           * I31 * I30               ; Jump
```

```
        +/e * s1 * s0                  ; Start bei P0 von E
            * /I31 * /I30              ; Compute
            * /I25 * /I24              ; D = PC
        +/e * s1 * s0                  ; Start bei P0 von E
            * I31 * /I30 * I29 * I28   ; Move
            * /I27 * /I26              ; S = PC
```

Wir müssen das Signal aber für vier Takte aktivieren. Wenn wir in diesem Stil weitermachen, brauchen wir ein Polynom mit $4 \cdot 3 = 12$ Monomen. Davon haben wir aber nur acht zur Verfügung. Also machen wir anders weiter. Wir nutzen aus, daß das Signal bis zur Flanke P0 aktiv bleibt, sofern es einmal aktiv ist. Ob es aktiv ist, können wir testen, weil der (nichtinvertierte) Ausgang der D-Flipflops in Register-PALs in das AND-Array zurückgeführt wird. Deshalb wird das Monom

$$PCLdoe * e * /s1 * /s0$$

das Signal an der Flanke nach Takt 0 von Execute — also an Flanke P1 von Execute — auf dem Wert Eins halten, sofern das Signal schon den Wert Eins hat. Ein solches Monom heißt *Halteterm*. Mit Hilfe von drei Haltetermen vollenden wir die obige PAL-Gleichung zu

```
PCLdoe :=  /e * s1 * s0                ; Start bei P0 von E
             * I31 * I30               ; Jump
         +/e * s1 * s0                 ; Start bei P0 von E
             * /I31 * /I30             ; Compute
             * /I25 * /I24             ; D = PC
         +/e * s1 * s0                 ; Start bei P0 von E
             * I31 * /I30 * I29 * I28  ; Move
             * /I27 * /I26             ; S = PC
         + PCLdoe * e * /s1 */s0       ; bei P1 halten
         + PCLdoe * e * /s1 * s0       ; bei P2 halten
         + PCLdoe * e *  s1 */s0       ; bei P3 halten
```

Die PAL-Gleichung für *ACCLdoe* erhält man, indem man den Fall des Jump Befehls wegläßt und die Tests $D = PC$ bzw. $S = PC$ durch $D = ACC$ bzw. $S = ACC$ ersetzt.

Hieraus erhält man die PAL-Gleichungen für *IN1Ldoe* und *IN2Ldoe*, indem man die Tests $D = ACC$ bzw. $S = ACC$ durch Tests für $IN1$ bzw. $IN2$ ersetzt und bei den Befehlen die Fälle LOADIN1, STOREIN1 bzw. LOADIN2, STOREIN2 hinzufügt.

Der Treiber 0*Ld* wird nur beim Befehl LOADI enabled.

Der Treiber *DRd* wird nur enabled bei einem Compute memory Befehl ($I[29] = 1$). Der Treiber 0*Rd* wird nur enabled bei MOVE Befehlen.

6.6. Kontrollogik

Der Treiber *IRd* wird enabled

- bei einem Compute immediate Befehl,
- bei einem Jump Befehl,
- bei LOADIN1, LOADIN2 und LOADI, und
- bei STOREIN1 und STOREIN2.

Wir erhalten im ersten Anlauf die folgende PAL-Gleichung.

```
IRdoe :=   /e * s1 * s0                      ; Start bei P0 von E
              * /I31 * /I30 */I29            ; Compute imm., R=0
         +/e * s1 * s0                       ; Startzeit 2. Fall
              * I31 * I30                    ; Jump
         +/e * s1 * s0                       ; Startzeit 3. Fall
              * /I31 * I30 * /I29 * I28      ; LOADIN1
         +/e * s1 * s0                       ; Startzeit 4. Fall
              * /I31 * I30 * I29 * /I28      ; LOADIN2
         +/e * s1 * s0                       ; Startzeit 5. Fall
              * /I31 * I30 * I29 * I28       ; LOADI Befehl
         +/e * s1 * s0                       ; Startzeit 6. Fall
              * I31 * /I30 * /I29 * I28      ; STOREIN1 Befehl
         +/e * s1 * s0                       ; Startzeit 7. Fall
              * I31 * /I30 * I29 * /I28      ; STOREIN2 Befehl
         + IRdOE * /s0 * /s1 * e             ; bei P1 halten
         + IRdOE *  s0 * /s1 * e             ; bei P2 halten
         + IRdOE * /s0 *  s1 * e             ; bei P3 halten
```

Das Polynom auf der rechten Seite hat zehn Monome, obwohl nur acht erlaubt sind. Mit der Regel

$$a \wedge b \vee a \wedge \overline{b} = a$$

kann man allerdings das vierte und fünfte Monom ($b = I28$) und das achte und das neunte Monom ($b = s0$) zusammenfassen und hat nur noch acht Monome.

Treiber auf *D* und *DI*-Bus werden bei P1 enabled und bei P0 disabled. Die Startzeit bei Verwendung in der Execute-Phase ändert sich also von $/e * s1 * s0$ zu

$$e * /s1 * /s0.$$

Die Startzeit bei Verwendung im Fetch ändert sich analog. Die Treiber werden enabled bei

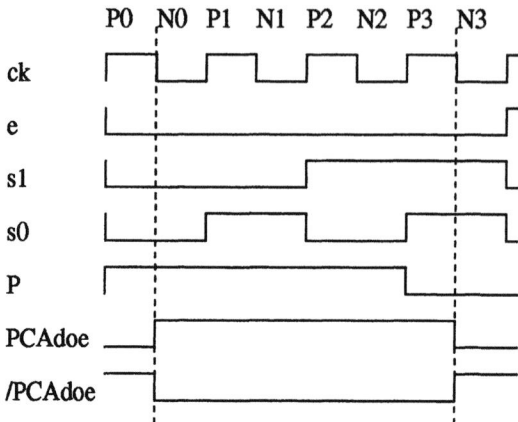

Abbildung 6.20: Output enable Signal an fallender Clockflanke

ACCDd: STORE, STOREIN1 und STOREIN2,

DDId: LOAD, LOADIN1 und LOADIN2,

ALUDId: LOADI, MOVE, Compute und Jump Befehlen.

Wir kommen jetzt zu PALs, die mit der invertierten Clock /*ck* getaktet werden. Auch in diesen PALs verwenden wir die Phasensignale $e, s1, s0$, die ihren Wert an positiven Flanken von *ck* ändern. Dadurch ändert sich die Art, wie wir PAL-Gleichungen schreiben, etwas. Um das Output enable Signal des Treibers *PCAd* zu beschreiben, betrachten wir das zugehörige idealisierte Timing-Diagramm in Abbildung 6.20. Das Signal muß in jeder Fetch Phase von N0 bis N3 enabled werden.

Das Signal *P*, das wir bei der fallenden Flanke in das D-Flipflop clocken, eilt jetzt dem Ausgang des Flipflops nur um einen *halben* Takt voraus. Zum Aktivieren des Signals *PCAdoe* schreiben wir

```
PCAdoe := /e * /s1 * /s0   ; Startzeit bei N0 von Fetch
        + ...
```

Gehalten wird ein Signal an Flanke N*i* wenn es zwischen P*i* und N*i* aktiv ist. Mit Haltetermen erhält man die PAL-Gleichung

```
PCAdoe :=   /e * /s1 * /s0           ; Startzeit bei N0 von F
          + PCAdoe * /e * /s1 *  s0  ; halten an N1
          + PCAdoe * /e *  s1 * /s0  ; halten an N2
```

6.6. Kontrollogik

Für die übrigen Treiber zählen wir nur noch die Befehle auf, in denen sie enabled werden.

ALUAd: bei Befehlen LOADINj und STOREINj, $j = 1, 2$,

IAd: bei Compute memory Befehlen, bei LOAD Befehlen und bei STORE Befehlen.

Die Kontrollsignale für den Speicher behandeln wir im Zusammenhang mit den Einheiten für Ein- und Ausgabe in Abschnitt 6.6.7.

6.6.4 Kontrolle der ALU und Sign-Extension

Alle Kontrollsignale dieses Abschnitts werden von einem kombinatorischen PAL erzeugt. Es sei

$$F = F[2:0] = I[28:26]$$

das Funktionsfeld für Compute-Instruktionen. Wir kontrollieren die Function-Select Eingänge $f[2:0]$ der ALU so, daß gilt

$$f[2:0] = \begin{cases} F & \text{falls } typ = compute \\ 011 & \text{sonst.} \end{cases}$$

In Compute Instruktionen wird also die ALU-Funktion vom Feld F des Instruktionsworts kontrolliert, in allen anderen Fällen addiert die ALU. Für $f[0]$ folgt

```
f0 =   I26                              ; F[0]
        * /I31 * /I30                   ; typ = Compute
   +1
        * /(/I31 * /I30)                ; kein Compute
   = I26 * /I31 * /I30 + /(/I31 * /I30)
```

Da die Ausgangstreiber kombinatorischer PALs invertierend sind, müssen wir wegen (6.5) eine PAL-Gleichung für $/f0$ schreiben. Die Anwendung der Morgan-Formeln ergibt

$$\begin{aligned} /f0 &= \overline{I26 * /I31 * /I30} * /I31 * /I30 \\ &= (/I26 + I31 + I30) * /I31 * /I30 \\ &= /I26 * /I31 * /I30. \end{aligned}$$

Die gesuchte PAL-Gleichung für $f[0]$ ist also

$$IF(VCC) \quad /f0 = /I26 * /I31 * /I30.$$

Für $f[1]$ ersetzt man $I[26]$ durch $I[27]$. Für $f[2]$ ist

$$f2 = I28 * /I31 * /I30 + 0 * \overline{/I31 * /I30}$$
$$= I28 * /I31 * /I30,$$

und wir erhalten die PAL-Gleichung

$$IF(VCC) \quad /f2 = /I28 + I31 + I30.$$

Der Eingangsübertrag *cin* der ALU wird nur in Subtraktionsbefehlen auf Eins gesetzt. Dies sind Compute Befehle mit $I[28:26] = 010$. Es schadet nichts, wenn wir auch noch die Berechnung von $b - a$ mit dem Funktionscode $I[28:26] = 001$ unterstützen. Es folgt

```
cin = /I31 * /I30                                    ; Compute
     *(/I28 * I27 * /I26 + /I28 * /I27 * I26) ; F = 010, 001
    = /I31 * /I30 * /I28 * (I27 * /I26 + /I27 * I26)
```

Mit den Morgan-Formeln aus Satz 2.5 folgt

$$/cin = I31 + I30 + I28 + \overline{I27 * /I26 + /I27 * I26}$$

und die gesuchte PAL-Gleichung ist

$$IF(VCC) \quad /cin = I31 + I30 + I28 + I27 * I26 + /I27 * /I26$$

Keine Sign Extension darf in den Fällen durchgeführt werden, wo der Parameter *i* aus dem Instruktionswort mit acht Nullen aufgefüllt wird. Diese Fälle sind

- Compute immediate Instruktionen mit logischen Funktionen,
- LOADI.

Bei LOAD, STORE, und Compute Memory Operationen darf Sign Extension durchgeführt werden, da die oberen 16 Adreßbits ignoriert werden (s. S. 300). Es folgt

```
IF (VCC) /sext = /I31 * /I30 * /I29          ; Compute imm.
                * I28                         ; F logisch
              + /I31 * I30 * I29 * I28        ; LOADI
```

Für das Füllbit *fill* erhalten wir mit (6.3)

$$/fill = /sext \vee /I[23]$$

Dies liefert die PAL-Gleichung

6.6. Kontrollogik

```
IF (VCC) /fill = /I23                      ; nicht negativ
              + /I31 * /I30 * /I29 * I28   ; Compute. imm.
                                           ; und F logisch
              + /I31 *  I30 *  I29 * I28   ; LOADI
```

6.6.5 Laden des Befehlszählers

Das Signal /PCload dient dazu, den Befehlszähler vom DI-Bus aus zu laden. Dies geschieht in den folgenden Situationen:

- Compute mit $D = PC$
- Load mit $D = PC$
- MOVE mit $D = PC$
- JUMP mit erfüllter Sprungbedingung

Das *load*-Signal von Zählern muß eine Setup-Zeit bis *ck* und eine Hold-Zeit nach *ck* erfüllen. Wir aktivieren deshalb /PCload bei P2 von Execute, d.h. einen Takt vor der steigenden Flanke von *PCck*, und wir deaktivieren /PCload bei P0 von Fetch, d.h. einen Takt nach der steigenden Flanke von *PCck*.

Wie man die ersten drei Bedingungen testet, kennen wir aus der PAL-Gleichung für /ACCck. Im vierten Fall muß in Abhängigkeit vom Inhalt des Akkumulators $ACC[31:0]$ und von Feld $C = I[29:27]$ entschieden werden, ob der Sprung ausgeführt wird. Nach (6.1) muß genau dann gesprungen werden, wenn die (salopp formulierte) Bedingung

$$([ACC] < 0) \wedge I[29] \vee ([ACC] = 0) \wedge I[28] \vee ([ACC] > 0) \wedge I[27]$$

erfüllt ist. Es gilt

$$[ACC] < 0 \Leftrightarrow ACC[31] = 1 \ .$$

Ob der Akkumulator gleich Null ist, können wir wegen der beschränkten Anzahl verfügbarer Pins nicht auf einem einzigen PAL testen. Wir berechnen deshalb zunächst auf getrennten kombinatorischen PALs zwei active low Signale /ZL und /ZH (für Zero Low und Zero High), die genau dann aktiv sind, wenn die Bits 0 bis 15 bzw. 16 bis 31 des Akkumulators alle Null sind. Die Programmierung erfolgt durch die PAL-Gleichungen

$$\text{IF (VCC) } ZL \ = \ /ACC0 * /ACC1 * \ldots * /ACC15 \text{ und}$$
$$\text{IF (VCC) } ZH \ = \ /ACC16 * \ldots * /ACC31 \ .$$

Dann ist
$$[ACC] = 0 \Leftrightarrow ZL * ZH \ .$$

Schließlich gilt
$$[ACC] > 0 \Leftrightarrow ACC[31] = 0 \land (/ZL = 1 \lor /ZH = 1) \ .$$

Wir erhalten damit die folgende PAL-Gleichung für das Signal /PCload.

```
PCload :=  e * /s1 * s0                   ; Startzeit bei P2 von E
             * /I31 * /I30                ; Compute
             * /I25 * /I24                ; D = PC
         +e * /s1 * s0                    ; Startzeit zweiter Fall
             * /I31 * I30                 ; Load
             * /I25 * /I24                ; D = PC
         +e * /s1 * s0                    ; Startzeit dritter Fall
             * I31 * /I30 * I29 * I28     ; Move
             * /I25 * /I24                ; D = PC
         +e * /s1 * s0                    ; Startzeit vierter Fall
             * I31 * I30                  ; Jump
             * ACC31 * I29                ; ACC < 0 und Test auf <
         +e * /s1 * s0                    ; Startzeit vierter Fall
             * I31 * I30                  ; Jump
             * ZL * ZH * I28              ; ACC = 0 und Test auf =
         +e * /s1 * s0                    ; Startzeit vierter Fall
             * I31 * I30                  ; Jump
             * /ACC31 * /ZH * I27         ; ACC > 0 und Test auf >
         +e * /s1 * s0                    ; Startzeit vierter Fall
             * I31 * I30                  ; Jump
             * /ACC31 * /ZL * I27         ; ACC > 0 und Test auf >
         +PCload * e * s1 * /s0           ; einen Takt halten
```

6.6.6 Asynchrone Signale und Reset

Das Signal /PCclear sorgt dafür, daß $\langle PC \rangle := 0$ gesetzt wird. Dieser Vorgang heißt auch *Reset* der Maschine. Das Signal wird an den gleichen Flanken aktiviert und deaktiviert wie /PCload. Der Mechanismus, der dafür sorgt, daß dieses Signal schließlich aktiv wird, ist jedoch von grundsätzlich anderer Natur als bei allen bisher betrachteten Signalen. Die Maschine führt einen Reset aus,

- wenn der Strom eingeschaltet wird (power up reset) oder

6.6. Kontrollogik

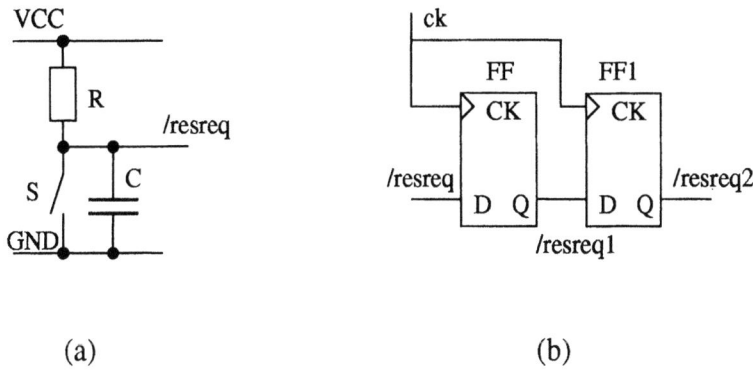

Abbildung 6.21: Schaltung zur Erzeugung eines Reset-Signales

- wenn ein Mensch auf einen Reset-Knopf drückt.

Ein Signal /resreq (reset request) läßt sich mit der Schaltung aus Abbildung 6.21(a) erzeugen. Sie besteht aus einem Schalter S, einem Widerstand R von $100k\Omega$ und einem Kondensator C von $1\mu F$. Ist der Kondensator geladen und der Schalter offen, wird das Signal /resreq in Richtung VCC gezogen.

Wird die Maschine eingeschaltet, so ist der Kondensator zunächst entladen. Während der Kondensator sich lädt, wird /resreq vorübergehend in Richtung 'Erde' gezogen. Drücken des Schalters verbindet /resreq direkt mit 'Erde'.

Wir möchten jetzt das Signal /resreq gern in ein mit ck getaktetes Flipflop FF clocken. Das Signal hat leider zwei unangenehme Eigenschaften.

- Es hat eine sehr langsam steigende Flanke, während der Kondensator sich lädt.
- Sein zeitlicher Verlauf steht in keinem festen Zusammenhang mit dem Clocksignal ck. Man sagt hierzu auch: das Signal ist *asynchron* zu ck.

Deswegen kann prinzipiell weder garantiert werden, daß die Setup- und Hold-Zeit des Flipflops FF erfüllt sind, noch daß am Dateneingang immer ein Wert außerhalb von $[V_{IL}, V_{IH}]$ anliegt. In solchen Fällen ist es möglich, wenn auch nicht sehr wahrscheinlich, daß das Flipflop FF vorübergehend einen undefinierten Zustand annimmt, d.h. metastabil wird.

Aus diesem Grund clockt man den Ausgang /resreq1 von Flipflop FF in ein zweites Flipflop $FF1$ (siehe Abbildung 6.21(b)). Der Ausgang /resreq2 dieses Flipflops wird praktisch niemals instabil. Denn $FF2$ bekommt schon in den allermeisten Fällen einen stabilen Input mit korrekten Setup– und Hold-Zeiten, und es korrigiert die überwiegende Mehrzahl der wenigen irregulären Fälle.

Es ist außerordentlich verlockend und sogar möglich hier mit einer Wahrscheinlichkeit $p < 1$ für das Auftreten eines metastabilen Zustands zu argumentieren und unter gewissen Voraussetzungen zu zeigen, daß sich diese Wahrscheinlichkeit durch das zusätzliche Flipflop quadriert. Wir können aber nur eindringlich davor warnen, das Wort 'Wahrscheinlichkeit' in den Mund zu nehmen, ohne formal einen Wahrscheinlichkeitsraum [8, Kap. 6] definieren zu können. Andernfalls kann man sich auf vielfältigste Weise zum Narren machen, etwa so: die Wahrscheinlichkeit, vor Erreichen der Hochschulreife zu versterben ist mindestens 2 %. Also sind Sie, lieber Leser, nur noch zu 98 % lebendig.

Die Vorgehensweise aus Abbildung 6.21(b) wird sehr häufig zum Synchronisieren von Signalen zwischen Rechnern benutzt.

Wir legen Signal /*resreq* als Eingang an ein Register-PAL und synchronisieren mit zwei Flipflops des PALS. Die PAL-Gleichungen sind einfach

$$\begin{aligned} resreq1 &:= resreq \text{ und} \\ resreq2 &:= resreq1 \end{aligned}$$

Mit Hilfe des synchronisierten Signals aktivieren wir ein Signal /*reset*, welches wir bis Flanke P2 von Execute halten.

```
reset := resreq2
        + reset  *   e  *   s1       ; halten an P3 von E und
                                     ; P0 von Fetch
        + reset  *  /e                ; halten an P1, P2, P3 von
                                     ; Fetch und  P0 von E
        + reset  *   e  * /s1 * /s0 ; halten an P1 von E
```

An Flanke P2 von E aktivieren wir *PCclear* und halten dies bis P0 von Fetch.

```
PCclear := e * /s1 * s0              ; Startzeit bei P2 von E
          * reset                    ; falls reset
        + PCclear * e * s1 * /s0    ; halten an P3 von E
```

6.6.7 Ansteuerung des Speichers

Auf den Speicher wird bei den folgenden Befehlen zugegriffen:

6.6. Kontrollogik

- jedem Fetch,
- Compute memory Befehlen ($R = 1$),
- LOAD, LOADIN1, LOADIN2,
- STORE, STOREIN1, STOREIN2.

Wir kodieren die drei Arten von Load Befehlen und die drei Arten von Store Befehlen mit je zwei Monomen und benutzen gemeinsame Halteterme für Fetch und Execute:

```
mreq := e   * s1 * s0       ; Startzeit P0 von Fetch
      +/e * s1 * s0         ; Startzeit P0 von Execute
          * /I31 * /I30     ; Compute
          * I29             ; R=1
      +/e * s1 * s0         ; Startzeit P0 von Execute
          * /I31 * I30      ; Load
          * /I29            ; M = LOAD oder M = LOADIN1
      +/e * s1 * s0         ; Startzeit P0 von Execute
          * /I31 * I30      ; Load
          * /I28            ; M = LOAD oder M = LOADIN2
      +/e * s1 * s0         ; Startzeit P0 von Execute
          * I31 * /I30      ; Store
          * /I29            ; M = STORE oder M = STOREIN1
      +/e * s1 * s0         ; Startzeit P0 von Execute
          * I31 * /I30      ; Store
          * /I28            ; M = STORE oder M = STOREIN2
      + mreq * /s1 * /s0    ; halten an P1
      + mreq * /s1 *  s0    ; halten an P2
```

Die PAL-Gleichung für Kontrollsignal /mw erhält man aus der für /mreq durch Streichen der Terme für Fetch, Compute und Load Befehle.

Das Output enable Signal für Treiber *SMDd* wird vorerst von einem Register-PAL, das mit *ck* getaktet ist, in sehr einfacher Weise erzeugt:

```
SMDdoe := mreq * /mw
```

Das Schreibsignal /*SMw* der SRAMs wird im gleichen PAL erzeugt. Wir nehmen vorerst an, daß es mit der PAL-Gleichung

```
SMw := e*/s1*s0              ; Startzeit P2 von Execute
        *mw                  ; Schreiben
```

erzeugt wird.

6.7 Exakte Timing-Analyse

Wir wollen nun berechnen, mit welcher Frequenz wir die RESA Maschine betreiben können, ohne daß irgendwelche Bedingungen für Pulsweiten, Setup- oder Hold-Zeiten verletzt werden. Die für die Analyse nötigen technischen Daten der verwendeten Bausteine wurden großenteils bereits eingeführt. Die technischen Daten *sämtlicher* verwendeten Bausteine sind in Anhang A zusammengefaßt.

Glücklicherweise brauchen wir die Timing-Analyse nicht für alle Befehlsarten durchzuführen. Wir werden nämlich zeigen, daß wir uns im Wesentlichen auf Compute memory Befehle beschränken können. Wir führen die exakte Timing-Analyse in sechs Schritten durch.

1. Analyse der Kontrollogik. Wegen der Verzögerungszeiten der PALs können wir die Kontrollogik nicht beliebig schnell takten.

2. Vermeidung von Bus contention.

3. Inkrementieren des *PC*.

4. Compute Befehle. Hierzu brauchen wir zunächst die genaue Verzögerungszeit der ALU. Von den Compute Befehlen müssen wir nur die untersuchen, bei denen der rechte Operand aus dem Speicher geladen werden muß. Dies dauert sicher länger, als wenn der rechte Operand aus dem Befehlsregister kommt.

   Als Zielregister untersuchen wir nur den Befehlszähler *PC*, da der Baustein 74F163 eine größere Setup-Zeit als der Baustein 74F374 und die gleiche Hold-Zeit hat.

   Wir zeigen dabei insbesondere, daß für Signal /*PCload* die Setup-Zeit bis *PCck* und die Hold-Zeit nach *PCck* erfüllt ist. Da Signal /*PCclear* die gleichen Setup- und Hold-Zeiten wie /*PCload* hat, muß der Reset-Vorgang nicht getrennt untersucht werden.

5. Bei den Load und bei den Store Befehlen müssen wir nur die Befehle LOADIN1 bzw. STOREIN1 untersuchen, da bei allen anderen Befehlen entweder der Weg durch die ALU oder durch den Speicher gespart wird. Hier müssen wir auch nicht mehr viel untersuchen, da die Datenpfade ähnlich denen bei Compute Befehlen sind. Nur die Reihenfolge von Speicher und ALU ist vertauscht.

   Die Load Befehle decken auch die Fetch-Phase und die Adreßrechnung bei Jump Befehlen mit ab.

6.7. Exakte Timing-Analyse

6. Jump Befehle. Wir müssen nur noch das Laden des Befehlszählers vom *DI*-Bus aus betrachten und zeigen, daß das Signal /*PCload* auch dann rechtzeitig erzeugt wird, wenn der Inhalt des Akkumulators ALU getestet werden muß.

In jedem der Schritte i untersuchen wir Verzögerungszeiten entlang eines Pfades p_i im gesamten Schaltplan und erhalten eine untere Schranke τ_i für die Zykluszeit. Da alle Schranken erfüllt sein müssen, bestimmen wir die Zykluszeit als

$$\tau = \max\{\tau_i \mid 1 \leq i \leq 6\} .$$

Ein *kritischer Pfad* ist ein Pfad p_i mit $\tau_i = \tau$. Meistens gibt es davon genau einen.

Will man die Zykluszeit kleiner machen, muß man offensichtlich den kritischen Pfad verändern. Wir werden das auf zwei Arten tun, nämlich:

- Wir ersetzen die Carry-Chain ALU durch eine schnellere ALU.
- Wir lassen mit einem einfachen Trick die Treiber auf den *A*-Bus länger enabled.

Man kann aber auch die Maschine schneller machen, indem man an manchen Stellen ganze Takte einspart. Wir werden das am Beispiel der Fetch-Phase vorführen, die wir auf drei Takte verkürzen.

6.7.1 Kontrollogik

Ein detailliertes Timing-Diagramm für die Kontrollogik ist in Abbildung 6.22 zu sehen. Alle Zahlen im Timing-Diagramm sind relativ zu den Flanken des nichtinvertierten Clocksignals *ck*. Das invertierte Clocksignal /*ck* ist um die Verzögerungszeiten eines 74F04 Inverters gegen *ck* verschoben. Die Ausgänge von Register-PALs sind um (0,12) gegen das Clocksignal des PALs verschoben. Wir nennen im Folgenden PALs, die mit *ck* getaktet werden *P-PALs* und PALs, die mit der invertierten Clock /*ck* getaktet werden, *N-PALs*. Für die Ausgänge PAL^+ von P-PALs erhalten wir eine Verzögerungszeit von

$$t^+ = (0,12) .$$

Für die Ausgänge PAL^- von N-PALs erhalten wir eine Verzögerungszeit von

$$t^- = (2.4, 6) + (0, 12) = (2.4, 18) .$$

Die Uhrzeit, d.h. die Signale e, $s1$ und $s0$ werden von einem mit *ck* getakteten Zähler 74F163 erzeugt. Sie sind um (3.5, 11) gegen *ck* verschoben und werden in fast allen PALs benutzt.

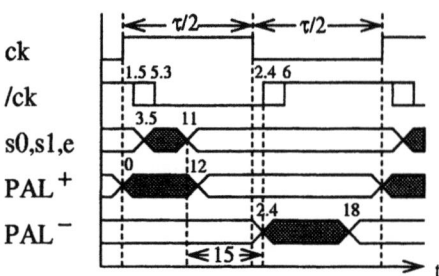

Abbildung 6.22: Timing-Analyse der Kontrollogik

Sie werden in einem N-PAL verwendet. Die PALs haben eine Setup-Zeit von den Eingängen oder den zurückgeführten Ausgängen bis zur Clock von $15\,ns$. Für N-PALs muß insbesondere gelten:

$$\max(3.5, 11) + 15 \leq \tau/2 + \min(2.4, 6),$$

also

$$\tau \geq 47.2\,ns. \tag{6.6}$$

Die Ausgänge von 74F374-Registern sind um $(4.0, 10.0)$ gegen das Clocksignal des Registers verschoben. Insbesondere werden die Ausgänge des Instruktionsregisters I gültig zur Zeit

$$t_1 = t^+ + (4.0, 10.0) = (4.0, 22.0) \tag{6.7}$$

nach Flanke P3. Diese Signale werden in P-PALs frühestens an Flanke P0 verwendet. Damit die Setup-Zeit der P-PALs erfüllt ist, muß gelten:

$$\max(t_1) + 15 \leq \tau,$$

also

$$\tau \geq 37\,ns.$$

6.7.2 Vermeidung von Bus contention

Das Timing-Diagramm in Abbildung 6.23 folgt dem Muster von Abschnitt 5.5. Auf die Busse A, D und DI treiben nur 74F244-Treiber. Sie haben Enable-Zeiten von $(2,8)$ und Disable-Zeiten von $(2,7)$. Die schärfsten Bedingungen entstehen bei Enable– und Disable-Signalen, die von N-PALs erzeugt werden. Um Bus contention zu vermeiden, muß gelten

$$\max(t^- + (2,7)) \leq \tau + \min(t^- + (2,8)),$$

6.7. Exakte Timing-Analyse

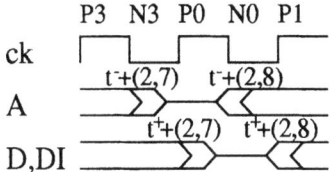

Abbildung 6.23: Timing-Diagramm für Busbelegung

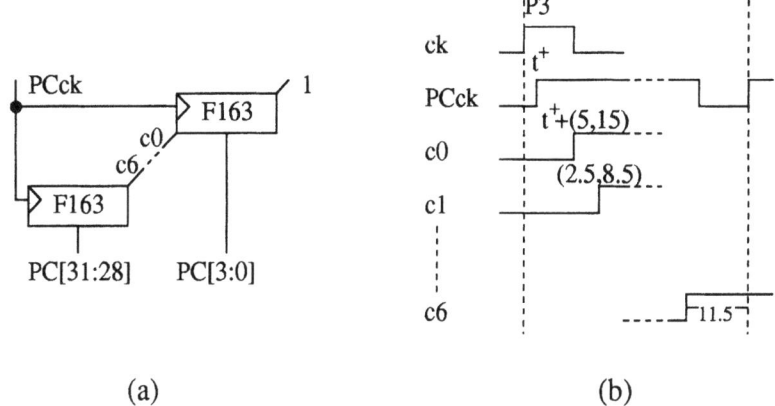

(a) (b)

Abbildung 6.24: Analyse des Befehlszählers

also
$$25 \leq \tau + 4.4 \Leftrightarrow \tau \geq 20.6 ns.$$

Auf den Operanden-Bussen hat man sehr viel Zeit.

6.7.3 Inkrementieren des Befehlszählers

Der Befehlszähler PC besteht aus acht 4-Bit Zählern 74F163 (siehe Abbildung 6.24(a)). Sein Clocksignal wird von einem P-PAL erzeugt. Wir zählen die Zeit ab Flanke P3 von Execute (siehe Abbildung 6.24(b)). Wir bezeichnen mit c_i den Ausgangsübertrag des i-ten Zählers für $i = 0, \ldots, 7$ und mit ζ_i die Zeit, zu der c_i gültig wird.

Der Ausgangsübertrag der 74F163-Zähler ist gegen das Clocksignal um $(5,15)$ und gegen den Eingangsübertrag um $(2.5, 8.5)$ verzögert. Also ist für alle i Übertrag c_i gültig zur Zeit

$$\zeta_i = t^+ + (5,15) + i \cdot (2.5, 8.5) \,.$$

Die Setup-Zeit des Eingangsübertrags bis zum Clocksignal ist $11.5\,ns$. Die Hold-Zeit nach dem Clocksignal ist $0\,ns$. Der Befehlszähler wird nur alle acht Takte geclockt. Es folgt

$$\max(\zeta_6) + 11.5 \leq 8\tau + \min t^+ ,$$

also

$$12 + 15 + 6 \cdot 8.5 + 11.5 \leq 8\tau \Leftrightarrow \tau \geq 11.2\,ns.$$

6.7.4 Compute Befehle

Wir berechnen vorab die Verzögerungszeit der ALU. Sie besteht aus acht 4-Bit ALU-Slices 74F382, die als Carry-Chain kaskadiert sind (siehe Abbildung 6.25(a)). Die Verzögerungszeiten für die einzelnen Slices sind

- c_i bis c_{i+1} : $(3.5, 10)$
- a,b bis c_{i+1}: $(3.5, 10.5)$
- f bis c_{i+1} : $(5, 17.5)$
- c_i bis s : $(2.5, 13)$
- a,b bis s : $(3.5, 16)$
- f bis s : $(4, 21.5)$

Wir zählen die Zeit ab dem Zeitpunkt, wo alle Operandenbits und der Eingangsübertrag gültig sind. Wir setzen voraus, daß die Function-Select Bits mindestens $7\,ns$ vor den Operanden gültig sind und rechnen nur obere Schranken aus. Für $i = 0,\ldots,6$ bezeichnen wir mit c_i den Ausgangsübertrag der i-ten ALU-Slice und mit ζ_i die Zeit, wo c_i gültig wird. Dann ist für alle i

$$\zeta_i = (0, 10.5) + i \cdot (0, 10) .$$

Also sind alle Resultatsausgänge gültig zur Zeit

$$t_{ALU} = (0, 10.5 + 6 \cdot 10 + 13) = (0, 83.5) . \tag{6.8}$$

Das detaillierte Timing-Diagramm für Compute memory Instruktionen findet man in Abbildung 6.25(b). Wir müssen einige Sorgfalt aufwenden und beginnen die Analyse bei P3 von Fetch. Nach (6.7) ist das Instruktionsregister gültig zur Zeit $t_1 = (4, 22)$. Die kombinatorischen PALs, die wir verwenden, haben eine Verzögerungszeit von $15\,ns$. Also sind zur Zeit

$$t_2 = t_1 + (0, 15) = (4, 37) \tag{6.9}$$

die folgenden Signale bereits gültig:

6.7. Exakte Timing-Analyse

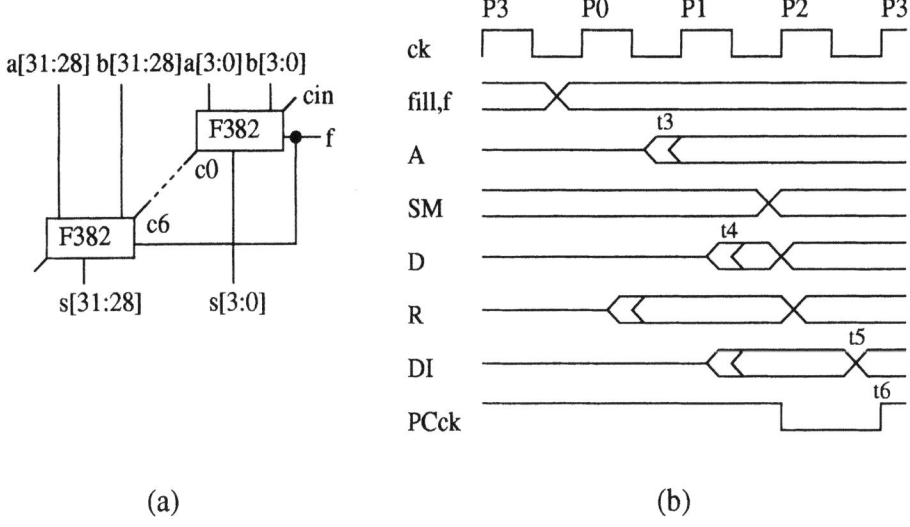

(a) (b)

Abbildung 6.25: Carry-Chain ALU der RESA

- das Füllbit $fill$,
- der Eingangsübertrag cin und die Function-Select Signale $f[2:0]$ der ALU,
- die in Jump Befehlen benötigten Signale ZH und ZL, welche den Inhalt des Akkumulators testen.

Wegen (6.6) sind die Signale (mehr als 7 ns) vor P0 von Execute gültig.

Die ALU kann als Reaktion auf den geänderten Eingangsübertrag schon zur Zeit $\min t_2 + 2.5 = 6.5\,ns$ anfangen, ihre Ausgänge zu ändern.

Der Treiber IAd wird enabled an Flanke N0 von Execute, der Treiber $ASMd$ ist stets enabled. Der Treiber DRd wird enabled an Flanke P0, die Treiber $SMDd$ und $ALUDId$ an Flanke P1 von Execute. Wir rechnen von Flanke N0 an weiter, ignorieren aber untere Schranken sobald die ALU betroffen ist.

Treiber IAd ist enabled zur Zeit

$$t_3 = t^- + (2,8) = (4.4, 26) .$$

Insbesondere liegen zur Zeit t_3 auf dem Adreßbus A gültige Daten. Die Daten auf dem linken Operandenbus sind schon ungefähr einen halben Takt vorher gültig. Nun addieren wir die folgenden Verzögerungszeiten auf:

- Treiber *ASMd*: (2.5, 6.5),
- SM: (0, 45).

Der Datenausgang des statischen RAMs liefert gültige Daten ab

$$t_4 = (4.4, 26) + (2.5, 6.5) + (0, 45) = (6.9, 77.5) \, .$$

Zu dieser Zeit ist der Treiber *SMDd* bereits enabled, da er bereits zur Zeit $\tau/2 + t^+ + (2, 8)$ nach Flanke N0 enabled wird.

Wir addieren die Verzögerungszeiten von

- *SMDd, DRd, ALUDId*: $3 \cdot (2.5, 6.5)$,
- ALU: $(*, 83.5)$.

Wir haben dann gültige Daten auf dem internen Datenbus *DI* zur Zeit

$$t_5 = t_3 + (*, 154.5) = (*, 180.5) \, .$$

Die Clocksignale für Zähler und Register am *DI*-Bus werden erzeugt von einem P-PAL an Flanke P3 von Execute, gerechnet von N0 also zur Zeit

$$t_6 = 2.5 \cdot \tau + t^+ = 2.5 \cdot \tau + (0, 12) \, .$$

Die Setup-Zeit von 74F163-Zählern beim Laden über die Dateneingänge ist $5\,ns$. Es folgt

$$\max t_5 + 5 \leq \min t_6 \, ,$$

also

$$185.5 \leq 2.5 \cdot \tau \Leftrightarrow \tau \geq 74.2\,ns. \tag{6.10}$$

Eine schnellere ALU könnte offenbar nichts schaden. Aus Kapitel 4 haben wir auch noch einiges auf Lager. Der Rest der Analyse für Compute Befehle ist einfach. Für die Daten ist eine Hold-Zeit von $2\,ns$ nach *PCck* erforderlich. Da die Daten mindestens bis *N3* gehalten werden, haben wir mindestens eine Hold-Zeit von

$$t_h = \tau/2 - 12 \, .$$

Schon aus (6.6) folgt

$$t_h \geq 47.2/2 - 12 = 11.6 \geq 2 \, .$$

Timing-Diagramm 6.26 zeigt den Verlauf von Signal /*PCload* beim Laden des Befehlszählers. Es wird wie *PCck* von einem P-PAL erzeugt. Wir erhalten gegenüber *PCck* eine Setup- und Hold-Zeit von mindestens $\tau - 12$. Gefordert sind nur $9.5\,ns$ bzw. $0\,ns$.

6.7. Exakte Timing-Analyse

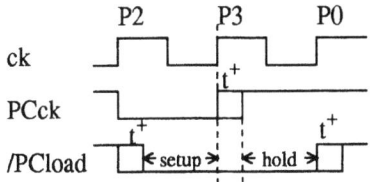

Abbildung 6.26: Timing-Analyse von /*PCload*

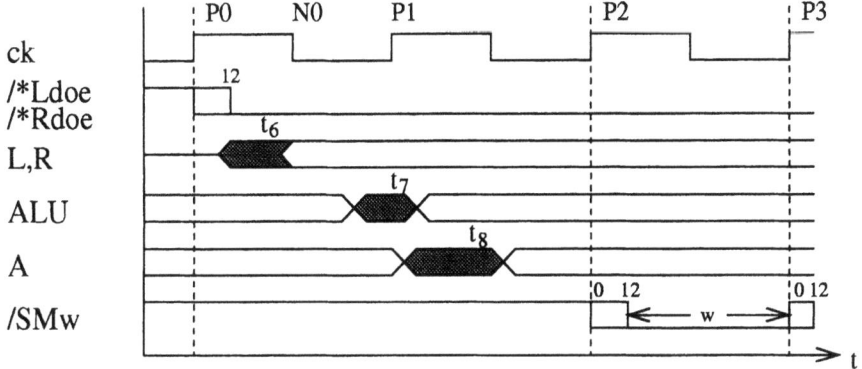

Abbildung 6.27: Timing-Analyse bei STOREIN1

6.7.5 LOADIN1 und STOREIN1

Beim Befehl LOADIN1 hat man fast die gleichen Verzögerungen wie bei einem Compute Befehl. Allerdings findet hier zuerst der Durchgang durch die ALU und dann der Durchgang durch den Speicher statt. Da linker und rechter Bus bereits bei P0 enabled werden, und zu diesem Zeitpunkt das Füllbit *fill* wegen (6.9) schon berechnet ist, hat man einen halben Takt länger Zeit. Es kommt also zu einer schwächeren Abschätzung.

Beim Befehl STOREIN1 gilt im Wesentlichen das gleiche wie bei LOADIN1, allerdings muß man den Schreibvorgang ins SRAM *SM* analysieren. Betrachten wir hierzu Abbildung 6.27.

Wir rechnen ab Flanke P0 von Execute. Die Output enable Signale für die Treiber auf die Operandenbusse werden von P-PALs zur Zeit t^+ erzeugt. Die langsamsten Treiber sind die eingebauten Treiber der 74F374-Register. Ihre Enable-Zeit ist (2, 12.5). Damit haben wir gültige Daten auf den Operandenbussen zur Zeit

$$t_6 = t^+ + (2, 12.5) = (2, 24.5) .$$

Wegen (6.8) und (6.9) haben wir stabile Daten am Ausgang der ALU zur Zeit

$$t_7 = t_6 + (*, 83.5) = (*, 108)$$

und auf dem A-Bus zur Zeit

$$t_8 = t_7 + (2.5, 6.5) = (*, 114.5),$$

sofern Treiber *ALUAd* rechtzeitig enabled wird. Treiber *ALUAd* wird enabled an Flanke N0 zur Zeit

$$\tilde{t}_8 = \tau/2 + t^- + (2,8) = \tau/2 + (4.4, 26).$$

Treiber *ACCDd* wird enabled an Flanke P1 zur Zeit

$$t'_8 = \tau + t^+ + (2,8) = \tau + (2, 20).$$

Signal /*SMw* wird von einem P-PAL von P2 bis P3 aktiviert. Es ist also von Zeit $2 \cdot \tau + t^+$ bis $3 \cdot \tau + t^+$ aktiv. Nun müssen drei Bedingungen erfüllt sein.

- Die Adressen müssen beim Beginn des Schreibpulses gültig sein. Da der Treiber *ASMd* stets enabled ist, müssen wir nur seine Verzögerungszeit berücksichtigen und es folgt

$$114.5 + 6.5 \leq 2 \cdot \tau \text{ und } \tau/2 + 26 + 6.5 \leq 2 \cdot \tau, \qquad (6.11)$$

  also

$$\tau \geq 60.5\,ns.$$

- Die Daten müssen $15\,ns$ vor dem Ende des Schreibpulses gültig sein. Es folgt

$$t'_8 + 15 \leq 3\tau \Leftrightarrow \tau \geq 17.5\,ns.$$

- Die Pulsweite des Schreibpulses muß mindestens $22\,ns$ sein. Es folgt

$$\tau - 12 \geq 22 \Leftrightarrow \tau \geq 34\,ns.$$

Adressen und Daten müssen bis zum Ende des Schreibpulses gehalten werden. Das ist der Fall, da sie sich erst an Flanke N3 von Execute bzw. an P0 des folgenden Fetch ändern.

6.7.6 Jump

Wegen (6.9) sind die Signale /*ZH* und /*ZL* schon vor P0 stabil. Im Fall eines Sprungs muß Signal /*PCload* aber erst an P2 aktiviert werden. Die Setup-Zeit von $15\,ns$ für das P-PAL, welches /*PCload* erzeugt, muß erfüllt sein. Hierzu genügt

$$2\tau \geq 15\,ns.$$

6.7. Exakte Timing-Analyse

6.7.7 Zykluszeit und Befehlsrate

Die schärfste Bedingung an die Zykluszeit erhalten wir von (6.10) aus der Analyse der Compute Befehle. Um sie einzuhalten, muß $\tau \geq 74.2\,ns$ gelten. Damit erhalten wir eine Taktfrequenz

$$v = \frac{1}{74.2} \cdot 10^9 \approx 13.5 \cdot 10^6 = 13.5\,MHz.$$

Um einen Befehl auszuführen, benötigen wir acht Takte. Wir können also mit dem bisherigen Design ungefähr $13.5/8 = 1.69$ Millionen Befehle pro Sekunde ausführen. Die Anzahl von Befehlen, die eine Maschine pro Sekunde ausführen kann, heißt die *Befehlsrate*. Die übliche Maßeinheit hierfür ist *MIPS (Million Instructions per Second)*. Die RESA-Maschine hat also bisher eine Leistung von $1.61\,MIPS$.

Die Befehlsrate ist nur dann eine wohldefinierte Größe, wenn alle Instruktionen gleich viele Takte dauern. Andernfalls erhält man für verschiedene Programme verschiedene Befehlsraten. Da überdies verschiedene Maschinen ganz verschiedene Instruktionssätze haben, sagen Befehlsraten nicht viel über die tatsächliche Leistung von Maschinen aus.

6.7.8 ALUs mit Carry Lookahead und Conditional Sum

Wir ersetzen die bisherige Carry-Chain ALU durch eine schnellere ALU. Wir benutzen zusätzlich zu den 74F382 ALU-Slices jetzt die in Abschnitt 4.5 beschriebenen 74F381 ALU-Slices, die statt des Ausgangsübertrags Generate– und Propagate-Signale $/g$ und $/p$ liefern. Sie haben mit den Bezeichnungen aus Abbildung 6.28 die folgenden Verzögerungszeiten:

- a, b bis $/g, /p$: $(3.5, 11.5)$
- f bis $/g, /p$: $(4, 14.5)$
- a, b bis s : $(3.5, 16)$
- c_i bis s : $(2.5, 13)$
- f bis s : $(4, 21.5)$

Mit Hilfe des 4-Bit Carry-Lookahead Generators 74F182 schalten wir eine 74F382 Slice und drei 74F381 Slices nach dem Muster von Abschnitt 4.5 zu einer 16-Bit ALU zusammen[4] (siehe Abbildung 6.29(a)). Baustein 74F182 hat mit den Bezeichnungen von Abbildung 6.29(a) die folgenden Verzögerungszeiten:

---
[4] Man setzt hierfür den zusätzlichen Eingang c_n dieses Bausteins auf 0.

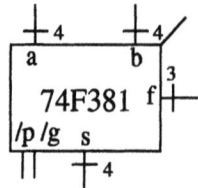

Abbildung 6.28: ALU-Slice

- $/g_i, /p_i$ bis G_0, G_1, G_2: $(2, 9.5)$

- $/g_i, /p_i$ bis G_3: $(3, 11.5)$

Abbildung 6.29(b) enthält ein detailliertes Timing-Diagramm für die 16-Bit ALU. Wir zählen die Zeit ab dem Zeitpunkt, zu dem alle Operandenbits und der Eingangsübertrag c_{-1} gültig sind. Wir berechnen nur obere Schranken und setzen voraus, daß die Function-Select Signale f bereits $7\,ns$ vor den Operanden stabil sind. Aus den Daten für Baustein 74F382 (siehe Abschnitt 6.7.4) folgt, daß Signal $g_0 = c_3$ gültig ist zur Zeit

$$u_1 = (3.5, 10.5) \ .$$

Die übrigen Generate- und Propagate-Signale sind gültig zur Zeit

$$u_2 = (0, 11.5) \ .$$

Übertrag $G_3 = c_{15}$ ist gültig zur Zeit

$$u_3 = u_2 + (0, 11.5) = (0, 23) \ .$$

Die Überträge $G_0 = c_3$, $G_1 = c_7$ und $G_2 = c_{11}$ sind gültig zur Zeit

$$u_4 = u_2 + (0, 9.5) = (0, 21) \quad ,$$

und die Resultate s sind gültig zur Zeit

$$u_5 = u_4 + (0, 13) = (0, 34) \ .$$

Nach dem Muster eines Conditional-Sum Addierers konstruieren wir eine 32-Bit ALU aus drei 16-Bit ALUs und 74F157 Multiplexern wie in Abbildung 6.30 angegeben. Die Multiplexer haben die folgenden Verzögerungszeiten:

- Daten-Eingang bis Ausgang : $(2, 7)$

6.7. Exakte Timing-Analyse

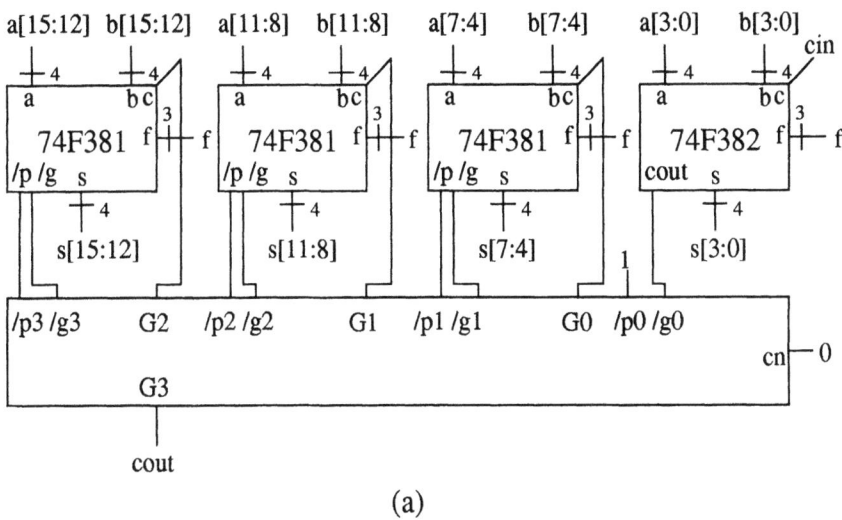

(a)

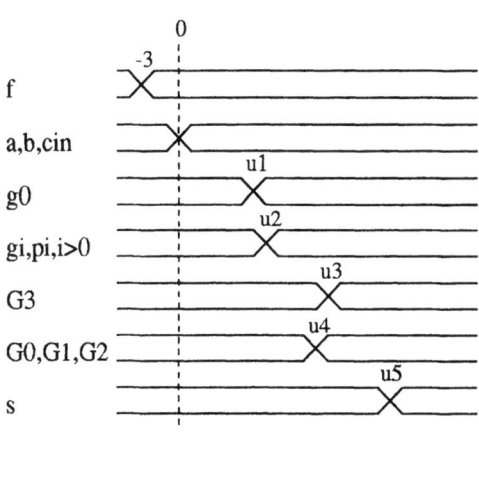

(b)

Abbildung 6.29: Aufbau einer 16-Bit Carry-Lookahead ALU

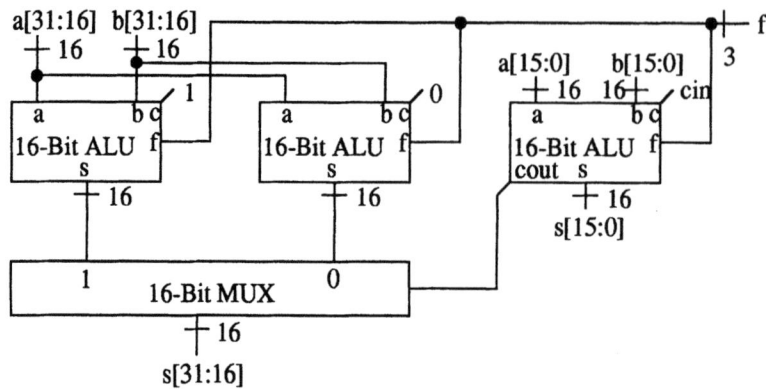

Abbildung 6.30: Aufbau einer 32-Bit Conditional-Sum ALU

- Select-Eingang bis Ausgang: $(3,11)$

Alle Ausgänge der 32-Bit ALU sind dann gültig zur Zeit

$$t_{ALU} = (0, \max\{u_3 + 11, u_5 + 7\}) = (0, 41).$$

Die alte ALU hatte eine maximale Verzögerungszeit von $83.5\,ns$. Die neue ALU ist um

$$\delta = 83.5 - 41 = 42.5\,ns$$

schneller. Mit der schnelleren ALU verbessern sich die Abschätzungen (6.10) und (6.11) zu

$$\begin{aligned} 185.5 - \delta &= 143 \leq 2.5 \cdot \tau \text{ und} \\ 121 - \delta &= 78.5 \leq 2 \cdot \tau. \end{aligned} \quad (6.12)$$

Es folgt

$$\tau \geq 57.2\,ns,$$

und die Befehlsrate steigt auf $1/(8\tau) \approx 2.2\,MIPS$.

6.7.9 Kontrollsignale mit 3.5 Zyklen Dauer

Der kritische Pfad liegt immer noch bei den Compute Instruktionen, wo zuerst ein Durchgang durch den Speicher und dann ein Durchgang durch die ALU erfolgt. Bei umgekehrter Reihenfolge wird das Timing bereits besser, weil wir Treiber auf den R-Bus bereits bei P0

6.7. Exakte Timing-Analyse

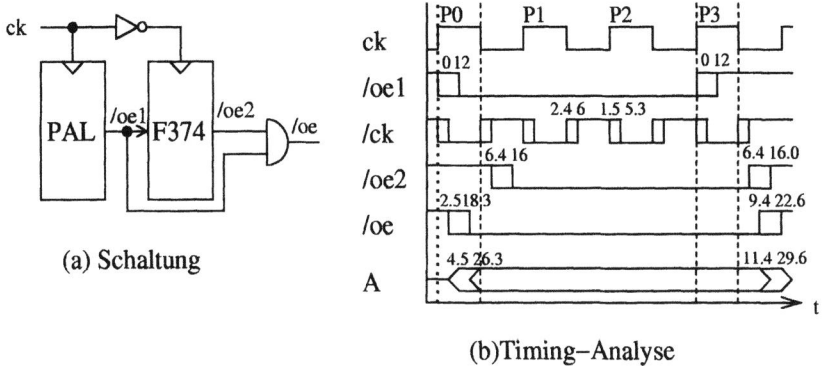

(a) Schaltung

(b) Timing–Analyse

Abbildung 6.31: Verlängerung von Kontrollsignalen

enablen können. Wir können das Timing auf dem kritischen Pfad verbessern, wenn uns folgendes gelingt:

1. für $X \in \{I, PC, ALU\}$ enablen wir die Treiber XAd zum Adreßbus bereits an Flanke P0. Wir disablen sie aber wie bisher an Flanke N3. Mit Output enable Signalen, die direkt aus einem Register-PAL kommen, geht das nicht.

2. Wir vermeiden weiterhin auf dem A-Bus Bus contention.

Eine Schaltung, die die gewünschten Kontrollsignale $/oe$ erzeugt, ist in Abbildung 6.31(a) zu sehen. Ein P-PAL erzeugt ein Kontrollsignal $/oe1$ von P0 bis P3. Das mit invertierter Clock getaktete 74F374 Register erzeugt hieraus ein verzögertes Signal $/oe2$ von N0 bis N3. Das 74F08 AND-Gatter erzeugt hieraus ein Signal $/oe$ von P0 bis N3. Abbildung 6.31(b) enthält das zugehörige Timing-Diagramm.

Die Verzögerung von $/oe2$ ergibt sich aus dem Propagation Delay des 74F04 Inverters zur Erzeugung der invertierten Clock plus dem Propagation Delay von Clock nach Output des Registers von $(4,10)$. Das Timing für den A-Bus folgt aus den Enable- und Disable-Zeiten von 74F244 Treibern. Bus contention entsteht nicht, solange gilt:

$$22.6 + 7 \leq \tau/2 + 4.5 \Leftrightarrow \tau \geq 50.2\,ns. \tag{6.13}$$

Die Setup-Zeit für ein 74F374 Register ist nur $2\,ns$. Dies führt für die Kontrollogik zu der neuen harmlosen Bedingung

$$12 + 2 \leq \tau/2 + 2.4\,.$$

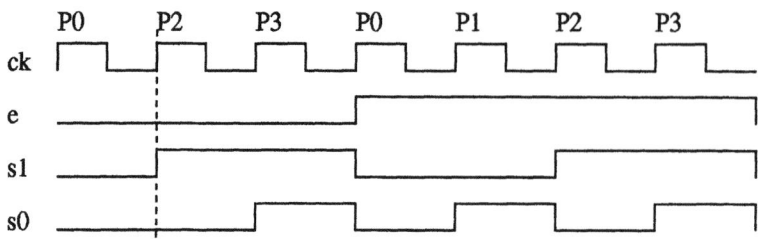

Abbildung 6.32: Idealisiertes Timing des verkürzten Fetch

Damit verändert sich die Timing-Analyse der Befehle Compute und STOREIN1. Statt $18\,ns$ nach N0 wird das Signal $/IAdoe$ nun $18.3\,ns$ nach P0 aktiv. Damit verändern sich die Abschätzungen (6.12) zu

$$\begin{aligned} 143 - 18 + 18.3 &= 143.3 \leq 3\tau \text{ und} \\ 78.5 - 18 + 18.3 &= 78.8 \leq 2.5\tau \,. \end{aligned} \quad (6.14)$$

Also ist
$$\tau \geq 47.7 \ ns.$$

Nun ist (6.13) mit $\tau \geq 50.2$ die schärfste Bedingung. Immerhin steigt die maximale Frequenz auf $19.9\,MHz$ und die Befehlrate auf

$$\frac{1}{8 \cdot 50.2 \cdot 10^{-9}} \approx 2.49\,MIPS.$$

Anmerkung: Wenn wir den Adreßbus bei P0 enablen, müssen wir alle PAL-Gleichungen von Output enable Signalen der Treiber auf diesen Bus ändern. Die Änderung beschränkt sich allerdings auf Terme mit Startzeiten und die Halteterme. Diese müssen jetzt alle einen Takt „zurückgedreht" werden, d.h. aus $/s0 * /s1 * e$ wird jetzt $s0 * s1 * /e$ usw.

6.7.10 Verkürzung des Fetch-Zyklus

In der Fetch-Phase muß man die ALU nicht benutzen. Das legt es nahe, die Fetch-Phase auf drei Takte zu verkürzen. Wir entfernen aus dem idealisierten Timing-Diagramm den Zyklus von P1 bis P2 und erhalten das idealisierte Timing-Diagramm aus Abbildung 6.32. Dies hat für die Kontrollogik einige lästige Konsequenzen:

- Wir brauchen für die Uhrzeit e, s_1, s_0 jetzt einen Zähler, der 001 überspringt. Man erzeugt die neuen Signale auf einem P-PAL mit den PAL-Gleichungen:

6.7. Exakte Timing-Analyse

```
e  := s0 * s1 * /e ; bei P0 von Execute aktivieren
   +/s0 * /s1 *  e ; bei P1 von Execute halten
   + s0 * /s1 *  e ; bei P2 von Execute halten
   +/s0 *  s1 *  e ; bei P3 von Execute halten

s1 := /s0 * /s1 * /e ; bei P2 von Fetch aktivieren
   +/s0 *  s1 * /e ; bei P3 von Fetch halten
   + s0 * /s1 *  e ; bei P2 von Execute aktivieren
   +/s0 *  s1 *  e ; bei P3 von Execute halten

s0 := /s0 *  s1 * /e ; bei P3 von Fetch aktivieren
   +/s0 * /s1 *  e ; bei P1 von Execute aktivieren
   +/s0 *  s1 *  e ; bei P3 von Execute aktivieren
```

Der Propagation Delay von *ck* bis $e, s1, s0$ betrug bei einem 74F163 Zähler maximal 11 *ns*, beim PAL beträgt er jetzt 12 *ns*. Trotzdem ändert sich Abschätzung (6.6) nicht, da wir jetzt keine N-PALs mehr benutzen.

- Außerhalb von PALs liegen die Uhrzeit-Signale jetzt invertiert vor. Da sie nur auf PALs benutzt werden, macht das nichts: man muß den Signalen nur in den Pin-Deklarationen active low Namen geben.

- Die PAL-Gleichung für *Ick* ändert sich zu

```
/Ick := /e * /s1 * /s0 ; Start an P2 jetzt nach Takt 0
```

- Wir haben in der PAL-Gleichung für Signal /*mreq* und /*mw* gemeinsame Halteterme für Fetch und Execute benutzt, nämlich

```
... + mreq * /s1 * /s0 ; halten an P1
    + mreq * /s1 *  s0 ; halten an P2
```

Dies funktioniert nach wie vor.

Abbildung 6.33 zeigt jetzt das detaillierte Timing-Diagramm der verkürzten Fetch-Phase. Wir zählen die Zeit ab Flanke P0.

1. Nach spätestens 18.3 *ns* wird das Signal /*PCAdoe* aktiv.

2. Nach spätestens $18.3 + 8 = 26.3$ *ns* ist der Treiber *PCAd* enabled und die Adresse des zu ladenden Befehls liegt auf dem Adreßbus.

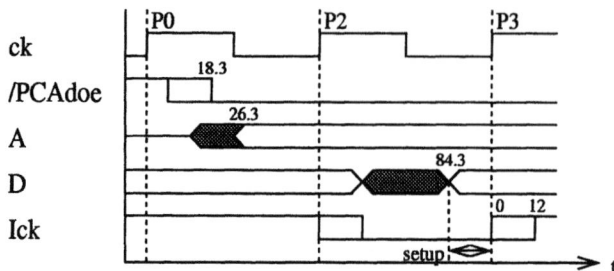

Abbildung 6.33: Detaillierte Timing-Analyse des verkürzten Fetch

3. Nach Durchgang durch *ASMd*, Speicher *SM* und *SMDd* liegt der Befehl am Eingang des Befehlsregisters spätestens zur Zeit

$$t_f = 26.3 + 45 + 2 \cdot 6.5 = 84.3\,ns$$

an.

4. Das Befehlsregister hat eine Setup-Zeit von $2\,ns$. Es muß gelten

$$t_f + 2 = 86.3 \leq 2 \cdot \tau.$$

Damit folgt

$$\tau \geq 43.15\,ns.$$

Der kritische Pfad liegt weiter bei der Vermeidung von Bus contention auf dem Adreßbus (siehe (6.13)). Zur Ausführung eines Befehls brauchen wir jetzt aber nur noch sieben Takte. Damit erhöht sich die Leistung der Maschine auf

$$\frac{1}{7 \cdot 50.2 \cdot 10^{-9}} \approx 2.85\,MIPS.$$

6.7.11 Einschalten des Stroms

Man möchte meinen, daß es ziemlich gleichgültig ist, wie man beim Verkürzen des Fetch-Zyklus in Abschnitt 6.7.10 die Uhrzeit kodiert und wie man die PAL-Gleichungen für die Signale *e*, *s*1 und *s*0 schreibt. Das ist aus einem subtilen Grund jedoch nicht der Fall. Wie wir schon in Abschnitt 5.2.3 ausgeführt haben, verlieren Flipflops und SRAMs beim Abschalten des Stroms die Werte, die sie speichern. Beim Wiedereinschalten des Stroms sind die Flipflops zunächst metastabil und schalten dann in nicht vorhersagbarer Weise in einen der beiden stabilen Zustände.

6.8. Ein- und Ausgabe

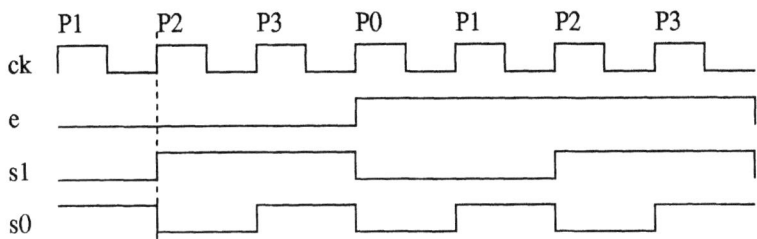

Abbildung 6.34: Verkürzter Fetch bei Entfernung Phase 0

Hätten wir oben statt Takt 1 von Fetch Takt 0 von Fetch entfernt und die gleiche Kodierung beibehalten, so hätten wir für die Signale e, $s1$ und $s0$ das idealisierte Timing-Diagramm aus Abbildung 6.34 erhalten. Die offensichtlichen PAL-Gleichungen sind

```
e  :=  s0 *  s1 * /e ; bei P0 von Execute aktivieren
    +/s0 * /s1 *  e ; bei P1 von Execute halten
    + s0 * /s1 *  e ; bei P2 von Execute halten
    +/s0 *  s1 *  e ; bei P3 von Execute halten

s1 :=  s0 * /s1 * /e ; bei P2 von Fetch aktivieren
    +/s0 *  s1 * /e ; bei P3 von Fetch halten
    + s0 * /s1 *  e ; bei P2 von Execute aktivieren
    +/s0 *  s1 *  e ; bei P3 von Execute halten

s0 := /s0 *  s1 * /e ; bei P3 von Fetch aktivieren
    +/s0 * /s1 *  e ; bei P1 von Execute aktivieren
    +/s0 *  s1 *  e ; bei P3 von Execute aktivieren
    + s0 *  s1 *  e ; bei P1 von Fetch halten
```

Geraten die Flipflops des so konstruierten PALs beim Einschalten des Stroms in Zustand $(0,0,0)$, so läuft die Uhr nicht los sondern bleibt in diesem Zustand hängen. Die oben konstruierte Uhr hingegen fällt von dem normal nicht erreichbaren Zustand $(0,0,1)$ in den Zustand $(0,0,0)$ und läuft los.

6.8 Ein- und Ausgabe

Wir können bisher mit der RESA-Maschine rechnen, aber wir können noch nicht mit der Außenwelt in Verbindung treten. Dies ist aber notwendig, insbesondere um

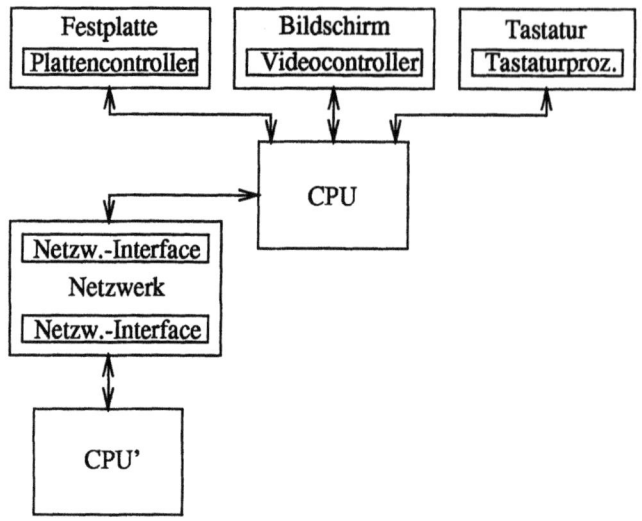

Abbildung 6.35: Datenaustausch zwischen verschiedenen Einheiten

- Programme und Eingabendaten in den Speicher zu laden und um

- Ausgabedaten auf einem Ausgabemedium (Bildschirm, Drucker) oder einem nicht flüchtigen Speichermedium (Festplatte, Band) auszugeben.

Hierbei tauschen Rechner ganz verschiedener Einheiten Daten aus, und diese Einheiten werden mit Hilfe ganz verschiedener Bausteine angesteuert (siehe Abbildung 6.35):

- Bildschirme durch Videocontroller,

- Festplatten durch Plattencontroller,

- Tastaturen durch Tastatur-Prozessoren,

- andere Rechner über Netzwerke mit Hilfe von Netzwerkschnittstellen.

Bausteine oder Gruppen von Bausteinen zum Ansteuern einer Ein-/Ausgabeeinheit (Input/Output Unit, I/O Unit) heißen *Schnittstellen* oder *Interfaces*. Ein-/Ausgabeeinheiten heißen auch *Peripherie*-Einheiten.

6.8. Ein- und Ausgabe

6.8.1 I/O-Ports und Interfaces

Trotz der großen Vielfalt von möglichen Ein/Ausgabeeinheiten sehen die Interfaces, welche diese Einheiten kontrollieren, *von der CPU aus gesehen* alle gleich aus: sie hängen genau wie der Speicher an den berühmten drei Bussen A, D und C und werden von der CPU genau wie Speicherzellen angesprochen.

Anmerkung: Es gibt zwar Maschinen mit speziellen I/O-read und I/O-write Befehlen. Diese Befehle aktivieren dann auf dem Bus eine spezielle Leitung *IO-access*. Diese Leitung ist aber nichts anderes als eine zusätzliche Adreßleitung.

Ein Interface wird also von der CPU wie ein Speicher mit einer gewissen Zahl s von Adressen angesprochen. Adressen auf Interface-Einheiten heißen *I/O-Ports*. Ein Interface mit s I/O-Ports wird in der Regel mit $\sigma = \lceil \log s \rceil$ Adreßleitungen $A[\sigma - 1 : 0]$ und einem Schreibsignal $/write$ angesprochen.

Eine ganz einfaches Interface mit $s = 4$ Adressen ist aus Sicht der CPU in Abbildung 6.36 gezeigt. Es gibt vier Register R_i, wobei Register R_i mit der 2-Bit Adresse $bin_2(i)$ adressiert wird:

R_0: **Data in.** Aus diesem Register liest die CPU Daten, die von der Peripherie-Einheit kommen.

R_1: **Data out.** In dieses Register schreibt die CPU Daten, die für die Peripherieeinheit bestimmt sind.

R_2: **Status.** Aus diesem Register liest die CPU Status-Information, die vom Peripheriegerät kommt. Typische Bedeutung von Bits in diesem Register ist, ob in R_0 ein neues Datum steht oder ob nach R_1 ein neues Datum geschrieben werden kann.

R_3: **Command.** In dieses Register schreibt die CPU Kommandos an die Peripherieeinheit. Kommando- und Statusinformationen können sehr vielfältig sein.

Mit 2^{32} verfügbaren Adressen müssen wir mit Adressen nicht geizig umgehen und haben jedem der Register R_i eine eigene Adresse gegeben. Sofern man dennoch mit Adressen sparsam umgehen will, kann man ausnutzen, daß die CPU aus Registern R_0 und R_2 nur liest und in die Register R_1 und R_3 nur schreibt. Daher kann man das obige Interface auch gemäß Tabelle 6.5 mit nur zwei Adressen betreiben.

Auf der Seite der Peripherie-Einheit sehen Interface-Bausteine natürlich sehr unterschiedlich aus. Hierum kümmern wir uns aber hier nicht.

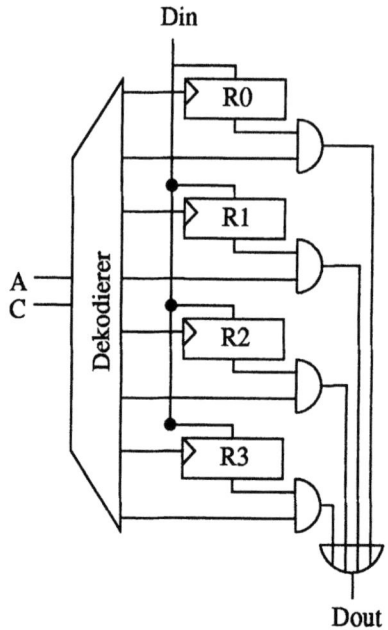

Abbildung 6.36: Einfaches Interface mit vier I/O-Ports

$A[0]$	/write	Register	Name
0	1	R_0	Data in
	0	R_1	Data out
1	1	R_2	Status
	0	R_3	Command

Tabelle 6.5: Verteilung von Registern bei einfachem Interface

6.8.2 UART

Wir statten die RESA-Maschine nur mit einem einzigen kommerziell erhältlichen Interface-Baustein aus, der es gestattet, mit einem anderen Rechner, der bereits über Tastatur, Bildschirm und Festplatte verfügt, über ein Kabel Daten auszutauschen. Der Baustein, den wir verwenden, tut dies in besonders einfacher Weise: Bits werden über das Kabel *seriell*, d.h. Bit für Bit nach einem genormten Protokoll übertragen. Der Baustein heißt deshalb *Serielle Input/Output Schnittstelle* oder kurz *SIO*. Die meisten Rechner verfügen über eine serielle Schnittstelle, die nach dem RS232-Protokoll arbeitet [44, Kap. 5].

SIOs kauft man heute in der Regel als Teil von hochintegrierten Chips, die *UART (Universal Asynchronous Receiver and Transmitter)* genannt werden, und die über die RS232-Schnittstelle hinaus noch Verbindungen, beispielsweise zu Telefon-Modems herstellen.

Wir benutzen die UART XR-16C450 der Firma Exar [13]. Diese ist eine einfachere Version der UART in den meisten Personal Computern. Von der CPU aus gesehen besitzt der Baustein $s = 8$ viele 8-Bit Register, die durch $\sigma = 3$ Adreßleitungen selektiert werden. Wir verzichten auf eine genaue Beschreibung der Register, da ihre spezielle Funktion keinen Einfluß auf die Hardware der RESA hat.

Der Baustein XR-16C450 kann sehr flexibel angesteuert werden. Eine dieser Arten[5] führt dazu, daß die UART im Wesentlichen wie ein SRAM mit gemeinsamen Pins für Dateneingang und Datenausgang angesteuert wird. Im Gegensatz zu den bisher betrachteten SRAMs muß hier zusätzlich zum Schreibsignal $/w$ zwangsläufig ein Output enable Signal $/oe$ für den Datenausgang mitbetrachtet werden. (vgl. Abschnitt 5.5). Timing-Diagramme für Lese- und Schreibzugriff findet man in Abbildung 6.37(a) und (b).

Beim Lesen aus der UART gelten die folgenden Zeiten:

		Min	Max
1	Setup-Zeit A bis $/oe$	10	
2	Output enable Zeit		75
3	Output disable Zeit		50

Zeit 1 ist unüblich bei SRAMs.

Beim Schreiben in die UART gelten die folgenden Zeiten:

---

[5] ADS = 1, umbenennen von $/DOSTR$ in $/oe$ und von $/DISTR$ in $/w$

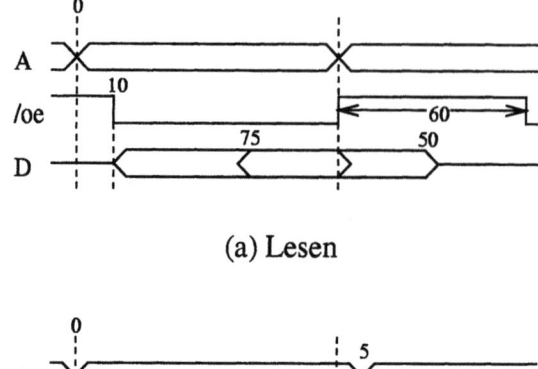

(a) Lesen

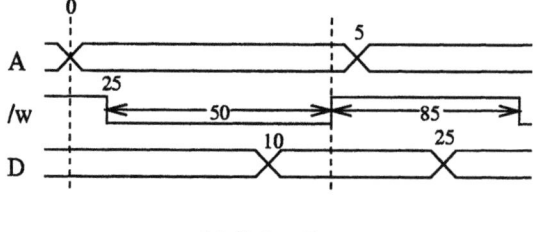

(b) Schreiben

Abbildung 6.37: Timing-Analyse der UART

		Min	Max
5	Setup-Zeit A bis /w	25	
6	Hold-Zeit A nach Ende von /w	5	
7	Pulsweite	50	
8	Setup-Zeit D bis Ende von /w	10	
9	Hold-Zeit D nach Ende von /w	25	

Zusätzlich müssen die folgenden für SRAMs unüblichen Bedingung erfüllt werden:

Lesezykluszeit (10): Nach dem Deaktivieren von /oe dürfen /oe und /w mindestens 60 *ns* nicht aktiviert werden.

Schreibzykluszeit (11): Nach dem Deaktivieren von /w dürfen /oe und /w mindestens 85 *ns* nicht aktiviert werden.

6.8. Ein– und Ausgabe

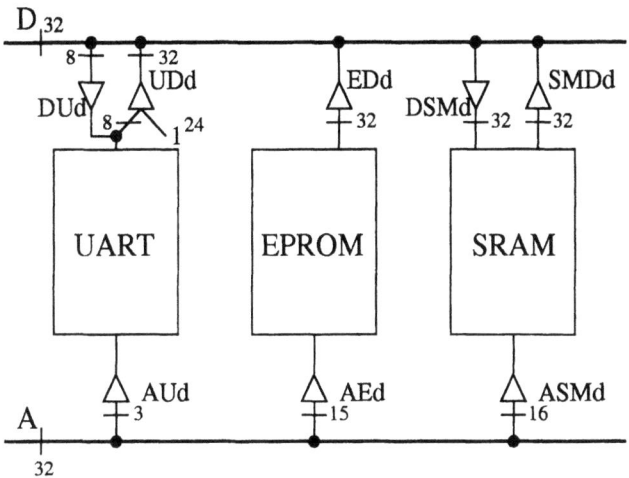

Abbildung 6.38: Anbindung von EPROM und UART an Daten– und Adreßbus

6.8.3 EPROM

Die genaue Funktion der Register der UART muß man erst kennen, wenn man Programme schreibt, mit denen man diese Schnittstelle betreibt[6]. Damit haben wir scheinbar ein Henne–Ei–Problem: Um nach dem Einschalten der Maschine ein Programm von einem anderen Rechner aus zu laden, brauchen wir die serielle Schnittstelle, aber um diese zu benutzen, brauchen wir schon ein Programm. Dieses Problem wird einfach dadurch gelöst, daß man das erste Programm, das die Maschine nach dem Einschalten ausführt, in den in Abschnitt 6.5.2 eingeführten EPROMs hält.

Wir benutzen den Baustein HN27C256AG-12 der Firma Hitachi [24]. Dieser Baustein ist ein $2^{15} \times 8$-EPROM mit einer Zugriffszeit von $120\,ns$. Wir schalten vier dieser Bausteine parallel, da unser Speicher 32–Bit Worte speichern muß.

6.8.4 Datenpfade und Memory Map

Um UART bzw. EPROM ansprechen zu können, müssen wir sie mit Daten– und Adreßbus verbinden und mit Befehlen darauf zugreifen können. Die Anbindung an Daten– und Adreßbus ist in Abbildung 6.38 zu sehen. Die UART ist nur 8 Bits breit und wird mit Bits $D[7:0]$ des Datenbusses verbunden.

---

[6]Diese Programme nennt man *Treiber-Programme*.

$A[31:30]$	Einheit
1*	SRAM
01	UART
00	EPROM

Tabelle 6.6: Memory Map der RESA

Analog zum Treiber *ASMd* gibt es Treiber *AEd* und *AUd*. Analog zum Treiber *SMDd* gibt es Treiber *EDd* und *UDd*. Wir trennen Datenbus und Dateneingang des SRAMs mittels eines Treibers *DSMd*. Da der Datenbus 32 Bit breit, die UART aber nur 8 Bit breit ist, werden die vorderen 24 Bits des Treibers *UDd* mit Nullen oder Einsen aufgefüllt. In der hier verwendeten TTL-Technologie verbraucht man weniger Strom, wenn man mit Einsen auffüllt. Zusätzlich gibt es einen 8-Bit-Treiber *DUd*, da die UART keine getrennten Datenein- und -ausgänge besitzt.

Anmerkung: Speicher-Chips, EPROMs und Interface-Chips haben in der Regel eingebaute Tristate-Treiber. Wir enablen diese Treiber permanent soweit wir können und benutzen zusätzlich die wohlbekannten 74F244-Treiber. Das tun wir gleich aus zwei Gründen:

- Die eingebauten Treiber enablen und disablen sehr langsam.
- Wir sparen uns zusätzliche einfache Betrachtungen über Fanout im Sinn von Abschnitt 5.1.

Die Treiber *DSMd*, *ASMd*, *AUd* und *AEd* sind permament enabled. Wir müssen zur Kontrolle der Datenpfade im Bereich des Speichers noch die folgenden Signale erzeugen:

- Die Output enable Signale der Treiber *SMDd*, *EDd*, *UDd* und *DUd*
- Das Output enable Signal /*Uoe* und Schreibsignal /*Uw* der UART.
- Das Schreibsignal /*SMw* des SRAMs.

Zur Erzeugung der Output enable Signale und der Schreibsignale müssen wir für jede Einheit im Speicher festlegen, an welchen Adressen sie angesprochen werden soll. Diese Festlegung heißt die *Memory Map* der Maschine. Wir benutzen hier in Abhängigkeit von den oberen beiden Adreßbits die extrem einfache Memory Map aus Tabelle 6.6.

Hat die Adresse die Form $1a_{30}\ldots a_0$, dann wird auf Adresse $a_{15}\ldots a_0$ des RAMs zugegriffen[7]. Hat die Adresse die Form $01a_{29}\ldots a_0$, dann wird auf Adresse $a_2 a_1 a_0$ der UART zugegriffen. Hat die Adresse die Form $00a_{29}\ldots a_0$, dann wird auf Adresse $a_{14}\ldots a_0$ des EPROMs zugegriffen.

---

[7]Unser RAM hat nur 2^{16} Adressen, die Adreßbits $a_{30}\ldots a_{16}$ werden ignoriert.

6.8. Ein- und Ausgabe

Diese Memory Map hat insbesondere die unverzichtbare Eigenschaft, daß beim Einschalten der RESA, wenn der Befehlszähler durch /reset auf Null gesetzt wird, der erste Fetch eines Befehls aus dem EPROM erfolgt. Das SRAM kann wegen der Sign Extension bei LOAD, STORE, und Compute Memory Befehlen (s. S. 322) angesprochen werden, indem $a_{23} = 1$ gesetzt wird. Allerdings ist es nicht möglich, die UART mit LOAD oder STORE Befehlen anzusprechen, da der Immediate Parameter dieser Befehle nur 24 Bit breit ist. Um die UART zu adressieren, lädt man ihre *Basisadresse* $010\cdots 0$ in eines der Indexregister und benutzt danach die Befehle LOADINj i und STOREINj i, wobei $i \in \{0,\ldots,7\}$ die Nummer des UART-Ports ist.

Durch die Erweiterung der Datenpfade treten zwei neue Probleme auf, die wir im Folgenden zu lösen haben:

- EPROM und UART sind viel langsamer als das SRAM. Ab dem Zeitpunkt, wo die Adressen gültig sind, haben wir beim Lesen aus der UART Zugriffszeiten von $85\,ns$ und bei den EPROMs sogar $120\,ns$. Bei SRAMs hatten wir nur $45\,ns$. Der zeitkritische Compute Befehl verlängert sich um

$$\eta = 120 - 45 = 75\,ns,$$

und aus Bedingung (6.14) wird

$$\begin{aligned} 143.3 + \eta &= 218.3 \leq 3\tau \text{ und} \\ 78.8 + \eta &= 153.8 \leq 2.5\tau. \end{aligned} \quad (6.15)$$

Sofern wir nichts unternehmen, erhöht das die Zykluszeit auf $\tau = 72.8\,ns$ und senkt die Befehlsrate auf $1.96\,MIPS$, und das nur wegen einer Sorte von Befehlen (Compute mit Operand aus dem EPROM), die wohl höchst selten ausgeführt werden.

- Im Bereich des Speichers müssen alle Output enable Signale und alle Schreibsignale jetzt abhängig von den führenden beiden Adreßbits erzeugt werden. Diese werden bei verschiedenen Instruktionen auch noch zu verschiedenen Zeiten gültig.

  Anmerkung: Obwohl wir hier eine sehr einfache Maschine konstruieren, ist dies ein typischer Effekt, der bei CISC-Architekturen auftritt (CISC = Complex Instruction Set Computer). Unregelmäßigkeiten dieser Art bahnten den Weg für die Entwicklung der RISC-Architekturen (RISC = Reduced Instruction Set Computer) [22].

6.8.5 Busprotokoll und Wait-Zyklen

Die eben angesprochenen Probleme löst man durch zwei Techniken:

1. Man macht die Länge von Fetch und Execute-Phase variabel in Abhängigkeit von dem Speicher, auf den zugegriffen wird. Wird auf langsame Speicher zugegriffen, dann werden zusätzliche Zyklen eingefügt. Diese Zyklen heißen *Wait-Zyklen*.

2. Eine einzige Kontrolleinheit, die sowohl die CPU als auch die vielen verschieden schnellen Speicher kontrolliert, würde sehr kompliziert werden. Deshalb führt man mehrere getrennte Kontrolleinheiten ein: eine für die CPU und eine für jede Sorte von Speicher. Zusätzlich muß man Regeln verabreden, nach denen diese Kontrolleinheiten Information austauschen. Man muß beispielsweise festlegen, wie die CPU mitteilt, daß sie Daten braucht, und wie sie erfährt, daß die Daten auf dem Bus liegen oder nicht. Eine fest verabredete Menge von Regeln, nach denen Maschinen oder Programme Information austauschen, heißt *Protokoll*.

In unserem Fall werden alle diese Informationen zwischen der CPU und den übrigen drei Kontrolleinheiten über nur drei Leitungen des Kontrollbusses C ausgetauscht nämlich:

- das bereits bekannte Signal /mreq. Dieses Signal wird aber nicht mehr zu einer festen Zeit aktiviert. In den Befehlen LOADINj und STOREINj wird das Signal später als sonst aktiviert, weil in diesen Befehlen die Adressen später als sonst gültig werden.

- das bereits bekannte Signal /mw.

- ein Signal /ack, das der CPU mitteilt, daß der aktuelle Lese- oder Schreibvorgang beendet ist.

Insbesondere ist den Kontrolleinheiten des Speichers die Uhrzeit nicht bekannt.

Ein detailliertes Timing-Diagramm des Bus-Protokolls, das wir verwenden, findet man in Abbildung 6.39(a) für den Lesezugriff und in Abbildung 6.39(b) für den Schreibzugriff. Wir setzen voraus, daß die Zykluszeit des Clocksignals ck mindestens $\tau = 50.2\,ns$ ist.

Der Lesezugriff verläuft in drei Stufen.

1. Der Zugriff wird von der CPU initiiert durch das Aktivieren von /mreq an einer steigenden Flanke P von ck. Das Schreibsignal /mw bleibt inaktiv, also /mw $= 1$. Nach einer Verzögerungszeit t_1 nach Flanke P garantiert die CPU gültige Daten auf dem Adreßbus A.

2. Irgendwann aktiviert der Speicher an einer steigenden Flanke Q von ck das *Acknowledge*-Signal /ack für genau einen Takt. Nach einer gewissen Verzögerungszeit t_2 nach Flanke Q garantiert der Speicher gültige gelesene Daten auf dem Datenbus D.

6.8. Ein- und Ausgabe

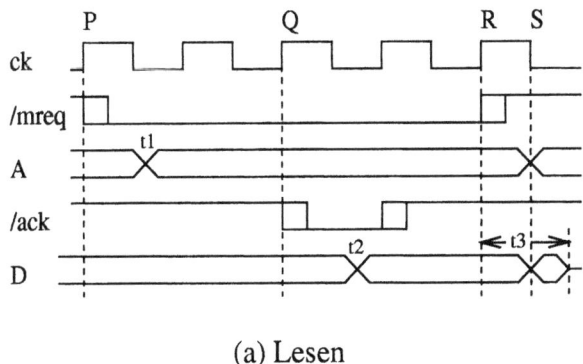

(a) Lesen

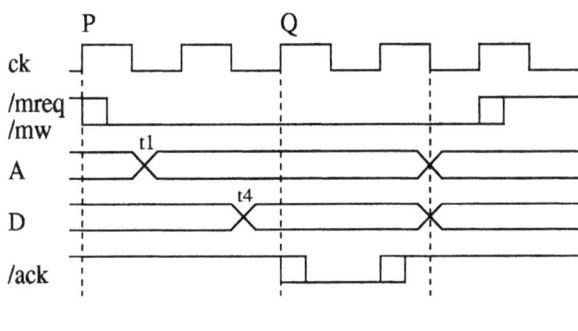

(b) Schreiben

Abbildung 6.39: Detailliertes Timing-Diagramm des Bus-Protokolls

3. Die CPU deaktiviert Signal /mreq an einer steigenden Flanke R von ck. Der Speicher garantiert, daß mindestens bis zur fallenden Flanke S von ck direkt nach R die Daten gültig bleiben, und daß der Datenbus D nach einer Verzögerungszeit t_3 nach Flanke R im Zustand Z ist.

Der Schreibzugriff verläuft in zwei Stufen:

1. Der Zugriff wird von der CPU initiiert durch das Aktivieren von /mreq und /mw an einer steigenden Flanke P von ck. Nach einer Verzögerungszeit t_1 nach Flanke P garantiert die CPU gültige Daten auf dem Adreßbus A, nach einer Verzögerungszeit t_4 auch auf dem Datenbus D.

2. Irgendwann aktiviert der Speicher an einer steigenden Flanke Q von ck das *Acknowledge*-Signal /ack für genau einen Takt. Die CPU muß Adressen und Daten noch bis zur fallenden Flanke nach dem Deaktivieren von /ack stabil halten. Die Signale /mreq und /mw dürfen frühestens an der nächsten steigenden Flanke nach Q inaktiv werden.

Protokolle dieser Art sind für alle industrieüblichen Bussysteme festgelegt, siehe z.B. [32] für Bussysteme von PC's, [31] für den bei Workstations verbreiteten SBus, und [35] für den von Motorola benutzten VMEbus. Standardisierte Bussysteme haben insbesondere den Vorteil, daß der Kunde seinen Rechner mit einem Baukastensystem konfigurieren kann. Er kauft eine Platine mit CPU, EPROM, und etwas Speicher. Diese Platine heißt das *mother board*. Zusätzlichen Speicher und die vielfältigste Peripherie kann man einfach mit zusätzlichen Platinen auf das mother board stecken. Der Hersteller dieser Platinen muß von der CPU nur das Busprotokoll kennen. Die Offenlegung des Bus-Protokolls für die ersten IBM PC's war einer der entscheidenden Gründe für den nachfolgenden Siegeszug der PC's.

Man muß gegebenenfalls über verschiedene Platinen hinweg die individuellen Acknowledge-Signale $/ack_i$ zusammenodern. Das gelingt mit Hilfe des in Abschnitt 5.5.2 eingeführten Wired OR. Wir benutzen hierfür den Baustein 74F38. Dieser Baustein hat eine maximale Verzögerungszeit von $9\,ns$.

Wir werden die folgenden Zeiten benutzen:

Lesen		Min	Max
t_1	Verzögerung A nach /mreq		26.3
t_2	Verzögerung D nach /ack		34.1
t_3	Disable-Zeit D		100.4
Schreiben		Min	Max
t_4	Verzögerung D nach /mreq, /mw		43.7

6.8. Ein- und Ausgabe 357

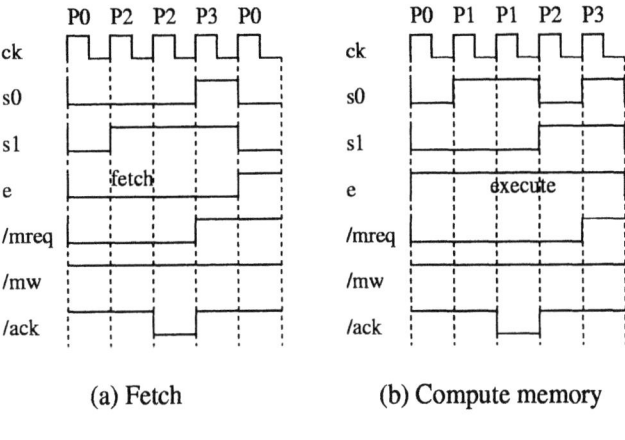

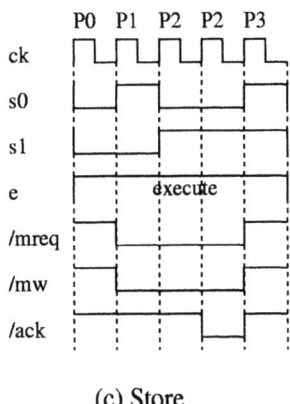

(a) Fetch (b) Compute memory

(c) Store

Abbildung 6.40: Idealisiertes Timing bei Wartezyklen

Diese Zeiten sind keineswegs vom Himmel gefallen, sondern stammen aus der nun folgenden Analyse.

Wir passen das idealisierte Timing der RESA-CPU dem obigen Bus-Protokoll an. Das neue Timing-Diagramm ist mit jeweils einem Wait-Zyklus in Abbildung 6.40 dargestellt.

Die einzigen Signale, die sich ändern, sind $/mreq$ und $/mw$. Sie werden abhängig von Befehlstyp aktiviert an

- Flanke P0 bei Fetch und Compute memory Befehlen,
- Flanke P1 bei Load und Store Befehlen (außer LOADI und MOVE).

Wenn wir auf einen schnellen Speicher, also das SRAM zugreifen, erhoffen wir das Acknowledge-Signal schon einen Takt nach Aktivieren von /mreq. Wir erwarten also die Aktivierung von /ack in der Regel frühestens an Flanke P2 und fügen durch Wiederholen von Takt 2 Wait-Zyklen ein bis das /ack aktiv ist.

Bei Compute memory Befehlen erwarten wir /ack jedoch schon an Flanke P1 und fügen durch Wiederholen von Takt 1 Wait-Zyklen ein bis /ack aktiv ist.

Wir berechnen die Parameter des Bus-Protokolls. Ab der Flanke von ck, an der /mreq aktiviert wird, entstehen die folgenden Verzögerungszeiten, bis die Adressen stabil sind:

Fetch: 18.3 (/PCAdoe) + 8 (PCAd) = 26.3 ns

Compute: 18.3 (/IAdoe) + 8 (IAd) = 26.3 ns

LOADINj, STOREINj:
12 (IRdoe) + 8 (IRd) + 41 (ALU) + 6.5 (ALUAd) - 50.2 (τ) = 17.3 ns

Es folgt
$$t_1 = 26.3 \, ns.$$

Damit der zeitkritische Compute memory Befehl mit Operand aus dem SRAM nicht verlangsamt wird, müssen auf dem D-Bus zur Zeit

$$26.3(t_1) + 6.5(ASMd) + 45(SM) + 6.5(SMDd) = 84.3 \qquad (6.16)$$

gültige Daten liegen. Dies ist
$$t_2 = 84.3 - \tau = 34.1 \, ns$$

nach Flanke P1, bei der /ack bei Compute memory Befehlen aktiviert wird.

Beim Abschalten der Treiber besteht keine Eile. Erst zwei Takte nach Flanke P3, an der /mreq deaktiviert wird, kann ein anderer Treiber auf den D-Bus enabled werden. Es muß also gelten:
$$t_3 = 2 \cdot \tau \leq 100.4 \, ns.$$

Beim Schreiben ins SRAM liegt der Schreibpuls /SMw zeitgleich mit dem Acknowledge-Signal. Wir brauchen stabile Daten hinter Treiber DSMd an Flanke P2, d.h. einen Takt nach Flanke P1, an der /mreq und /mw aktiviert werden. Es folgt

$$t_4 + 6.5 \leq \tau,$$

also
$$t_4 \leq 43.7 \, ns.$$

6.8. Ein– und Ausgabe   359

Da der Treiber *ACCDd* zur Zeit P1 enabled wird, sind die Daten zur Zeit

$$t^+ + (2,8) < t_4$$

stabil.

Es verbleiben zwei höchst überschaubare Aufgaben, nämlich

1. Wir müssen die Uhr der CPU so verändern, daß wir sie abhängig von Befehlstyp und Acknowledge-Signal warten lassen können.

2. Wir müssen für das SRAM, das EPROM und die UART eine Kontrollogik entwickeln, die das Bus-Protokoll erfüllt und bei Zugriffen auf das SRAM keine Wait-Zyklen erzeugt.

6.8.6 Zustandsdiagramme

Die bisherige Uhr kann man durch den gerichteten Graph $G = (V, E)$ aus Abbildung 6.41(a) darstellen. Dieser Graph ist ein besonders einfaches *Zustandsdiagramm*. Die Knoten des Graphen heißen die *Zustände* des Diagramms, und die Kanten heißen die *Übergänge*. Im Zustandsdiagramm aus Abbildung 6.41(a) sind die Zustände gerade die sieben vorkommenden Uhrzeiten, und die Übergänge beschreiben gerade die Abfolge der Uhrzeiten in aufeinanderfolgenden Takten.

Wir betrachten jetzt allgemeinere Zustandsdiagramme. Wir erlauben, daß es im Graph $G = (V, E)$ auch Knoten u mit $outdeg(u) > 1$ gibt. Hat ein Knoten u direkte Nachfolger $v_1, \ldots, v_k$, so müssen wir zusätzlich für jedes v_i Bedingungen π_i spezifizieren, unter denen der Übergang von Zustand u nach Zustand v_i erfolgen soll. Eine solche Bedingung wird beispielsweise sein, daß das Acknowledge-Signal aktiv ist. Damit können wir schon den geplanten Ablauf der Fetch-Phase mit dem Zustandsdiagramm aus Abbildung 6.41(b) beschreiben: Im Zustand f_2 testen wir, ob /ack aktiv ist. Falls ja, gehen wir in Zustand f_3, andernfalls bleiben wir in Zustand f_2.

Allgemein spezifizieren wir für jeden Knoten u mit $outdeg(u) > 1$ und für jede Kante (u, v_i) ein Boole'sches Polynom π_i, das wir beim Zeichnen des Diagramms an die Kante schreiben. In Zustand u bestimmen wir ein i, so daß $\pi_i = 1$ gilt und gehen in Zustand v_i über. Damit diese Arbeitsweise wohldefiniert ist, müssen wir fordern, daß $\pi_i = 1$ für genau eines der Polynome π_i gilt. Wir nennen ein solches Zustandsdiagramm mit den Polynomen π_i auch einen *Zustandsautomaten* oder *endlichen Automaten*.

Abbildung 6.41(c) zeigt den Zustandsautomat für die Erzeugung der Uhrzeit der Execute-Phase in der CPU. Wir haben Zustand e_1 in drei Zustände unterteilt, nämlich (a)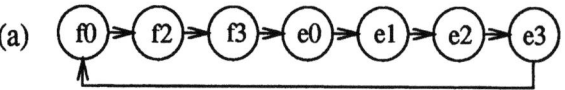

(b)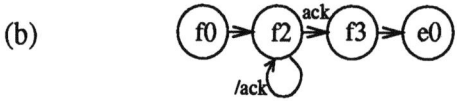

(c)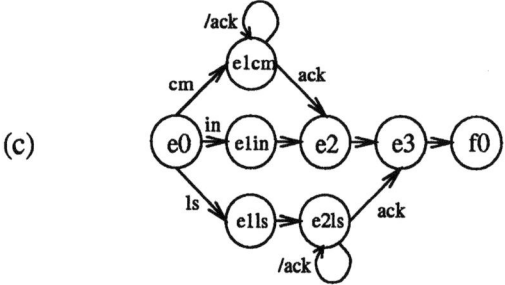

Abbildung 6.41: Zustandsdiagramme für Uhrzeiten

6.8. Ein- und Ausgabe

e_1cm: Dieser Zustand wird bei Compute memory Befehlen benutzt. Der Übergang von e_0 in diesen Zustand wird geregelt durch das Polynom

$$cm = /I31 * /I30 * I29 \, .$$

e_1in: Dieser Zustand wird bei Befehlen benutzt, die nicht auf den Speicher zugreifen (sogenannte *CPU-interne Befehle*). Der Übergang von e_0 in diesen Zustand wird geregelt durch das Polynom

$$in = /I31 * /I30 * /I29 + /I31 * I30 * I29 * I28 + I31 * /I30 * I29 * I28 + I31 * I30 \, .$$

e_1ls: Dieser Zustand wird bei Load und Store Befehlen (außer LOADI und MOVE) benutzt. Der Übergang von e_0 in diesen Zustand wird geregelt durch das Polynom

$$ls = /I31 * I30 * /I29 + /I31 * I30 * /I28 + I31 * /I30 * /I29 + I31 * /I30 * /I28 \, .$$

Zustand e_2 wurde in zwei Zustände aufgeteilt, nämlich

1. den alten Zustand e_2 und

2. e_2ls, der bei Load und Store Befehlen (außer LOADI und MOVE) benutzt wird.

Durch die Änderung des Zustandsdiagrammes für Uhrzeiten müssen alle Kontrollsignale geändert werden, die bei f_3, e_2 oder e_3 aktiv werden bzw. bleiben, und somit bisher f_2, e_1, oder e_2 testeten. Beim Aktivieren von *Ick* an f_3 muß zum Beispiel statt auf f_2 nun auf $f_2 * ack$ getestet werden. Beim Aktivieren von *ACCck* an e_3 muß statt auf e_2 nun auf $e_2 + e_2ls * ack$ getestet werden.

Wir kodieren die Zustände mit den alten Signalen $e, s1, s0$ sowie zwei neuen Signalen $r1$ und $r0$ wie in Tabelle 6.7 angegeben.

Wir machen uns in den meisten Fällen nicht einmal die Mühe, die PAL-Gleichungen hinzuschreiben, sondern argumentieren einfach, daß man immer mit acht Monomen auskommt. Die vollständigen PAL-Gleichungen findet man in Anhang B.

r0: Man erhält die PAL-Gleichung durch Ersetzen von Polynom *in* und Ausmultiplizieren in

```
r0 := e * /s1 * /s0  ; an P1 von Execute
         * in        ; intern (vier Monome)
     +e * /s1 *  s0  ; an P2 von Execute
```

Zustand	e	s1	s0	r1	r0
f_0	0	0	0	0	0
f_2	0	1	0	0	0
f_3	0	1	1	0	0
e_0	1	0	0	0	0
$e_1 cm$	1	0	1	0	0
$e_1 in$	1	0	1	0	1
$e_1 ls$	1	0	1	1	0
e_2	1	1	0	0	0
$e_2 ls$	1	1	0	0	1
e_3	1	1	1	0	0

Tabelle 6.7: Kodierung der Zustände des Uhrzeit-Diagramms

```
   *  r1  *  /r0   ; nach e1ls
+e *  s1  *  /s0   ; nach P2 von Execute
   *  r0            ; nach e2ls
   */ack            ; warten
```

r1: Man ersetzt Polynom *ls* und multipliziert aus in

```
r1 := e  *  /s1  *  /s0   ; an P0 von Execute
        *  ls              ; Load, Store mit memory (4 Monome)
```

e: wird aktiviert nach f_3 und gehalten bis e_3 (drei Monome).

s1: wird aktiviert nach f_0, $e_1 cm$ mit *ack*, $e_1 in$ und $e_1 ls$. Es wird gehalten nach f_2 (egal ob mit oder ohne *ack*), nach e_2 und $e_2 ls$ (egal ob mit oder ohne *ack*) (sieben Monome).

s0: wird aktiviert nach f_2 mit *ack*, nach e_0, nach $e_2 ls$ mit *ack* und nach e_2. Es wird gehalten nach $e_1 cm$ ohne *ack* (fünf Monome).

Wir beachten, daß bei Einschalten des Stroms Zustände angenommen werden können, die wir in Abbildung 6.41 nicht dargestellt haben, insbesondere f_1 und e_1 mit $(r1,r0) = 11$. Wegen der Art, wie wir die PAL-Gleichungen schreiben (vergl. Abschnitt 6.7.11) fällt die Kontrolle nach diesen Zuständen sofort in Zustand f_0.

Es ist jedoch an einer anderen Stelle noch Vorsicht geboten. Die Maschine könnte etwa in einem der Zustände f_2, $e_1 cm$ oder $e_2 ls$ starten, wobei gleichzeitig /*mreq* nicht aktiv ist. In diesem Fall aktiviert die Kontrolle des Speichers nie das Acknowledge-Signal, und die Maschine hängt nicht nur. Nein, sie läßt auch noch alle Treiber enabled, deren Output enable Signale beim Einschalten des Stroms zufällig aktiviert waren. Hieraus folgt

6.8. Ein- und Ausgabe 363

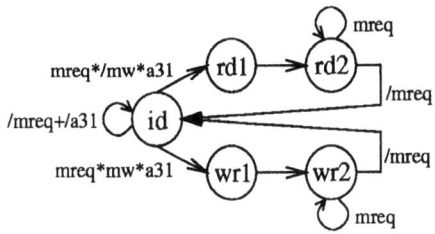

Abbildung 6.42: Zustandsdiagramm für SRAM

Zustand	sr0	sr1	sr2
id	1	1	1
rd1	0	1	1
rd2	0	1	0
wr1	0	0	1
wr2	0	0	0

Tabelle 6.8: Kodierung der Zustände des SRAM-Diagramms

1. speziell, daß wir beim Reset das Acknowledge-Signal aktivieren müssen,

2. ganz allgemein, daß man die Treiber fast jeden Computers dadurch beschädigen kann, daß man den Quarzoszillator entfernt, den Strom anschaltet und eine Tasse Kaffee trinken geht.

6.8.7 Kontrolle des Speichers

Zur Kontrolle des SRAMs benutzen wir den einfachen Automaten aus Abbildung 6.42. Der Zustand *id* (Idle) gibt an, daß derzeit kein Zugriff auf das SRAM stattfindet. Die Zustände *rd1* und *rd2* (rd=read) behandeln einen Lesezugriff, die Zustände *wr1* und *wr2* (wr=write) einen Schreibzugriff.

Befindet sich der Automat im Zustand *rd1*, so wird das Acknowledge-Signal gegeben und der Treiber *SMDd* enabled. Der Treiber wird disabled, wenn der Zustand *rd2* verlassen wird. Befindet sich der Automat im Zustand *wr1*, so wird das Acknowledge-Signal gegeben und der Schreibpuls aktiviert.

Wir kodieren die Zustände des Automaten mit drei Signalen $sr0, sr1, sr2$ gemäß Tabelle 6.8.

Wir realisieren den Automaten auf einem P-PAL mit den PAL-Gleichungen

```
/sr0  :=   sr0 *   sr1 *  sr2            ; senken nach id
                 * mreq * a31             ; falls Zugriff auf SRAM
       +/sr0 *          sr2               ; halten nach rd1 und wr1
       +/sr0 *  /sr2 * mreq               ; halten nach rd2 und wr2
                                          ; falls mreq noch aktiv
/sr1  :=   sr0 *   sr1 *  sr2             ; senken nach id
                 * mreq * a31 * mw        ; falls Schreibzugr. auf SRAM
       +/sr0 *  /sr1 *  sr2               ; halten nach wr1
       +/sr0 *  /sr1 */sr2                ; halten nach wr2
                 * mreq                   ; falls mreq noch aktiv
/sr2  :=  /sr0 *          sr2             ; senken nach rd1 und wr1
       +/sr0 *  /sr2 * mreq               ; halten nach rd2 und wr2
                                          ; falls mreq noch aktiv
```

Wir haben hier die Memory-Map aus Tabelle 6.6 benutzt. Das Signal $a31$ ist $A[31]$ des Adreßbus. Nun erzeugen wir die Signale $/SMDdoe, /SMw$ sowie das Acknowledge-Signal $/SMack$ durch die PAL-Gleichungen

```
SMDdoe :=   sr0 *   sr1 *  sr2            ; aktivieren nach id
                  * mreq * a31 * /mw      ; falls Lesezugriff auf SRAM
        +SMDdoe * /sr0 *   sr1            ; halten bei rd1 und rd2
SMw    :=   sr0 *   sr1 *  sr2            ; aktivieren nach id
                  * mreq * a31 *  mw      ; falls Schreibz. auf SRAM
SMack  :=   sr0 *   sr1 *  sr2            ; aktivieren nach id
                  * mreq * a31            ; falls Zugriff auf SRAM
```

Abbildung 6.43(a) und (b) zeigt die detaillierten Timing-Diagramme für Lese-und Schreibzugriffe auf das SRAM ohne Wait-Zyklen.

Liegen beim Lesen zur Zeit t_1 nach Flanke P gültige Adressen vor, so ist wegen $\tau > 41.3 = t_1 + 15$ die Setup-Zeit des P-PALs zur Erzeugung der SRAM Signale erfüllt. Zur Zeit $t^+ + (2,8) = (2,20)$ nach Flanke Q ist dann Treiber $SMDd$ enabled und auf dem Datenbus liegen zur Zeit

$$t_1 + 6.5(ASMd) + 45(SRAM) + 6.5(SMDd) = 84.3\, ns$$

nach Flanke P gültige Daten. Bei einer Zykluszeit von $\tau = 50.2\, ns$ ist dies $34.1 = t_2$ nach Flanke Q. Signal $/ack$ ist wegen des wired OR zur Zeit $t^+ + (0,9) = (0,21)$ nach Flanke Q gültig. Wegen $\tau > 36 = 21 + 15$ ist die Setup-Zeit von P-PALs, in denen $/ack$ verwendet wird, erfüllt. Wird $/mreq$ an Flanke R inaktiv, so wird bei der nächsten steigenden Flanke der Treiber $SMDd$ disabled, der Datenbus ist spätestens nach

$$\tau + \max(t^+ + (2,7)) = \tau + 19 < t_3$$

6.8. Ein– und Ausgabe

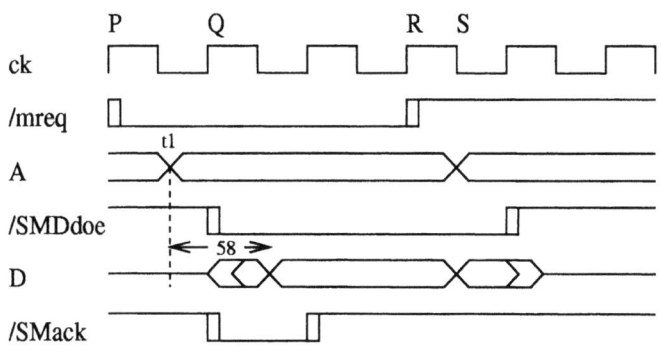

(a) Lesen

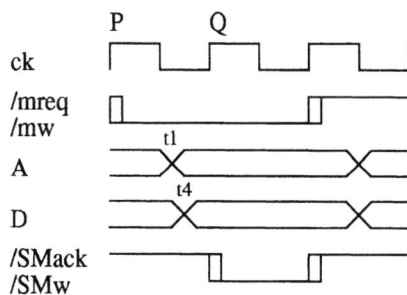

(b) Schreiben

Abbildung 6.43: Detailliertes Timing für SRAM-Zugriffe

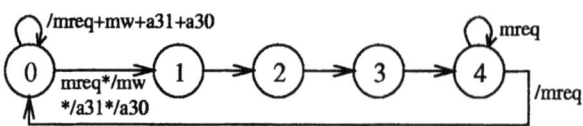

Abbildung 6.44: Zustandsdiagramm für EPROM

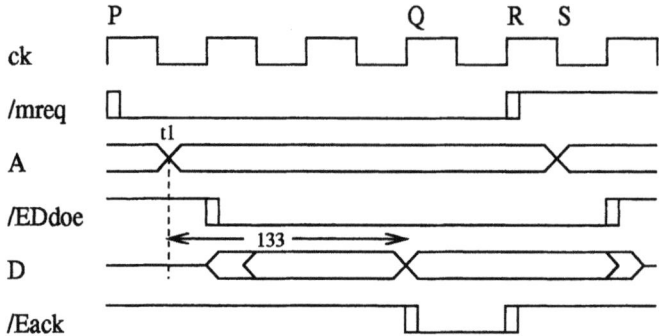

Abbildung 6.45: Detailliertes Timing für EPROM-Zugriffe

im Zustand Z.

Liegen beim Schreiben zur Zeit t_4 nach Flanke P gültige Daten vor, so liegen diese spätestens nach $t_4 + 6.5 = 50.2\,ns$ am SRAM an, da die Treiber $ASMd$ und $DSMd$ stets enabled sind. Wegen $\tau \geq 50.2\,ns$ ist dies spätestens zur Flanke Q, an der das Signal $/SMw$ erzeugt wird. Also ist die Setup-Zeit erfüllt. Da Daten und Adressen bis zur fallenden Flanke nach Deaktivieren von $/ack$ und $/SMw$ stabil bleiben, ist wegen $\tau/2 > t^+$ auch die Hold-Zeit erfüllt. Die Schreibpulsweite hat sich gegenüber der Analyse in Abschnitt 6.7 nicht geändert und ist somit ebenfalls erfüllt.

Die Kontrolle des EPROMs übernimmt der Automat aus Abbildung 6.44. Befindet sich der Automat im Zustand 1, so wird der Treiber EDd enabled und gehalten bis Zustand 4 verlassen wird. Im Zustand 3 wird das Acknowledge-Signal gegeben. Es werden also beim Lesen aus dem EPROM zwei Wait-Zyklen eingefügt. Abbildung 6.45 zeigt das detaillierte Timing-Diagramm.

Sind zur Zeit t_1 nach Flanke P gültige Adressen vorhanden, so sind zur Zeit

$$t_e = t_1 + 6.5(AEd) + 120(EPROM) + 6.5(EDd) = 159.3$$

gültige Daten auf dem Datenbus. Treiber EDd ist zu dieser Zeit längst enabled. Bei $\tau = 50.2$ gilt $t_e = 3 \cdot \tau + 8.7$. Da drei Takte nach Flanke P das Acknowledge-Signal gegeben wird, ist Zeit t_2 erfüllt. Für das Abschalten gelten die Zeiten der Analyse des SRAMs.

6.8. Ein- und Ausgabe

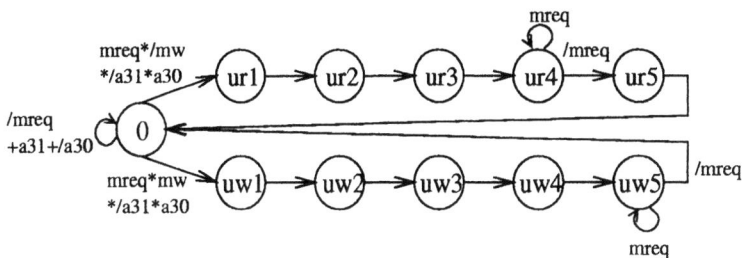

Abbildung 6.46: Zustandsdiagramm für UART

Wir kodieren die Zustände $i \in \{0,\ldots,4\}$ des Automaten mit drei Signalen X_2, X_1, X_0 eines P-PALs, so daß in Zustand i gilt: $\langle X_2 X_1 X_0 \rangle = i$. Die PAL-Gleichungen findet man in Anhang B.

Nun erzeugen wird die Signale $/EDdoe$ und $/Eack$ durch die PAL-Gleichungen

```
Eack  := /X2 *  X1 * /X0            ; in Zustand 3
EDdoe := /X2 * /X1 * /X0            ; nach Zustand 0
          *mreq * /mw * /a31 * /a30 ; falls Lesez. auf EPROM
       +/X2 * X0                    ; halten nach Zustand 1, 3
       +/X2 * X1                    ; halten nach Zustand 2, 3
       + X2 * /X1 * /X0 * mreq      ; halten nach Zustand 4
         ; falls mreq aktiv
```

Abbildung 6.46 zeigt den Automaten zur Kontrolle der UART. Beim Lesen werden in Zustand $ur1$ (ur=UART read) die Signale $/oe$ und $/UDdoe$ aktiv und bis zum Ende von Zustand $ur4$ gehalten. Im Zustand $ur3$ wird das Acknowledge-Signal gegeben. Beim Schreiben wird Signal $/w$ während der Zustände $uw2$ (uw=UART write) und $uw3$ aktiv, der Treiber DUd wird in Zustand $uw1$ enabled bis zum Ende von Zustand $uw4$. Im Zustand $uw4$ wird auch das Acknowledge-Signal gegeben. Es werden also beim Lesen aus der UART zwei Wait-Zyklen, beim Schreiben in die UART sogar drei Wait-Zyklen eingefügt.

Abbildung 6.47(a) und (b) zeigt die detaillierten Timing-Diagramme für Lese-und Schreibzugriffe auf die UART. Beim Lesen sind zur Zeit t_1 nach Flanke P gültige Adressen auf dem Adreßbus, zur nächsten steigenden Flanke wird $/oe$ aktiviert. Um die Setup-Zeit A bis $/oe$ von $10\,ns$ einzuhalten, muß $\tau \geq t_1 + 6.5(AUd) + 10 = 42.8$ gelten. Zur Zeit

$$t^+ + 65(Zeit2) + 6.5(UDd) = 93.5\,ns$$

nach der Flanke, an der $/oe$ aktiviert wird, liegen gültige Daten auf dem Datenbus. Um Zeit t_2 zu erfüllen, müssen wir also $/Uack$ zwei Takte nach $/oe$ aktivieren. Um Zeit 10 der

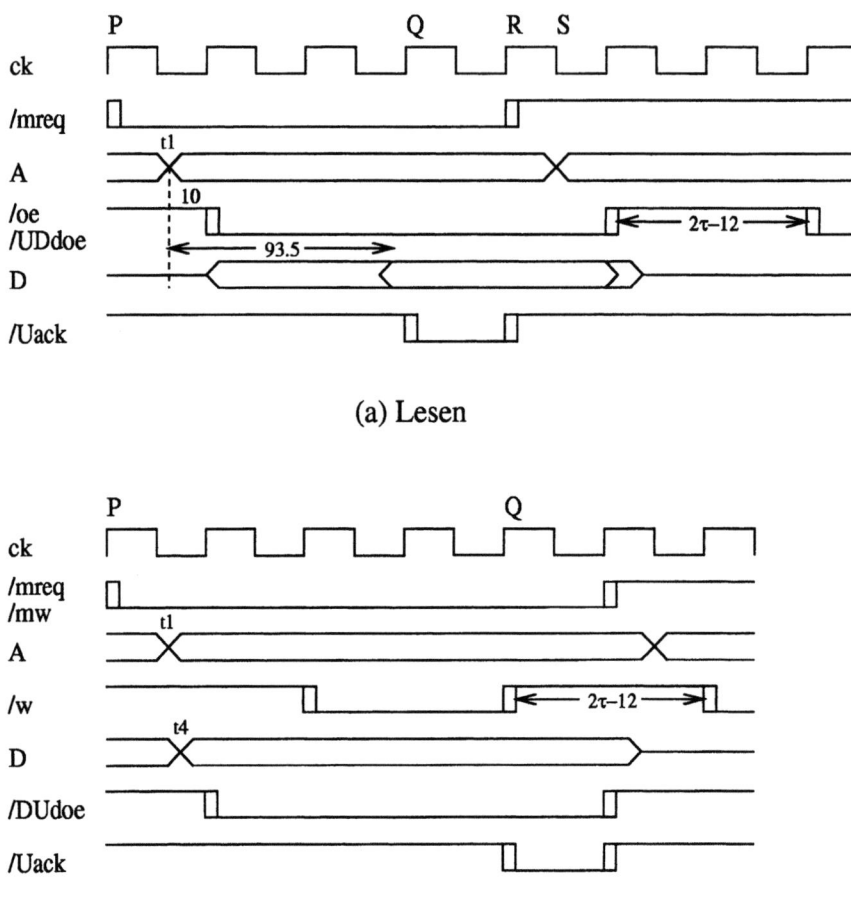

Abbildung 6.47: Detailliertes Timing für UART Zugriffe

UART zu erfüllen, muß /oe nach der Deaktivierung mindestens zwei Takte inaktiv bleiben, was durch Zustand ur5 garantiert wird.

Beim Schreiben kann Signal /w erst zur Zeit

$$t_1 + 6.5(AUd) + 25(Setup) = 57.8\,ns$$

nach Flanke P aktiviert werden, um die Setup-Zeit A bis /w nicht zu verletzen. Da $\tau + \min t^+$ aber nur $50.2\,ns$ beträgt, können wir /w erst zwei Takte nach Flanke P aktivieren. Um die Schreibpulsweite von $50\,ns$ zu garantieren, muß /w zwei Takte lang aktiv bleiben. Das Signal /Uack kann erst bei Deaktivierung von /w aktiv werden, da sonst die Hold-Zeit von D nach Ende von /w verletzt werden kann:

Die Daten bleiben nach der Deaktivierung von /Uack noch einen halben Takt lang gültig, /w kann mit Verzögerung $\max t^+ = 12\,ns$ nach der steigenden Clockflanke inaktiv werden, also müssen die Daten bis $12 + 25 = 37\,ns$ nach der Clockflanke gehalten werden. Dies führte zur Forderung $\tau/2 = 37$, also $\tau = 74\,ns$. Zustand uw5 garantiert, daß /w nach seiner Deaktivierung mindestens zwei Takte inaktiv bleibt. Wegen $\tau \geq 50.2$ gilt $2\tau - \max t^+ > 85$, also ist auch Zeit 11 der UART erfüllt.

Wir kodieren die Zustände des Automaten in Abbildung 6.46 mit vier Signalen $U_3, \ldots, U_0$ in einem P-PAL, so daß für $i \in \{1, \ldots, 5\}$

$$\langle U_3 \ldots U_0 \rangle = \begin{cases} 0 & \text{in Zustand } 0 \\ i & \text{in Zustand } uwi \\ i+8 & \text{in Zustand } uri \end{cases}$$

gilt[8]. Die PAL-Gleichungen für die Signale /w, /oe, /UDdoe, /DUdoe und /Uack können hieraus genau wie bei SRAM und EPROM abgeleitet werden. Die PAL-Gleichungen sind in Anhang B zu finden.

6.9 Übungen

Übung 6.1: *Diese Übung sollten Sie lösen, während Sie den Text durcharbeiten.*

Wir definieren zunächst eine abstrakte Maschine mit vier für den Benutzer sichtbaren Registern:

PC: *Program counter*

ACC: *Akkumulator*

B: *Operandenregister*

---
[8] Damit kodieren $U_2 U_1 U_0$ die Nummer des Zustandes und U_3 unterscheidet zwischen Lesen und Schreiben.

Instruktion	Wirkung	
COMPop	$ACC := ACC$ op B	$PC := PC + 1$
LOAD $D\ i$	$D := M(i)$	
LOADI $D\ i$	$D := i$	$PC := PC + 1$
LOADIN D	$D := M(IN)$	
STORE i	$M(i) := ACC$	$PC := PC + 1$
STOREIN	$M(IN) := ACC$	
JUMP c	$PC := \begin{cases} IN & \text{falls } [ACC]\ c\ 0 \\ PC+1 & \text{sonst} \end{cases}$	

Tabelle 6.9: Instruktionen der Übungsmaschine

IN: Indexregister

Es gibt vier Typen von Instruktionen: Compute, Load, Store und Jump. Compute Instruktionen haben einen Parameter op, der die auszuführende Operation spezifiziert. Load und Store Instruktionen haben einen Parameter $i \in \mathbb{N}$. Load Instruktionen haben zusätzlich einen Parameter $D \in \{PC, ACC, B, IN\}$, der das Zielregister der Load Operation beschreibt. Jump Instruktionen haben einen Parameter c, der die Sprungbedingung spezifiziert. Die Instruktionen und ihre Wirkung sind in Tabelle 6.9 beschrieben.

Das Instruktionsformat für eine konkrete 32-Bit Maschine ist in Abbildung 6.48 spezifiziert. Die Operationen op und die Bedingungen c sind genau wie bei der RESA-Maschine spezifiziert.

1. *Erstellen Sie aus Instruktionsformat und abstraktem Instruktionssatz einen konkreten Instruktionssatz wie in Tabelle 6.2.*
2. *Zeigen Sie, daß mit den Datenpfaden aus Abbildung 6.49 alle Instruktionen ausführbar sind.*
3. *Zeigen Sie detailliert, was Sie für die Sign-Extension des i-Parameters tun müssen.*
4. *Spezifizieren Sie die Kontrollogik für das idealisierte Timing-Diagramm in Abbildung 6.50.*

Übung 6.2: *Zur Konstruktion einer 32-Bit ALU wird in [14, S. 4-108] der Schaltkreis aus Abbildung 6.51 vorgeschlagen. Benutzen Sie die Bausteine 74F182, 74F381 und 74F382.*

1. *Zeigen Sie die Korrektheit dieser Konstruktion. Hinweis: Benutzen Sie Übung 4.7 mit $k = 3$.*
2. *Berechnen Sie für diese ALU die Verzögerungszeit von den Operanden-Eingängen a, b zu den Ergebnis-Ausgängen s und dem Ausgangsübertrag c_{31}. Setzen Sie voraus, daß die Function Select Signale und der Eingangsübertrag rechtzeitig vorliegen.*

Übung 6.3: *Realisieren Sie die Kontrollogik der RESA-Maschine mit möglichst wenigen PALs. Welche Signale berechnen Sie auf welchem PAL? Beachten Sie hierzu die Angaben über die Anzahl von Ein– und Ausgängen aus Abschnitt 6.5.3.*

6.9. Übungen

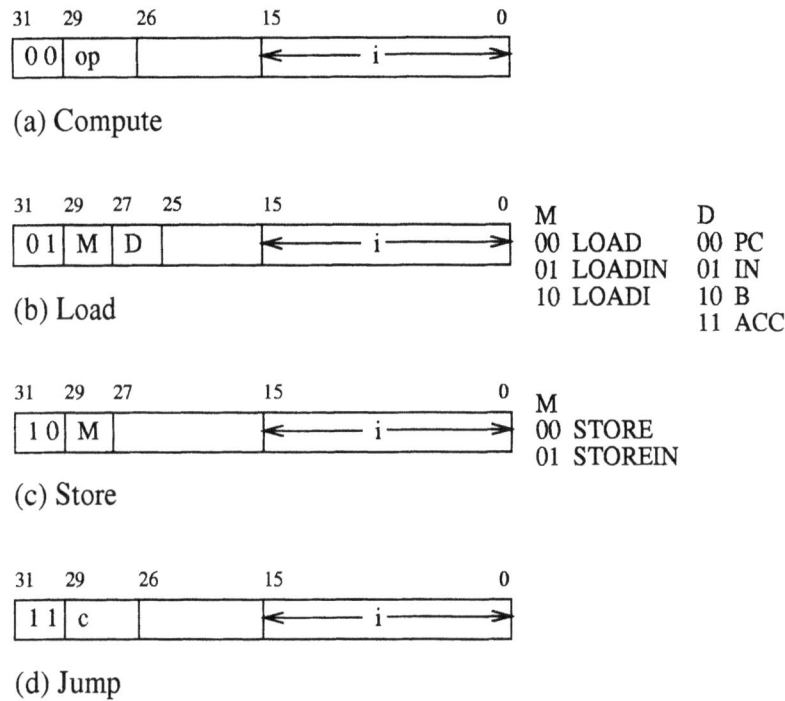

Abbildung 6.48: Instruktionsformat der Übungsmaschine

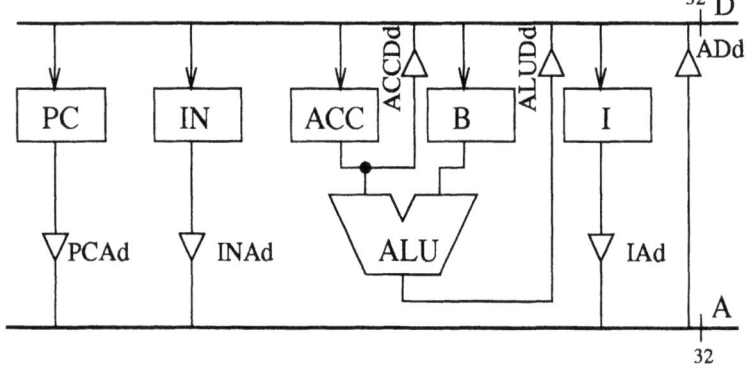

Abbildung 6.49: Datenpfade der Übungsmaschine

Kapitel 6. Ein einfacher Rechner

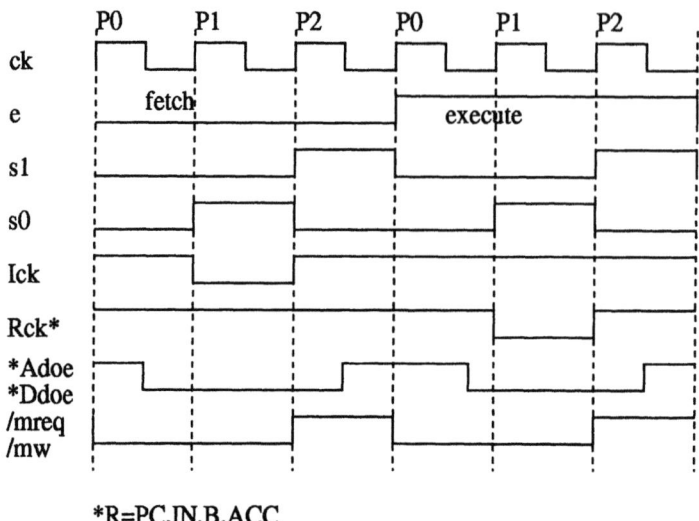

*R=PC,IN,B,ACC

Abbildung 6.50: Idealisiertes Timing-Diagramm der Übungsmaschine

Übung 6.4: *Realisieren Sie in Compute Befehlen bei $F = 000$ einen zyklischen Rechtsshift.*

1. Was ändert sich in den Datenpfaden?
2. Was ändert sich in der Kontrolle?

Übung 6.5: *Ersetzen Sie bei der RESA-Maschine gezielt einige Register-PALs durch ein kombinatorisches PAL und ein 74F374-Register wie in Abbildung 6.52 angegeben. Um wieviel wird die Maschine allein durch diese Änderung schneller?*

Hinweis: Beachten Sie, daß bei der Vermeidung von Bus contention auch der von 0 auf 4 ns gewachsene minimale Propagation Delay von ck bis Q hilft.

Übung 6.6: *Vergrößern Sie den Speicher der RESA-Maschine.*

1. Erweitern die Größe des SRAMs um den Faktor acht. Benutzen Sie dazu insgesamt acht Speicherbänke SM_i, $i \in \{0,\ldots,7\}$. Wir greifen auf Bank SM_i zu, falls $\langle A[18:16]\rangle = i$. Beachten Sie Fanout-Restriktionen.
2. Um wieviel Prozent wird die Maschine langsamer?
3. Die in der RESA verwendeten Speicherchips CY7C191-45 von Cypress [9] haben einen chip select Eingang /s, den wir bisher ignoriert haben. Der Chip ignoriert Schreibpulse und disabled seine Tristate-Datenausgänge, falls /s inaktiv ist. Es gelten die folgenden Zeiten:

Zeit	min	max
Enable-Zeit		45
Disable-Zeit		20

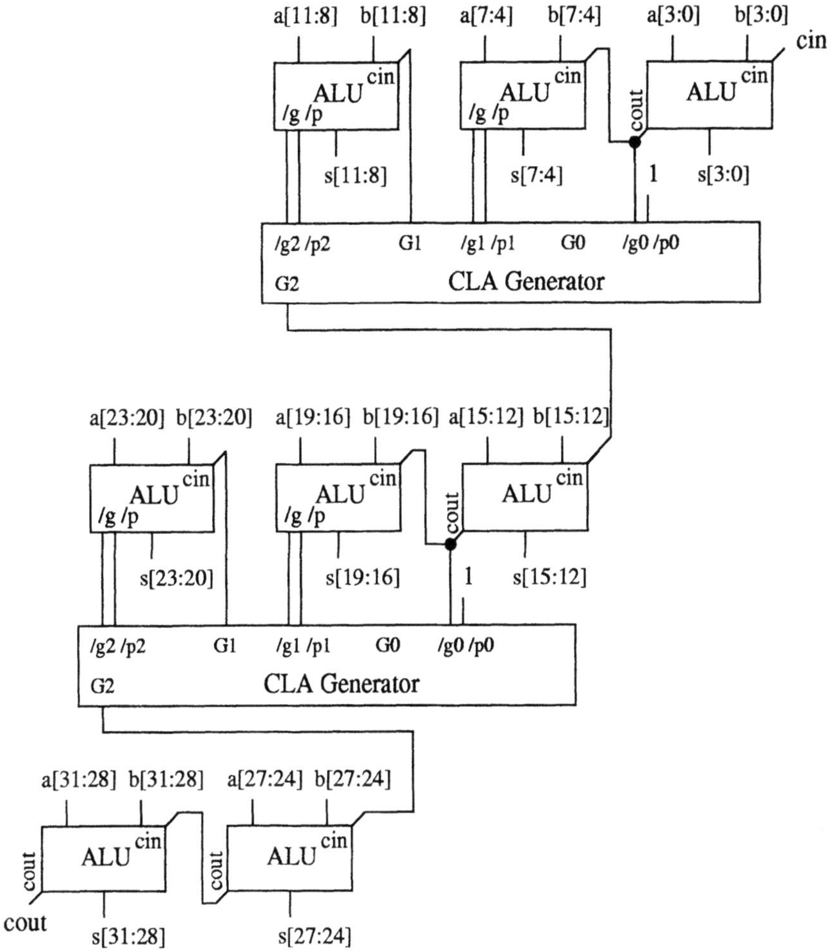

6.9. Übungen

Abbildung 6.51: 32-Bit ALU

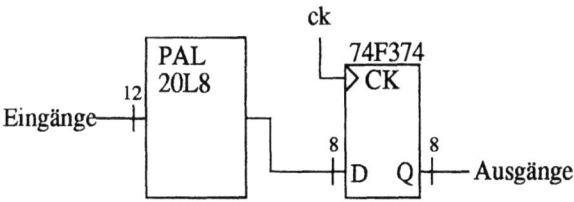

Abbildung 6.52: Ersatz für Register-PAL

Benutzen Sie diese Möglichkeit, um das Design des großen Speichers zu vereinfachen.

Übung 6.7: *Die folgenden Techniken benutzt man insbesondere, wenn CPU und Speicher auf einer Platine oder auf einem Chip realisiert werden.*

1. *Benutzen Sie auf den Bussen R, L und A statt Treibern Multiplexer. Verändern Sie gegebenenfalls das idealisierte Timing-Diagramm. Betrachten Sie nur das SRAM. Wie schnell können Sie die Maschine machen?*

2. *Verdoppeln Sie zusätzlich den D-Bus: auf Bus Dw werden Daten von der CPU zum Speicher geschickt, auf Bus Dr vom Speicher zur CPU. Benutzen Sie auch auf Bus Dr Multiplexer.*

Übung 6.8: *Sie wollen die Anzahl der Register der RESA-Maschine auf acht erhöhen. Wir nennen die Register R_i, $i \in \{0,\ldots,7\}$. Hierbei soll R_0 der PC sein. Man soll jedes Register als Akkumulator und als Indexregister benutzen können.*

1. *Wie ändern Sie die Maschinensprache?*
   Hinweis: Machen Sie das Feld für den Immediate-Operanden kürzer.

2. *Welche PAL-Gleichungen ändern sich? Passen Sie die Kontrollogik an.*
   Hinweis: Bauen Sie aus kombinatorischen PALs Dekodierer für die Felder S und D.

Übung 6.9: *Wir benutzen Register R_1 als Status-Register. Wir ordnen die Bits $R_1[3:0]$ den folgenden Ereignissen zu:*

$R_1[0]$	Reset
$R_1[1]$	Zugriff auf nicht vorhandene Speicheradresse
$R_1[2]$	Overflow der ALU

Wir clocken bei Flanke P3 eine Eins in das Bit $R_1[j]$, wenn das entsprechende Ereignis vorliegt.

1. *Entwerfen Sie Hardware, die dies realisiert.*

2. *Nun können wir im Prinzip schon Fehler erkennen. Es ist aber mühsam, laufend im Status-Register nachzusehen, ob etwas schiefgegangen ist. Ändern Sie deshalb Signal /PCclear so ab, daß bei Eintreten der Ereignisse 0 oder 1 der PC auf Null gesetzt wird.*

   Dieser Mechanismus heißt Interrupt. *Das Programm, das bei Reset oder fehlerhaftem Speicherzugriff abläuft, heißt* Interrupt Service Routine. *Sie muß zunächst das Statusregister überprüfen, um festzustellen, warum sie aufgerufen wurde.*

3. *Erweitern Sie den Interrupt-Mechanismus, so daß folgendes möglich ist:*

   - *Aufruf der Interrupt Service Routine auch bei Ereignis 2, aber nur falls Bit $R_1[3] = 1$. Dieses Bit heißt* Maskenbit für Interrupt 2.
   - *Die Interrupt Service Routine soll Zugriff auf die Programmadresse a erhalten, an welcher der Interrupt ausgelöst wurde. Hinweis: Retten Sie bei einem Interrupt den PC per Hardware in Register R_2.*

6.9. Übungen

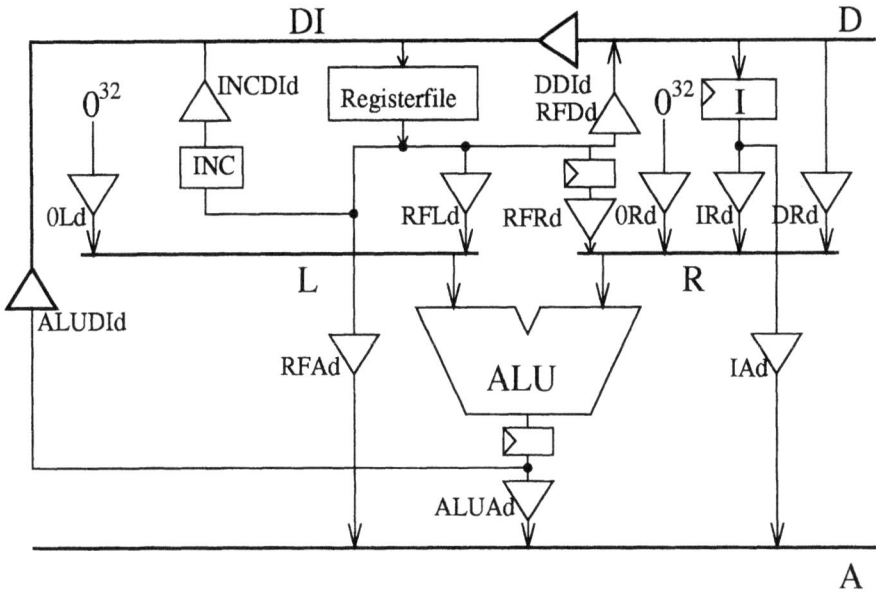

Abbildung 6.53: Datenpfade einer CPU mit Registerfile

Übung 6.10: *Wir realisieren die Register als ein SRAM mit acht Adressen. Ein SRAM, mit dem man die Register einer CPU realisiert heißt Registerfile.*

Zeigen Sie, daß sich mit den Datenpfaden aus Abbildung 6.53 noch alle RESA-Instruktionen ausführen lassen. Ignorieren Sie Statusregister und Interrupts.

Hinweis: Die Execute-Phase muß in mehrere Phasen geteilt werden, eine für jeden Zugriff auf das Register File.

Übung 6.11: *Wir definieren eine abstrakte Maschinensprache mit acht für den Benutzer sichtbaren Registern R_i, wobei R_0 der PC ist, durch Tabelle 6.10. Die Parameter D, S1 und S2 (destination, source1, source2) sind aus $\{0,\ldots,7\}$. Parameter op und c sind wie bei der RESA-Maschine.*

Bauen Sie das Registerfile aus acht Bausteinen CY27S07 von Cypress [9] auf, die je ein 16 × 4 SRAM enthalten. Der Baustein hat die folgenden Parameter:

Instruktion	Wirkung	
COMPop D $S1$ $S2$	$R_D := R_{S1}$ op R_{S2}	$PC := PC+1$
LOAD D $S1$ i	$R_D := M(R_{S1}+i)$	$PC := PC+1$
LOADI D i	$R_D := i$	
STORE D $S1$ i	$M(R_D+i) := R_{S1}$	$PC := PC+1$
MOVE D $S1$	$R_D := R_{S1}$	
JUMP$_c$ $S1$ i	$PC := \begin{cases} PC+i & \text{falls } R_{S1} \ c \ 0 \\ PC+1 & \text{sonst} \end{cases}$	

Tabelle 6.10: Abstrakte Maschinensprache bei acht Registern

		SRAM CY27S07	
		min	max
Lesezugriffszeit	t_{acc}		35.0
Setup-Zeit von A bis W	t_{SAW}	0.0	
Setup-Zeit von A bis Ende W	t_{SAEW}	35.0	
Hold-Zeit von A nach W	t_{HWA}	0.0	
Schreibpulsweite	w	25.0	
Setup-Zeit von D bis Ende W	t_{SDEW}	55.0	
Hold-Zeit von D nach W	t_{HWD}	0.0	

Entwerfen Sie die Maschine!

Übung 6.12: *Wir betrachten ein unsymmetrisches Clocksignal der Periode $\tau = \tau_H + \tau_L$, wobei das Clocksignal für die Zeitspanne τ_H den Wert Eins und für die Zeitspanne τ_L den Wert Null annimmt. Es soll $|\tau_H - \tau_L| < \varepsilon$ für eine reelle Zahl $\varepsilon > 0$ gelten.*

Um wieviel Prozent wird die RESA in Abhängigkeit von ε langsamer?

Übung 6.13: *Programmieren Sie alle fehlenden PAL-Gleichungen der RESA-Kontrollogik.*

Übung 6.14: *Welche der in Abschnitt 6.8.7 beschriebenen Signale müssen Sie ändern, um $w = 4$ Wartezyklen bei einem Zugriff auf ein langsameres EPROM zu realisieren? Wie lauten die neuen PAL-Gleichungen?*

Übung 6.15: *Was ändert sich am Verhalten der RESA und der verschiedenen Speicher, wenn im Bus-Protokoll das Signal /mw nur noch einen Takt lang aktiviert wird? Betrachten Sie dazu die Zustandsautomaten von CPU, SRAM, EPROM und UART.*

Anhang A

Verwendete Bauteile

Die Daten für die in den Abschnitten A.1 bis A.6 beschriebenen Bausteine der FAST Familie sind dem Datenbuch [14] entnommen.

Die Daten für PALs in Abschnitt A.7 stammen aus [1], die Daten für RAMs und EPROMs in Abschnitt A.8 stammen aus [9] bzw. [24], die Daten für die UART in Abschnitt A.9 stammen aus [13].

A.1 Gatter

Als NAND–, NOT–, AND– und OR–Gatter verwenden wir die Bausteine 74F00, 74F04, 74F08, 74F32. Der Baustein 74F04 realisiert sechs Inverter, die anderen jeweils vier Gatter. Die Schaltzeiten sind in folgender Tabelle zu sehen, die mit Tabelle 5.2 bis auf EXOR identisch ist.

		NAND 74F00		NOT 74F04		AND 74F08		OR 74F32	
		min	max	min	max	min	max	min	max
Prop. Delay	t_{PLH}	2.4	6.0	2.4	6.0	3.0	6.6	3.0	6.6
	t_{PHL}	1.5	5.3	1.5	5.3	2.5	6.3	3.0	6.3

A.2 Multiplexer

Als Multiplexer verwenden wir den Baustein 74F157, der einen 4-Bit Mux realisiert. In der folgenden Tabelle werden Schaltzeiten angegeben für den Fall, daß das Select Signal s

seinen Wert ändert und für den Fall, daß einer der Eingänge a_i oder b_i seinen Wert ändert.

Anmerkung: Im Datenblatt heißen die Eingänge a_i und b_i I_{0a} bis I_{0d} und I_{1a} bis I_{1d}, die Ausgänge m_i heißen Z_a bis Z_d. Der zusätzliche Eingang $\bar{E}$ wird von uns nicht verwendet, er sollte stets mit 0 beschaltet werden.

		MUX$_4$ 74F157	
		min	max
Prop. Delay	t_{PLH}	4.0	11.0
s nach m_i	t_{PHL}	3.0	8.0
Prop. Delay	t_{PLH}	2.5	6.5
a_i oder b_i nach m_i	t_{PHL}	2.0	7.0

A.3 Register

Wir benutzen die Bausteine 74F74 und 74F374, die 2-Bit bzw. 8-Bit Register realisieren. Die Ausgänge des Bausteins 74F374 werden zusätzlich durch einen Treiber geleitet.

		2-Reg 74F74		8-Reg 74F374	
		min	max	min	max
Zykluszeit	t_C	10.0		14.3	
Prop. Delay von	t_{PLH}	3.8	7.8	4.0	10.0
CK bis Q_i	t_{PHL}	4.4	9.2	4.0	10.0
Setup-Zeit	$t_S(H)$	2.0		2.0	
D_i bis CK	$t_S(L)$	3.0		2.0	
Hold-Zeit	$t_H(H)$	1.0		2.0	
D_i nach CK	$t_H(L)$	1.0		2.0	
Clockpulsweite	$t_W(H)$	4.0		7.0	
	$t_W(L)$	5.0		6.0	
Output enable Zeit	t_{PZL}			2.0	12.5
(nur 74F374)	t_{PZH}			2.0	8.5
Output disable Zeit	t_{PHZ}			2.0	8.0
(nur 74F374)	t_{PLZ}			2.0	6.5

Anmerkung: Der Baustein 74F74 besitzt zusätzliche Eingänge zum direkten Setzen und Löschen der gespeicherten Bits, sie werden von uns nicht benutzt und sollten stets mit 1 beschaltet werden.

A.4 Zähler

Wir benutzen den 4–Bit Zähler 74F163. Die Eingänge x_i heißen im Datenblatt P_i. Die Ausgänge y_i heißen Q_i. Die Signale $\bar{C}$ und $\bar{L}$ heißen $\overline{PE}$ und $\overline{SR}$, die Signale C_{in} und C_{out} heißen CET und TC. Das Signal CEP wird von uns nicht benutzt und sollte stets mit 1 beschaltet werden.

Die folgende Tabelle zeigt die Schaltzeiten.

		4-bit Zähler 74F163 min	max
Zykluszeit	t_C	11.1	
Prop. Delay CK nach y_i	t_{PLH}	3.5	8.5
wenn $\bar{L} = 1$	t_{PHL}	3.5	11.0
Prop. Delay CK nach y_i	t_{PLH}	4.0	9.5
wenn $\bar{L} = 0$	t_{PHL}	4.0	9.5
Prop. Delay	t_{PLH}	5.0	15.0
CK nach C_{out}	t_{PHL}	5.0	15.0
Prop. Delay	t_{PLH}	2.5	8.5
C_{in} nach C_{out}	t_{PHL}	2.5	8.5
Setup-Zeit	$t_S(H)$	5.0	
x_i bis CK	$t_S(L)$	5.0	
Hold-Zeit	$t_H(H)$	2.0	
x_i nach CK	$t_H(L)$	2.0	
Setup-Zeit $\bar{L}$	$t_S(H)$	11.5	
oder $\bar{C}$ bis CK	$t_S(L)$	9.5	
Hold-Zeit $\bar{L}$	$t_H(H)$	2.0	
$\bar{C}$ nach CK	$t_H(L)$	0.0	
Setup-Zeit	$t_S(H)$	11.5	
C_{in} bis CK	$t_S(L)$	5.0	
Hold-Zeit	$t_H(H)$	0.0	
C_{in} nach CK	$t_H(L)$	0.0	
Clockpulsweite	$t_W(H)$	5.0	
(Zählen)	$t_W(L)$	5.0	
Clockpulsweite	$t_W(H)$	4.0	
(Laden)	$t_W(L)$	7.0	

A.5 Treiber

Die Bausteine 74F240 und 74F244 realisieren 8-Bit Treiber, wobei 74F240 invertierend ist.

		inv. Treiber 74F240		Treiber 74F244	
		min	max	min	max
Prop. Delay X nach Y	t_{PLH}	3.0	8.0	2.5	6.2
	t_{PHL}	2.0	5.7	2.5	6.5
Output enable Zeit	t_{PZH}	2.0	5.7	2.0	6.7
	t_{PZL}	4.0	10.0	2.0	8.0
Output disable Zeit	t_{PHZ}	2.0	6.3	2.0	7.0
	t_{PLZ}	2.0	9.5	2.0	7.0

A.6 ALU Bausteine

Zum Aufbau einer ALU verwenden wir die Bausteine 74F381 und 74F382 als 4-Bit ALU's und den Baustein 74F182 als Carry–Lookahead Generator. Der Aufbau einer 32-Bit ALU aus diesen Bausteinen ist in Abschnitt 4.5 beschrieben. Die Bausteine 74F381 und 74F382 unterscheiden sich nur darin, daß ersterer Ausgänge P und G für Generate und Propagate Signale hat, letzterer stattdessen einen C_{out} Ausgang.

		CLA Gen 74F182	
		min	max
Prop. Delay c_{in} nach G_i	t_{PLH}	3.0	9.5
	t_{PHL}	3.0	10.0
Prop. Delay p_i nach G_j	t_{PLH}	2.5	9.0
	t_{PHL}	2.0	6.0
Prop. Delay g_i nach G_j	t_{PLH}	2.5	9.5
	t_{PHL}	2.0	6.0
Prop. Delay g_i, p_i nach G_3	t_{PLH}	3.0	11.5
	t_{PHL}	3.0	9.0

A.7. PALs

		4-Bit ALU 74F381		4-Bit ALU 74F382	
		min	max	min	max
Prop. Delay	t_{PLH}	2.5	13.0	3.0	13.0
c_{in} nach s_i	t_{PHL}	2.5	9.0	2.5	9.0
Prop. Delay	t_{PLH}	4.0	16.0	4.0	16.0
a_i oder b_i nach s_j	t_{PHL}	3.5	12.0	3.5	12.0
Prop. Delay	t_{PLH}	4.5	21.5	6.5	16.0
f_i nach s_j	t_{PHL}	4.0	12.0	4.0	21.5
Prop. Delay	t_{PLH}	3.5	10.0	3.5	9.5
a_i oder b_i nach g bzw. c_{out}	t_{PHL}	4.0	11.0	3.5	10.5
Prop. Delay	t_{PLH}	4.0	11.5		
a_i oder b_i nach p	t_{PHL}	3.5	10.5		
Prop. Delay	t_{PLH}	4.0	13.0	7.0	17.5
f_i nach p oder g bzw. c_{out}	t_{PHL}	4.5	14.5	5.0	13.0
Prop. Delay	t_{PLH}			3.5	9.0
c_{in} nach c_{out}	t_{PHL}			3.5	10.0

A.7 PALs

Die verwendeten PALs sind fast alle Register–PALs. Für die kombinatorischen PALs ist nur die Zeit t_P interessant.

		PAL 20Rxx,20Lxx	
		min	max
Prop. Delay Input oder Feedback nach Output	t_P	12.0	15.0
Prop. Delay CK nach Output oder Feedback	t_{CLK}	8.0	12.0
Zykluszeit ohne Feedback	t_C	22.2	
Zykluszeit mit Feedback	t_C	27.0	
Setup-Zeit Input oder Feedback bis CK	t_S	15.0	
Hold-Zeit	t_H	0.0	
Clockpulsweite	$t_W(H)$	12.0	
	$t_W(L)$	10.0	

Anmerkung: Die Output enable Signale der PALs werden bei uns nicht verwendet und sollten stets mit 1 beschaltet werden. Die Enable– und Disable–Zeiten sind deshalb in der Tabelle nicht angegeben.

A.8 Speicherbausteine

Das von uns verwendete statische RAM der Firma Cypress hat die Bezeichnung CY7C191-45, es hat 2^{16} Adressen und speichert 4-Bit Worte. Die Zugriffszeiten sind in der folgenden Tabelle zu sehen.

		SRAM CY7C191-45 min	max
Lesezugriffszeit	t_{acc}	3.0	45.0
Setup-Zeit von A bis W	t_{SAW}	0.0	
Setup-Zeit von A bis Ende W	t_{SAEW}	35.0	
Hold-Zeit von A nach W	t_{HWA}	0.0	
Schreibpulsweite	w	22.0	
Setup-Zeit von D bis Ende W	t_{SDEW}	15.0	
Hold-Zeit von D nach W	t_{HWD}	0.0	

Anmerkung: Die Zeit t_{OH} ist die Zeit, in der die Daten am Ausgang noch stabil bleiben, nachdem die angelegte Adresse sich geändert hat. Das statische RAM hat einen Eingang *Chip Enable* $\overline{CE}$, mittels dessen der Datenausgang disabled werden kann. Wir benutzen diesen Eingang nicht, er sollte stets mit 0 beschaltet werden, die Enable- und Disable- Zeiten sind deshalb in der Tabelle nicht angegeben.

Der von uns verwendete EPROM Baustein der Firma Hitachi hat 2^{15} Adressen und speichert 8-Bit Worte. Er hat die Bezeichnung HN27C256AG-12. Die Zugriffszeiten sind in der folgenden Tabelle zu sehen.

		EPROM HN27C256AG-12 min	max
Lesezugriffszeit	t_{acc}	5.0	120.0

Anmerkung: Der Baustein besitzt Eingänge $\overline{OE}$ und $\overline{CE}$. Während durch $\overline{OE}$ der Ausgangstreiber des EPROMs disabled wird, schaltet $\overline{CE}$ auch die interne Logik ab. Das Verhalten nach außen ist das gleiche, bei $\overline{CE} = 1$ verbraucht das EPROM aber weniger Strom, dafür ist die Enable-Zeit bei $\overline{CE}$ fast doppelt so groß wie bei $\overline{OE}$. Wir benutzen die beiden Eingänge nicht, sie sollten beide mit 0 beschaltet werden.

A.9 Ein- und Ausgabe

Die von uns verwendete UART XR-16C450 der Firma Exar unterscheidet sich in der Ansteuerung dadurch von einem statischen RAM, daß es zusätzlich zum Schreib– auch einen Lesepuls gibt.

	UART XR-16C450 min	max
Setup-Zeit A bis $/oe$	10	
Output enable Zeit		75
Output disable Zeit		60
Lesezykluszeit	60	
Setup-Zeit A bis $/w$	25	
Hold-Zeit A nach Ende von $/w$	5	
Pulsweite	50	
Setup-Zeit D bis Ende von $/w$	15	
Hold-Zeit D nach Ende von $/w$	25	
Schreibzykluszeit	80	

Anhang B

PAL-Gleichungen

Dieser Abschnitt enthält alle PAL-Gleichungen zur Kontrolle der CPU und aller Speicherbausteine. Die Herleitungen sind in den Abschnitten 6.8.6 und 6.8.7 zu finden.

B.1 CPU-Kontrolle

Zur Erzeugung der Uhrzeit benutzt man ein P-PAL mit den Eingängen $I[31:24]$ und $/ack$. Register-Ausgänge sind die Uhrzeit-Signale $/e$, $/s1$ und $/s0$ und die beiden zusätzlichen Signale $/r1$ und $/r0$.

```
e  :=/e *   s1 *   s0                   ; an P0 von Execute
    +e *  /s1                           ; halten an P1 von Execute
    +e *  /s0                           ; halten an P2 von Execute

s1 :=/e *  /s1 *  /s0                   ; an P2 von Fetch
    +/e *   s1 *  /s0                   ; halten nach P2 von Fetch
    + e *  /s1 *   s0 * /r1 * /r0       ; nach e1cm
        *  ack                          ; mit Acknowledge
    + e *  /s1 *   s0 * /r1 *  r0       ; nach e1in
    + e *  /s1 *   s0 *  r1 * /r0       ; nach e1ls
    + e *   s1 *  /s0 * /r1             ; halten nach e2 und e2ls

s0 :=/e *   s1 *  /s0 *  ack            ; nach P2 von F. mit Ack
    + e *  /s1 *  /s0                   ; nach P0 von Execute
    + e *  /s1 *   s0 * /r1 * /r0       ; halten nach e1cm
```

```
            *   /ack                      ; ohne Acknowledge
      + e * s1 *   /s0  *  /r1  *  /r0   ; nach e2
      + e * s1 *   /s0  *  /r1  *   r0   ; nach e2ls
            *   ack                      ; mit Acknowledge

r0 := e *   /s1  *   /s0                 ; an P1 von Execute
        *   /I31 *  /I30  *  /I29        ; Compute immediate
     +e *   /s1  *   /s0                 ; an P1 von Execute
        *   /I31 *   I30  *   I29 * I28  ; LOADI
     +e *   /s1  *   /s0                 ; an P1 von Execute
        *    I31 *  /I30  *   I29 * I28  ; MOVE
     +e *   /s1  *   /s0                 ; an P1 von Execute
        *    I31 *   I30                 ; Jump
     +e *   /s1  *    s0                 ; an P2 von Execute
        *    r1  *   /r0                 ; nach e1s
     +e *    s1  *   /s0                 ; nach P2 von Execute
        *    r0  *  /ack                 ; nach e2ls ohne Ack.

r1 := e *   /s1  *   /s0                 ; an P0 von Execute
        *   /I31 *   I30  *  /I29        ; LOAD, LOADIN1
     +e *   /s1  *   /s0                 ; an P0 von Execute
        *   /I31 *   I30  *  /I28        ; LOAD, LOADIN2
     +e *   /s1  *   /s0                 ; an P0 von Execute
        *    I31 *  /I30  *  /I29        ; STORE, STOREIN1
     +e *   /s1  *   /s0                 ; an P0 von Execute
        *    I31 *  /I30  *  /I28        ; STORE, STOREIN2
```

B.2 SRAM-Kontrolle

Wir benutzen ein P-PAL mit den Eingängen /mreq, /mw und A[31]. Wir programmieren PAL-Gleichungen für die Ausgänge sr0, sr1 und sr2, die den Zustand des Automaten kodieren, und für die Ausgänge /SMDdoe, /SMw und /SMack, die das SRAM steuern.

```
/sr0  :=  sr0  *  sr1  *  sr2            ; senken nach id
               *  mreq *  a31            ; falls Zugriff auf SRAM
         +/sr0 *  sr2                    ; halten nach rd1 und wr1
         +/sr0 * /sr2 *  mreq            ; halten nach rd2 und wr2
                                         ; falls mreq noch aktiv
```

```
/sr1   :=  sr0  *  sr1  *  sr2           ; senken nach id
               *  mreq *  a31  *  mw      ; falls Schreibz. auf SRAM
        +/sr0  *  /sr1 *  sr2            ; halten nach wr1
        +/sr0  *  /sr1 */sr2             ; halten nach wr2
               *  mreq                    ; falls mreq noch aktiv

/sr2   :=  /sr0 *  sr2                   ; senken nach rd1 und wr1
        +/sr0  *  /sr2 *  mreq           ; halten nach rd2 und wr2
                                          ; falls mreq noch aktiv

SMDdoe :=  sr0  *  sr1  *  sr2           ; aktivieren nach id
               *  mreq *  a31  *  /mw     ; falls Lesez. auf SRAM
        +SMDoe *  /sr0 *  sr1            ; halten bei rd1 und rd2

SMw    :=  sr0  *  sr1  *  sr2           ; aktivieren nach id
               *  mreq *  a31  *  mw      ; falls Schreibz. auf SRAM

SMack  :=  sr0  *  sr1  *  sr2           ; aktivieren nach id
               *  mreq *  a31            ; falls Zugriff auf SRAM
```

B.3 EPROM-Kontrolle

Wir benutzen ein P-PAL mit den Eingängen /mreq, /mw und A[31 : 30]. Wir programmieren PAL-Gleichungen für die Ausgänge $/X_0$, $/X_1$ und $/X_2$, die den Zustand des Automaten kodieren, und für die Ausgänge /EDdoe und /Eack, die das EPROM steuern.

```
X2     := /X2  *  X1  *  X0              ; in Zustand 4
        + X2  *  /X1 *  /X0 *  mreq      ; nach Z. 4 falls Zugriff

X1     := /X2  *  /X1 *  X0              ; in Zustand 2
        +/X2  *  X1  *  /X0              ; halten in Zustand 3

X0     := /X2  *  /X1 *  /X0             ; nach Zustand 0
               *  mreq * /a31 * /a30      ; falls Zugriff auf EPROM
        +/X2  *  X1  *  /X0              ; in Zustand 3

Eack   := /X2  *  X1  *  /X0             ; in Zustand 3

EDdoe  := /X2  *  /X1 *  /X0             ; nach Zustand 0
              *mreq * /mw * /a31 * /a30   ; falls Lesez. auf EPROM
```

```
       +/X2 *  X0                    ; halten nach Zustand 1, 3
       +/X2 *  X1                    ; halten nach Zustand 2, 3
       + X2 * /X1 * /X0 * mreq       ; halten nach Zustand 4
                                     ; falls mreq aktiv
```

B.4 UART-Kontrolle

Wir benutzen ein P-PAL mit den Eingängen $/mreq$, $/mw$ und $A[31:30]$. Wir programmieren PAL-Gleichungen für die Ausgänge $/U_0$ bis U_3, die den Zustand des Automaten kodieren, und für die Ausgänge $/w$, $/oe$, $/UDdoe$, $/DUdoe$ und $/Uack$, die die UART steuern.

```
U0    := /U0 *  /U1 *   /U2 * /U3 ; nach Zustand 0
             * mreq * /a31 * a30  ; falls Zugriff auf UART
      +/U0 *   U1 *   /U2         ; in Zustand ur3, uw3
      +/U0 *  /U1 *    U2 * /U3   ; in Zustand uw5
      + U0 *  /U1 *    U2 * /U3   ; halten nach Zustand uw5
             * mreq               ; falls mreq aktiv
      +/U0 *  /U1 *    U2 *  U3   ; nach Zustand ur4
             * mreq               ; falls mreq aktiv

U1    :=  U0 *  /U1 *   /U2       ; in Zustand ur2, uw2
      +/U0 *   U1 *    /U2        ; halten in Zustand ur3, uw3

U2    :=  U0 *   U1 *    /U2      ; in Zustand ur4, uw4
      +/U0 *  /U1 *     U2        ; halten nach Z. ur4, uw4
      + U0 *  /U1 *     U2 * /U3  ; halten nach Zustand uw5
             * mreq               ; falls mreq aktiv

U3    := /U0 *  /U1 *   /U2 * /U3 ; nach Zustand 0
             * mreq * /a31 * a30  ; falls Zugriff auf UART
             * /mw                ; Lesezugriff
      + U0 *  /U1 *   /U2 *  U3   ; halten nach Zustand ur1
      +/U0 *   U1 *   /U2 *  U3   ; halten nach Zustand ur2
      + U0 *   U1 *   /U2 *  U3   ; halten nach Zustand ur3
      +/U0 *  /U1 *    U2 *  U3   ; halten nach Zustand ur4

w     :=  U0 *  /U1 *   /U2 * /U3 ; in Zustand uw2
      +/U0 *   U1 *   /U2 * /U3   ; in Zustand uw3
```

```
oe     := /U0 *  /U1 *  /U2 * /U3 ; nach Zustand 0
             *  mreq * /a31 * a30 ; falls Zugriff auf UART
             *   /mw                ; Lesezugriff
         + U0 *  /U1 *  /U2 *  U3 ; halten nach Zustand ur1
         +/U0 *   U1 *  /U2 *  U3 ; halten nach Zustand ur2
         + U0 *   U1 *  /U2 *  U3 ; halten nach Zustand ur3
         +/U0 *  /U1 *   U2 *  U3 ; halten nach Zustand ur4
             * mreq                ; falls mreq aktiv

UDdoe := /U0 *  /U1 *  /U2 * /U3 ; nach Zustand 0
             *  mreq * /a31 * a30 ; falls Zugriff auf UART
             *   /mw                ; Lesezugriff
         + U0 *  /U1 *  /U2 *  U3 ; halten nach Zustand ur1
         +/U0 *   U1 *  /U2 *  U3 ; halten nach Zustand ur2
         + U0 *   U1 *  /U2 *  U3 ; halten nach Zustand ur3
         +/U0 *  /U1 *   U2 *  U3 ; halten nach Zustand ur4
             * mreq                ; falls mreq aktiv

DUdoe := /U0 *  /U1 *  /U2 * /U3 ; nach Zustand 0
             *  mreq * /a31 * a30 ; falls Zugriff auf UART
             *    mw                ; Schreibzugriff
         + U0 *  /U1 *  /U2 * /U3 ; halten nach Zustand uw1
         +/U0 *   U1 *  /U2 * /U3 ; halten nach Zustand uw2
         + U0 *   U1 *  /U2 * /U3 ; halten nach Zustand uw3

Uack  := /U0 *   U1 *  /U2 *  U3 ; in Zustand ur3
         + U0 *   U1 *  /U2 * /U3 ; in Zustand uw4
```

Literaturverzeichnis

[1] Advanced Micro Devices, Inc., Sunnyvale, Calif. *PAL Device Data Book*, 1988.

[2] A.V. Aho, J.E. Hopcroft, and J.D. Ullman. *The Design and Analysis of Computer Algorithms*. Addison Wesley Publ. Co., Reading, Massachusetts, 1974.

[3] Bernd Baumgarten. Mehrdeutigkeit bei Beschreibung von Funktionen. Privater Schriftwechsel, Dezember 1994.

[4] Manuel Blum. A machine–independent theory of the complexity of recursive functions. *Journal of the ACM*, 14(2):322–326, 1967.

[5] G. Cantor. *Gesammelte Abhandlungen*. Springer Verlag, Berlin, 1932.

[6] Paul J. Cohen. *Set Theory and the Continuum Hypothesis*. Benjamin/Cummings Publ. Co., Reading, Massachusetts, 1966.

[7] S. A. Cook. The complexity of theorem-proving procedures. In *Proceedings of the 3rd ACM Annual Symposium on Theory of Computing*, pp. 151–158, 1971.

[8] Thomas H. Cormen, Charles E. Leiserson, and Ronald L. Rivest. *Introduction to Algorithms*. The MIT Press, Cambridge, Massachusetts, 1990.

[9] Cypress Semiconductor, San Jose, Calif. *High Performance Data Book*, 1993.

[10] Luciano De Crescenzo. *Geschichte der griechischen Philosophie, i) Die Vorsokratiker, ii) Von Sokrates bis Plotin*. Diogenes Verlag, Zürich, 1985, 1988.

[11] Andreas Döring. Die Zurückführung von Rechnerarithmetik beliebiger Basis auf andere Basen. Diplomarbeit, Universität des Saarlandes, FB Informatik, 1994.

[12] Lewis C. Eggebrecht. *Interfacing to the IBM Personal Computer*. Howard W. Sams & Co., Inc., Indianapolis, Indiana, 1983.

[13] Exar Corporation, San Jose, Calif. *Exar Databook*, 1992.

[14] Fairchild Semiconductor GmbH, Garching b. München. *FAST Data Book*, 1985.

[15] Melvin Fitting. *First-Order Logic and Automated Theorem Proving*. Springer Verlag, New York u. a., 1990.

[16] M. R. Garey and D. S. Johnson. *Computers and Intractability: A Guide to the Theory of $\mathcal{NP}$-Completeness*. Freeman, New York, 1979.

[17] K. Gödel. Über formal unentscheidbare Sätze der Principia Mathematica und verwandter Systeme I. *Monatshefte für Mathematik und Physik*, 38:173–198, 1931.

[18] A. Haken. The intractability of resolution. *Theoretical Computer Science*, 39:297–308, 1985.

[19] Vinzenz Hamp, Meinrad Stenzel, and Josef Kürzinger (Hrsg.). *Die Heilige Schrift*. Paul Pattloch Verlag, Aschaffenburg, 1957.

[20] Juris Hartmanis and Richard E. Stearns. On the computational complexity of algorithms. *Transactions of the American Mathematical Society*, 117:285–305, 1965.

[21] Stephen W. Hawking. *Eine kurze Geschichte der Zeit*. Rowohlt Taschenbuch Verlag, Reinbek b. Hamburg, 1988.

[22] John L. Hennessy and David A. Patterson. *Computer Architecture: A Quantitative Approach*. Morgan Kaufmann Publishers, San Mateo, Calif., 1990.

[23] Harro Heuser. *Lehrbuch der Analysis I*. Teubner Verlag, Stuttgart, 1980.

[24] Hitachi Europe GmbH, Haar b. München. *Hitachi IC Memory No. 2*, 1992.

[25] Hitachi Ltd., Tokyo, Japan. *HG62S Series High-Speed CMOS Gate Array*, 1990.

[26] Stephen C. Kleene. *Introduction to Metamathematics*. North Holland Publ. Co., Amsterdam, 1971.

[27] Edmund Landau. *Foundations of Analysis*. Chelsea Publishing Company, 1951.

[28] Harry R. Lewis and Christos H. Papadimitriou. *Elements of the Theory of Computation*. Prentice-Hall, Englewood Cliffs, New Jersey, 1981.

[29] Jacques Loeckx, Kurt Mehlhorn, and Reinhard Wilhelm. *Grundlagen der Programmiersprachen*. Teubner Verlag, Stuttgart, 1986.

[30] O. B. Lupanov. Complexity of formula realization of functions of logical algebra. *Probl. Cybern.*, 3:782–811, 1962. Orig. in *Probl. Kibern.*, Vol. 3, pp. 61–80, 1960.

[31] James D. Lyle. *SBus Specification, Applications, and Experience*. Springer Verlag, Berlin u. a., 1992.

[32] Muhammad Ali Mazidi and Janice Gillispie Mazidi. *The 80x86 IBM PC & Compatible Computers Vol. II: Design and Interfacing of the IBM PC, PS and Compatibles.* Prentice-Hall, Englewood Cliffs, New Jersey, 1995.

[33] Monolithic Memories GmbH, München. *PALASM 2 User Documentation*, 1987.

[34] Christian Morgenstern. *Gesammelte Werke.* R. Piper & Co. Verlag, München, 1965.

[35] Motorola, edited by micrology pbt, Tempe, Arizona. *VMEbus Specification Manual Revision C.1*, 1985. Motorola Series in Solid-state Electronics.

[36] Motorola Ltd. European Literature Center, Milton Keynes, England. *H4C Series Design Reference Guide*, 1992.

[37] NEC Electronics Europe GmbH, Düsseldorf. *Data Book Memory Products 1987*, 1987.

[38] Christos H. Papadimitriou. *Computational Complexity.* Addison Wesley Publ. Co., Reading, Massachusetts, 1994.

[39] Wolfgang J. Paul. *Komplexitätstheorie.* Teubner Verlag, Stuttgart, 1978.

[40] Karl Rüdiger Reischuk. *Einführung in die Komplexitätstheorie.* Teubner Verlag, Stuttgart, 1990.

[41] Hartley Rogers Jr. *Theory of Recursive Functions and Effective Computability.* McGraw-Hill Book Co., New York, 1967.

[42] Bertrand Russel. *Lob des Müßiggangs.* Paul Zsolnay Verlag, Wien, 1957.

[43] Arnold Schönhage and Volker Strassen. Schnelle Multiplikation großer Zahlen. *Computing*, 7:281–292, 1971.

[44] Harold S. Stone. *Microcomputer Interfacing.* Addison Wesley Publ. Co., Reading, Massachusetts, 1982.

[45] Dirk J. Struik. *Abriß der Geschichte der Mathematik.* VEB Verlag der Wissenschaften, Berlin, 7. Auflage, 1980.

[46] Alan M. Turing. On computable numbers, with an application to the Entscheidungsproblem. *Proceedings of the London Mathematical Society*, 42:230–265 und 544–546, 1936.

[47] Ingo Wegener. *The Complexity of Boolean Functions.* Teubner Verlag, Stuttgart, 1987.

[48] Alfred N. Whitehead and Bertrand Russel. *Principia Mathematica 1.* Cambridge University Press, Cambridge, 2. Auflage, 1925.

Index

2's–Complement–Darstellung, 180
2's–Complement–Zahl, 180
3–Bus–Architektur, 292

Abbruchbedingung, 283
Abfallzeit, 231
abstrakte Assemblersprache, 278
Abzählargument, 108
abzählbare Menge, **27**, 61
Acknowledge–Signal, 354
Active high Signal, 244
Active low Signal, 244
Addierer, 183
    $(m, 2)$–, 209
    BCD–, 222
    Carry–Chain, 185
    Carry–Lookahead, 198
    Carry–Ripple, 185
    Carry–Save, 211
    Conditional–Sum, 191
    Halb–, 183
    Incrementer, 187
    modifizierter Cond.–Sum, 224
    Symbol, 187
    Voll–, 183
    von Neumann, 274
Adreßbus, 292
Adresse, 276
Adressierungsmodus, 286
Äquivalenzklasse, 45
Äquivalenzrelation, 45
Akkumulator, 277
allgemeine Morgan–Formeln, 99
Allquantor, 68

Alphabet, 29, 90
ALU, *siehe* Arithmetic Logic Unit
AND–array, 306
Anfangsschaltkreis, 151
Anfangswort, 30
Anstiegszeit, 231
Antisymmetrische Relation, 28
Architektur
    3–Bus, 292
    CISC–, 353
    RISC–, 353
    von Neumann–, 290
Arithmetic Logic Unit, 216
    Bit Slice, 220
    Select Eingang, 216
arithmetischer Ausdruck, 37
ASCII–Code, 32
Assemblersprache
    abstrakte, 278
    konkrete, 284
Assoziativgesetz, 57
asymptotisches Wachstum, 104
asynchrones Signal, 325
Atlantis, 18
aufgespannter Teilgraph, 117
Ausdruck, 36
    arithmetischer, 37
    Boole'scher, 40
    dualer, 131
    erfüllbarer, 132
    geklammerter, 50
    Komponente, 51
    Teil–, 39
    unvollständig geklammerter, 49, 99

vollständig geklammerter, 37
    Wert, 42
Ausgang, 146
    kombinatorischer, 307
    Register–, 307
Ausgangsübertrag, 183
Automat
    endlicher, 226, 359
    Zustands–, 359
Axiom, 57
    der Boole'schen Algebra, 46
    Körper–, 57
    Peano–, 18

balancierter Baum, 161
Barrelshifter, 224
Basis, 60, **176**
Basisadresse, 353
Baum, 159
    –schaltkreis, 164
    balancierter, 161
    binärer, 159
    Blatt, 159
    gerichteter, 255
    Teil–, 159
    Wurzel, 159
BCD–Addierer, 222
Befehl, 276
    –srate, 337
    Compute, 279
    Immediate, 280
    Indexregister, 281
    Load, 278
    Sprung–, 282
    Store, 278
Befehlszähler, 276
Belegung, 42
berechenbare Funktion, 24
berechnete Funktion, 97
Betriebsbedingung, 226
Beweisschritt, 80
bijektive Funktion, 26

binär kodierte Darstellung, 222
Binärdarstellung, 178
binärer Baum, 159
binärer Code, 32
Binärzahl, 60, **178**
Bit Slice Design, 220
Blatt eines Baumes, 159
Boole'scher Ausdruck, 40, 93
    erweiterter, 94
    Kosten, 103
Boole'sches Polynom, 109
Boole'sches Produkt, 174
Bus, 266
    Adreß–, 292
    Daten–, 292
    Kontroll–, 292

Carry–Chain Addierer, 185
Carry–Lookahead
    Addierer, 198
    Generator, 198
Carry–Ripple Addierer, 185
Carry–Save Addierer, 211
Central processing unit, 276
CISC–Architektur, 353
Clock
    –frequenz, 250
    –periode, 250
    –signal, 248
Code
    –wort, 32
    ASCII–, 32
    binärer, 32
    endlicher, 32
    Präfix–, 33
Compute Befehl, 279
Conditional–Sum Addierer, 191
    modifizierter, 224
Contention, *siehe* Kurzschluß

D–Flipflop, 248
D–Latch, 245

Darstellung, 60
    2's–Complement–, 180
    Betrag und Vorzeichen, 179
    binär kodierte, 222
    Binär–, 178
    unäre, 34
Darstellungssatz, 103
Datenbus, 292
Datenpfade, 293
Datenspeicher, 276
Definitionsbereich, 23, 89
Deklarationsteil, 310
Dekodierer, 173, **258**
Dezimalzahl, 60
Diagonalisierung, 64
Differenz, 57
Differenzengleichung, 191
direkter Nachfolger, 142
direkter Vorgänger, 142
Disable–Zeit, 266
disabled, 266
Disjunktion, 92
disjunktive Normalform, 103, 109
Distributivgesetz, 57
dominierendes Monom, 126
duale Klausel, 131
dualer Ausdruck, 131
duales Monom, 131
Durchschnittsmenge, 22

Ein–/Ausgabeeinheit, 346
Eingang, 145
Eingangsübertrag, 182
Einschränkung einer Funktion, 26
Einsetzung, 42, 95
    partielle, 165
Enable–Zeit, 266
enabled, 266
endlicher Automat, 226, 359
endlicher Code, 32
Endwort, 31

Erasable programmable read only memory, 307
erfüllbar, 132, 135
Erfüllbarkeitsproblem, 133
erweiterter Boole'scher Ausdruck, 94
Execute–Phase, 293
Existenzquantor, 68
exklusives Oder, 144

Faktor, 51
Fanout, 228
Fermat–Zahlen, 79
Fetch–Phase, 293
Flackern, *siehe* metastabiler Zustand
Flipflop
    D–, 248
    D–Latch, 245
    Master–Slave, 272
    R/S–, 242
Folge, 89
formale Sprache, 30
Formelgröße, 104
Fortsetzung einer Funktion, 26
freies Vorkommen, 70
Full Adder, *siehe* Volladdierer
Funktion, **23**, 89
    –sbezeichner, 37
    –swert, 23, 89
    berechenbare, 24
    berechnete, 97
    bijektive, 26
    Definitionsbereich, 23
    Definitionsbereich einer, 89
    Einschränkung, 26
    Fortsetzung, 26
    Graph, 23
    injektive, 26
    partielle, 24
    Schalt–, 92, 151
    Schaltkreiskomplexität, 157
    Stelligkeit, 41, 94
    Sub–, 165

Index

surjektive, 26
Tiefe, 157
totale, 24
Träger, 102
Transfer–, 233
Umkehr–, 26
Wertebereich, 23, 89

Gatter, 92, **144**
    Schaltsymbol, 145
gebundenes Vorkommen, 70
geklammerter Ausdruck, 50
geklammerter Teilausdruck, 50
geometrische Reihe, 91
geordnetes Paar, 73
gerichtete Kante, 142
gerichteter Baum, 255
gerichteter Graph, 142
Gleichung, 100
Gödel, 80
    –scher Unvollständigkeitssatz, 82
Graph
    –isomorphismus, 116
    gerichteter, 142
    Ingrad, 143
    Kante, 115
    Knoten, 115
    Outgrad, 143
    Pfad, 143
    Quelle, 143
    Senke, 143
    Teil–, 116, 159
    Tiefe, 144
    ungerichteter, 115
    zykelfreier, 143
    Zyklus, 143
Graph einer Funktion, 23

Halbaddierer, 183
Hamming–Distanz, 117
Hilbert, 80
Hold–Zeit, 245

I/O–Port, 347
idealisierte Timing–Analyse, 301
idealisiertes Timing–Diagramm, 301
Identität, 36, **96**
Immediate Befehl, 280
Immediate–Konstante, 286
Implikant, 111
    –entafel, 124
    Prim–, 111
Incrementer, 187
Indexregister, 277
Indexregister Befehl, 281
Induktionsbeweis, 19
Infixnotation, 26
Ingrad, 143
injektive Funktion, 26
Input–Pegel, 227
Instruktionsregister, 293
Instruktionssatz, 284
Interface, 346
Interrupt, 374
Inverter, 92
isomorph, 116

Kante, 115
    gerichtete, 142
Karatsuba, 212
kartesisches Produkt, 22, 88
Kirchhoff'sches Gesetz, 229
Klammertiefe, 55
Klausel, 109
    duale, 131
Knoten, 115
    Ingrad, 143
    Outgrad, 143
    Tiefe, 143
Körperaxiome, 57
kombinatorischer Ausgang, 307
Kommentar, 311
Kommutativgesetz, 57
Kompaktheitssatz, 135
Komponente, 51

Konjunktion, 92
konjunktive Normalform, 103, 109
Konkatenation, 30
konkrete Assemblersprache, 284
Kontrollbus, 292
Kontrollogik, 313
Kosten
    eines Ausdrucks, 103
    eines Schaltkreises, 157
kritischer Pfad, 329
Kurzschluß, 264

Länge
    einer Zeichenreihe, 29, 90
    eines Pfades, 143
leere Menge, 23
leeres Wort, 59, 90
lexikographische Ordnung, 31
lineare Schaltfunktion, 174
Linksshift, 224
Literal, 102, **109**
Load Befehl, 278
Logarithmus, 91
Lupanov, 109

Mächtigkeit einer Menge, 87
Maschinensprache, 284
Maskenbit, 374
Master–Slave Flipflop, 272
Maxterm, 102
McCluskey, 111
Memory map, 352
Menge, 20
    abzählbar unendliche, 61
    abzählbare, **27**, 61
    aller Mengen, 21
    Durchschnitts–, 22
    Element, 20
    formale Definition, 72
    kartesisches Produkt, 22, 88
    leere, 23
    Mächtigkeit, 87

    platte, 85
    Potenz–, 22, 73
    überabzählbare, 64
    Vereinigungs–, 22, 73
metastabiler Zustand, 244
minimales Element, 140
Minimalpolynom, 110
Minterm, 102
Monom, 109
    dominierendes, 126
    duales, 131
    Teil–, 110
    wesentliches, 125
monotone Schaltfunktion, 140
Morgan–Formeln, 46
    allgemeine, 99
Morse–Alphabet, 84
Mother board, 356
Multiplexer, 171, **189**
    t–fach, 217
Multiplizierer, 201
    Karatsuba–Ofman, 215
    Schulmethode, 207
    Wallace–Tree, 211

Nachfolger, 142
natürliche Zahl, 17
Neciporuk, 168
Negation, 92
Normalform
    disjunktive, 103, 109
    konjunktive, 103, 109
Notation
    Infix–, 26
    Postfix–, 26
    Präfix–, 26
    Standard–, 26
Nullstelle, 130

Ofman, 212
Open Collector Ausgang, 271
OR–array, 306

Ordnung, 28
    lexikographische, 31
Ordnungsrelation, 28
Oszillator, 314
Outgrad, 143
Output–Pegel, 227

Paar
    geordnetes, 73
    ungeordnetes, 72
PAL–Gleichung, 310
PALASM, 309
paralleles Präfix, 194
partielle Einsetzung, 165
partielle Funktion, 24
Partition, 45
Peano–Axiome, 18
Pegel
    Input–, 227
    Output–, 227
    TTL–, 227
Peripherie–Einheit, 346
Permutation, 140
Pfad, 143
    kritischer, 329
    Länge, 143
Pidgeon hole Argument, 144
Pipeline, 269
Pixel, 34
platte Menge, 85
Polynom
    Boole'sches, 109
Postfixnotation, 26
Potenzmenge, 22, 73
Prädikat, 68
Präfix–Code, 33
Präfixnotation, 26
Primimplikant, 111
    –entafel, 124
Priorität, 51
Produkt, 52
    Boole'sches, 174

Program counter, *siehe* Befehlszähler
Programm, 276
Programmable array logic, 307
Programmable logic array, 306
Programmable read only memory, 307
Programmspeicher, 276
Propagation delay, *siehe* Verzögerungszeit
Protokoll, 354
Pullup–Widerstand, 271
Puls, 243
    –weite, 243

Quantor
    All–, 68
    Existenz–, 68
Quelle, 143
Quine, 111
Quotient, 57

R/S–Flipflop, 242
Rechtsshift, 224
    zyklischer, 290
reflexive Relation, 28
Reflexivität, 45
Register, 251
    –file, 375
    Akkumulator, 277
    Befehlszähler, 276
    Index–, 277
    Instruktions–, 293
    Status–, 374
Register–Ausgang, 307
Relation, **27**
    Äquivalenz–, 45
    antisymmetrische, 28
    Ordnungs–, 28
    rechtseindeutige, 28
    reflexive, 28
    symmetrische, 28
    totale, 28
    transitive, 28
RESA–Maschine, 276

Reset, 324
Resolution
  –sbeweis, 133
  –sregel, 99
  –ssatz, 138
  –ssatz für Polynome, 129
  –ssatz für endl. Klauselmengen, 135
  –sverfahren, 111, 127
Resolvente, 112, **127**, 134
RISC–Architektur, 353
Roth'sches Männchen, 141

Schaltfunktion, **92**, 151
  lineare, 174
  monotone, 140
Schaltkreis, **146**
  –komplexität, 157
  Anfangs–, 151
  Ausgang, 146
  Baum–, 164
  berechnete Funktion, 150
  Eingang, 145
  Kosten, 157
  Tiefe, 157
Schaltplan, *siehe* Schaltung
Schaltsymbol, 145
Schaltung, 225
  sequentielle, 225
Schaltwerk, 225
Schleife, 283
  –ninvariante, 283
  –nkontrolle, 283
  –nrumpf, 283
Schnittstelle, 346
  serielle, 349
Selbstmodifikation, 290
Selektor, 169
Senke, 143
sequentielle Schaltung, 225
serielle Schnittstelle, 349
Setup–Zeit, 245
Sign Extension, 291

Signatur, **41**
Skolem–Paradoxon, 67, **75**
Speicher
  Daten–, 276
  Programm–, 276
Spike, 240
Sprache
  formale, 30
Sprungbefehl, 282
stabiler Zustand, 242
Standardnotation, 26
statischer Speicher, 253
Status–Register, 374
Stelligkeit, 41, 94
Store Befehl, 278
Subfunktion, 165
Subtrahierer, 201
Summe, 52
surjektive Funktion, 26
Symmetrie, 45
symmetrische Relation, 28
Synchronisierung, 326

T–Knoten, 166
T–Pfad, 166
T–Segment, 166
Teilausdruck, 39
  einfacher geklammerter, 50
  geklammerter, 50
  oberster geklammerter, 50
Teilbaum, 159
Teilgraph, 116, 159
  aufgespannter, 117
Teilmonom, 110
Teilwort, 31
  echtes, 31
Teilzeichenreihe, 31
  echte, 31
Term, 51
Tiefe
  einer Funktion, 157
  eines Graphen, 144

eines Knotens, 143
eines Schaltkreises, 157
Timing–Analyse
    exakte, 237
    idealisierte, 301
    Worst Case, 240
Timing–Diagramm
    detailliertes, 238
    idealisiertes, 301
totale Funktion, 24
totale Relation, 28
Träger einer Funktion, 102
Transferfunktion, 233
transitive Relation, 28
Transitivität, 45
Treiber, 254
    –baum, 257
    Tristate–, 266

überabzählbare Menge, 64
Überdeckung, 124
    –sproblem, 125
Übergang, 359
Übertrag, 184
    Ausgangs–, 183
    Eingangs–, 182
Umkehrfunktion, 26
unäre Zahlendarstellung, 34
ungeordnetes Paar, 72
ungerichteter Graph, 115
unvollständig geklammerter Ausdruck, 49, 99
Unvollständigkeitssatz, Gödel'scher, 82

Variable, 20, 92
Variante, 71
Vereinigungsmenge, 22, 73
Verzögerungszeit, 230
Volladdierer, 183
vollständig geklamm. Ausdruck, 37
von Neumann–Addierer, 274
von Neumann–Architektur, 290

Vorgänger, 142
Vorkommen
    freies, 70
    gebundenes, 70
Vorzeichen-Bit, 181

Wait–Zyklus, 354
Wallace Tree, 211
Wert eines Ausdrucks, 42
Wertebereich, 23, 89
wesentliches Monom, 125
Wired OR, 271
Wohlordnungsprinzip, 62
Worst Case Timing–Analyse, 240
Wort, 284
Würfel, 117
Wurzel eines Baumes, 159

Zähler, 251
Zahl
    2's-Complement–, 180
    Binär–, 60, **178**
    Dezimal–, 60
    natürliche, 17
Zahlendarstellung, *siehe* Darstellung
Zeichenreihe, 28, 90
    Konkatenation, 30
    Länge, 29, 90
    Teil–, 31
Zeichenvorrat, *siehe* Alphabet
Zelle, 276
Zerlegungssatz, 39
Zermelo–Fraenkel Mengenlehre, 77
Ziffer, 176
Zustand
    metastabiler, 244
    stabiler, 242
Zustandsautomat, 359
Zustandsdiagramm, 359
zykelfreier Graph, 143
Zyklus, 143

Teubner Lehrbücher: einfach clever

▶ Eberhard Zeidler (Hrsg.)
Teubner-Taschenbuch der Mathematik

2., durchges. Aufl. 2003. XXVI, 1298 S. Geb.
€ 34,90 ISBN 3-519-20012-0

Formeln und Tabellen - Elementarmathematik - Mathematik auf dem Computer - Differential- und Integralrechnung - Vektoranalysis - Gewöhnliche Differentialgleichungen - Partielle Differentialgleichungen - Integraltransformationen - Komplexe Funktionentheorie - Algebra und Zahlentheorie - Analytische und algebraische Geometrie - Differentialgeometrie - Mathematische Logik und Mengentheorie - Variationsrechnung und Optimierung - Wahrscheinlichkeitsrechnung und Statistik - Numerik und Wissenschaftliches Rechnen - Geschichte der Mathematik

Grosche/Ziegler/Zeidler/
▶ Ziegler (Hrsg.)
Teubner-Taschenbuch der Mathematik. Teil II

8., durchges. Aufl. 2003. XVI, 830 S. Geb.
€ 44,90 ISBN 3-519-21008-8

Mathematik und Informatik - Operations Research - Höhere Analysis - Lineare Funktionalanalysis und ihre Anwendungen - Nichtlineare Funktionalanalysis und ihre Anwendungen - Dynamische Systeme, Mathematik der Zeit - Nichtlineare partielle Differentialgleichungen in den Naturwissenschaften - Mannigfaltigkeiten - Riemannsche Geometrie und allgemeine Relativitätstheorie - Liegruppen, Liealgebren und Elementarteilchen, Mathematik der Symmetrie - Topologie - Krümmung, Topologie und Analysis

Stand Januar 2005.
Änderungen vorbehalten.
Erhältlich im Buchhandel
oder beim Verlag.

B. G. Teubner Verlag
Abraham-Lincoln-Straße 46
65189 Wiesbaden
Fax 0611.7878-400
Teubner www.teubner.de

If you have any concerns about our products,
you can contact us on
ProductSafety@springernature.com

In case Publisher is established outside the EU,
the EU authorized representative is:
**Springer Nature Customer Service Center GmbH
Europaplatz 3, 69115 Heidelberg, Germany**

Printed by Libri Plureos GmbH
in Hamburg, Germany